初中数学教学研究

徐美玲 著

黑龍江大學出版社
HEILONGJIANG UNIVERSITY PRESS
哈尔滨

图书在版编目（CIP）数据

初中数学教学研究 / 徐美玲著 . -- 哈尔滨 : 黑龙江大学出版社, 2022.10
ISBN 978-7-5686-0827-5

Ⅰ. ①初… Ⅱ. ①徐… Ⅲ. ①中学数学课一教学研究一初中 Ⅳ. ① G633.602

中国版本图书馆 CIP 数据核字 (2022) 第 104077 号

初中数学教学研究
CHUZHONG SHUXUE JIAOXUE YANJIU
徐美玲　著

责任编辑　张微微　蔡莹雪
出版发行　黑龙江大学出版社
地　　址　哈尔滨市南岗区学府三道街 36 号
印　　刷　哈尔滨市石桥印务有限公司
开　　本　720 毫米 ×1000 毫米　1/16
印　　张　10
字　　数　143 千
版　　次　2022 年 10 月第 1 版
印　　次　2022 年 10 月第 1 次印刷
书　　号　ISBN 978-7-5686-0827-5
定　　价　41.00 元

前　言

初中是一个任务繁重的阶段,在这期间,学生面临中考这个重要的考试,学业压力较大。每个学生学习单一学科的时间非常有限,同一课堂上的学生,有的做了预习,有的没做预习,有的基础好,有的基础差。这时,如果教师在课堂上一味地采用传统教学方法教学,很有可能效果不好,有些学生可能会跟不上教师的教学节奏。为了更好地为学生服务,初中数学教师必须在课前进行大量的准备工作,使学生对所学知识有更深刻的认识。

教师对科学技术手段的运用、教学方法的创新,以及其耐心的讲解、有针对性的鼓励等,能使学生在课堂上形成良好的互动,包括师生互动、生生互动、小组互动等,活跃课堂的气氛,进而增进师生感情,提升学生的学习兴趣,教师也能对学生的差异性有更深入的了解。除此之外,教师应该培养学生的主观能动性,让学生更好地参与到教学环节中。好的教学方法可以深入人心,让学生在课堂中了解自己在哪方面有不足之处,可以向其他同学学习哪些长处,进而增进学生之间的友谊。

本书对初中数学的一些教学理论和教学心得进行了深入的分析和总结,希望本书可以为从事相关行业的读者提供一些有益的参考和借鉴。

目　录

第一章　初中数学教学总论

第一节　数学文化融入数学教学

一、数学文化的概念

数学是一门研究数字及其相互关系、组合和运算，测量，数量，结构，空间等的科学。这门科学被广泛应用于金融、工业、天文学、商业、信息技术和其他各种领域。文化这一概念是十分复杂、抽象的，其具有很强的可变性和发展性。探索如何将数学文化融入数学教学，教师就必须进一步了解数学文化蕴含的意义。每个人对于数学文化都有着不同的理解，研究领域不同、科研角度不同、科研目的不同，都有可能转化出不同的数学文化。目前关于数学文化融入数学教学的科学研究，主要有两个趋势：一种是从宏观经济学的角度去研究人类社会与数学文化的关系。在这一研究理论下，数学文化就是数学思维与人类文化艺术的结合。第二种是从行为方面研究生活中人与数学文化的关系。在这一研究理论下，数学文化就是数学思维意识、概念、历史事件、角色等的总和。

数学文化主要包括数学史、数学语言、数学思维、数学精神四个方面。

（一）数学史

数学史是研究数学历史的科学。自古以来，数学的每一次发展都与数学家的发现、继承和创新分不开。因此，数学史既是数学思维的历史，也是各代数学家数学思想和数学文化的历史。数学家是对全球数学思维的发展做出巨大贡献的人，他们运用专业知识处理数学问题，并取得了非凡的成就。数学史上还有许多不明确的方面和未解决的问题需要人们去探索,因此必须创造大量新的数学思维成果和基础理论来解决问题。

（二）数学语言

许多人认为数学是一门语言,它不是如英语或西班牙语一样的通用语言,它是一种特定学科的语言。每个学科都有专门的词汇和交流方式。

语言是思维的工具,是思维的载体,语言的表达和思维的发展有着紧密的关系。简练、准确、完整的语言表达必须依赖于分析综合、抽象概括等逻辑活动,没有这些逻辑活动,语言很难具有流利性和条理性,而条理清晰的语言,又能促进逻辑活动的进行。因此,在初中,教师注重对学生在语言表达、运用数学词汇等方面进行有目的、有计划、有意识的训练,有利于提高学生的数学基本技能和逻辑思维能力。

数学语言旨在促进更加精确的交流。数学语言是一种符号语言,不同于文字和音乐符号,它有着自己独特的语言风格。数学语言一直存在,特别是在强调美育的时代,其在数学教学中显得更为关键。

（三）数学思维

数学思维是数学文化诸多方面的主要表现形式,主要体现在个人认知能力方面。在数学教学过程中,教师要让学生学会运用数学思维独立思考。数学思维的培养比专业知识的学习更关键,数学思维能提高学生的主动性。数学思维主要包括批判性思维、逻辑思维、量化思维等,以下主要介绍批判性思维和逻辑思维。

1. 批判性思维

批判性思维指“通过一定标准评价思维、改善思维、合理反思思维”①。

批判性思维在初中阶段的教学中主要存在两方面的问题。一是理论方面,学生对批判性思维没有足够的认识。在小学的数学教育中,教师应加强对教育心理学、教育学的深入研究,重视批判性思维的培养。只有做好这项

---

① 李艾伦. 极简逻辑学[M]. 北京:民主与建设出版社,2019:101.

工作,才能有效弥补当前初中阶段批判性思维教学不足的问题。二是实践方面。目前考试所产生的一些问题一直在制约着学生批判性思维的发展。在常规的应试教育中,学生不能很好地发挥数学应用和数学思考能力,因此学生更加难以实现对其他思维方法的应用和探索。

2. 逻辑思维

逻辑思维“是认识活动中运用概念、判断、推理等思维形式对客观现实进行的一种概括性反映”①。逻辑思维不考虑感情和情绪的因素。逻辑思维可以帮助我们成为一个更好的团队成员。在团队中,一个拥有逻辑思维的人,在与他人交流时可以清楚、简单地表达自己的想法,让他人很容易就明白自己。在工作中,一个拥有逻辑思维的人往往可以轻松建立良好的人际关系。一个拥有逻辑思维能力的人能够将事件联系起来,更重要的是,其犯错误的概率非常低。他知道事件的原因和结果,并且会计算好承担的风险。

(四)数学精神

数学精神是人们在探索数学思维的实践活动中创造出的精神食粮。具体来说,正是在数学思维的社会实践活动中,人们产生了独特的数学价值观和准则,这具体体现为:研究本质、规律的求实精神;在混乱中发现逻辑规律的客观精神;追求完美对称、和谐的精神实质之美;对新问题、新方法、新思维的创新意识。在数学思维课堂教学中,教师不仅要以培养学生数学思维能力为己任,还要以塑造学生数学精神为目标。

二、数学文化融入初中数学课堂教学的建议

(一)积极关注学生感受

学生是教育的对象,一切教育理念、教学方法、教学内容都是为学生服务的。将数学文化融入初中数学课堂教学的最终目的是培养学生的数学思维。因此,在将数学文化融入初中数学课堂教学的具体实施过程中,教师必

① 张程. 多维视角下艺术设计理论发展与人才培养模式研究[M]. 北京:冶金工业出版社,2019. 83.

须关心学生的体验、接受他们的反馈，并根据学生提供的信息内容，适当调整教学方式。

在将数学文化融入初中数学课堂教学的具体实施过程中，教师要善于观察学生的个体行为，如记笔记的频率、答题的速度、看教师的间隔时间、姿势等，教师也需要尝试从心理学的角度分析学生的课堂表现。在课后，教师还可以与自己的学生进行一些（非正式的）交流，以研究学生关于将数学文化融入数学课堂的真实心态。各章节、单元考试结束后，教师应立即分析学生的考试成绩数据信息，持续关注考试成绩异常升高或降低的学生，研究其发生变化的原因。

（二）筛选数学文化材料

现有的数学文化材料是多种多样的。例如，由李大潜主编的《数学文化小丛书》系列，以及来自世界各地的丰富多彩的互联网资源。在实际的教案设计中，教师需要仔细选择融入课堂教学的数学文化材料。

（三）改善教学评价内容

教师要想将数学文化融入教学评价中，一般可以采取以下措施：一是将数学文化的部分内容融入作业中，如让学生回家收集数学家或数学史资料；二是在试卷中添加一些与数学文化有关的问题；三是应将人文素养考核纳入学生德育评价指标体系中。

（四）加强积累融入经验

对于绝大多数的初中数学教师而言，并没有太多将数学文化融入数学课堂教学的经验。在这种情况下，教师就需要加强与其他有经验教师之间的交流，积累更多经验，这无论是对于教育的改革，还是教师的成长，都具有重要的推动作用。

第二节　数学学科德育

一、学科德育的概念

学科德育指的是教师根据课程特点和学生品德的发展特点，积极挖掘学科本身所包含的德育因素。教师要以多样的活动形式或方法，引导学生个体对德育的认同、对德育的内化、对德育的践行，从而使其形成健全的个性和良好的心理素质。在实际教学过程中，教师应挖掘、整合、利用教学内容中的德育资源，使德育因素“润物细无声”地进入学生的内心深处，以培养学生的良好品德。

二、学科德育的地位和价值

学科德育能指导学生对待他人和自然的行为、态度和意图，帮助学生去判定什么是对的，什么是错的。

一个适当的学科德育体系对于建设和谐社会至关重要。因此，为了改善个人和他们生活的社区，培养学生正确的价值观至关重要。学科德育的好处是多方面的，正确的价值观可以指导学生的日常生活，教会学生承担责任和独立自主，还能促进人类社会的发展。一个有效的学科德育课程能够帮助学生以一个积极的心态来应对困难的情况，并使他们自信；能够帮助学生实现他们的人生目标，并使他们献身于社会服务事业。

学科德育的渗透不仅是对学校道德建设的一种补充，还是对课程内容的补充，能使初中学生的道德素质得到全方位的提高。只有将单一的道德教育与其他科目相融合，道德教育才能得以真正的实施，教育工作者才能够切实地履行社会主义核心价值观的要求和教书育人的责任。学科德育并非一朝一夕之功，而是需要长时间的培养，教师要从各个层面使学科德育得以不断完善与发展。

学科德育的开展需要落实到一线教师身上，尤其是学校政务处人员、年级主任、班主任、思政教师等。如果学科教师只针对课堂教学而没有进行学科德育教学,就会使课堂教学工作没有目的性和生命性。因此,教师必须确立学科的课程特色,深入分析课程所包含的学科德育价值,进而营造新的学科德育氛围和自然环境。

三、学科德育的渗透原理

(一)与学生身心发展相适应原理

在初中阶段,学生的人生观和价值观还没有形成,他们的道德和行为易被外部因素所左右,且初中生的思想发育不健全,对事情的看法往往会有偏颇,从而造成一些负面的后果。所以,教师在实施学科德育工作时,要从顺应学生的身心健康发展入手,根据其不同年龄段的心理特征,采取适当的方法进行学科德育工作。此外,还要充分利用学生可理解的方法,调动他们的积极性,使他们能够更好地理解学科德育。

(二)自然渗透原理

不同的课程有着不同的教学特色,但是不管教师教授哪个学科,都必须为学生提供一个好的学习环境。在学生容易接纳的环境下,将学科与道德教育相结合,使学科德育成为一种无形的教育手段。在教学过程中,教师要充分考虑到学科的特色,从总体上合理安排,将道德教育与课程的特定内容相联系,使德育因素更自然地渗透到教学之中。在课堂中,教师可以采取各种方式,从多个方面对学生进行学科德育教育。

(三)逐步发展原理

每一门课程的学习都是由浅到深、由简单到繁复的过程,学科德育也是一样,要分层次、循序渐进地进行。在内容上,要紧扣德育的宗旨;在层次上,力求遵循教育的规律,按照由简单到复杂、由浅入深的发展次序安排。尤其是在制定具体的德育目标时,教师要将该目标纳入整体教育的长期发展链条,既保证教学计划的整体性,又保证教学计划的可行性。

（四）精益原理

把学科德育融入教育活动中，必须做到具体细致。教师既要从纵深层次上思考道德的高度，又要从水平层次剖析道德的内涵，从而使德育因素更好地渗透到教学之中。在教育活动中，教师要进一步加强学生对学科德育的学习，要把教学内容与道德教育有机地融合起来，制订相应的规划，突出道德教育，让学生有目标地学习。

四、学科德育的改进路径

在学科德育活动中，教师要遵循“知行合一，情意融合”的教学原则，给予学生最好的课堂体验和感受，从而达到良好的课堂效果。教材中的情境引例、章头图、阅读资料等，也能挖掘出大量的德育因素。即使是课堂教学现场产生的对学生提问、学生活动、协作交流等，也有可能成为教师实施学科德育教育的突破口，但这就需要教师在一定程度上提高自身的德育素质。

教师可根据课程特点从不同的视角对学科德育进行改进：

（1）以学科为基础制定学科德育指导方针，将相应的德育重点与德育难点进行合理组合。在开展宏观课程内容、方法、对策等层面，教师还应该根据班级的具体学习情况调整和改进学科德育指导方针。

（2）整合不同课型和丰富多彩的学科德育资源，如定义课程、备考课程、延伸课程、探索课程等。教师在培养学生学习能力和精神实质方面，要为他们提供足够的平台和机会，并利用校内外各种资源，为学生创造一个成长阶梯。

事实上，学科德育可以使课堂教学回归教育阵地，帮助教师合理处理培养学生过程中遇到的诸多问题。

五、数学学科的德育范畴

不同学者对数学学科德育范畴的理解是不同的，本书选取其中较为重要的四大德育范畴进行分析，即爱国主义、思维品质、理性精神、审美教育。在充分了解教材内容的基础上，初中数学教师应该对数学德育范畴进行深入分析,并将其渗透到初中数学的课堂教学中,使学生能理解和运用德育因素。

(一)爱国主义

爱国主义教育是全民教育,学校是针对学生开展爱国主义教育的重要场所。对于数学这门学科,教师可以让学生根据教材中的阅读材料或实践活动,了解中国优秀的数学文化。学生应该学习数学史,掌握我国数学的发展史,了解自古以来对中国数学发展做出巨大贡献的数学家。

1. 增强民族自豪感和自信心

中华文化源远流长,我们有着五千年灿烂的文化历史。我们的数学先辈们用他们的智慧和汗水创造了数学历史的丰碑,它不但是中国的文化支柱,也是世界的一笔宝贵财富。

中华民族留传下来的数学资料,对现代社会仍有较大的影响。《海岛算经》《九章算术》等著作是数学史上的璀璨明珠。我国的数学家都在自己的领域中,为数学的发展和应用做出了卓越的贡献。

2. 感受祖国的繁荣富强

数学在当今的经济、国家安全等各方面都起着举足轻重的作用,加大对数学研究的力度,是维持国家经济发展的必然要求。在科学史上,数学一直是科技进步的重要支撑。要使我们的祖国成为一个创新型国家,我们就需要在科技方面做出实实在在的创新,而数学这一宝藏则会给我们带来源源不断的创造力。

数学已成为信息、人工智能、先进制造、国防安全、生物医药、航空航天等领域不可或缺的重要支撑。从技术的角度看,IT 技术最终拼的是数学能力。

(二)思维品质

数学具有图形语言、符号系统和方程式,这在培养学生的思维品质方面具有不可取代的地位。数学思维品质指个体的数学思维活动对客观事物、数学关系的理解和掌握的程度,主要包括灵活性、批判性、深刻性、系统性等方面。思维品质取决于思维能力、思维对象和思维方式等方面。在实施学科德育的过程中，教师可以从两个层面对学生的思维品质进行指导。

1. 思维严谨

严谨是指学生在对问题进行分析时，要遵循问题背后的逻辑规律，明确问题的基本内涵，并做出正确的判断。判断一定要有根据，思维要严密细致。初中阶段的学生，因认知能力的限制，思维往往不够严谨。教师可以运用例题示范、演绎推理、逻辑推理和命题证明等方法来提高教学效果。

比如，人教版数学七年级下册第五章中的5.1.3“同位角、内错角、同旁内角”，教师让学生观察教材中的几幅图片，让他们发现眼见未必是真，进而明白观察、实验、归纳等方法得出的结论不一定是正确的，必须要对得出的结论进行有根据的推理。教师还要引导学生从感性认识上升到理性观察、思考和推理论证。随后，在5.2.2“平行线的判定”中，学生会根据“同位角相等，两直线平行”来判定“内错角相等，两直线平行”“同旁内角互补，两直线平行”的两种情况，并能应用这些结论。在具体教学中，教师要训练学生清楚、规范地表述相关概念、定理等。具体地说，学生能通过画图、讨论、推理等活动，熟练运用数学语言表达出平行直线判断中的一些基本问题和命题，能体会到其严密性，并能初步理解推理的规律。所以在实践中，教师要让学生进行严谨的逻辑推导。

严谨细致的逻辑思维能力是数学思维品质的重点具体内容之一。其有利于提高学生的语言表达能力、多方面分析问题的能力、解决疑难问题的能力，还可以让学生在处理问题时考虑得更认真、更全面、更细致。

2. 仔细求实

在数学课堂上，最重要的就是仔细、求实。教师要培养学生基本的思维习惯，让他们注意细节、注意记录。这样的习惯，对理解数学知识、提高学习成绩都有很大的帮助。教师还要培养学生一种认真、执着的态度，要让学生以一种求真务实的态度对待一切。

（三）理性精神

理性是指人们按照事物发展规律来处理问题。理性精神是指以逻辑思维进行推理,从而获得结论。理性精神的本质是指个人在处理事务时,能够坚持实事求是,思想不被自己的心态和偏见所左右。这就要求人们对事物的特性有足够的认识,不被一些外在因素所影响。

学完数学,学生就可以用数学思维去看待世界,利用数学的思维方式来处理问题,包括基本数学运算及应用等。我国传统教学模式多以教师为主体,学生被动地接受教师传授的数学知识,这在一定程度上就弱化了学生的理性思维和创新能力。随着我国生活水平的不断提高,学生的知识越来越丰富,然而部分学生意识不到数学学习的价值所在,缺乏对数学学习的兴趣。教师应该采取各种有效措施,来帮助学生意识到数学学习的价值所在,培养学生的演算能力,进而提高学生的逻辑思维能力。教师还要对学生的理性精神进行启蒙,帮助学生形成终身的科学研究态度——严谨、自主、科学、积极,从而推动我国数学教育的快速发展。

(四)审美教育

美学是人们对世界的一种特别认识,它是一种人与世界(社会、自然)之间的非功利的、形象的、感情的联系。审美教育可以使学生具备一定的认识美的能力,并以此为基础来创造美。在实施学科德育教育的过程中,审美教育是一项重要的工作。美育的实施,将使学生的审美情操、美的理想、美的品格和美的修养得到提高。狭义的审美教育,是指"通过艺术手段培养人创造和欣赏艺术美的能力"①。广义的审美教育是指从形式美到本质美的转变,它是通过对个人或团体进行教育活动来培养其审美品质的过程。

数学在内容和方式上都有自己独特的美感。一个数字、一个符号、一个公式、一个概念、一个图形、一个想法都有独特的美感。数学之美,美在对称、和谐、简单、明快、优雅、统一、奇异、突变等等。从思维的观点来看,数学的美感是人类的一种主观感觉。从本质上说,数学美是一种客观的存在,它可以被人类的大脑所感知,从而引发人类内在的审美欲望。

学生在学习和运用知识的过程中,可以清晰地感觉到数学的美感,如黄

---

① 彭富春.美学[M].武汉:武汉大学出版社,2005:304.

金分割、对称、构造、虚实、旋转、平移、反转等。此外,还有一些数学活动,比如七巧板拼凑活动、折纸剪纸、尺规作图等,以及简洁、统一的数学公式和符号等,都能使学生进一步理解、表达、创造数学学科所具有的数学美。开启以数学为基础的美学教育,让学生们真正体会到数学之美离不开生活。

第三节 初中数学教学中数学思想和数学方法的渗透

一、对数学思想和数学方法的认识

(一)数学思想

数学是研究现实世界中数量关系和空间形式的学问,简单来说数学是研究数量和形状的科学。思想是人类对现实世界的某些反应,而这些反应往往是经过思考才做出的。因此思想也被认为是理性认识,是人类通过研究事物的外表、内在联系,甚至事物的本质特征而认识事物的一个过程。理性认识经常从具体的方面或个体开始,通过总结归纳获得一般性规律,间接地抽象出更为一般的概念或结论。因此,思想是人利用思考和认知能力发现事物的本质、内部关系,认识事物法则的过程。

数学思想是人类在认识数量关系、空间结构形式时思维过程的体现。数学的公理、概念、公式等数学理论是数学思想产生的基础,数学思想是人对这些基本知识概括、抽象之后产生的本质认识。数学思想是数学活动的依据,它为数学活动把握了方向,对构建数学模型具有一定的指导作用,在用所学知识解决实际问题中具有定向功能。很明显,离开数学思想谈数学知识是肤浅的,离开数学知识谈数学思想是空洞的。数学思想与数学知识就像人体的骨骼与血肉的关系,两者一起创造了数学活动的科学性和生命力。培养数学思想有利于让学生把握数学的精髓与本质,有利于学生理解、掌握与应用数学知识,有利于学生数学能力与学习内动力的持续性提升。

初中数学思想主要包括符号化与换元思想、分类讨论思想、极限思想、方程与函数思想、整体思想、化归思想、数形结合思想、建模思想、归纳推理思想等。

（二）数学方法

人总会有这样或那样的目标，为了达成目标人们通常会采用一定的手段、选择某种途径、做出某种行为，这些方式之中具有我们可认知、可习得的模板或规律，这就是我们常说的方法。而数学方法就是人们经过长期实践后，发现并总结出的可以去解决问题的一些手段或程序。用数学化的语言来表达事物的关系、状态和发展过程，经过分析、推理加一定的运算完成对事物的解释、判断和预测的方式就是数学方法。数学方法有建模法、消元法、降次法、代入法、图像法、矢量法、放缩法、比较法、归纳法等。

（三）数学思想与数学方法的区别

数学思想与数学方法的区别在于：数学思想是对数学更为本质的认知，是对数学知识与数学方法更进一步抽象、概括的产物；而数学方法是人们在解决数学问题时所采取的某种处理手段，其操作性更强。在数学教育过程中，数学思想和数学方法不容易明显区分，经常被混为一谈。由于数学思想决定了所采用的数学方法，而解决问题所采用的数学方法又蕴含了一定的数学思想，因而数学思想与数学方法是相互渗透、相辅相成的。数学方法是程序化和具体化的数学思想，数学方法可以促进数学思想的产生，数学方法可以经过一系列的累积和抽象而成为数学思想。

二、初中生的数学思维特点及在教学中渗透数学思想和数学方法的必要性

（一）初中生的数学思维特点

初中的学生正处在身心快速发展的阶段，其数学思维呈现敏锐、不成熟、不深刻、不系统、可塑性强等特点。初中阶段，学生的大脑皮层快速发育，其记忆力增强、反应速度加快、思维呈发散性，可以说初中是发展数学思维的黄金时段。同时初中生阅历有限，身心发育不够完善，思维不成熟、不

深刻,但是此时学生数学思维的可塑性强,需要教师循循善诱、因势利导地在教学中逐步渗透数学思想,随着知识学习的广度、深度的加大,学生的思维能力自然会不断提高。

(二)在初中数学教学中渗透数学思想和数学方法的必要性

数学教学的本质就是让学生学会处理实际问题,人们在解决问题时总会采取某种思想或者方法。数学思想和数学方法是数学的灵魂,在初中数学中不可或缺,数学思想和数学方法是学生掌握数学知识的关键。教师在教学中渗透数学思想和数学方法可以提高学生对数学知识本质的认识与理解,让学生树立科学的数学意识,高效地掌握所学知识,提高教学效果。

三、初中常见的数学思想

(一)符号化与换元思想

符号化给数学相关知识的表示和论证提供了很多便利,甚至可以说没有符号化就没有现代数学。由此可见,培养学生符号化思想的重要性。符号化思想的应用可以使研究对象简洁化、清晰化。在数学中使用符号化语言如字母、数字、图形或者特定的符号描述数学内容的方式,使得研究内容更简洁、更容易传播,便于数学交流与解决数学问题。初中数学课程中的数和式、函数和方程式、空间和图形等都包含了符号化的思想,可谓无处不在。

换元是指引入一个或几个新变量,代替原式中的某些量,使得原式中仅含有这些新变量,从而使问题得到简化,然后对新变量求出结果,再代回原变量求其结果的方法。换元是数学中的重要思想之一,它往往和消元思想联系在一起。换元的实质就是转化,其关键是构造元和设元,理论依据是等量代换。初中数学用字母表示数字、几何要素、某个意义的量,列式、函数和方程式等都贯穿着这个方法。

(二)数形结合思想

数学的核心是数和形,数与形在数学中往往密不可分,这就产生数与形的结合。数形结合思想贯穿数学学习的始终,不管处于哪一学习阶段,数形结合思想都有其广泛性与重要性。数形必然结合,这是由人的认知特点以及数、形的特性所决定。数具有抽象性,形具有直观性,人偏向从直观的角度认识事物,但要对事物产生深刻认知必须进行抽象。因此,数形结合思想是学习者学好数学的必然选择。数形结合思想可借助数来分析图形,也可借图来展示代数式的含义,其本质是进行数与形之间信息的互换。数量关系与图形性质在不同的问题情境下有着不同方向的转化,已知图形性质可以转化成对图形元素间数量关系的探索,或者已知图形元素间的数量关系可以研究图形的性质,这种数与形的转化就是数形结合思想。数形结合思想是两方面的,既要借助有序实数对、方程、方程(组)的解、不等式等解释图像,又要根据几何图形来解释代数方面的问题,从两者的相互解释中发现解决问题的简便或直观的方法。

1. 数字转化图形

教师在课堂上运用数形转化,对试题中的数据进行过滤、整理,使之成为更直观、生动的图像,从而使学生能够更好地掌握和记住所学的知识。数形转化使数的性质更为直观,生动地画出相应的图形,使解题的效率大大提高。这种方式可以更好地促进学生数字和形象思维的融合,让他们更多地参与到课堂中来,从而提高他们对数形转化进行探索的兴趣。比如,在每天的教学工作中,教师可以把经过过滤的数字资料整理为一个数轴,或是一个坐标系统,这样就可以更清楚地显示出这些数据。

2. 图形转化数字

在日常数学教学中,我们常常会把图形转化成数。这就需要教师在数学教学中仔细地剖析图形的几何特征,确定将它们转化为数的基本步骤,并注意抽取其中的关键点,这样才能更好地解决问题。在数学课堂上,教师把图形转化成数字,这样既可以快速解决问题,又可以训练学生的运算水平,从而提高他们的学习效果。

3. 数形相互转化

在初中数学教学过程中培养学生数形结合的思想,最重要的一点是要求学生能够实现数和形的相互转化。在日常的教学工作中,教师要善于利用数字与图像之间的相互转化来解决问题,使数与形融合的观念能够深入到学生的日常生活中去,使他们能够清楚地了解到数与形的关系。在此基础上,教师要大胆地进行创造性探索,为学生创造更好的学习环境,让他们学会独立地使用数形转化,并在一定程度上用其解决问题,以促进教学质量的提升和学生学习自主性的养成。

(三)分类讨论思想

在解决问题的过程中,发现已经不能整体解决的时候,就需要将问题合理地分类,根据分类一个一个地研究,最后综合各种研究结果得出整体问题的结果。分类讨论有几个原则:一是分类总域是确定的;二是分类必须完整,做到不重不漏;三是分类的标准相同;四是多次分类时,需要逐级进行。分类讨论的标准一般有概念、定理、性质等。分类讨论可以让所学的知识更加系统、更有条理,促进学习者思维的严谨性与条理性。

1. 科学引导,熟悉要义

初中数学教师在运用分类讨论思想进行课堂教学时,应注重教学内容的科学化,将数学与生活紧密结合。由于这种思想不是一蹴而就,而是要经过思考的,因此教师们在讲课时,要逐步融入、传递、渗透,让学生在实践中逐渐去体会和掌握。首先,教师要把分类讨论的四个原则分为四个阶段,分别用实例向学生演示,即确定分类讨论的目标,把对象进行科学的归类,学生分组探讨和总结。

2. 创设情境,加强实践

教师可以通过创设教学情境来提高教学效果。教师在教学中要强化指导,培养学生正确的思考方式,让他们运用所学知识对问题进行严密的剖析。尤其是在运用分类讨论思想解决数学问题时,教师要让学生把握问题的本质,并能充分发挥知识的作用。

此外,教师要在课堂上督促学生加强实践,多练习相似的问题来巩固自己的知识点,以强化分类讨论思想,并逐渐克服自己解决问题时的盲目和随意。

3. 转变模式,激发兴趣

在课堂上,要想培养学生学习数学的兴趣,教师需要根据新课程标准的要求履行自己的教学职责。将分类讨论思想运用于初中数学教学,可以有效地调动学生的学习积极性,培养他们的思维方式。在这一阶段,教师能够在培养学生思维的过程中创造出多种交互方式,培养他们在学习过程中自主思考的能力。只要学生们真正把分类讨论的思想内化,就能在解决问题时不走弯路。

(四)方程与函数思想

方程和函数是初中数学中非常重要的两大部分。方程思想是对方程式概念本质的认识,学生需要分析已知问题中未知量与已知量的关系,进而建立方程式或方程式组来解决问题,或者利用方程式的性质分析、转换、解决问题。方程思想在解题过程中寻求和体现了"动中守静"的哲学思想,力求在变化的某一状态中找到已知量与未知量之间的等量关系。在初中数学中会经常遇到与实际生活相联系的应用题,学生需建立已知量和未知量的等量关系,写出方程,最后完成由未知向已知的转换。

函数思想是指使用函数的性质和概念来分析、转化、解决问题的思维方式。运用函数思想可以将事物的关系化复杂为简单。函数思想是通过变量之间的依赖关系建立函数,借助函数的性质研究问题的思维方式。建立函数关系时,要分析定量、变量,以及变量之间的某些等量关系。函数的性质要考虑周全,不同的性质可能适用于解决不同的问题。

方程与函数密切相关,函数表示两个变量的关系,而方程则是在这一变化过程中的一个确定状态下,已知一(几)个量,求未知的量。教师可以多举一些生活中的实例,引导学生应用方程与函数思想,让学生体会到方程与函数思想的简洁性,进而培养学生的数学思维。

(五)化归思想

化归思想的本质就是化难为易、化繁为简,以解决所遇到的问题。化归思想是一种基础的解题思想,也是有效的思维策略,其关键环节在于变换、转化。在数学中遇到难以解决的问题时，我们通常采用某种手段将复杂、抽象、不熟悉的问题转化为简单、直观、熟悉的问题。化归思想在初中数学中处处可见，如分式的加减乘除运算、二元一次方程组的求解、待定系数法、配方法、几何证明与计算、不规则图形面积计算等。

（六）极限思想

极限思想体现着人类从有限看无限、从量变预质变、从近似得精确的绝妙智慧，它是一种在客观事物的运动变化中，对量变与质变转换的数量关系进行反映的一种思维形式，具有很高的哲学价值。如果某个变化的量能够无限趋近于一个确定的数，那么这个值就被称为这个变化的量的极限。在初中数学教学中，培养学生的无限观是渗透极限思想的基础。极限是一个量对另一个量的逼近，它仅仅是无限形式的一种特例。极限思想的渗透对提高学生的辩证思维能力、培养学生的抽象思维能力起到重要的作用，能为后续学习微分学与积分学打下基础。在初中数学教学过程中渗透极限思想时，教师不需要让学生学习极限的抽象概念与内涵，学生能领会到蕴含在极限思想中的思维方式并体会到极限思想在解决实际数学问题时的作用即可。教师在教学中渗透极限思想可从无限入手，让学生体会什么是无限逼近，并逐渐形成极限思想。扇形面积的计算、平行线分线段定理等都可以让学生体会极限思想。

四、初中数学教学中渗透数学思想和数学方法的有效策略

在初中数学教学中，教师可以通过不同教学类型及不同教学阶段两条主线，采用恰当的方式渗透数学思想和数学方法。初中数学教学授课大体分为三大类型：新授课、习题课、复习课。根据不同的授课类型采用合适的方法进行数学思想和数学方法的渗透是让学生认识、理解、掌握数学思想和数学方法的有效途径。

（一）在知识的形成过程中渗透数学思想和数学方法

对于新授课，教师要充分挖掘教材当中所蕴含的数学思想和数学方法，

对教材中的数学思想和数学方法要有一个系统、深刻的认识，做到“课前三备好”：备好课标、备好教材、备好学情。对学生来说，新授课前要备好心态。数学知识与数学思想、数学方法的不断融合也能实现数学内容与数学核心素养的统一，让学习过程得到螺旋上升式的重现。教师应引导学生养成良好的数学学习习惯并建设健康积极的学习心理，比如教材当中设置的编者寄语、教材目录、章引言、思考及阅读材料等部分的论述，充满着教材编者对学生的指引与关怀。所以教师在布置预习任务时，要让学生先对新知识有一个大体的理解，让学生切身感受数学在日常生活中的重要作用，进而以一种积极健康的学习心态探索数学知识。

新授课大体分为课前导入、新知探索、知识应用、巩固训练、课堂小结、布置作业等环节。由于初中学生处于抽象逻辑思维、辩证思维发展的重要时期，教师要精心设计各个教学环节，渗透数学思想并为学生思维发展提供充足的机会。

课前导入一般分为复习性导入与创设性（情境、故事、实验等）导入两种。课前导入是新授课的第一环节，对新授知识有着引导、铺垫作用。在开始学习新内容之前，教师先出示一些和新知识密切相关的、广泛的、新学习者容易理解的导读资料，它能展现出新知识的大体框架或提供出新知线索，让学习者做到“学前心中有数”，还有利于学习者对新知识的习得。初中数学教师在日常教学中应认真对课前导入环节进行科学合理设计，好的课前导入经常能对学生的学习起到事半功倍的效果。

新授课的核心环节是对新知的探索过程，这一环节决定了学生对新知识理解与掌握的程度。数学教学不是一味地向学生传授知识，而是让学生有能力去揭示和掌握数学思想和数学方法。初中生的数学知识不够丰富，数学能力相对局限，抽象思维能力相对较弱，因此在教学中教师要重视学生对概念、公式、定理生成过程的推演，这可以培养学生勇敢质疑的精神，提升学生的创新能力。教师在教学过程中要给学生机会、平台、时间去探索新知。例如，在讲“用公式法解一元二次方程”时，教师要让学生积极参与到公式的推导过程中去，让学生明白公式法解一元二次方程是配方法解方程的一般化,这样学生就不会感觉公式难记了。

知识的应用环节是让学生将新学的知识应用到实际的题目当中,教师一般会设置典型性例题,这类例题一般蕴含常用的数学思想和数学方法,教师理应充分利用例题将学生所学的抽象知识具体化,激发学生学习兴趣,提高学生学习自主性。例如,在学习了公式法解一元二次方程后,教师可给学生两道具体的解方程题目,让学生分别用配方法与公式法进行求解。通过对比,学生能更加深刻地理解公式是通过配方得来的,从而体会到解方程的快乐。

在知识的巩固训练环节中,题目设置应由易到难,让学生熟练地将所学到的知识、思想、方法运用到解题当中。

课堂小结环节可以让学生对所学知识进行总结与体悟,然后教师进行补充与强调。学生通过对课堂知识与思想和方法的总结会对其有更加深刻的理解。

检验学生是否较好地掌握了所学知识以及相关的数学思想和数学方法的最佳办法就是做题验证。好的练习题可以提升学生的思维品质,因此在布置作业环节,教师一定要精心筛选题目,所选题目既要有一定的灵活性,又能充分体现数学思想和数学方法。

(二)在习题求解中渗透数学思想和数学方法

在教学的时候,教师要让学生把他们的数学理念融入其思维模式中,这样他们才能掌握知识。在解题的时候,教师可以让学生在不知不觉中运用知识,来发现问题的本质,从而达到正确解题的目的。

1. 精选能够体现数学思想和数学方法的习题

教师要讲好一堂习题课,首先要选好习题,且习题要有好的方法来解决。数学思想和数学方法是数学的精髓,因此,能够反映出数学思想和数学方法的好习题,应当具有如下特点:一是涉及数学的基本知识,能反映数学概念与性质之间的联系;二是题目的解法是自然的、多种多样的,且对学生的能力具有一定的挑战性;三是表达清楚,一些偏僻、古怪的题目,会刻意地设置一些障碍，让一些简单的数学概念变得模糊，从而影响学生的思维能力和创造力。

2. 提高教师自身的数学教学水平

当教师把一个问题重复讲解了好几遍，但还是没有人能理解时，教师就应该扪心自问："你知道你所教的知识和方法吗？""你知道你要怎么解决这个问题吗？"教师应常常质疑自己的数学教学方式是否还需要改进，而不是盲目地质疑学生的能力。所以，在课堂上进行数学思想与数学方法的渗透，还要求教师们在数学教学中加强自身的专业素质和教学能力。

（三）在复习总结中渗透数学思想和数学方法

在结束章节教学内容后或在展开总体复习时，教师要帮助学生再次回顾相关数学知识生成的过程，如果可以基于数学思想和数学方法开展系统的分析、总结、概括，将有利于学生自己梳理所学知识，也可以加深其对数学思想和数学方法的理解。通过有效复习，学生能建立起相对完整的知识体系以及数学思想框架，这对学生解题至关重要。

让学生进行学习反思也同样重要，反思既必要又有效，它可以帮助学生深化对知识的理解与掌握，能够让学生通过独立思考与体悟来构造属于自己的数学思想结构体系，进而灵活运用。因此，教师要加强对学生数学学习反思方面的指导，让学生养成反思的习惯。学生通过反思，可以积累经验，最终提高数学核心素养。

第二章 初中数学教学中的兴趣激发、“让学引思”及学生核心素养的养成

第一节 初中数学教学中的兴趣激发

一、兴趣激发的概念

（一）兴趣

1. 兴趣的定义

兴趣就是人们试图探索一些事物的意识活动，它也是一种带有主观情感色彩的心理活动。人们所有的兴趣都来自于对事物的认知和经验的正面回馈。比如，很多学生在第一次听到美妙的曲子之后被其深深地吸引，进而主动地去听歌、唱歌、了解乐理知识，甚至去参加各种歌唱比赛。他们在学习音乐的过程中，体验到了快乐，因而对音乐更加感兴趣。兴趣就是一种认知与学习的倾向，是一种促使人寻找答案的动力。如果学生对某个专业感兴趣，那么他就会产生一种积极的内动力，不断地发现和研究，其学习效果也会提升。因此，兴趣会积极影响人对事物的认知。

2. 兴趣的分类

根据目的性，兴趣主要分为直接兴趣与间接兴趣两种。前者是指人对活动过程本身产生的兴趣，这是因为活动本身非常有意思、有意义，会使人在情绪上产生积极的效应。比如，学生对美术课、音乐课、课外阅读课的兴

趣等,都属于直接兴趣。但是,间接兴趣并非指人对活动过程感兴趣,而是人对活动过程产生的结果感兴趣。例如,部分学生对于数学学习本身没有兴趣,也觉得学习过程很枯燥,但是他发现数学成绩对考试排名很重要,好成绩会得到父母、教师的赞赏,以及朋友的尊重,所以才会刻苦学习。实际上,我们无法判断哪种兴趣更有优势、更好,因为两者之间是互相促进、互相联系的。如果学生对数学学习没有直接兴趣,那么他会觉得学习越来越枯燥;如果学生对数学学习没有间接兴趣,他就会变得越来越无所作为。单独谈论某种兴趣是没有意义的,只有把两者有机地结合起来,才能充分发挥出兴趣的作用,使得学生能够积极,并且持之以恒地学习,明确自己的学习目标,并朝着这个方向不断努力,最终取得成功。因此,教师必须学会将学生的间接兴趣变成直接兴趣。

根据持久性,兴趣可以被分为短暂的兴趣与稳定的兴趣两种。前者是很容易引起的,一堂生动有趣的课、一道有争议的数学题、一个数学游戏都能够让学生产生短暂的兴趣,但是一旦活动结束,学生的兴趣便会消失。所以,稳定的兴趣就显得尤为重要。因为只有稳定而持久的兴趣,才能够使学生积极面对困难,不会轻易认输,勇往直前。

兴趣不仅仅是人对事物情感态度的体现,也是使人拥有持续内驱力的重要来源。有了兴趣,学生在学习时才不会感觉到累和乏味,永远充满着激情和创造力。所以,学习兴趣对学生的数学学习有着很重要的影响。

(二)兴趣激发的数学认知理论

1.知觉发展方面

在知觉发展方面,学生已经能够有意识地去感知事物,其主动性和目的性都变得积极起来,对于教学中的感知要求也能够具体地去完成。随着知觉被不断训练,学生的精准度、逻辑性和概括性也在不断加强。其感知范畴由以前的二维平面逐步转向三维立体空间,学生开始能够解决一些简单的抽象问题。因此,兴趣激发可以结合知觉,让学生感知数学的魅力。比如在学习初中数学平面几何时,很多学生不能够将图形抽象出来,那么教师可以利用几何画板等多媒体工具让学生感知图形的变换、总结规律并建立逻辑思维。

2. 记忆力发展方面

在记忆力发展方面，学生在无意识的情况下记忆的深度会增加，对感兴趣的知识印象更深刻，对操作性强和难度大的知识记忆更模糊。但是，日常教学不能停留在简单的理解记忆层面，学生必须要逐步学会有意识地识记难度日益加深的学习材料。因此，从机械性记忆转变为形象识记和抽象识记是初中生记忆力发展的一个转折。那么，教师可以结合学生的兴趣，在教学中将难记的知识点形象化、口语化，让学生产生兴趣去记忆。

3. 注意力发展方面

注意力发展方面是学习过程中的重中之重。毕竟初中数学的学习还是以课堂为主，如果学生在课堂上没有集中注意力去学习，那么他很难取得优异的成绩。所以教师将课堂变得有趣，从而吸引学生的注意力就十分重要。另外，教师也要训练学生学会注意力的分配和转换，让他们学会“一心两用”——听课和记笔记两不误。

4. 思维发展方面

在思维发展方面，最开始学生理解事物在很大程度上是根据生活经验，但是从进入初中开始，经验型思维已经不能用于解决问题了，学生必须学习抽象思维。在初中数学教学中，学生的抽象思维能力是指学生将数学案例中的实物转换成抽象的能力。那么在日常的数学教学中，教师必须努力激发学生的抽象思维能力。教师要对一个简单的知识点多扩充、延伸和变式，多角度研究数学问题，这样学生才会多接触不同的数学思维，久而久之学生的思维能力必然会得到提升。

二、兴趣激发的方法

(一)多样化教学课堂的兴趣激发

1. 多样化教学的课堂引导

多样化的课堂引导,重点在于教师引起学生的关注,使其产生学习兴趣,使其在趣味活动中主动探索新知识。众所周知,学生活泼好动,注意力容易分散,再加之一节课45分钟,很难有学生能够做到完全集中注意力,一般情况下教师发现学生走神都是直接提醒,但是枯燥有难度的数学知识还是会让学生心不在焉。教师要想改变这种情况,就要转变教学方式,采取有趣的课堂形式,使学生产生兴趣,使他们感受到数学课不再是枯燥无味,这样学生就会主动集中注意力并积极配合教师。教师如若能够在课堂教学的环节中,运用多媒体等教学资源将教材中的真实内容自然地呈现出来,并通过创设丰富的教学情境将课堂生动精彩地展现,那么学生在这种寓教于乐的教学模式下学习,会更加积极、更加轻松,并且能感受到愉悦。教师适时运用课堂小游戏,既可以锻炼学生的反应能力,又能够增强学生的自信心,使他们在游戏中享受学习带来的乐趣。多样化教学的课堂引导可从如下方面探究:

(1)从精心设计导入入手

一节课如果有别出心裁的导入,就会大大引起学生的注意,从而让学生愿意跟着教师的课堂走。例如在人教版数学九年级上册的第二十五章“概率初步”的课堂中,教师可以模仿超市的情境,提前制作好一个圆形转盘,将转盘分成相等的六份,一等奖20元占一份,二等奖10元占两份,三等奖5元占三份。假设在超市消费满100元就可获得一次转转盘的机会,问:“你认为中三种奖项的概率一样大吗?你能计算一下中各种奖项的概率是多少吗?”

(2)让学生开口讲、动手做、自体验

①针对“四边形$ACBD$为$\odot O$的内接四边形,圆心角$\angle AOB=100°$,求圆

周角$\angle ACB$”。此题没有图，教师可以让学生到讲台上讲这道题，让学生自己画图并分析。教师听学生的讲解，能明白学生的想法，知道学生哪些知识点薄弱。然后教师再告诉学生们，知道了圆心角$\angle AOB = 100^\circ$，求圆周角$\angle ACB$，可以考虑学习的圆周角定理，构造出圆心角$\angle AOB$所对弧的圆周角，然后利用圆内接四边形的对角互补，从而求出圆周角$\angle ACB$。

②针对人教版数学九年级上册第二十四章的24.1.2“垂直于弦的直径”，在学生充分预习的基础上，教师可精心设计一节别开生面的新授课。将新授课与教材整合，打破常规教学思路，这样可以把学生一下子带到一节课的制高点，让学生从总体上把握这节课的重点内容，然后在练习中熟悉定理的使用。这种方式无疑是高效的，对学生的学习要求也更高。教师的问题设计也都要带着研究色彩，对培养学生的自学能力和研究问题的习惯产生帮助。

③针对人教版数学九年级上册第二十五章的25.2“用列举法求概率”，教师可以以校园内树的枝叶（如银杏树）为例引入，让学生善于发现生活中的美，并将树木枝干的形状引入到画树状图求概率中，让学生轻松愉快地掌握树状图求概率这一方法。

④针对人教版数学七年级上册第三章的3.2“解一元一次方程（一）——合并同类项与移项”，教师可采用小组站立讨论，谁完成谁坐下的方式，这样不仅活跃了课堂气氛，还能精准地把握学生的讨论达成度。

当然，教师也要知道，趣味课堂也要注意不能只有“趣”没有“味”，有趣的课堂教学可以激发学生的学习兴趣，使他们快乐地学习，但是教学的目的还是要让学生学有所获，让学生科学地、系统地学习知识。有的课堂游戏只能够达到短暂的趣味激发作用，而长久持续的趣味激发才是最重要的。那么，教师要让课堂有活力、有深度、有余味，才能算得上是真正实现“趣味”。真正的趣味课堂，应该是教师在课堂的起初采用生活化的情境创设，引起学生的好奇心和学习的欲望，激发学生的兴趣；在课堂进行的过程中，教师要多多引导学生主动探索知识而不是被动地接受，学生通过举一反三的变式训练寻求知识的升华，兴趣变得更加浓厚；在课堂结束时，教师要注意知识的深度挖掘,让学生觉得意犹未尽。

(3)激发学生创造力

一个好的课堂环境总是有一些创造性的元素,这使得课程更加有趣。创造力与课程的恰当组合能够帮助学生创新,也能鼓励他们学习新事物。多样化教学课堂可以真正改变学生获得知识的方式以及教会他们如何在现实生活中应用知识。事实上,多样化教学课堂的创造性表达在学生的情感发展中起着关键作用。

①快乐学习

多样化教学课堂可以为学生提供一个快乐学习的机会,比如讲故事和演小品,能够帮助学生在没有学习压力的情况下学习。这样的课堂总是充满乐趣,学生们在课程中参加创造性活动,从而获得学习兴趣。教师应该鼓励低年级学生发展创造力,并鼓励他们相信自己的创造力。教师可以组织有趣的团队建设活动,以促进学生的创造性思维,并帮助学生学会接受他人的想法。

②自由表达

不同于传统的教学方法,多样化教学课堂给了学生表达自己的机会。无论是在辩论、课堂讨论还是实地考察中,学生都有机会走出自己的舒适区,成为活动中的一员,大胆表达自己的想法。在学习过程中做出一些贡献会给他们带来一种满足感。创造性的学习方法让他们在遇到难题时,思维更加活跃。

③发展情感

多样化教学课堂给了学生探索周围环境和从中学习新事物的自由。学生们总是喜欢一个帮助他们自由探索的课堂环境。当他们能够在课堂上以创造性的方式展示真实的情感时,他们就能树立信心。

④增强思维能力

多样化教学课堂可以激发学生的思维能力,这就是教师开展活动的原因之一。一些教师巧妙地利用这些活动来教授困难的课程,让学生轻松愉快地学习。木偶剧等活动会让学生对学习环节保持兴趣,画面流动会给他们创造乐趣。开放式的问题带他们走进一个充满想象力的世界，他们可以想出创造性的答案。

⑤减轻压力、缓解焦虑

在紧张的学习之余进行创造性活动，学生们就会有很强的快乐感。这种快乐感让他们保持放松、缓解焦虑，进而帮助他们为考试做好准备。学生整合更多的实践学习，为视觉反思腾出空间，这会产生积极的影响。教师鼓励学生进行富有成效的讨论以及让课堂布局更加灵活，对于营造富有创意的课堂氛围至关重要。

⑥提高解决问题的能力

涉及谜题的头脑风暴活动可以提高学生解决问题的能力。在课堂上，解决创造性的问题能激发学生的思维能力，让他们的思维更加活跃，更加富有创意。问题由学生重新定义，其得出的解决方案或应对措施将更具创新性。

⑦提高注意力

初中学生集中注意力的时间相对较短。传统的教学方法对他们来说稍显枯燥，他们可能会在中途转移注意力。创造性的教学策略，如讲故事和演短剧，会提高他们的注意力，使学习效果更好。设置一个良好的课堂环境也可以大大提高学生的注意力。

⑧成为更好的沟通者

学生可以在空闲时间进行更好的对话，课堂辩论不仅有助于他们创造性地思考，激发创新思维，有助于他们理解和接受他人的观点以及培养集体意识，还有助于他们彼此敞开心扉，成长为更好的沟通者。

⑨创新思维

开放式问题和课堂讨论是两种流行的创意教学策略，能帮助学生培养创新思维。学生有机会对问题或主题进行批判性的思考，并提出创新的想法。

⑩推动终身学习

一个有创造性思维的人总是渴望能学习新东西，这有助于他们产生终身学习的愿望,使他们保持参与度和活跃度。一个好奇的头脑总是喜欢学习更多,创造性的教学环境可以通过非常规的方式使学生产生好奇的心理。

2. 多样化教学课堂下的数学兴趣激发

怎样才能激发和加强学生对数学的兴趣,使他们爱上数学并愿意主动去探索和发现数学的奥秘呢?这就需要教师在数学课堂上下功夫。

(1)情境引入

都说第一印象很重要,如果一个人给你的第一印象很好,那么你就愿意跟他进一步交流。当然对于数学课也是一样,一个良好的开端就是成功的一半。情境教学是指教师用生动、形象的语言将知识与情境有机地结合在一起,设计出一个具有代表性的情境,从而激发学生的学习热情,使他们积极地融入课堂。

在教学中,教师应该多创造一些真实的、源自学生生活的情境,使得学生对知识感到熟悉。情境引入教学可以将抽象难懂的数学知识变得更加具体形象。

在传统数学课堂教学中,学生对所学的知识兴趣不大,这大大限制了学生的创新能力。如果一节课在最开始不能激发学生的学习兴趣,那么学生就没有学习的动力,学习积极性就得不到调动,进而导致整节课都死气沉沉、没有生机,学习的效率也就降低了。如果教师在备课时,能够根据教材的内容,有目的地利用书本引言或者自行创设一些形象化、生活化、带有情绪色彩的情境,使得学生在参与其中的同时能够得到快乐的体验,以及获得对将要学习的知识的正确理解,由此激发学生对知识的浓厚好奇心,促使学生积极主动地去学习,这样的一堂课才是高效的。课堂教学情境引入是实现以学生为主体的关键,有助于改善教学中的被动灌输情况。在一堂完美的课堂教学中,情境引入法能促进学生学习的积极性和好奇心。

在实际的教学过程中,教师要根据学生的"最近发展区"来设置情境引入,太过简单会让学生感到无趣,太难则让学生望而生畏,所以必须要依据学生心理发展特点,创设难度适合的问题情境以及和教学内容相呼应的情境,只有这样,才能激发学生的学习热情,让学生在新老知识之间建立起桥梁。

在情境引入的过程中，教师要时刻启发学生思考，不断激发学生的求知欲，并且紧紧围绕教学目标，让学生在原有的生活基础和经验上学习新知识。只有这样，学生们才能真正体会到数学的快乐，进而提高学习数学的热情。

情境引入教学将抽象的知识建立于情感和直观之上，改善了数学学习中枯燥独立的讲解，结合了学生在知觉和注意力方面的认知特点，以更为丰富的情境来激发学生的学习兴趣，引导他们进行自主探索，从而使他们获得更多的知识，构建以学生为主体的高效课堂。

(2)了解数学史

①了解数学史的意义

数学史记录了各个时期数学家的研究思想、方法和成就，以及他们不畏艰难、献身数学研究的感人事迹。数学史是数学学科文化价值的一种体现，在促进学生掌握知识和激发兴趣方面起着至关重要的作用。

重视数学文化，融合数学思维发展和数学史专业知识，丰富学生对数学思维发展趋势的整体认识，对学生未来的学习和发展有一定的鼓舞作用。教师掌握数学思维的发展过程，讲述数学家的各种趣事，能让学生感受到数学思维的价值。此外，数学史上著名数学家的故事，以及他们探索数学思维奥秘的艰辛历史岁月，也能让学生在感受数学思维方法难易的同时享受聆听，进而把握当下学习与训练的机会。在数学课堂中，教师可以讲解概念和方法的创造环境，这样不仅能拓宽学生的知识水平，而且能丰富课堂教学的意义，帮助学生解答疑惑和满足好奇心，使学生对数学有更深入的了解。客观事实表明，在数学课上，教师要从简单的就事论事的角度，把一些常见的概念、理论和方法告诉学生，把它们的来源、历史演变等情况告诉学生，这既能拓宽学生的眼界，又能让他们记住更多的知识，调动他们的学习热情。

通过学习数学史，学生不仅获得了一种历史感，而且还学会从新的角度看待数学学科，他们将对数学产生更敏锐的理解力和鉴赏力。由此可以看出学习数学史是重要的，它可以让学生们对数学有所了解，知道数学的发展进程。学习数学史，还能够很好地调动学生学习数学的积极性，激发学生学习数学的兴趣。通过学习数学史，学生了解了有关数学概念的发展进程，就能更好地理解概念，同时数学史也向学生们指出了，数学是人类在特定历史时期所创造的，而不是历来就有的、永恒不变的，这能进一步培养学生正确的数学观念。正确的数学观，能使学生更主动地投入到学习之中，端正自己的学习态度，并促进学习效率的提高。在学习了数学史之后，学生知道了先辈们为了数学所奉献的一切，也知道了为得出一个我们现在可以直接应用的定理，先辈们经历了怎样的艰难困苦，这样学生就可以学习先辈们，在遇到困难的时候不急不躁、慢慢摸索知识的精神。通过对数学史的学习，学生能更好地感知和理解数学美，提高审美情趣，陶冶情操，从而更热爱数学这门学科，并执着于对数学的探索。

数学史可以帮助学生掌握数学思想，数学思想直接支配着数学的实践活动。对任何数学事实的理解、数学概念的掌握、数学方法的运用、数学理论的建立，都是数学思想的反映。因此，可以说数学思想是对数学概念、方法和理论的基本理解。通过对数学史的研究，学生可以了解数学思想的出现和发展等等。

②了解数学史的作用

数学教师在日常教学中应不断更新自己的教育理念，注重数学史的学习，并将其融入实际的教学之中。然而，要指出的一点是，在进行数学史讲解的过程中，一定要把数学知识与数学学习紧密联系起来，不要过分渲染、过分强调，因为初中数学学习的首要任务就是要让学生具备基本功。所以，教师要将数学史和基本的数学知识相结合，将过去的历史熔铸到现实和将来，使学生认识到数学的发展，从而使他们对数学的发展产生浓厚的兴趣，进而能够用自己的数学思维和方法解决问题、提升数学素养。

(3)多媒体辅助

教师在讲解一些概念和性质的时候经常需要借助图像，但传统数学课堂由于缺少一些必要的教具和动画演示，教师只好利用草图进行解释，学生也只能抽象地去理解含义，这样的学习过于抽象难懂，不够形象直观，会使初中数学知识变得繁杂。另外,有时候教师讲解一些繁难的计算时,如若没有辅助工具,一味在黑板上演算也浪费了大量时间,无法提高课堂效率。因此,在教学过程中,教师要充分利用多媒体技术,并能根据教学目的、教学内容的要求,对多媒体技术进行合理选择和应用。

根据学生的认知特点,抽象且难以理解的数学知识更容易让学生产生畏惧心理,多媒体就是一个可以大大缓解学生畏惧感的最有力的工具。利用几何画板工具,改善教师作图能力有限、空间描述不清的缺点;利用微课,使得更加丰富的多元思想融入教学,让学生对数学的理解更加直观和清晰。

(4)开展数学游戏

近年来,数学游戏被引入教学之中,这是一次教育方式方法的深刻变革。数学游戏既具有趣味性,又与教学有机结合成一种新的教学方式。数学游戏虽然是游戏,但是每个被教师精心设计过的游戏都蕴含了与教学目标相关的数学内容。数学游戏是一种新的教学手段,游戏的内容是教师围绕教学内容和教学目标设计的,相对于传统教学方式,游戏式的教学更能激发学生的学习兴趣,让学生在参与数学游戏时掌握数学知识,体验数学思维。初中数学游戏让学生在参与的过程中、在寓教于乐中强化实践意识,提高正确解决问题的思维能力。

初中学生毕竟是孩子,天性爱玩,所以游戏的趣味性和挑战性能使学生摆脱不理想的学习状态,让学生带着浓厚的好奇心参与到游戏中,主动去探索学习,减轻心理压力。很多数学游戏需要学生之间的合作,让学生在亲身体验到合作带来的乐趣的同时,也加深学生之间的团结合作精神和友谊。将数学游戏融入课堂中,既能激发学生学习数学的热情,又能创造轻松、积极的学习氛围,让学生在学习中处于最佳状态。

(5)深度探究数学奥秘

数学的兴趣激发方式多种多样,最持久的还是归属于课堂的深度,只有深入的学习和训练,才能让学生感受到数学的奥妙,真正爱上数学。深度数学教学以教师为中心,以塑造学生核心素养为导向,逐步提高学生全面和终身发展所必需的数学思维。教师应以学生为行为主体,重视学生的思维导向，促进学生主动思考。教师应适当启蒙、引导和组织学习，帮助学生建立多维度的解题思维，构建完整的数学知识体系。

在课堂教学设计时，教师应注重在关键目标和内容的某一个点上进行深度讲解，这样才能激发学生的学习兴趣。深度学习的关键在于教师的引领和示范，而不是单纯的知识传授，教师要让学生通过思维的碰撞，激发他们自主探究、合作交流、启发式学习。对于深度的理解，教师要从学生已经获得的知识体验入手，逐步地对其进行引导，以激起他们的好奇心。同时，教师还要让学生了解到，数学知识并非是静止的，它是生动的，是可以层层拓展的，在任何一个开放的情境中，深度学习都能够通过变式、多解，寻求不同的知识结构。

（二）情感教育的兴趣激发

1. 情感教育的渲染

情感教育是对学生情绪、态度的一种教育。在情感教育的背景下，课堂教学应具有两大任务：专业知识对流和情感对流。只有将这两个主要任务联系起来并加以约束，才能达到有效的效果。单纯的教授知识，是不完美的教学，但是如果将知识通过情感的交流来传递，不仅能调动学生学习兴趣、优化课堂教学，还能满足学生的情感需求。在课堂上，学生对知识的认知受到各个方面的影响，比如态度、情感和情绪。情感越是积极，其认知速度越快，认知质量也越高。因此，教师要想提高教学质量，就要对学生进行正确的引导，利用自身愉快的情绪向学生传递正能量，使得学生能够舒缓学习压力，提高注意力。

《礼记·学记》中云："亲其师，信其道。"教师要在言行上给学生树立一个好的榜样，因为站在讲台上，教师的一言一行都在潜移默化地影响着学生。学生是一面镜子，什么样的教师就会教出什么样的学生。一个和蔼可亲的教师，他的学生也是彬彬有礼的；一个性格暴躁、没有耐心的教师，他的学生也容易是飞扬跋扈的样子。另外，教师的教学本领也是很重要的，教师应具有扎实的知识、丰富的经验以及基本的课堂教学技能。大家常说："教师必须有一桶水,才能给学生一杯水。”这就是说,教师要教出优秀的学生,必须比学生拥有更丰富的专业知识。如今,随着科技、经济、社会的快速发展,学生可以在互联网上获得丰富多彩的专业知识,这显然是对教师专业知识多样性的重大考验。因此,教师的专业知识要向纵深发展,教师不断丰富自己的专业知识,思维也相应会开阔很多,这无疑是对教师知识丰富性的一大挑战。所以教师还需要不断创新教学方法和教育理念,让自己的知识和智力得到最充分的展现。大部分学生从内心去敬佩的教师绝对是一个学识渊博的教师,这样学生会将心里对教师的喜爱转化为对他所教学科的喜爱,对学习这门课的兴趣也会得到极大激发。

自然,教师也需要学会关心学生,因为教师对学生的关心是学生成长过程的动力,也是激励学生努力学习的动力。每个学生都有颗稚嫩的心,他们即使表面一副成熟的样子,但内心仍然渴望被认同和被关注,教师一句亲切的问候或是一个信任的眼神,都会极大地滋养、影响和鼓励他们。对于不同层次的学生,教师要学会分性格教学。比如性格内向的学生,大多会有点自卑,教师要多鼓励他们。在课堂上,教师可以问学生能回答上的问题,提高他们的信心,使他们获得满足感,这对学生性格的塑造有一定积极的作用,而且能促使他们更加热爱数学。

所以,一个教师只有具备了关爱学生的品质,在教学和教育工作中才能做到既关注学生知识的获得,又关注到学生情感的波动、学生精神的需求和学生心灵的丰盈。教师应该将学生视为自己的孩子,而不是只把注意力集中在分数上。教师应该学会倾听学生的心声,感受他们的情绪。教师应该观察学生细微的变化,了解学生的状态,真心关注学生,让学生感受到爱。

2. 情感渲染下的兴趣激发

情感教育实际上就是将教育与学生的人生观、价值观有效结合起来,以友情、亲情为核心的品德情操教育。情感教育有目的地运用主动情感来教导和鼓励学生,促使学生积极地思考,进而达到教育目标。

初中生正处于性格发展的关键阶段,他们不仅仅要学习数学知识,还要塑造性格、提升品质和磨炼意志。教师若只关注课堂本身的兴趣激发是远远不够的，还应注重情感对流。成功的初中课堂教学应该是建立在知识和情感的双重标准下。情感课堂教学能够塑造学生优秀的个性，使得学生始终处于最佳状态。

(1)教师自我修养熏陶

古语有云："感人心者，莫先乎情。"优秀的教师在课堂教学中需要发自内心地投入情感，以动人的感染力和真挚的情感真正走进学生的内心。要想学生能够自觉学习知识，就要与学生建立良好的师生关系，关心学生。要想约束那些有个性的学生，教师必须要有一定的影响力。那么影响力从何而来？影响力来源于教师的自我修养。我们经常会感觉到，学生对某一科目的兴趣在很大程度上依赖于教师。学生往往会因为喜爱这个任课教师，从而喜欢这一门学科，这也是有些学生偏科的主要原因。教师的自我修养，即教师通过自身魅力在教学活动中对学生产生强有力的吸引力和感召力，能激励学生有信心和力量去积极探索知识。教师只有时刻坚持以人为本的思想，以积极、乐观的心态对学生产生积极的影响，才能使得教育兼顾情感渗透和知识学习。

一个拥有独特教学风格的教师，会对学生有很强的吸引力。学生在学校接触最多的就是教师，他们会观察教师的仪容仪表、言谈举止，然后给教师定位，衡量自己与教师的距离，并在以后的接触中渴望去了解教师。所以教师的自我修养、良好的内在素质与可亲的外在形象完美结合，会让学生产生好感，并对教师所教学科产生兴趣。一个有着自我追求的教师往往精力充沛、乐观向上，能让学生时刻感受到力量，在教师自我修养的熏陶下，学生必然会逐渐形成坚强意志力，奋发学习。反之，如果一个教师语言粗糙，上课消极怠工，那么他在学生心目中将是一个很庸俗的人，学生不喜欢这个教师，必然不会喜欢其所教的学科。都说"近朱者赤，近墨者黑"，教师自身人格魅力越大，学生就越觉得教师值得尊敬，并且也会在行为上保持高素质，在学习上也更加努力，认真完成任务，高效学习，希望得到教师的认可，希望与教师的关系更亲近些。

任何一个勤奋好学的教师必然会经过长期的教学积累不断完善自己，

使自己拥有深厚的知识底蕴,他的思想情操、精气神使得他的自身修养由内而外地散发。教师唯有不断积累、不断充实自己,才能拥有深厚的学识,才能够对知识的深度把握透彻,在教学的过程中才会得心应手,对于不同的知识采用不同的教学模式,课堂有条有理,思路清晰,层层深入,使得学生学习起来特别轻松。

(2)适时鼓励学生

哲学家威廉·詹姆士曾说:“人类本质中最殷切的要求是渴望被肯定。”教师给予学生的肯定的目光或表示肯定的话语,无疑是树林里一米灿烂的阳光。那么教师作为给予阳光的“使者”,更要在教学中更多地激励和发掘学生的长处,不吝啬自己的赞赏之词,哪怕是学生一点小小的进步,也要给予最大的真诚。在进行数学教学的过程中,教师要学会发现学生的亮点,善于对学生给予积极的评价,教师可以使用多种多样的形式和方法,如鼓励的语言、赞许的目光等。这样,学生会获得成功的感觉,被关注的愿望得到满足,从而更加努力学习。优秀的教师应该时刻谨记,在学生出现过失或者犯错误时,要克制自己,由衷的爱比责备更能让学生受到鼓舞。

在课堂上,教师往往通过提问的形式来了解学生掌握知识的情况。但就学生而言,一听到教师要提问,就低下头生怕被问到。试想,为什么会出现这种情况?是因为很多时候学生回答错误会被教师责备、被同学嘲笑,他们越是有这种想法就越是不能轻松地去思考问题。那么,适时地鼓励学生就非常有必要了。如果教师提出一个问题,学生答对了,说明他对知识掌握得非常好,教师应该马上对其进行表扬,这时学生得到了教师的肯定,必然信心大增,学得也会更努力。相反,有的学生被点到回答问题,会非常紧张和焦虑,这样就会导致其回答不上来。这时候,教师切忌直接打断学生的回答,或者是讽刺挖苦学生,教师应该根据对他的了解,通过微笑或是鼓励的话语,给他一点时间缓解焦虑的情绪,并且适当地给学生一点提示,使得学生能够自己回答出这个问题。这样,学生虽然很害怕,但是在教师的鼓励下战胜了恐惧,必然也是信心大增。当然,对于一些成绩差一点的学生,教师可以提一些比较简单的问题,这样他们就能够立刻回答出来,这样做的目的也是让学生能够感受到教师的关注，从而努力学习，不放弃自己。因此，教师在课堂上适当地激励学生，能加强他们的自信，使他们的思想活跃起来，从而达到优化教学过程的目的。

教师应该适时在班上给予学生们一些鼓励，这不仅有利于活跃课堂气氛，构建和谐的师生关系，同时也能使学生感到被重视，调动起学习的积极性。当然，在课下，教师对学生的鼓舞也是一样重要。

第二节　初中数学教学中的“让学引思”

一、“让学引思”的概念

“让学”是指教师主动将课堂归还给学生，让出时间、空间、机会和活动，强调以学生为主体。在这个过程中，学生通过师生互动、生生互动、生本互动的形式完成学习任务，发展自主探究、合作学习的能力。“让学”不是教师完全放任，而是“让”得恰当有度；“引思”是指教师根据教学目标的要求，适当对学生进行点拨与指导，进而引发学生独立思考，引领学生合作交流。在这个过程中，教师是指引者、引导者和启发者，运用多种方法启发学生的思维，提高他们对学习的自信，培养他们的学习习惯。下面将从“让”“学”“引”“思”四个方面具体说明。

首先，“让”是积极地忍让，而不是简单地让步，这是对教师的明确规定。“让”围绕课前、课中和课后进行，那么教师怎么“让”呢？教师在教学过程中要做到“四让”——让活动、让机会、让空间、让时间。教师为学生充分准备课堂教学时间和适合课堂教学的自然环境，正确引导学生主动参与。在这个环节中，教师是引导者、辅助者和观察者。教师应根据学生的认知水平、基础知识水平和实际课堂教学标准来构建创造性的问题情境，保持对学生表现的高度注意，灵活调整课堂教学策略，引导学生通过自主阅读、合作讨论、自发探索等学习活动进行独立学习，以达到“让”的目的。

其次，“学”是指学生和教师分开学习、相互学习。按照教师的“让”，学生成为课堂教学的主体，学生经历对数学思维方法的比较和选择，以及数学内容的分析和综合等认知过程。在此期间，教师每次的课前准备工作、课中的师生交流互动和课后的总结反思，也都是提升专业知识、教学技能和提高应对突发情况的能力的过程。

再次，“引”也是对教师的明确要求。教师要鼓励学生优化学习方法，并正确引导学生学会自主思考、学习数学原理、感受数学思维，从而塑造数学思维能力。那么教师应该怎么“引”呢？教师应如何把握“引”的方法呢？教师应该以教材内容和学情为基础，结合学习的细节构建问题情境和设置“问题串”，问题应环环相扣、紧密相连。在教师的帮助下，学生遵循课堂教学理念，根据问题的思考、讨论，完成启发式教学，进而完成教师的“引”。

最后，“思”不仅是学生的“思”，也是教师的“思”。学生如果只听课堂教学中讲授的专业知识，却不去思考、理解和研究，就会对教师产生强烈的依赖，不能自主地思考、探索，只能等待教师的回答。因此，学生应该学会思考，要积极思考教师的问题，提高自己的思维能力。对于教师，不仅要考虑教材的内容和学生的学习情况，还应在下课后及时反思教学过程。教师只有勤思考，才能发现教育中的问题，以优秀的教育理念为正确引导，才能使无意识的教学体验融入教学活动之中。

“让学”与“引思”是辩证统一的整体，相互独立又相互交融，“让学引思”不仅是对学生提出的要求，亦是对教师提出的要求。教师在“让”和“引”的同时要学会“学”和“思”，“学”教材、专业知识和教学技能，“思”学情和教学设计流程。学生在教师“让”和“引”的双重条件下，思考、交流、合作和探究。“让学引思”是一种理念，在“让学引思”理念下构建的初中数学课堂教学模式中，教师与学生的身份、作用是清楚的，师生能够共同学习、共同进步。

二、“让学引思”的理论依据

实践活动要在基础理论上展开，没有理论创新的实践是不成熟的、盲目的。作为一种教学理念，“让学引思”中包含的教育教学理论非常丰富。人本主义理论、建构主义理论和杜威的教育理论等为“让学引思”理念下初中数学教学研究提供理论支撑。

(一)人本主义理论

强调学生的本身价值、强调发挥学生潜在价值的人本主义理论为“让学引思”打下了坚实的理论基础。简而言之,“让学引思”的教学观应当以“以人为本”的价值观为基础,坚持“以学生的发展为本”。教师观则指向教师积极地改变教学模式、转变教师角色、改进教学方法的方向,学生观则倡导学生的自我评价、内部评价、发展性评价。

基于此,“让学引思”强调教师在教学过程中要做到在结合教材和学情的基础上,灵活选择教学方法。同时,教师应该为实行此理念营造民主、和谐的课堂氛围,为学生构建知识体系打下基础。

(二)建构主义理论

建构主义理论认为造成学生主体性地位缺失的最主要原因是传统的教育方式——以教材、教师和课堂为中心。学生在机械的课堂学习过程中不能深入内化知识,不能发散自己的思维、创造力和想象力,而知识内化的过程建立在对知识动态性认识的基础上,这种动态性不仅是指知识本身具有不确定性和动态性,也指学生在内化知识的过程中能针对具体的学习情境与自身的情况做到灵活处理。于是建构主义理论强调教学应当由“以教为中心”转变为“以学为中心”,教师和学生的角色由单一性转变为多元性,教师应当从教学者转变为引导者、帮助者和合作者。学习的情境性、互动性、建构性指出,学生应当由知识的被动接受者转变为学习者、参与者和合作者。从这一角度来看,建构主义理论不仅呼应着中国古代教育思想,例如孔子的启发式教学,还做到以学生的“学”为导向的知识建构,契合着我国“以生为本”的教育理念。

基于建构主义理论,“让学引思”理念提出,教师要转变传统的“传授—接受”的教学方式,主动将课堂归还给学生。学生知识的获得不在于“教师讲授,学生记录”的模式,而取决于学生在学习活动中主动构建相关知识内容的能力。“让学引思”理念下的课堂,转变传统教师观、教学观和学生观,帮助、引导学生通过提问、质疑、猜想、小组学习和合作探究等方式构建数学知识体系,最终学习数学知识、感悟数学思想、发展数学能力。

（三）杜威的教育理论

在教育本质方面,杜威从哲学、教育学、心理学和实用主义经验论的不同角度,阐述教育本质并提出“教育即生长”“教育即生活”“教育即经验的改造”。首先,他认为学生的习惯、知识、道德、成长应当通过学生自身的活动去习得;其次,在教学论方面,“从做中学”是其核心思想,杜威反对学生死读课本教材,提倡学生到实践活动中去做、去学,主张打破传统以教师、教室为中心的教学模式,教师可以通过模拟丰富有趣、形式多样的生活场景,帮助学生从实践中学习经验;最后,在学生与教师方面,杜威认为学校应当以学生为起点、中心和目的,一切教学活动是为了学生而不是教师。这一主张并不意味着学校和教师对学生采取完全放任的政策,教师在教学中对学生要把握恰当,为学生成长提供和创造良好的环境、机会和条件。

在杜威的教育理论基础上,“让学引思”理念提出在教学过程中,教师在课前就要树立“让”的观念、意识,主动把主体性还给学生,改变以往“一人讲、一手抓”的教学模式,教师从“掌控者”“传授者”的角色转变为学生的引导者、合作者、帮助者和学习路上的指路人。教师应该主动为学生提供空间和时间,帮助和引导学生进行自主的思维活动,使学生的学习能力得到发展,并使他们在此基础上形成自己的核心素养。

（四）三项教学理论的综合与配置

人本主义理论提倡以学生为中心,强调学生的主体性,提倡和谐、平等和民主的关系,这与“让学引思”理念中的教师主动让出时间、空间、机会和活动等思想不谋而合,均强调发挥学生的主体性,进而发展学生的学习能力;建构主义理论认为,课堂教学应从教师的教学向学生的学习转变,教师引导学生进行自主思考、自主协作、用各种形式的活动学习,学生最终获得知识不再通过“教师讲解,学生记录”的机械模式,而是通过主动、自发参与到学习过程中构建有关知识,“让学引思”理念下的数学课堂,教师转变为引导者、帮助者,整个教学活动不论教学方法的选取还是教学目标的制定,都是对建构主义理论的具体阐释;杜威主张学生“从做中学”,也就是从活动中学,在参与活动的过程中学生自己动手、思考和感悟。

上述三种教学理论,都是指向培养完整的“人”,因此是将“人”的本身和发展作为培养的起点与归宿,这就是指在教学中突出学生的主体地位,其构成“让学引思”教学理念的基础性理论前提。在“让学引思”这种教学理念下的课堂教学活动中,这几项理论的配置与整合必将有利于发展学生的学习能力,加强对学生数学学科核心素养的培养,营造良好的教育环境,构建良好的师生关系。而三大理论对教师的观念也与“让学引思”下的教师观相辅相成,这意味着长期使用“让学引思”这种教学理念教学,将有助于提高教师的专业素质,提高他们的教学水平,推动他们的专业发展。

三、“让学引思”的内涵

“让学引思”的课堂教学特点,在于以教师的“让”和“引”为路线,以发展学生的“学”和“思”为目标。“让”是教师的坚定立场,“学”是学生的学习经历,“引”是教学方法,“思”是学习境界。“让学引思”的深度融合,能提高教学成效,实现教学目标。那么“让学引思”理念该如何渗透到初中数学课堂呢?通过对一线教师的访谈,结合初中数学的学科特征和初中生的认知特征,针对初中数学学科,构建基于“让学引思”理念的“三乘四”教学模式。“三”是指课前、课中、课后三个环节,“四”是指“让”“学”“引”“思”四个维度,每个环节都对应四个维度,环环相扣,紧密联系。下面将从“让”“学”“引”“思”四个维度具体阐述该理念在课前、课中、课后三个环节是如何展开的。

(一)“让”是立场

1. 课前的“让”是教师观念的“让”

课前的“让”是教师树立起“将课堂主动交给学生、突出学生主体性”的意识。教师要认识到:学生是一个独立的人——学生是课堂的主人,能够独立发起、进行、完善学习活动。而学习活动不应该发生在教师口头表述以及学生“左耳进右耳出”的过程中,而应该是教师根据学生的具体情况创设独有的课前研究与设计,树立起“学生是一个具有独特意义的人”的内心意识,并将其落实到教学实践中去。

2. 课中的“让”是教师行动的“让”

课中的“让”就是教师能够在课堂中贯彻课前树立起的意识。在教学过程中,教师首先要做到对整体的规划与把握,为主动地让出时间、空间、机会和活动做出提前安排,并能够根据具体的教学环境将其真正地落实到教学过程中去,给予学生自主探究、合作交流的时间、空间、机会和活动。

3. 课后的“让”是教师作用的“让”

在完成教学后,教师应当针对教学内容、疑难问题等进行主体意义上的“让”,即教师要做到主动地让时间、空间、机会和活动等,引导学生独立思考、反思,教授学生自主解决问题的学习策略,促进学生在课后自主反思本节课的内容与问题,实现主体的发展。这意味着在课后教师要避免一个人包揽解决学生疑难的任务,避免采用“一人答、一把抓”的形式,否则必然会造成敷衍塞责、效率低下的现象。

(二)“学”是经历

1. 课前的“学”是教师带着疑问的学

课前的“学”主要是教师的学,教师应在分析教材和学术条件的基础上,明确合适的教学策略和教学方法。那么教师如何进行课前“学”的过程?首先,教师在进行教材分析时要深入剖析教学要点、初中教材地位和课标要求,清晰教学内容前后存在的逻辑,深入构思教学环节;其次,在分析学生学习因素时,教师要做到对学生认知个性特点的内外结合,不仅注重学生外在形式上的表现,还要注重学生内在个性结构的实质,并且要真实地了解所教班级学生的性格、家庭等情况;最后,教师要将教材与学情分析结合起来,确定“合适根据地”,设计初始问题奠定基础,设立恰当的教学目标,选取恰当的教学方法、教学媒体等以构建完整的课堂过程。

2.课中的“学”是学生带着目标的学

课中的“学”主要是学生的学,在课堂中学生不应该局限于被动接受式的学习方式,学习的方式应当多种多样,比如小组学习、合作学习、探究学习、活动学习、问题学习和实践学习等,并且一节课的学习活动不应仅限制于一种学习方式,可以是多种学习方式的结合。例如,初一学生在学习几何图形时,虽然已有小学阶段几何图形的基础,但是缺少系统规范的研究体系,学生在从“认识几何图形”过渡到“初步研究几何图形”的过程中会感到不适应,此时课中的“学”就可以采取小组学习、研究学习等多种学习方式相结合的形式,学生在形式多样的学习方式下能尽快适应初中数学学科的特点。教师恰当选取学生课中“学”的学习方式,多种学习方式相互结合,相辅相成,激发学生兴趣,发散学生思维。

3.课后的“学”是师生教学活动继续延伸的学

课后的“学”既是学生的学亦是教师的学,教师不能对学生课后的“学”敷衍塞责,而是应当通过课后作业、测试卷、课后社会实践活动等方式检查学生所学专业知识的掌握和应用水平,做好查找不足的工作。课后,教师要继续加强科研理论和专业知识的学习以提高自身的专业素质与教学技术,并注重研究与培训相结合。

(三)“引”是方法

1.课前的“引”是教师形式的引

课前的“引”是教师的引,教师要认识到课堂教学的不确定性与变化性,调控课前存在的相关影响因素与无关因素。例如,从小学过渡到初中的初一学生没有形成良好的课前准备习惯,教师可以通过整理讲桌,打开多媒体,摆放教案、教具等行为,来引导、提醒和督促学生进入状态。

2.课中的“引”是教师实质的引

步入初中的大部分学生会觉得数学知识抽象、数学形式晦涩、数学课堂枯燥,此时课堂上就容易出现学生“不愿听”“不愿想”等问题并导致消极的课堂氛围。为解决此类问题，教师应当把握初中生好奇心重与可塑性强等特点，通过情境导入、课堂点评、课堂检查以及课堂提问等方式引导学生思考、交流。

教师在情境导入环节可以根据初中数学不同知识点的特点选择合适的导入方式。如旧知引入法：在学习“多边形内角和定义”时，教师可以先引导学生回顾三角形内角和的定义，然后鼓励学生动手实践，将多边形分成多个三角形，正确引导学生联系旧知识、逐渐发现规律。实例引入法：讲解抽象难懂的函数图像时，教师可以通过引入贴近学生生活的实例，如喷泉、烟花或者导弹发射的运动轨迹等，启发学生从特殊现象中归纳出一般结论。此外，还有趣味引入、情境引入、实验引入和直接引入等方式，具体选择哪种引入方式，就需要教师能结合教材和学情合理选取。

3. 课后的“引”是教师结构的引

课后的“引”仍然是教师的引导，教师在对课前、课中学生的学习情况、学习结果进行分析后，依据学生的具体发展，通过布置水平适宜的作业、提出一定难度的思考问题、安排特色实践活动等形式引导学生课后及时巩固、及时反思。

（四）“思”是境界

1. 课前的“思”是教师预设的思

课前的“思”是教师的思，教师应根据学生近期发展领域来开展课堂教学，设置具有一定难度的问题，安排合适的教学任务，将学生可能的发展水平转化成实际的发展水平，挖掘其学习潜能，激发其学习动机。

2. 课中的“思”是学生激活思维、发展能力的思

在课堂活动中，教师要帮助学生进入“真思”的状态、养成独立思考的习惯、培养严谨的数学思维。首先，教师通过课前设计的问题导向，在课中运用设计好的、贴近学生生活的、能激发学生学习兴趣的、有价值的问题，逐步引导学生思考、质疑、提问。学生只有自己发现、提出和解决问题，才能体验、构建和内化数学知识并逐步形成相对稳定的思维品质、情感态度和价值

观。其次,增加课堂对话的思维含量,学生"灵机一动"的回答往往灵气四溢,闪烁着思维的灵光。教师若不深入引导学生思考,仅做简单的肯定和否定就不能挖掘学生潜力,甚至会丧失促成学生观念形成的宝贵机会,失去难得的课堂生成资源。由此可见,课堂点评尤为重要。"思"是进行课堂活动的关键,是学生形成观念的最终归宿,是高层次的学习境界。

3.课后的"思"是促进师生共同进步的思

课堂教学是一个动态的系统,一节课后教师和学生都要做到"善学真思"。作为教师,一是反思教学目标的制定是否合理、是否具体、是否能够顺利实现;二是反思教学设计能否恰当地反映并实现一定的教学目标,教学过程中所安排的教学内容是否突出重点与难点,教学安排是否符合学生身心发展的特点;三是反思教学过程中各个环节是否安排得当,各个要素之间的处理是否符合每个环节、是否得到充分发挥,时间分配是否合理;四是反思教学方法是否与教学内容、教学效果、教学目的相同,是否与学生的认知发展水平相适应;五是思考是否完成课堂教学中的日常任务,是否达到课堂教学目的,是否达成课程目标等。影响课堂教学效果的因素还有很多,例如教师的应变能力、教学技能、沟通能力等。因此,教师要不断提高自己的专业技能和学科素养,多反思,努力打造完美的课堂。

作为学生,一是反思自身的学习态度,即自身是否具有主动克服学习过程中的困难的效能感,是否在学习过程中逃避、抱怨、具有消极态度;二是反思对于获得的学习内容,是否能够做到理解、掌握、运用;三是对应用学习策略的反思,是否在预习、课中、作业、复习等环节中采取了有效的学习策略提高学习效率;四是反思学习结果,对学习到的内容、方法、技巧、体验和感受等的整体反思可以作为未来学习的基础。教师和学生及时的总结与反思,是"让学引思"在课后的继续与延伸。

"让学引思"理念下的"三乘四"教学模式,三个环节、四个维度层层递进、环环相扣,学生和教师的角色清晰分明。课前是"让学引思"的开端,教师要树立观念,通过教材分析、学情分析确定教学目标、教学方法和教学用具等,做好准备工作;课中是"让学引思"的发展,课堂中教师"让"和"引",

学生“学”和“思”，师生交流、生生合作，学生在思考、交流、合作中构建知识体系，发展能力；课后是“让学引思”的延伸，学生通过完成作业、思考教师留下的问题、生生之间的交流答疑和自我反思等方式，继续学习、思考，教师在课后提升专业知识和教学技能，研培结合，为成为优秀教师而努力。

第三节 促进数学核心素养养成的课堂教学

一、核心素养目标对初中数学课堂教学的要求

(一)核心素养目标下数学课堂教学的综合性

核心素养本身就是一个文化教育目标，它具有很高的综合性。它不仅注重学生的综合数学思维和获取知识的能力，而且还注重在数学教学过程中学生主要表现出的一些其他素质，如自我控制和调整能力、组织能力等。初中数学教师需要在课堂教学中把握核心素养目标的综合特征，充分、全面地关心学生并关注学生的方方面面，使学生在数学课堂上逐渐具备数学思维。例如，对于数轴的概念，初一学生在认识上存在着一定的困难，他们不明白为什么数可以用直线连接，为什么数字可以用图形表示，什么样的直线可以被称为数轴。这种认知困境对不同的学生有不同的直接影响。有的学生会产生明显的研究冲动，有的学生会忽视和放弃专业知识的学习和训练。在这样的情况下，教师首先要引导学生从数和线两个层面去体验认知；其次，教师让学生从常见的文具——尺中寻找数字与线条融合的设计灵感；最后，教师用栩栩如生的案例来帮助学生探索数轴的特殊性和便利性。只有通过认知和比较，学生才能真正了解数轴的专业知识。从核心素养目标的角度来看，从学生学习和训练的规律性来看，学生在建立实际专业知识的过程中，首先受到的就是心态的影响。很多学生在数学测试中表现不佳，很有可能其基本功和能力没有那么差，真正的原因通常是学生在学习数学上的心态不好。因此，核心素养目标下的数学课堂教学必须是综合性的，只有教师意识到这一点，才能关心数学思维方法在课堂教学过程中的作用。要想

培养学生的数学思维,教师应该考虑学生在学习和训练数学思维方法时会有什么样的心理状态,随时观察学生的反应,并据此及时调整教学方案。

(二)核心素养目标下数学课堂教学的基础性

在核心素养目标下,初中数学课堂教学也必须关注课堂的基本特征。这也意味着,教师不能仅仅把核心素养目标理解为一个无法达到的“高”目标,必须确立核心素养总体目标下数学课堂教学的本质特征。

(三)核心素养目标下数学课堂教学的导向性

在核心素养目标下,初中数学课堂教学具有导向特征,这一特征无疑是针对开展课堂教学的数学教师的。也就是说,学生的数学思维以及核心素养的塑造和发展仍然需要教师在课堂教学中实现。教师在课堂教学中的所有个人行为都是为了更好地实现课堂教学目标,而课堂教学目标往往需要通过教师所讲授的教材和课程的培养原则进行预设和制定。最重要的是,教师要站在学生的角度思考课堂教学问题,思考如何正确引导学生学习与训练。绝大多数一线教师在课堂教学中非常重视学生的学习态度,强调学生心态对学习行为的关键影响。数学教学的真正难点不在于学生的基础,也不在于他的智商,关键看学生的态度,态度端正非常重要。

二、促进数学核心素养养成的课堂教学策略

(一)探究式教学策略

初中生普遍认为,与其他科目相比,数学学科的专业知识更抽象复杂,在数学学习中找不到自己的兴趣爱好。为了让越来越多的初中生爱上数学,一线数学教师必须开始在数学课堂教学中学会思考、精心制作,以适合学生学术条件的课程内容为基础,采用顺水推舟的教学方法,使学生对数学知识有深刻的理解,培养他们的创新思维能力。

为更好地将探究式课堂教学应用于初中数学课堂教学,从多方面培养学生的数学核心素养,教师在教学过程中必须遵守以下基本教学方法。

1. 分解和编写有效的课程内容

初中数学教学并不一定要求课程的所有内容都能或适合开展探究式课堂教学。初中数学教师应对数学课程的内容进行深入的分析和理解,然后选择合适的内容并将其分解,以便能在数学课堂进行探究式课堂教学。那么,什么样的内容适合探究式课堂教学呢?探究式课堂教学应选择难度适中的内容。一旦学生在课堂上探究出不符合期望的结果,很可能会影响他们学习数学的信心,难的数学内容不能激发学生的好奇心和求胜欲望,也不能引起学生对这类学习内容的探究冲动。不难看出,数学教师如果选择在课堂教学中应用探究式教学法,在课程内容的选择上一定要三思。

2. 以学生为学习主体

初中生才十三四岁,刚好处于创造性发展的重要时期。同时,他们已经具备了很强的动手能力。因此,在课堂上,学生是主体,是真正的主人,而教师起着重要的辅助作用。学生应该主动发现问题、提出问题、探索问题、解决问题。

3. 探究方式要多样化

初中生的性格不够沉稳,比较活泼。这就要求初中数学探究式课堂教学的方法必须多样化。一般来说,比较常用的探究方式有学生探究、小组合作学习探究、课堂小组讨论等。学生自己的探究,就是学生独自进行所有的学科活动。这种不依赖他人之手的单独探究,能够显著地增强学生自主思考和解决问题的能力。教师将不同能力的学生分组,可以为不同能力的学生创建群体的自然环境。课堂上的讨论最容易产生各种意见,思想更容易碰撞出火花。教师可以在探究式课堂教学中更全面地应用这些方法,只有多样化的探究方式,才能真正点燃学生的探究欲,让学生的核心素养发展得更加全面。

(二)培养学生核心素养的策略

在探究式教学中,学生可以通过参与数学主题活动,体验数学思维方法的产生、发展和应用的全过程。这种亲身体验的过程会逐渐加强学生对专业知识意义的正确理解,这种亲身体验最终会促进初中生数学核心素养的培养和发展。在具体探究式课堂教学中,教师可以参考的对策有以下几种。

1. 在课堂教学中设置有吸引力的问题情境

学生只有主动参与课堂教学的全过程,才能获得更强的专业知识和技能,教师才能帮助学生培养和发展更多的数学核心素养。教师构造一个具有吸引力的情境,会给学生带来巨大而充分的感官吸引力。因此,在实际教学过程中,教师需要选择适当的教学内容,并围绕内容设置有吸引力的问题情境。简单地说,就是教师选择的课堂内容,应与日常生活中的历史事件、真实事物、热点新闻,以及具体的客观自然环境密切相关,以进行问题创造教学情境的转化。在教学过程中,教师要尽量创造具有吸引力的问题情境,从主观与客观两个层面吸引学生主动、积极地对目前需要学习和培训的数学思想和数学方法做出反应。

2. 课堂教学探究活动的设计具有梯度方向

数学探究式课堂教学一般由若干个相对独立的子主题活动组成,因此探究式课堂教学的类型可以丰富多彩。数学教师在设计探究式课堂教学主题活动时,要保证活动的难度系数由低到高,主题活动过程最好由简到繁。一般情况下,主题活动的设计应该是循序渐进的,即在保证课堂教学探究主题活动梯度方向的同时,不断引导学生的探究能力和核心素养走向新的高度、深度、广度。一般来说,一个适合初中生开展探究的数学课堂活动,实际上可以表现在以下几个层次:

(1)客观自然环境下数学思维的全过程,是课程内容、客观原材料、课堂教材内容逐步积累的全过程。

(2)重新发现数学思维的全过程,是在学生原有的数学思维方法、思想体系的基础上,逐步引入新的专业知识和基础理论。

(3)数学思维社会实践活动也可以是更高层次的抽象主题活动。将数学思维的基本理论和方法运用到具体实践活动中,使学生能够独立处理具体问题或更高级、更抽象的问题。

三个梯度方向的主题活动之间密切相关。前一个梯度方向的主题活动为后一个梯度方向的主题活动奠定了基础，后一个梯度方向的主题活动也是前一个梯度方向主题活动的发展。数学教师考虑和参考初中学生数学思维认知能力的认知结构层次和规律，遵循数学思维探究教学活动设计的层次标准，在进行探究时建立层次结构。一系列具有梯度方向和进展的数学活动，既符合初中生的专业知识和能力水平，也符合教师教学操作过程的要求，既可以提高数学课堂学习的高效性和实践效果，也可以不断激发学生的学习和训练热情。

3. 加强信息技术在课堂教学中的多方位应用

一般来说，数学探究式课堂教学主题活动包括观察、实验、猜测、阐述、应用、思考等多个过程。毋庸置疑，数学实验已成为初中数学探究式课堂教学中必不可少的、批判性的、创新的教学过程。由于缺乏相应的物质和客观环境标准的限制，以往初中数学教学课堂中，数学实验主题活动往往被教师放弃或选择性忽视。另外，在信息技术迅猛发展的今天，教育信息技术已经达到了显示、再现和集成各种数学实验的要求。数学实验，在课堂教学中得到了切实有效的引入，变得越来越容易。因此，要增加教学研究阶段，让学生清晰、全面、深入地掌握数学思维模式的创造、发展和应用的过程。例如，在初中数学教学中，当学生遇到不太容易被立即接受和理解的抽象定义和规律时，教师可以选择应用相应的几何画板、三维动画等信息技术方法。在教学过程中，教师能为学生提供形象化的、动态的知识内容，使学生能够欣赏、学习和训练。对于一些难度较大、耗时长、对学生逻辑思维能力要求较高的专业知识，部分学生在课堂上无法完全掌握，此时，教师可以制作包含数学思维的小视频来解决此类问题，让学生在课余时间观看、思考、学习。这种方式将促进学生不断深入地学习数学。

4. 在课堂教学中高度重视总结与思考

学生在探究式课堂上的自我总结与即兴思考，是学生继续进行数学教育的一个重要因素。探究式教学的总结和反思，是指教师将学生在课堂上所碰到的数学问题，从多层次、多角度并利用相应的专业知识来解决。在数学探究式课堂教学中，学生可以对自己探究过的专业知识和内容进行总结和思考,这样可以了解自己掌握基本知识和专业技能的情况。学生应该理顺解题的基本思路和方法,然后整合同类型的问题模型,这样有助于学生自己完善现有的知识体系。

(三)培养学生自主学习能力的策略

1.自主学习能力

无疑,在数学教学课堂中,教师非常重视学生自主学习能力的塑造。教育研究学者对学生自主学习能力的定义可谓千差万别、复杂多变。学生自主学习能力是指在教师的引导下,学生可以利用自己现有的认知来理解教材内容,并进行全面和独立学习的能力。

2.培养自主学习能力的教学策略

对于正在成长中的初中生来说,数学思维会影响他们的自学能力。在初中阶段培养的自主学习能力也会对学生的学习、工作、生活产生长期的、深刻的影响。

判断初中学生具有数学自主学习能力的标准如下:能够独立地获得数学知识;能够对与数学有关的规则进行归纳和总结;能够独立运用所学的数学知识解决实际问题。培养学生的自主学习能力,教师可以采取以下策略。

(1)激发兴趣、强化动机

众所周知,兴趣是最有效的教师。所以,在初中数学课上,教师要充分调动学生的学习兴趣。比如,教师在教学中设定一些环节,使学生体会到自主学习带来的快乐和满足。在数学教学中,动机是激发学生主动进行个体行为的动力,学生的学习兴趣将会直接影响他们的学习行为,并对他们的学习效果产生深远的影响。在现实生活中,我们可以看到,随着社会环境的改变,大部分的初中生对自己的数学思考能力没有很清晰的认识。所以,在数学课上,教师必须寻找激发学生学习动机的“命门”,特别是要激发“需要动机”、“成就动机”和“自我价值动机”。只有通过这种启发,学生们才能体会到目前的紧迫感和使命感,从而能够积极主动地、自主地、有效地进行数学知识的学习和探索。初中数学课堂教学中,学生的学习兴趣和学习积极性是相辅相成、不可分割的。在初中数学教学中，教师必须重视激发学生的数学学习兴趣，只有不断地坚持，才能使学生从被动、消极的数学学习中摆脱出来。其深层含义在于，这种坚持将使数学课堂更快速、更有效地达到培养学生自主学习能力和养成学生数学核心素养的宏伟目标。

(2)培养学生数学阅读转换能力

学生的数学阅读转换能力在学生的数学学习中起着至关重要的作用。只有逐步提升学生的数学阅读转换能力，才能有效地促进学生进行数学思考，并使学生自主学习能力逐渐增强。目前，我国初中数学教学中，阅读理解类题型的出现频率不断提高，初中数学教师们在课堂上应开始有针对性地、有计划地培养学生的数学阅读能力。教师在培养学生的数学阅读能力时，应注意以下三个层次，前初读、中阅读、后思读，还要注意数学阅读常用的四种读法，也就是通常所说的略读、熟读、精读、透读。“三个层次”“四种读法”根据由前到后、由简单到复杂、由浅到深的顺序层层递进，目的在于激发学生对数学的兴趣，减轻学生的数学学习负担，提高他们触类旁通的能力。

比如，在前期的初读中，学生仅需要对阅读材料进行粗略的阅读，达到一定的理解水平；中阅读阶段，则需要“咬文嚼字”，对每一个字、每一个数学符号，都要做到“精”“熟”，要基本能举出符合概念要求的示例，能分辨某些命题的真假；后思读是指学生能在一定程度上理解阅读材料中所包含的基本概念和基本方法，能对知识的形成进行独立的思考，能正确地应用知识来解决问题，并能做到举一反三、灵活应用，达到“透读”的水平。

第三章　初中数学教师教学反思能力的培养与数学生态课堂的构建

第一节　初中数学教师教学反思能力的培养

一、核心概念界定

（一）反思

反思是自我审视，分析自己的性格和行为。反思是一种认知能力的高层次主题活动，是一种独特的解决问题的方式，是一个动态的社会认知生产过程。反思是一个不断思考的过程，是一种思维活动。

综上所述，反思被定义为一种对自己的情绪和个人行为的思考，它是一种对个人的言行进行批判性思考的能力，它可以发生在行动中和行动后两个阶段。可以说，反思就是重新认识自己的行为和思想的活动。

（二）反思在教学中的重要性

反思是体验式教育的一个核心特征，它帮助学生将所学到的知识与现实生活中的案例结合起来，进而巩固知识。如果没有见证学生对一次经历的反思，教师就不能确定学生发生了什么，或者他们从经历中获得了什么启示。反思不是一个肤浅的内省过程，相反，它是一个基于证据的、综合的、分析性的能力建设过程，用于产生、深化、批判和记录学习。此外，反思能力的发展对于学生的学术和专业发展至关重要。

作为教师，我们从经验中知道，一个教育者的工作是无限复杂的。每天,教师的任务是将知识与现实生活中的案例结合起来,以编排有意义的课程。如果不深入思考,教师可能会依赖僵化的政策、机械的套路和照本宣科的课程。反思是一种严谨而系统的思维方式,帮助人们从经验中创造意义,从而产生新的知识。它迫使我们向自己提出困难的问题,并使我们有勇气找到有意义的答案。通过反思,教师可以建立一种能动性。

(三)教学反思

努力改善教育方法的教师应该不断反思自己教什么和如何教,判断自己教学的有效性,从反思中学习,并利用所学为进一步的教学提供信息。

一些专家和学者认为,教学反思是教师在教学中思考、分析、批评、纠正个体的行为和结果的过程。还有一些专家和学者则将课堂后的反思作为教学的一个环节,教师通过对教案设计、教学实施、教学督导、教学内在联系等问题进行思考和质疑,以指导下一个教学环节。

从上述专家和学者的界定来看,教师的反思可以在课堂教学中进行,在这个时候,教师的反思就是服务于课堂的教学。反思还可以在下课后进行,在这种情况下,教师的课后反思是提高课堂教学质量、推动学生发展的重要途径。课后反思是指教师根据学生在课堂上的表现,对每一个环节进行回顾和质疑。回顾是指教师对教学过程中的每一个环节进行回忆,而质疑则是教师将课堂上的真实情况与教学条件进行对比。反思的对象可以是学生,可以是学生的实际表现,可以是教学设计,也可以是教学实施情况。

二、初中数学教师教学反思的方法

(一)对学生课堂表现的反思

反思学生的课堂表现,可以让教师了解学生的学习效果、自己教学策略的好坏、教学环节出现的问题,以及学生在这堂课中的不足和困难。通过对以上内容的反思,教师可以马上调整课堂教学工作,对今后的教学设计进行改进。

针对学生的课堂表现,教师主要需要对学生数学思维方法、数学思维工作能力、学习行为进行反思。

（二）对教学设计的反思

对教学设计反思，是指教师在课后根据学生的具体表现，从教案设计的角度进行反思。从社会经验来看，教案设计的反思是逐步的，主要是通过特定的教学任务和任务的完成来实现。如果学生的具体表现与教师预设的不一致，原因可能是日常任务设计不合理、不科学，或者组织结构不合理，即学生难以应对日常学习任务。导致这一现象的主要原因是，教师在设计教案时没有对教材进行分析，这就造成了课堂教学效率低、学生知识掌握程度不高、教学质量较差等问题。因此，教师应该及时对教学设计方案进行反思，这样才能使学生更好地掌握数学知识，提高学生的数学思维能力。

1. 对教材分析的反思

教材分析是教学设计的关键，是教师预设课程目标、制订教学工作计划的前提。对教材进行分析有利于教师在课堂教学中顺利完成日常任务。教师应能根据教材内容所展示的知识结构、所包含的数学思维方法进行分析，并能准确猜测教材编者的设计意图。在对教材分析进行反思时，教师应主要反思本课重点、基础知识、数学思维、数学方法，以及示例练习的设计意图。

2. 对预设课程目标的反思

课程目标是师生共同努力完成的日常任务，其不仅是教师教学的立足点，还是教师教学的重点。教师在讲授之前，预先设定课程目标，从宏观把握课堂教学的关键，紧紧围绕课程目标开展课堂教学。在课堂教学之后，课程目标也是评价课堂教学效果的主要指标之一。但是，在实际的课后反思过程中，很多教师认为反思要从教学的过程入手，而忽视对预设课程目标的反思。

教师在思考时应紧紧围绕教师教学的立足点和重点这两个层面。从以上分析可以看出，预设课程目标也是掌握课堂教学整体效果的关键。因此，教师要以《义务教育数学课程标准》为基础，结合学生的学习情况和教材内容,确定课程目标。

3. 对教学重难点的预设及其处理的反思

教学重难点的预设是根据预设的课程目标确定的。教学重点主要是指课程内容中最重要的知识和技能,即基础知识和基础技能,俗称“双基”;教学难点是指教材中教师难以解释清楚、学生难以理解、极易造成错误理解的部分。预设和解决教学中的重点和难点,将对教师优化课堂数学思维和提高今后教学水平产生关键影响。

教师在反思预设和解决一些教学中的重难点时,要注意课程目标的体验和改进方式。因此,根据学生的具体表现,教师应该反思讲解教学重点难点的方式是否合适。

4. 对教学各环节的反思

(1)对课堂导入环节的反思

在数学课程中,一段好的开场白是取得胜利的关键。教师导入得好坏,对课堂教学有很大的影响。恰当的导入,可以有效地调动学生学习的积极性,让学生体会到学习的乐趣,激发他们的学习兴趣,增强他们的学习动机,从而提高他们的自我效能。

导入使学生的逻辑思维、记忆力、心态进入到学习训练的状态中,从而为学习训练的顺利进行打下心理基础。在数学教学中,导入应该具有一定的技巧,导入教学不但可以创造一个良好的学习环境,而且可以促进学生对新知识的吸收。

在教学过程中,教师要充分激发学生的兴趣,调动学生的积极性,营造良好的教学环境。所以,在对课程导入环节进行反思时,教师应该考虑自己是否激发了学生学习的积极性,是否引起学生的学习兴趣,是否承上启下,是否做好教学铺垫。

(2)对新知识学习环节的反思

在课堂教学中,新知识的学习是重要的一环,对新知识的有效运用,可以使学生了解并掌握新知识。

通过对教材和教学目标的分析,教师可以把数学思想的内容组织起来。

在此基础上，教师与学生进行互动，使学生对知识内容有更深刻的认识，使他们能够更好地掌握数学的思维方式和技巧。在新课程改革的背景下，课堂教学更注重学生的主体性，强调把课堂教学还给学生，让学生自主思考，让学生的主体性得到最大程度的体现。

在对新知识进行讲解的过程中，教师要针对学生的情况，思考教学内容。例如，在概念教学中，教师要思考有没有典型示例，有没有足够的例子；在命题教学中，思考有没有足够的时间观察和猜测，等等。

(3)对强化练习环节的反思

通过强化练习环节，教师能够及时地了解学生对新知识的理解和掌握情况，帮助他们更好地巩固新知识，从而提高他们的解题能力。

在教学过程中，课程内容的教授应该注重层次性。所以在编写习题时，教师应将习题分为三个层面：与书中例题相似的练习题、比较分析题和拓展性习题。只有这样，教师才能使学生在学习的过程中掌握基本知识，提高判断和思考能力。

在反思强化练习环节时，教师应该根据学生的实际情况，认真反思问题的设置。例如，反思练习题是否有层次、是否有根据教学目标设定练习题、是否注重练习技能等。

(4)对作业布置环节的反思

作业是教学课堂的拓宽，可以帮助学生进一步了解课堂中所学习的专业知识，培养学生自主学习的能力，帮助他们找出不足之处，并加以弥补。同时，布置作业也有助于教师了解学生对知识的掌握是否牢固。在德育要求下，作业布置要保证内容的挑战性、适应性和主体性。

教师要根据学生的实际情况，认真考虑有针对性、典型性和探究性的作业，如基础过关作业、能力提升作业、探究拓展作业、综合实践作业等。

第二节　初中数学生态课堂的构建

一、初中数学教学中生态课堂的核心概念界定

（一）生态

生态是指生物在一定的自然环境中生存和发展的状态，也指生物的生理特征与生活习性。生态学是研究有机体及其周围环境相互关系的科学。生态学研究的主题是生物与环境之间的相互关系，它包括生物个体通过各种形态、生理和生物化学的机制去适应不同环境的过程和环境对生物的塑造作用，以及生物群体在不同环境中的形成过程及其对环境的改造作用。由此我们知道，生态的基本要素是生物体和自然环境。

（二）生态课堂

生态课堂是一个新的、专门的文化教学术语。实际上，生态课堂是一种新型课堂，它不同于传统的"以教师为主体、以教师为上"的课堂。传统课堂只关心学生对专业知识的理解，而生态课堂则更关心学生的综合性发展。

（三）数学生态课堂和数学思维生态课堂

1. 数学生态课堂

数学生态课堂是生态课堂的一个分支。数学生态课堂是正确引导学生掌握数学思维方法、发展数学思维能力、产生良好心理素质、获得数学核心素养和全面提升学习效率的课堂。数学生态课堂强调以学生的发展为本，教师要了解学情，尊重学生的发展规律，要站在学生的角度进行教学设计。教师在教学中要善于引导学生自己去发现问题、解决问题，以提高学生解决问题的能力。

2. 数学思维生态课堂

数学思维生态课堂是一个"以学生为本"的课堂，不仅有专业的知识技能实践，还有数学思维与数学文化的课堂教学。数学思维生态课堂注重让

学生体验逻辑思维、抽象思维等，让数学思维方法渗透到数学文化中。一些知识点的教学，能让学生体验数学家的研究过程，学习如何发现专业知识。数学思维生态课堂必须有一个详细的教学过程：学习、思考、行动和反省，即“学、思、行、省”。在“学、思、行、省”的教学环节，学生能获得发展，不仅要“学”专业知识，还要注重“思”的必要性，用“行”解决困难，并在教师的指导下“省”，即对“学、思、行”进行自我反思。

二、初中数学教学中生态课堂的特点、原理及评价方式

（一）初中数学教学中生态课堂的特点

初中数学教学中的生态课堂具有以下特点：真诚和谐、全面提升。

1. 真诚和谐

“真”指课堂教学的真实，同时也是学生的天真。而“和”是指教师要充分构建一个民主的、自然的、日常的、独立的、感性的、趣味的数学课堂教学环境，营造和谐、自由的氛围，让学生被吸引、被感动，使学生能在更轻松、更和谐的条件下学习和训练。

2. 全面提升

“全面”是指生态课堂课程内容的生态设计应体现综合性，着眼于系统化，着眼于生态系统的“圈子”，即注重课程内容中的知识点、工作能力、情感心态等要点。“提升”就是让学生不断地开发潜能、开拓智慧，以提高数学核心素养。

（二）初中数学教学中生态课堂的原理

初中数学教学生态课堂根据文化教育的生态学原理，分析课堂现阶段的一些非生态条件，明确提出初中数学教学生态化建设的优化策略。当我们从生态学的角度考虑今天的初中数学教学课堂时，可以看到一些类似于生态学规律的条件，比如限制因素的基本规律和教育生态位的基本理论等。

1. 限制因素的基本规律

基于对各种化合物对绿色植物的危害的科学研究，人们认为，谷类作物

的生产通常不受许多关键微量元素的限制，而是受少数元素的限制。这些少数元素是制约作物高产的“限制因素”，这就是限制因素的基本规律。从文化教育生态的角度来看，班级是一个中小型生态系统。在这个生态系统中，存在几个限制因素，例如班级集体管理和座位安排。只有立即进行科学研究和纠正，将限制因素转化为非限制因素，尽量减少破坏，努力营造绿色生态，才有利于学生课堂教学环境的发展。

2. 教育生态位的基本理论

教育生态位的基本理论指：在一个生物群落中，每一个物种的空间分布都与其他物种的空间位置有关，同时也包含了对生态系统的影响。教育生态位是研究教育与教育资源环境（教育生态环境）之间相互作用规律的科学。在教育生态位视域下，学习就是一个生态系统，教师则是影响这个生态系统的主要因素。教师各自站好生态位并在良性竞争中不断发展，可以促进整个生态系统，即学校的稳健发展。学校的稳健发展，又可以为教师提供健康有序的生态环境，助力教师不断实现自我超越。由于同一个生态位的物种之间竞争非常激烈，任何物种都不能长期占据同一个生态位。市场竞争具有充分的现实意义，可以推动教育者和学习者的发展，促进生态行动者之间的合作。共同进化是教育者、学习者、管理者的共同追求。在构建绿色生态的数学课堂中，学生成为课堂教学的主人，教师应及时给予学生有针对性的辅导与协助，并充分运用市场竞争机制与协作精神，使学生能更好地从其他学生身上学到更多的东西，从而达到最佳的教学效果。例如，在教室里，学生们在发现、思考、研究、相互询问和相互启发中学到了很多东西。教师成为他们中的一员，正确引导和提问学生，学生在其中感受到了公平与尊重，会更加积极投入到数学学习之中。让学生在课堂上找到合适的生态位，使得协同竞争趋于和谐友好，有利于共同创造。

3. 花盆效应

1875 年，地质学家修斯在其地质学著作中首次提出的“花盆效应”，成为生态学中环境要素效用的一部分。花盆是一个半自然、半人工的小生态自然环境。“花盆效应”的关键是农作物和盆栽花卉离开土地环境，只要人为因素创造出合适的环境,农作物和盆花在一定时间内仍然可以很好地生长发育,但它们会过分依赖人为因素给予的有利环境,降低了自身对自然环境的适应性,其空间受到影响,为此受到限制。将“花盆效应”应用于生态课堂的科学研究,主要是为了更好地启发教师如何改善与学生的关系,营造更加和谐的师生关系。其实,数学课堂就像是教师创造的“花盆效应”,学生依赖于教师无形的帮助,一旦摆脱了这种“舒适的环境”,学生们就会感到不适。

(三)初中数学教学中生态课堂的评价方式

评价目标应反映出评价的激励性、鉴赏性、竞争性和发展性。教师应从学习态度、习惯、参与、创新意识和动手能力等方面对学生进行评价,还要加强对内向、沉默寡言的学生的培养,充分调动他们的积极性和主动性,充分利用评价的激发作用和推动作用。

1. 教师评价

教师在上课之前要对学生的预习情况进行简要的评价:根据完成的程度、正确率等情况分为优、良、中等。

2. 学生自我评价

教师指导学生在完成学习任务后进行自我评价,成绩好的可以得到8—10分,成绩中等的可以得到6—7分。

3. 小组评价

在一个集体中学生应具有很好的凝聚力和协作能力。如果一名学生没有完成答案,那么其他学生就可以进行相应的补充,使答案更清晰、更全面。尤其是在小组成员演示的过程中,其他学生要协助他做好演示资料,演示的文字或图片不清晰时,要能及时协助调整。对小组的评价要更加精细,如此才能使评价更加客观、公平。

4. 全面评价

全面评价有领导与教师相结合的方法。除以上三项内容之外,教师还应将课堂状况、课堂作业及考试分数等因素考虑在内,这是一个整体的考核。即:要构建健全的个体与团体评价制度,并将其融入到期末的全面素质评价中,使学生们更加注重这种评价。

教师在对学生进行评价时,应注重对其个体特征的影响,评价要适度,要找到合适的出发点和落脚点,并以照顾好学生的尊严为基础。

三、初中数学教学中构建生态课堂的策略

初中数学教学生态课堂是一个微观的生态系统。良好的生态课堂使师生关系融洽、课堂气氛活跃、学生能主动获取专业知识。下面介绍几种作者在多年教学实践中总结出的行之有效的构建生态课堂的策略。

(一)改善初中数学教学的自然环境

文化教育生态视角下,初中数学课堂的自然环境因素和数学文化因素都是独一无二的,各种因素的基本功能和影响是不可替代的。

1. 科学安排座位

初中的教学活动在校园的教室里进行。学生座位的分配方式有很多种:水田、圆形、长方形等,各有优缺点。现阶段,初中数学教学中最常见的座位分配方式是"水田式"。"水田式"的优点是教师可以在课堂上查看每个学生的表现,如有不妥,教师可立即纠正。"水田式"的缺点是某些位置可能会导致视野问题。例如,坐在窗边的学生可能会因为光源看不清教室的黑板。座位对于初中的学生来说非常重要,坐在前座和后座的学生的心理状态是不同的。

除了"水田式",还有其他的座位安排方式,也各有优劣。例如,使用圆形分配方式,学生可以互相交流、讨论。圆形分配方式的特点在于学生可以零距离交流和讨论,但这种分配方式占据了教室很大的空间。会议厅分配方式可以为学生提供充足的交流机会,消除座位产生的秩序感。教师可根据具体情况选择最合适的座位分配方式。教师还可以采用座位循环方式,让每个学生都能体验不同的座位,从而提高学生对周围的适应能力。

2. 将数学文化融入课堂

数学文化可以渗透到班级自然环境及教学环节中。例如,在课堂布置

数学思维相关的物品，适当布置黑板报、放置报纸和其他与数学思维相关的书籍，以营造数学氛围。学生一般会利用教室后面的黑板来宣传和策划一些热门的内容，比如消防安全、落水救援和抗震救灾等，但其实也可以安排相关的数学文化知识，如华罗庚、阿基米德等数学家的故事，使学生接触更多的知识。在课堂上，教师要及时引导学生了解数学文化，让学生体会到数学的乐趣，让他们体会到数学思维隐藏的使用价值，激发学生学习数学文化的兴趣。

初中数学教材具有多元化的数学文化，数学文化与数学思维的内容有合理的联系。了解数学文化，可以提高学生学习数学思维的实际效果。

（二）完善教学环节

课堂教学是教师进行教学的主要方式。在数学课堂教学中，教师可以恰当地解读与学生日常生活相关的数学内容，从而开阔学生的视野。

绿色生态课堂教学建设的完成有赖于课堂教学环节的完善和健全。初中生的学习不再像小学教师教学生那样，初中学生课程内容的完善和任务量的增加，使得学生的压力逐渐增大。有些学生在课堂教学中会感到不安。所以，初中数学教师要做好充分的准备工作，包括使学生获得大量的知识、使课堂更加生动有趣、使学生对知识有更深刻的认识。

“学、思、行、省”是课堂教学中不可缺少的四个环节。这“四环”并不是独立出现的，而是一环接一环。每一个教学过程都有这四个环节。

“学、思、行、省”一体化课堂教学以课程目标为基础，促进学生在各个阶段实现不同的总体目标。这不仅能加强学生对知识的掌握，还能培养学生思考的习惯，体现学生在整个学习过程中的核心影响力。在整个学习过程中，学生可以学习数学思维知识和发展数学思维水平，最终提高数学核心素养。数学课堂致力于让学生全面发展，“学、思、行、省”的教学过程既能促进学生全面发展，又能使学生获得一套详细的学习方法。

1. 四环的“学”

“学”是指小范围的学习，是指通过听、读文章，观察等方法，从外界获取知识和信息的阶段。学生的“学”应该遵循限制因素的基本规律。换言之，教师应给予学生所需要的知识。教师应明确学习的内容，并将其分配给学生。教师在整个学习过程中要使学生能够理解和掌握基本的数学思维知识和专业技能，培养学生发现问题的能力。

2. 四环的“思”

“思”是建立在“学”的基础上的。“思”是发现和解决问题的全过程，提问是一种常见的“思”的方式。教师要设置问题，引导学生正确思考，促使他们在解决问题的全过程中创造新问题。整个过程中教师要让学生不断发现问题、分析问题、解决问题。问题可以由教师设置，可以由学生提出，也可以是合作学习中产生的问题。在当下应试教育仍然盛行的情况下，学生提问的机会较少，教师应该多给学生创造“思”的机会。

3. 四环的“行”

“行”是指学生在课堂教学中参与、说、做等的个人行为，“行”能提高学生的综合能力。口头回应、书面陈述、师生讨论、小组讨论等都属于“行”。“行”的过程必须遵循教育生态位的基本原理。教师要在课堂教学中安排活动，培养并提高学生的学习能力。同时，教师还要对学生进行正确的指导，让学生巩固所学知识。

4. 四环的“省”

“省”是指学生对“学”“思”“行”进行的自我反省，是学生发展元认知、提升和完善核心素养的阶段。评价、总结、交流、释疑，都属于“省”的方式。

（三）构建师生生态关系

师生生态关系是指生态系统中师生之间一种公平、有价值、民主、宽容的伙伴关系。学生能在与教师的公平交往和对话中得到锻炼和发展，教师在与学生的公平对话中感到充实，最终实现师生共同发展。

1. 教师愿意倾听

在目前的初中数学课堂中，学生很少能明确提出具有多种解决方案的问题。为了更好地利用一节课的时间，教师很少在更大的层面上仔细观察学生的反应。为了改变这一问题，教师应该给予学生机会在课堂教学的每个阶段独立探索和展示。

数学课不同于语文课和英语课，初中数学题的答案比较规范统一，但解题方法却不是独一无二的。因此，数学课堂非常重视学生的自主探索和自主呈现。数学教师要认真征求学生的意见，做学生的忠实听众。在设置题型时，应该设置些开放性题型，而不是仅仅设置数学计算题。教师应鼓励学生打开思维，从不同方向独立思考，寻找解决问题的不同方案。在学生探索数学规律的过程中，教师要对学生的回答进行有效点评，关注学生的收获。当听到不同意见时，教师也需要带领学生讨论其真实性和有效性。教师还需要对提出不同意见的学生给予表扬，因为当学生说出与其他学生不同的答案时，这个学生一定有很大的勇气。

2. 学生勇敢表达自己

生态课堂教学与传统课堂教学的区别在于，生态课堂教学更注重课堂教学的内容。学生是独立的个体，每个人都有自己独特的爱好、表达方式和学习方式。教师必须充分关注这种差异，坚信每个学生都有巨大的潜力，帮助他们实现差异发展。每个学生的气质不同，在课堂教学中表现出来的行为也不同。教师要注意建立师生关系，关心每个学生的主要表现，积极主动地与学生交流，解决他们在学习、生活中遇到的问题。根据课堂教学观察，不爱说话的学生很少会主动发表意见或回答问题，教师可以选择合适的时间段对其进行激励，增强学生的信心。学生只有及时向教师表达自己的想法，教师才能以问题为导向，更有针对性地促进师生关系的和谐发展。

（四）创建绿色生态课程评价管理体系

教师是学习活动的组织者和领导者，教师应在课堂教学中充分提高学生学习的主动性，以学生为主体。合理的评价可以使学生明确学习动机、学习方向和学习方式。

1. 多元性评价

这里所说的“多元性”，是相对于“统一性”提出来的。在评价过程中，教师要关注学生的个体差异性,以此进行评价,高度重视思维主题活动的过程,深刻认识到每个学生都是不断发展的个体。在评价学生时,拒绝“唯一答案”,要看到学生的亮点和进步。毫无疑问,要用鼓励的语言来表达学生的不足之处,还要从发展的角度评价学生。

2. 评价时机

在课堂教学过程中,把握好展开评价的最佳时机极为重要。如果时间把握得不好,就会影响课堂教学评价的实际效果。这提醒教师在进行评价时要在学生信任教师的情况下,立即展开课堂教学评价。同时,当学生在学习和训练过程中不断取得进步时,应尽快进行鼓励性评价,防止抑制学生的训练主动性。当学生的学习和训练情况退步时,教师不能立即否定学生,而是在课后把握学生的时间,为学生开展心理辅导或学习辅导,让学生经历一个自我理解和训练的过程。

3. 评价主体

评价是课堂教学中重要的一环,不能仅限于教师对学生的评价。在数学教学中,可以采用学生自评、小组互评和师生互评的方式。实行的评价方法、评价内容不受限制,要积极构建多元、互动的评价体系,以激发学生的潜力。通过小组间的相互评价,学生能把精力放在周围的学生身上,并从中学习他人长处,改掉自身缺点,使自己更加优秀。

(五)强化集体备课

集体备课充分体现了引领示范作用。教师一如既往地认真对待每一个知识点、每一节课堂,为构建生态课堂提供强有力的支撑,并使教师团队一步一步地朝着专家型教师队伍迈进。

1. 四个环节

(1)教材分析有“纲”。本环节由主持人带领教师进行课标分析和教材分析。将教材作为上课和训练的首选材料,将课程标准与教材有机整合,将研究成果落实到课堂中才能让学生真正“减负”。

(2)教材解读有“模”。本环节由主备教师对教材内容的安排进行梳理、解读,对本节课的设计思路及设计意图进行详细的说明,大家针对教材内容提出自己的困惑,以及针对如何使用和处理教材内容等问题发表各自的意见和看法。通过这一环节,教师们弄清了教材的实质,对教材内容进行了统一的整合,并且教师们有了更加深刻的"教材观",从"教教材"到"用教材",最后升华到"成为教材",向学科的"行家里手"靠近。

(3)难点释疑有"路"。本环节由全体教师对每课的重点、难点,特别是教学中疑惑点的处理展开讨论,然后就每一课的补偿训练、课堂作业以及家庭作业内容商讨出最佳方案,最后达成共识。这一环节,让每一堂数学课效果得到最优化,让课堂的容量和训练量科学化,让学生的作业内容"精"而不"繁","明"而不"乱"。

(4)专家引领有"方"。本环节由专家对数学组教师得出的备课方案进行点评、指导,并共同制定更加详细、全面、科学的教学方案。

2. 六个步骤

(1)明确集体备课的时间、地点、主持人、任务分工、流程和内容。集体备课前要做好集体备课方案,提前传达好方案内容,做好充分准备,这是高效集体备课的前提和基础。

(2)互助答疑解惑。经过上一周的课堂教学,教师总会有一些个人备课的困难疑惑、教学实践的经验教训、教学过程的反思感悟等,教师可在集体备课中互助答疑解惑,互相借鉴,进一步提升自己的教学智慧。

(3)解读课程标准。依据教学进度和集体备课内容,由专人提前做好课程标准的研读,并在集体备课时进行解读,让全体教师在授课时有标准可循。

(4)共读教材内容。根据课标的解读,参与备课的教师通览教材,对本周的教学内容进行初备,梳理出每节课的教学目标、重点和难点,并在总体把握的基础上,明确每节课的教法和学法。只有组织者和参与者从思想和内容两方面均做好充分准备,集体备课才有内容可备,才能有效、顺利地进行。

(5)主备教师展示。通过领学课程标准和熟悉教材内容,主备教师展示课堂教学过程,要创设集体备课民主、平等、和谐的交流氛围,组织和引导大家畅所欲言。适时把握讨论的话题,重点讨论与交流教学内容的重难点部分。教师们根据自己的理解提出问题或者优化备课,做到"出工又出力",体现出团队力量。

(6)形成集备定案。通过主备教师的展示和教师之间的交流沟通,教师们做好备课记录修订,最后形成定案。教师根据自己班级的实际情况,可对定案进行再修改,以适应本班级的实际教学需要。定案应包括每节课的教学目标、重难点、教案、课件、作业等。

(六)让学生成为生态课堂的主人

教师在课堂教学的安排上,要张弛有度,避免前松后紧;要以生为本,坚持少讲多练;要把时间给学生,实现学生的自我总结、自我反思、自我巩固、自我纠错、自我提升。教师要努力做到"六个观":一是进一步增强承认差别、尊重差异的意识,坚定正确的学生观;二是进一步突出职业认同、专业发展的理念,坚定正确的角色观;三是进一步领会"双减"政策、课程标准的内涵,坚定正确的课标观;四是进一步坚持"以生为本、学以致用"的思路,坚定正确的教材观;五是进一步做实"主学从教、以学为本"的课改,坚定正确的教学观;六是进一步担当"培根铸魂、启智润心"的责任,坚定正确的质量观。

生态课堂让学生成为课堂的主人、学习的主人。教师给学生充分展示自己的机会,让学生从被动学习到主动学习,进而掌握学习方法,达到会学、善学;让学生把数学从生活中抽象出来得到数学知识点,再把数学知识应用于生活、服务于生活;让数学课也成为"德育课",承载"立德树人"的功能。

生态课堂上,①教师可用自己的微笑感染所有的学生,教师通过微笑将良好的情绪传递给学生,这样学生就会精神饱满地配合教师,从而激起学习气氛,课堂不会变得压抑和沉闷。②在提问学生时,教师不妨身体前倾,抬起右手,在学生回答完问题后说"请坐",并结合一个左手下压的动作,给予学生平等与尊重,使学生体会到教师对学生的关爱,长期下来这会使师生关系变得非常融洽,而不是让学生感觉教师高高在上。③善于对学生的回答做出及时的评价和鼓励,教师在学生回答完问题后要给予学生一个肯定的评价，像“你回答得很严谨”“你分析得非常透彻”，当学生回答得不是很完整的时候，教师说“你回答得基本正确，你再想想还有什么要补充的吗?”，让学生感受到教师对学生回答的肯定和期许。及时的评价和鼓励有利于提高学生回答问题的勇气和增加其对问题更深层次的思考。

第四章　基于深度学习的初中数学教学研究

第一节　基于深度学习的初中数学教学概述

一、对深度学习的认识

（一）深度学习的概念

对于深度学习，不同的人有不同的看法，例如张雪梅在《浅谈初中数学教学中对深度学习的理解与实施》中认为："深度学习是适应新课程改革的一种方法，它的目标在于改变传统的学习方式，让学生能够全面地了解数学的本质，更好地应用数学解决实际问题。"①同时，她还提出："初中数学教师应该鼓励学生发散思维，构建系统化的知识体系，全身心地投入数学学习中，真正将深度学习落到实处，提升学生的数学综合素养。"②蒋健忠和王德贵在《核心素养视域下初中数学深度学习》中提出，"深度学习可作为学生学习思维活动与课程知识点进行联系的重要桥梁，简单说就是将一些比较零散且碎片化的知识点归纳为整体。"③

---

① 张雪梅. 浅谈初中数学教学中对深度学习的理解与实施[J]. 学周刊，2022(22)：58.

② 张雪梅. 浅谈初中数学教学中对深度学习的理解与实施[J]. 学周刊，2022(22)：58.

③ 蒋建忠，王德贵. 核心素养视域下初中数学深度学习[J]. 天津教育，2022(14)：22.

综上所述,深度学习主要针对实现学生学习思路的调整与学习方式的转变,并在加强初始教育内容对学生实际影响的基础上,强化学习效果,促进学生逻辑思维能力的发展。

(二)深度学习的意义

深度学习是提升学生核心素养的创新理论,把学生塑造成具有批判性思维、积极整合信息内容、掌握知识、解决困难的"能人"。深度学习也是学生深入思考知识本质、分析知识意义、重视研究经验、积极完善知识管理体系、逐步推进学习过程的一种方式。深度学习也是学习的结果,在学习过程中,随着学习深度、广度的不断提高,学生的综合素质得到了充分的发展。

(三)深度学习的特点

浅层学习是学生利用简单的无意识记忆,反复训练,最终达到记忆知识点的学习。深度学习理念是对浅层学习模式的一种否定。在互联网时代背景下,在线学习成为初中数学教学模式的创新方向之一,而在线学习以特定知识点为出发点,以突出解题能力训练为导向,以碎片化的知识讲解为特征,这些都反映出当前浅层学习似乎已成为常态。作者之所以强调深度学习在初中数学教学中的应用问题,主要是因为深度学习所重视的知识整合、知识迁移和对知识反思与批判的认知逻辑,更加符合初中数学教学的本质要求,且沿着深度学习的认知逻辑出发,也能更好地培养学生在初中数学学习中的问题意识和探究精神。但也需要辩证地去看待深度学习在初中数学教学中的应用价值,教师不能以打破现有的初中数学教学生态为代价,强制性地去贯彻这种理念。基于以上所述,深度学习具有以下几个特点。

(1)深度学习不是学生被动学习新知识,而是主动学习和探索新知识。它侧重于学生的核心影响力。"课堂教学"分为"教"和"学","教"是指教师的课堂教学,"学"是指学生的学习。深度学习下的数学课堂教学是一项以学生为主体、以教师为核心的多边活动,两者缺一不可。

(2)深度学习要求学生掌握自己的学习方法,从而实现高效学习。初中课程的日常任务比较重,找到合适的学习方法对提高学习效率很重要,这也符合我国多年来一直倡导的“减负”。

(3)深度学习使学生相信能通过批判性思维学习新知识。在浅层学习下,学生不具备对待新知识的主观认知能力,他们只是盲目地接受教师的解读,无法消化吸收。在深度学习下,学生对新知识的认知能力会与教师的详细讲解以及材料的内容相结合,产生自己的理解,从而用自己的语言来描述,而不是生搬硬套、死记硬背。

(4)掌握了深度学习法的学生可以畅谈主题活动、对接新知识、产生知识转移、构建知识网络。浅层学习下,知识点之间没有关联、过度分散,导致学生无法对其进行系统管理。深度学习下的学生有自己的思维能力,他们可以将新旧知识联系起来,并集成到相应的知识管理系统中。

(5)深度学习注重塑造学生的思维品质,要求学生用高层次思维处理问题。浅层学习的学生在课堂上通常会跟随教师的思路,在处理问题时无法跳出原有的逻辑思维,很容易产生惯性思维。深度学习则侧重于塑造学生的高阶思维。学生的逻辑思维是灵活的,不容易被限制性的标准所束缚。深度学习使学生可以从更高的角度看待问题,独立思考,并解决问题。

(四)深度学习的价值

从深度学习的性质来看,深度学习的应用价值在于:一是它促进了课程教学的不断深化。教育的创新探索一直在进行,在新课标和素质教育的双重影响下,人们逐渐形成了以“以人为本”为中心的思想。但是,就现实而言,这种以“以人为本”为导向的教育方式并没有真正地融入课堂中去,其实施效果没有得到很好的体现。要正确地处理这个问题,就必须把深度学习作为中心,努力推进课堂教学的改革。二是时间的推移和教育的发展对深层学习提出了更高的要求。随着资讯科技的飞速发展,越来越多的现代教学方式被引入到教育情境中,各种智能设备的涌现,使智能技术逐步成为社会生活的主流。在教学中,各种不同类型资源的出现与融合,促进了人们对深度学习的不断创新和探究。坚持深度学习,必然会为“初等化”的教学改革提供一定的支撑。

(五)深度学习的要点

综合解答题是几个知识点的结合,定义和规律的初步学习都是关于单点知识的学习。学生无论是处理综合数学问题,还是实际问题,都必须连接好几个知识点。学生只需弄清楚问题的本质与知识之间的联系,将单一知识点串联成数学知识线和知识体,多一点熟练度,就能合理解决问题。数学学习就像一棵不断生长的“知识树”,每一根“知识树枝”都相互连接,努力探索。

1. 注重数学的本质

浅层学习的本质是实现核心素养的出发点,其符号形式、文本形式只是浅显的、表面的,而深度学习的实质则是要深入地发掘。要深度学习数学,就得在对数学的认识上进行深刻的研究,要对数学的本质以及本质特性进行深刻的思考,才能把它的变化扩展到更好的程度。浅层的数学学习,主要集中在文字和符号上,或多或少地遵循着死记硬背的原则,这就是学生们学习零散的原因,他们对数学的理解不够透彻,对知识的理解不够充分,导致他们的记忆力越来越差。数学深度学习的要点之一就是注重数学的本质。

2. 重视过程的经验

教师不能忽视学生积极研究的过程,也不能对学生进行数学知识的盲目灌输。如果学生对数学没有深入的研究,就无法真正理解数学概念的含义。在数学主题活动的学习中,学生的手、眼、脑三者共同作用,发现问题、分析问题并解决问题。在此阶段,学生们的想法各不相同,这会使数学产生不同的发展趋向。所以,数学深度学习应高度重视研究的全过程,在教学过程中,教师需要不断改进教学方法,以达到更好的教学效果。

3. 加强意识创新

要想让学生更好地参与数学深度学习,教师要为学生提供学习帮助。教师可以让学生接触更多的新鲜事物,这是实现学生创新意识和对数学知识进行深入研究的前提。教师还可根据学生的知识水平构造具体的数学知识结构,并设计相关问题,以提高学生的数学知识能力水平。比如,教师在讲解新知识时，可先用相关概念引导学生，然后结合生活中的相关案例与知识概念，创设问题情境。教师还可在课堂上进行趣味实验，为学生自主思考提供平台，以促使学生更好地理解知识点，并能在教师的引导下，学会用概念解决问题。

第二节　基于深度学习的初中数学教学现状、教学原则及教学策略

一、基于深度学习的初中数学教学现状

（一）学生存在的问题及原因

学生作为数学课堂的主体，在学习数学的过程中存在着不少的问题。这些问题是多方面的，不仅影响学生学习的效果和效率，还使大多数学生只能做到浅层学习，无法构建自己的知识网络。

1. 学生存在的问题

（1）知识层面

许多学生面对自己无法理解的新知识时，通常会通过反复背诵来加深记忆，先把概念记住，然后再对照着典型例题的做法进行模仿，掌握解题套路。有的学生并不能做到将新学习的知识与原有的知识进行联系、重组、再加工，将知识进行纵向或横向迁移，进而构建自己的知识体系。他们将所有的知识点作为独立的个体来看待，这就导致其在知识的整体应用上不够灵活。例如“图形与几何”这一模块尤其考验学生的应用能力，学生并不能靠简单的机械记忆或者模板来答题。

（2）能力层面

学生不能掌握适合自己的学习方法。在小学一年级到三年级时，学生学习数学是跟着教师进行反复读写来增加对新知识的认知，小学阶段并没有过于强调学习方法的培养。而到了初中，知识体系更加丰富，每学期的任

务都比小学时多,课程进度相比小学的较快。因此初中课堂除了教师的教之外,学生自主探索和掌握适当的学习方式也很重要,但是这需要一个过渡,有的学生由于不能适应初中数学课堂的节奏,而错过了这个过渡期。

学生对数学核心素养的了解不多。初中阶段的学生对核心素养没有明确的认知,部分学生不会主动去了解什么是核心素养,通常在教师提到核心素养的时候他们才会有所了解。对于核心素养,他们缺少主动的认知,也缺少系统的培养。

学生不注重培养自己的数学思维。学生在课堂上没有形成主动的思维方式,一味地跟着教师的思路走,缺少自己的认知。面对教师提出的问题,部分学生不愿意去独立思考,不能进行创新和探索,久而久之,容易形成思维的固化,面对问题难以有自己的想法。这些学生缺乏探索精神,长期下来形成思维定式,面对常规的知识点和题型能模仿,面对难题和变试题时,便束手无策。这些年中考政策的变化衍生出了许多新的题型,这对不会求异、创新的学生来说,是一个大的挑战。

(3)行为层面

在课堂导入环节,学生们无法集中精力听教师所讲的内容。很多教师将课堂的前五分钟用来维持课堂纪律,因为学生不能从下课时的兴奋状态中冷静下来,他们需要一部分时间将心情平复下去,然后才会将注意力集中在教师所讲的知识上。另外,初中学生好奇心较重,当教师步入教室时,他们首先会观察教师的不同之处,然后展开讨论。因此,教师通常要预留出一部分课堂时间作为讲授知识以外的无效时间。

上课过程中部分学生不能保持持续的有意注意。许多学生的有意注意没有得到良好培养,其注意力容易分散,总是关注课堂以外的事物。

2.从学生角度来分析原因

初中阶段的学生年龄在12—16岁,美国的发展心理学家埃里克森将人的心理发展分为八个阶段,初中学生处于第五个阶段——青春期。在这一阶段,学生的自我意识会出现变化,学生开始追求人格独立和自主。因此,许多学生较为浮躁,对于教师不再像小学时那么信服,并总想在众人面前突显自己的个性，或者通过夸张的表现来吸引其他人的注意力。所以即使教师已经步入教室，许多学生仍不能迅速地进入到学习的状态中，有的学生甚至会做出一些搞怪的举动，来吸引教师的注意力。

初中的课程增多，作业量相应增加，知识的难度也有所提升，在数学课之前学生很有可能上了其他的课，所以学生会处于一种疲惫的状态，疲惫感会导致学生的注意力无法集中。数学是对学生注意力要求较高的学科，一个知识点没有听懂，可能导致一系列知识点都听不懂。数学课要求学生长时间地保持有意注意，这容易导致学生的精神疲劳，出现注意力偏移的情况。

部分教师讲授的内容比较单调，上课模式单一，不能引起学生的兴趣。兴趣是学习的动力之一，一旦失去了兴趣，学生对学习就会缺乏积极性。如果学生在刚上课时便觉得乏味无趣，开始做与课堂无关的事情，这主要是因为教师讲授的内容没能够吸引学生的注意力，也没有激起他们的兴趣。

部分学生没有养成勤于思考的好习惯。小学的数学课程较为简单，大多数教师也不会注意到如何培养学生的数学思维，对学生的要求往往在于背诵概念和简单地处理习题，这导致学生思维能力弱，没有独立思考的习惯。

部分学生缺乏探究精神。许多学生面对自己理解不了的知识点或者处理不了的难题，不是自己去钻研或者和学生一起合作探究，而是等教师或者学生公布答案，他们缺乏一往无前的探究精神。

初中数学的课程内容分为四个模块，每个版本的教材都有自己的编排规律和理论依据，每个大模块的内容都要分几册教材来呈现，有的模块的内容由于学习间隔时间较长，学生遗忘较为严重，因此再次学习同一个模块的知识时，学生做不到将新旧知识关联起来，因此产生知识的断层，学生做不到将知识迁移同化，无法构建相关体系。

（二）教师存在的问题及原因

教师作为数学课堂的主导，要把控整个数学课堂的节奏，提前设计好整个课堂教学的环节，适时指导学生，使学生能够更好地实现深度学习。然而在现阶段的初中数学课堂中,完成教学任务成了教师的第一要务,这导致部分教师在教学时出现了一些问题,无法使深度学习在数学课堂中真正发生。

1. 教师存在的问题

部分教师讲课方式单一,多以“讲授式”为主,也就是“满堂灌”,这导致学生没有思考的时间。有时在教室里,教师们在台上讲得很认真,但是学生们接受知识的情况很糟糕。在这样的课堂上,教师将所有知识都灌输进学生的脑海里,却没有给学生留下吸收和消化这些知识的时间。课后学生又要投入到其他课堂的学习中,也没有时间去梳理学习到的新知识。

部分教师在课堂上拥有“绝对权威”。青少年时期的学生较为叛逆,个性也较为鲜明,一些教师为了能管住学生,在课堂上拥有“绝对权威”,即教师一定是对的,教师是全能的。这样就导致部分学生不能批判性地学习新知识,没有自己的判断。有些教师在授课时出现了错误,学生也不敢在课堂上指出来,学生对于问题有不同的看法也不敢表达出来,怕被教师否定。

部分教师不注重培养学生的思维方式和学习方法。有的教师在课堂上并不留时间给学生思考,而是让学生跟着自己的思路走;再比如说,教师在讲了一些例题之后,便让学生做与先前例题相似的练习题,通过反复训练让学生掌握处理这一类习题的套路。

部分教师不注重培养学生的数学核心素养。无论是在课中或者课后,一些教师很少会对学生讲解与数学核心素养相关的知识,这就导致学生对核心素养缺乏认知。

有的教师讲课较为枯燥,不善于创设良好的教学环境,也不会借助多媒体等教学工具来讲课。他们不会结合学生的生活背景和活动经验来讲解新的知识点,反而将知识脱离生活实际,使其变得更加抽象,也不允许学生质疑。

2. 从教师角度来分析原因

初中数学课堂任务量较大,有些教师在进行教学时,会首先向学生灌输要学的内容,以完成教学任务,然后再让学生自己吸收消化,所以才会出现一节课教师“满堂灌”的现象。部分教师也想把课堂交给学生,在讲解知识点后,让学生讲述自己的见解或者让学生板演习题,但是因为存在学生没有听懂或者没有理解透彻的情况,学生无法做出较好的回应,这使教师无法完成自己的工作,因此他们不得不重新掌控课堂。

由于初中课堂学生基数大,部分教师并不能真正做到因材施教,无法针对学生个人进行教学,只能在课堂上进行引导,对于不擅长总结和学习的学生而言,就会存在问题。有的教师为了追赶教学进度或者为了迎接考试,在讲授知识时会注重讲解解题的方法,而不注重让学生追寻数学的本质、培养学生思维,因此学生也容易被固定的思维所局限。

部分教师并没有适应教师身份的转变。在课堂上,教师要与学生进行有效的交流和合作,使他们能够在教师的引导下发挥自己的作用,富有个性地学习。在如今的课堂中,教师要充分发挥自己的主导作用,以学生为主体,让学生主动构建知识体系,促进学生全面发展。

部分教师没有终身学习的观念。时代变迁,信息技术的发展极为迅速,有的教师善于抓住机会,通过不断学习新的教学技术和方法来提升自己,使自己的课堂变得更加有魅力。有的教师则故步自封,不愿意去学习新方法。不管处于任何时代,教师都要做到终身学习。

部分教师没有潜移默化影响学生的观念。一些教师觉得应该加强对学生核心素养与思维方式的训练,但是如果在课堂上进行专门的讲解,会过于生硬,也没有充足的时间。其实,教师可以通过课堂上知识的讲解来潜移默化地影响学生,让学生了解什么是数学核心素养、什么是数学思维方法,它们又分别有哪些内容。

(三)师生心理层面存在的问题

数学课堂牵涉到教师与学生、学生与学生等多个主体,良好人际关系的构建对于数学课堂的开展是非常有必要的。

1.师生之间的关系

师生关系的好坏,影响着课堂的教学效果。一个具有人格魅力的教师是关爱学生的,他的课程具有很强的感染力,这种教师深受学生的喜爱,学生会下意识地去模仿自己喜欢的教师。这样的师生关系是相互影响、相互成就的,教师在上课时,不仅课堂效率高,而且教师与学生能感受到教与学的乐趣。而如果师生关系不融洽,很有可能出现课堂上师生互相不配合的现象,在这样的课堂,教师与学生都没有体验感、参与感、获得感、幸福感。

2. 学生之间的关系

学生的学习除了跟随教师学习和独立探究外,还包括和其他学生合作学习,因此必须有一个融洽的学生关系。在学习数学的过程中,学生之间或者小组之间相互合作、共同探索必不可少,初中数学的许多任务都是需要学生以小组为单位去完成的。

(四)深度学习在教学实践中存在的问题

部分教师对深度学习了解不深。深度学习作为这几年教育领域较为热门的研究之一,虽然也有了一些研究成果,但是这些研究成果大都处于理论阶段,并没有被投入到大范围的教学实践中。很多一线的教师不愿花费精力和心思去学习这些先进的理论,他们已经习惯了自己的教学方式,不愿意再做出改变,对课堂模式进行变革。

学生对深度学习缺少必要的了解。初中阶段的学生对于学习方式并没有明确的认知,而深度学习作为一种较"新"的学习方式,学生对它知之甚少。大多数学生在学习的过程中,对自己的要求停留在听懂课、会做题的层面,缺少对知识精髓的深度学习,也不注重自己思维的培养。

深度学习作为一种新型的学习方法,目前我们对其的研究尚处于摸索阶段,并没有硬性的规定让一线教师必须去了解、学习它,导致它的传播范围有限。另外,由于现阶段很多学校已经有了自己较为成熟的教学模式,不愿意再进行大程度的课堂改革,怕影响教学质量,这就造成了深度学习在教学试验区小有所成,但在大多数地区却很少有人知道的现状。

二、基于深度学习的初中数学教学原则及教学策略

大多数深度学习不能完全靠学生自己的能力来实现,因此需要教师对

其进行正确引导。

（一）基于深度学习的初中数学教学原则

教学原则是课堂教学必须遵循的主要规律，对课堂教学的成功合理发展具有现实意义。

1. 整体系统原则

数学学科本身就是一个完整的系统，每个专业知识都有其相关性，数学思维方法也有其相关性。因此，教师要对数学教材进行系统性的讲解，对教材进行较高层次的分析。教师在讲解教材内容时必须有系统观和整体观，从整体上掌握教材的内容，注意各个知识点之间的相互联系，让学生对知识有更清楚的认识，能够跳出浅层认识，建立知识点之间的深度连接。

2. 问题驱动原则

在数学深度学习的整个过程中，教师以深入的问题驱动学生进行学习和训练，让学生带着问题逐步进行数学分析，在专业知识学习过程中独立思考和实践，并将过程中获取的经验进行灵活转化，最终提高数学思维能力，解决困难。在课堂教学中，教师用问题激发学生的深层次思维，用问题推动学生思考。问题驱动的最终目标是学生学会主动提问，以批判的眼光和客观的心态思考问题，发展核心素养。

3. 变式原则

变式课堂教学是促进学生转化知识的合理途径之一。教师根据习题的各种变体，让学生在不断的改变中寻找恒常，了解数学的实质，在基础不变的情况下拓宽各种变形，帮助学生把握本质，使他们灵活适应扩展。一题多解、举一反三、多题共解都是变化的各种形态，教师在课堂上引入变式，能使学生的灵活性得到更好的发展。

4. 持续发展原则

数学深度学习是一个长期的过程，不是一夜之间完成的，深度学习的方法和策略需要从点滴中渗透。课前预习，课中提出问题、数学内容反思建构，课后小结等一系列教学环节，在教师的持续监督和引导下，使学生真正拥有了批判地提出问题、迁移解决问题、反思整合构建的技能,实现从教师引导“学会”到最后学生“会学”的转变。

(二)基于深度学习的初中数学教学策略

深度学习课堂教学要让学生积极参与,在整个研究过程中教师需要高度重视各个关键知识点的联系,以及概念的推导过程。教师要注意问题情境的构建,对专业知识的探索和感受,以及知识的专业性变化,掌握数学思维的精髓,在迁移和应用过程中提高学生解决问题的能力。深度学习是培养学生核心素养的重要途径,教师必须以培养学生数学核心素养为总体目标。

1. 数学教材系统解析

学生的学习是以教师的教学为前提的,所以教师必须具备数学思维的全局意识。教师不仅要从宏观的视角全面理解数学教材,还要从微观的视角研究教材的每一章、每一课、每一个知识点,并逐步制订出一套完整的课程流程,理清每一个单元之间的关联。此外,教师可以对数学内容的呈现顺序和形式进行适当的调节,适时地扩展学习资源,使教材成为适合学生深度学习的材料,从而使学生对教材有整体的认识。

2. 构建问题情境

学生自身的本质驱动力可以看作是学生在学习过程中的无限可能。在具体的教学环节,教师要尽量使课堂教学生动,激发学生学习的主动性。根据新课程标准的目标和课程实际内容,教师应该适当创设问题情境,让学生愿意学,乐于学。

情境的构建要体现数学学科的本质,要与学生的经验和以往的认知相矛盾,使学生在处理矛盾的过程中理解数学思维的本质,进而激发学生研究的冲动。学生在情境中有问题可以想,有活动可以探索,其思想就会开阔。情境的构建要与学生当前的专业知识有一定联系,与以往学生对相关定义的认知产生冲突,使不同的学生产生不同程度的理解,从而进行交流、讨论。通过这一过程,学生逐渐了解新的内容。在创设问题情境时,教师还需要明确提出学生能深入探究和思考的问题，从而使学生在对问题进行探究和思考的基础上，深刻理解数学的本质。

3. 设置问题探究

根据问题驱动原则，教师在教学过程中可以将问题作为数学课堂主题活动的线索，用问题连接课程内容的展示顺序，更好地展现出知识产生和发展的过程。教师需要按照课程目标和学生当前的专业知识水平设计“问题串”，并将其应用到教学课堂中，以了解学生掌握知识的情况。“问题串”课堂教学的设计应突出学生行为主体的影响，教师的问题设置可以逐步促进学生发现问题和提出问题，提高其分析和解决问题的能力。实现学生从解答他人所提的问题，到自己去发现新问题的过渡。

教师设计课堂教学探究主题活动时要从学习任务出发，紧密围绕学习任务组织学生展开深入研究。数学探究主题活动的设计方案必须关注探究主题活动的高效率。数学活动可以从以下几类中选择：一是社会实践活动，使学生在专题活动中掌握画表、调查记录、软件分析等专业技能；二是数学语言交流和呈现活动，让学生必须用数学思维语言来描述世界，用数学符号来表达日常生活；三是数学思维的猜想、逻辑推理、证明和思考等活动，让学生在发展数学思维的过程中，拥有构建数学模型的体验。

第三节　基于深度学习的初中数学教学设计

一、基于深度学习的初中数学教学设计基本框架

（一）主题总体规划

深度学习主题的规划是教学设计的基本过程，学习的主题以数学思维关键知识为线索。主题可以是数学教材中的主题，或者是通过数学思维方法组织形成的主题，也可以是根据数学核心素养来组织的主题。主题明确后，教师必须对主题所包含的知识内容进行概括说明，包括什么是基础知

识、什么是关键知识、学生必须掌握的专业技能是什么。不仅如此，教师还需要关注知识之间的联系。通过对知识相互关系的分析与展示，教师能在教学过程中把握数学的核心知识，学生能在学习过程中不断加深对知识的认识，从而更好地掌握各种知识。

（二）因素分析

课堂教学因素分析是深度学习教学设计的重要环节，其对后续目标的精准定位和活动的设计起着至关重要的作用。课堂教学因素分析规定，教师可以站在主题的总体方向上对知识进行宏观联系和准确把握，注重深层次知识的本质，注重知识之间的逻辑联系，注意概念和方法的逐渐渗透。

分析课程内容，教师首先要深入分析教材内容、处理知识，为深度学习的学生提供知识素材，在此基础上，整合多个版本的数学教材，适当升级或修改教材，使之更适合学生。其次，分析主题风格在教材系统中的影响和效果，如哪些知识是继承的，哪些知识是快速发展的，哪些知识是后来的，什么知识也是知识的前提和伏笔等等，打造完整的知识结构体系。最后，必须在课堂教学中进行多角度分析，分析跨学科知识之间的关系，协助学生进行跨学科知识的转移。

在深度学习课堂教学中，学生是学习和训练的主体，教师的一切预设和活动的实施都建立在学生能够主动创造和研究的前提下，因此，对学生学习状况的分析是教学设计中至关重要的一环。只有对学生进行深入全面的掌握，才能营造出更利于学生进入深度学习的自然教学环境。要分析学生的学习状况，首先要分析学生已经具备的基础知识，深度学习的创造是建立在拥有知识和理解知识的前提下的。因此，教师必须深入了解学生的知识水平，并以此为基础构建深度学习主题活动。不仅如此，教师还需要评估学生对知识的掌握程度，明确学生的知识水平与预设的学习和训练目标之间的差异。对学生学习状况的分析还需要分析他们的逻辑思维水平，需要分析学生的行为——学习数学的习惯和态度，尽可能保证大部分学生能够在课堂教学和研究中进入深度学习。

深度学习非常重视整个训练过程，更注重有效教学方法的应用。数学教学策略是指教师和学生在课堂教学中为实现一定的课堂教学目标而采用的方法,包括教师教学方法和学生学习方法。教学方法作为数学课堂教学的关键要素,对正确引导学生和调整教学环节起着重要的作用。数学教学中常见的教学方法有叙述法、会话法、正确引导研究法、发现法、讨论法等。在教学方法的选择上,首先,教师将根据新课程标准、知识内容和学生的学习情况进行全方位的考虑,明确课堂教学的整体方式。例如,对于新知识点的学习与训练,往往采用与学生自主学习训练紧密结合的教学方法。其次,优化教学方法,针对课堂教学过程中的主要问题,选择主要的处理方法,如激发学生学习与训练的动机、创造新思维、检查学生的学习状态等。一般来说,课堂教学没有固定的方法,教师不论采用何种教学方法,都要注重学生的学习,而不是将自己脑子里的知识和书本上的知识倾泻到学生身上。

(三)目标精准定位

深度学习指导的目标设计方案必须偏向高阶思维。高阶思维是在更高的认知层次上出现的一种思维主题活动或更高端的思维能力。它实际上包括解决问题能力、元认知能力、小组合作能力、沟通协调能力和创造性逻辑思维能力。高阶思维能力的发展有助于促进学生深度学习,而深度学习又能促使高阶思维发展。因此,深度学习目标的明确必须以学生高阶思维的发展为最终方向。

深度学习目标不仅要作为课堂教学设计的一部分被不断修订,而且要在教学过程中不断被检验和确定,还必须结合实际教学效果和课后反思,综合调整和改进。

(四)主题活动设计方案

深度学习的主题活动设计方案能优化学习培训目标,也是完成学习培训目标的一种方式。深度学习的出现必须帮助学生进入一个相对高投入的学习状态,这可以为学生的感受创造共鸣点。因此,深度学习主题活动应唤起学生积极的情感体验,进而促进学生的深度参与。深度学习的主题活动是根据解决问题的需要或学生思维能力的发展设计的。教师有必要在主题活动设计中对课堂教学的课时进行划分。课时的划分还包括课程内容和课时的分配。课程内容的分配以具体内容为主，由简到繁，逐层递进，还要针对学生的实际学习状况进行总体设计。

（五）课堂教学方法

1. 已有知识的再现

深度学习是建立在学生已有的基础知识之上的。在学生进入新的学习之前，他们具有日常社交经验和以往的知识框架，这是学生学习的出发点。在深度学习的整个过程中，新知识的学习离不开学生的旧知识，因此，在课堂开始时，教师要用有效的方法，使他们重新认识之前学过的知识，并在此基础上，实现旧知识与新知识多维度的集成，从而构建起一个知识库。此阶段，只是深度学习的前期，为实现深度学习打下了坚实的基础。

2. 新知的自主探究

新知的自主探究阶段是学生进入深度学习的过渡阶段，在这个环节，学生在自己专业知识的基础上积极探索新知识，鉴别和分析新旧知识之间的差异和关系，深刻了解知识的本质，为进入深度学习做好准备。在探究新知识的整个过程中，教师必须为学生营造一个合适的学习环境。比如，教师可以根据这个阶段的学习任务，安排学生们利用搜集到的知识，展现出知识产生的背景，并在探索与展示中引导学生们进行小组交流与讨论，使他们能够在探索中体验到知识的产生与发展，从而对知识的本质与内涵有更深刻的认识。

3. 例题的变式练习

例题教学是数学课堂中最常见的一个环节，也是不可或缺的一种教学方式。但是，仅靠例题教学的方法无法使学生全面理解定理、原理以及数学法则的基本性质、含义等，这就要求进行例题的变式练习。

例题教学后的变式练习题是教师根据学生对知识、技能和方法的掌握情况，以及例题辅助教学的效果设计的，不是教师随手拿来的一些现有教学材料滥竽充数的。初中学生的认知还处于以具体形象思维为主导的阶段，对数学的系统学习也刚刚起步,而学生具有活泼好动的性格特征,所以变式练习题的设计除了要考虑学生的生活情境,选取贴近学生生活实际的素材外,还应当有实践和活动的趣味性元素,以此来诱发学生的学习动机,增强学生对所学知识的理解和运用。教师要正确引导学生更深层次地理解问题,对问题的核心进行批判式的剖析,寻找相关的知识点,并找出问题的解决方案。与浅层学习相比,深度学习不但注重学生对知识的理解,而且注重学生能够融会贯通,举一反三,将所学的知识应用到新的情境中去。因此,教师要正确引导学生将专业知识转移到其他问题情境中,以使学生内化和加深所学的知识或技巧。

在教学中,例题是连接学生们数学理论和实践的桥梁。然而,例题教学不仅仅是一个“牵线者”,还起到“导向”的作用,能让学生们真正地参与到实际的数学活动中去,去体会概念的基本含义。所以,在设计具有代表性的练习题时,教师要给学生以丰富的情境,使他们能够在不同的情况下更好地探索和学习。

总之,学生的思维发展处于具象性的发展时期,其逻辑性、知识性的转移等方面还存在着一定的局限性。因此,教师必须让学生多进行变式练习,使他们对数学知识、技能、方法等有更深入的了解,培养他们学习数学的兴趣。

4.学习的系统小结

深度学习的出现,要求学生生成专业知识系统,将新的专业知识融入原有的认知结构中,这种融合包括课程中新旧专业知识之间的连接,以及多种综合知识和多渠道信息内容之间的融合。在这个阶段,教师应该组织学生对原有知识、概念和方法进行回顾,并适当地渗透后续与之相关的专业知识。在学生生成系统的过程中,教师可以选择表格框图和程序框图来辅助他们。此外,教师要尽可能地为学生普及专业知识在日常生活中的各种应用,并根据专业知识与各方面信息内容的融合,重构学生的认知结构,促进学生对专业知识实际意义的理解。这种方法有利于学生在学习过程中进行知识转移,使他们能有效地处理数学问题。

（六）评价与反思

深度学习的“深度”体现在三个层次：认知能力的深层次、参与的深层次和结果的深层次。深度学习的评价能衡量深度学习的效果，并能引导它的设计和实现。因此，对深度学习的评价不应只关注结果，而应贯穿深度学习的整个过程。反思大多是在课堂教学之后进行的，教师基于评价的呈现和应用来反思，从而改进课堂教学的设计和实施。

1. 连续性评价

连续性评价是发展性的。连续性评价必须以学生的学习为中心，关注学生对知识的理解、消化，以及核心素养的发展等。学生之间是存在差异的，教师不应忽视这些差异，不能对每个学生采取统一的考核标准，而应该认真了解学生的实际水平，针对不同水平的学生制定不同的标准。这样才能帮助水平较低的学生看到自己的优点，而针对学习能力稍强的学生，教师必须为他们设计更高的标准，帮助他们获得深层次发展。

在数学教学过程中，连续性评价的目的在于掌握学生在学科活动中产生或获得的素质、专业知识和专业技能。正因如此，连续性评价不仅关注学生学习和训练的结果，还对学生的学习过程进行全方位的评价和矫正，帮助学生掌握当前的学习水平和状态，学习的目的和实现的程度。要实现个体的快速发展，教师不仅要关心学生知识技能的学习，而且要关心学生的思维过程，判断学生能否用数学思维观察世界，能否用数学思维思考世界。

2. 持续性评价

持续性评价具有反馈作用。持续性评价是指教师对学习目标的实现进行实时监测，实时调整学生的学习行为。教师要特别注意学生的学习状态，适时地提供反馈，并协助学生及时调整、优化思维和学习模式，促进学生更好地运用知识。

在持续性评价的背景下，教师需要结合深度学习的总体目标对学生进行及时、持续的监督，分析学生在学习中存在的问题和优点，从而提高学生的学习水平。

3. 及时反思

反思是一种高层次的思考能力。通过对问题的反思，教师和学生可以及时发现自身的问题，并及时调整和纠正。

教师的反思主要是针对教学内容的规划、目标的确定、活动的设计、教学过程的组织等方面进行的，然后对其加以修正，使教学达到最优。同时，也要让学生反思自己的学习状况，了解到了什么，掌握了什么知识，还有什么需要改进和完善的地方。学生通过对自身的反思，促进深度学习。

二、基于深度学习的初中数学教学设计要点

（一）设计出有趣的导入环节

我们常说兴趣是最好的教师。兴趣是调动一切积极因素的源泉，一节课能不能引起学生对数学的兴趣，关键在于教师能不能设计出有趣的导入环节。平淡无奇、中规中矩的导入环节会让学生一开始就没有激情，没有积极参与教师课堂的动力。现在的初中生具有强烈的表现欲望和不服输的劲头，那么教师就可以利用初中学生的这个特点来设计导入环节。如讲“角平分线的性质”时，就可以设计这样的导入环节：“同学们，学校有一块三角形的草坪，学校想在草坪内部安装一个喷泉，要求喷泉到三角形三边的距离相等，同学们，你们知道喷泉应该安装在三角形的哪个位置才能满足这个条件吗？你能找出这个位置吗？”这个导入环节既考查了角平分线的性质，又考查了角平分线的画法。这样的导入环节充分利用了学生的知识基础，又引出了新课内容，从而极大地调动了学生学习新知识的兴趣。

这样的导入环节能快速地、最大程度上地激发学生学习的兴趣和求知欲望。教师如果能为课堂设计出这么一个吸引学生的导入环节，那么本节课的气氛必然不会消沉。

（二）体现学生学习的主体性

教师要关注四个“人人”，即人人参与、人人愿意、人人收获、人人成功。这既是对教师提出的要求，也是对学生提出的要求。教师应该如何设计课

堂,才能做到四个“人人”呢?应该遵守以下几个基本原则。

1.课本上的定义、概念、公式等,教师让学生自学即可。自学不是教师放手让学生漫无目的地自学,而是必须把握其中的界限。我们常常可以听到数学教师抱怨学生们预习的效果不好,学生毫无目的地预习还不如不预习。那怎样的预习才能达到最大的效果呢?那就是带着问题预习,教师把要讲的知识以问题的方式告知学生,让每个学生愿意带着这些问题预习。例如在讲人教版数学九年级上册第二十二章的22.1“二次函数的图像和性质”时,教师可以先提出问题,然后让学生带着问题进行预习,这样才有效果,才能让所有的学生都参与到深度学习中。

2.在学生已掌握知识体系的情况下,学生能够通过同桌、学习小组等的帮助对知识进行自行学习,以达到学生教学生的目的。对此,教师可安排小组合作,让学生自己归纳出知识点。例如讲“二次函数 $y = ax^2 + bx + c$ 的图像和性质”时,教师可以先让学生类比以前学习过的“$y = ax^2$”的图像和性质,让他们以小组合作探究的方式得出“$y = ax^2 + bx + c$”的性质。在小组合作探究过程中,学生都有所收获。

3.目标达成,构建知识网络。教师要培养学生积极主动地参与,有意识地培养学生的知识总结能力和知识网络构建能力,这对于学生的自学能力和逻辑思维能力的提高有极大的帮助。

归结起来就是让学生们“自主探索、互相激发、高效生成、愉快参与、都有收获”。

(三)精心打造数学高效课堂

高效课堂就是用最少的时间尽可能取得最好的教学效果,教师可以从以下三个方面来实现。

1.教师在答疑解惑、题型归类、方法总结等方面要充分发挥主导作用。一节高效课堂离不开知识渊博的教师,“以生为本”的课堂并不是不需要教师,而是更需要教师的指导。教师的总结指导知识能力会直接影响学生对知识的理解和掌握。所以说一节课是否高效,还得看这节课教师是否指导到位,是否发挥主导、画龙点睛的作用。教师的指导作用主要体现在教师对定义、概念的易错点和易混淆点的讲解。例如在讲“单项式的定义”时，教师一定要给学生讲清楚单项式定义中“或”的意义，“数或字母的积”的含义就是数字乘以数字(4×6)、数字乘以字母($5a$)、字母乘以字母(cd)，这样学生才能理解单项式的意义。教师在讲正负数的时候要给学生讲清楚负数中的“-”是性质符号而不是运算符号，这为学生在以后学习正角和负角等知识打下基础。

2. 学生在课堂上要会预习、会讨论、会合作、会总结、会记忆，并能积极地参与到课堂中来。学生通过预习、小组合作探究等方式对知识有了初步了解后，在教师的精心讲解下获得新知识，并利用这些新知识形成利用知识解决问题的能力，从而在解题过程中巩固新知识，进而养成良好的学习习惯。

3. 要有高质量的、考查全面的，且分层明显的课堂训练题。教师讲得到位不到位，学生掌握得好不好，只能通过课堂训练题来进行现场考查。所以，教师要设计出能包含本节课知识点且针对不同学生的分层习题。教师可通过学生习题完成的情况直接看出本节课的教学效果。这样的训练题既可以让好学生得到知识和能力的检验，又能让中等或偏下的学生有收获的喜悦。

第五章　初中数学教学中思维可视化的应用

第一节　初中数学教学中的思维可视化

一、思维可视化的相关概念

(一)思维可视化

思维可视化是指通过图示将不可见的思维结构、思维方法等呈现,使其清晰可见。图像可以把原本不可见的思维过程、方法、规律等形象化,显化隐性思维,以增强记忆并加深理解。思维可视化可促进学生构建知识、训练思维、养成自主学习的习惯。同时,思维可视化也有助于教师了解学生的思维过程,使教师有针对性地指导学生。

(二)可视化教学

科技进步促使教学变革成为现实。特别是可视化技术的兴起,将人们的思想转化为图形和动画等形式,使知识变得更加清晰和明了。在课堂上引入可视化工具,打破传统的“黑板加白纸”的教学模式,用图片和文字展示知识,使学生所学的数学知识更直观、更生动。可视化教学是指在课堂上运用图形、动画、视频等视觉表现方式来实现教育内容的呈现,或者尽量将教学知识内化成与学生认知相关的内容,使学生充分观察、体验、发现、利用这些生动的可视化知识,并通过认知处理将其外化为语言以推动教学中的知识传播与革新,培养学生的思维能力与创造能力。

可视化教学方法可以使抽象复杂的科学理论知识变得简单化、形象化。由于学习者在学习知识过程中会产生疲乏感，而可视化教学可以让知识变得更清晰，让人更容易掌握和理解，从而能很好地调动学习者的学习热情，更能满足他们的学习需求。可视化教学能有效地促进学生在有限的学习中获得更多的知识。

可视化教学能减少语料的重复，实现知识的高效传达与传递。一个场景里的要素很多，要素之间具有很大的差别，想要去形容，就必须要用很多的语言去详细地描绘，这会导致很多知识的重复。但如果是用图像来表达的话，就会变得非常简单，一张简单的照片，就能将整个场景的所有要素都展现出来，学生们只需要看一眼，就能明白这是怎么回事。

在某种意义上，可视化教学有助于培养学生的发散思考能力，它的广泛应用，有助于提高教师的教学水平，对加强学生的知识传递、创新能力，以及提高学生的认识和情绪具有重要作用。

二、初中数学教学中思维可视化的工具与内容

（一）思维可视化的工具

1. 思维导图

思维导图是一种图表，其使用图形布局来表示连接到中心概念或主题并围绕中心概念或主题排列的任务、单词、概念或项目，思维导图允许用户围绕中心概念或主题构建直观的框架。思维导图可以把一长串单调的信息变成一张丰富多彩、组织有序的图表。思维导图可用于以下方面：头脑风暴和可视化概念；展示和交流想法；概述报告和文件；简化任务和项目管理。

思维导图是一种将信息输入和输出大脑的非常有效的方式，它是一种创造性的、合乎逻辑的做笔记的方式，可以真正“映射”出想法。所有的思维导图都有一些共同点，都是使用颜色的、从中心发散出来的自然结构，并使用线条、符号、词汇和图像，遵循一套简单、基本、自然、易被大脑接受的规则。理解思维导图的一个简单方法是将其与城市地图进行比较：城市中心

代表主要思想;从中心引出的主要道路代表思考过程中的关键思想;次要道路或分支代表次要思想;等等。

思维导图作为一种新型记录方式,通过图形和线条来构建各种不同的概念。思维导图是一种高效的思考方式,是用于记忆、学习、思考等活动的"地图",有助于大脑的扩展思考。在课堂上,教师运用思维导图能让学生清晰地理解、掌握整体的知识,思维导图让教师的讲解与学生的学习更加流畅自然。

以前,教师大多是按照教材上的结构来排列知识,尽管这样可以看出知识的层次感,但却不能将所有的知识点都集中起来,不能将它们的联系表现出来,也不能展现它们的逻辑推导。教师可以使用思维导图将相同类型的知识要点加以注解、总结,将各层面的知识要点结合在一起,构成一个完整的体系。

研究表明,图式可以很好地用于求解问题。思维导图是一种以"树状"的方式将知识的层级关系清楚地表达出来的有效方法,将其运用到解决问题中,可以帮助解题人对"问题图式"进行构建。解题人对问题的正确表述取决于其"问题图式"的构成,也就是问题解法的认知架构。在面临解决问题过程中的复杂中介态和运行规律时,他们会在脑海里形成一个"问题图式",从而建立起解决问题的流程模型。在数学问题的求解中,运用思维导图可以帮助学生构建"问题图式",帮助他们全面地剖析和运用知识。

2. 概念图

概念图是用节点来表示概念,通过连线来表示概念间关系的图示。在课堂指导阶段,教师可运用概念图介绍课程目标,确立学习与培训的导向;在答题课堂教学中,概念图以问题为导向,直观展示知识要点及加工全过程,使逻辑关系清晰,层次分明;在课堂讨论中,概念图围绕教学重点,横向转移、纵向深化,依次细分专业知识,一步步深入探索专业知识的含义。概念图可以深入展现知识结构与专业知识的内在联系,概念图在产生的全过程中可以提升学生的逻辑思维能力。

在进行数学概念的研究前,教师可先将新知识点的概念图展现给学生,让他们对所学内容有一个大致的认识和基本的印象,为之后的教学打下坚实的基础。

初中数学的各单元知识是相互关联的,教师可以用概念图将每一节课的内容都展现在学生面前,让他们能够清楚地看到每一节课知识点的层次。利用概念图进行数学教学,可以让学生进行精确的自我定位,找到自己的不足之处,并加以完善。由于初中数学涉及的内容比较多,学生在学习的时候常常会有一些难以理解的地方。因此,教师要把概念图运用到数学课堂上,把所有的知识点都生动地呈现给学生们,使他们能够清楚地理解各个知识的关系,从而能够更好地理解所要学习的知识。

3. 鱼骨图

鱼骨图别名因果图,适用于解题。鱼骨图能梳理复杂的问题,直观展示思维方向和思维过程,条理清晰,使人一目了然。在课堂教学中,鱼骨图主要用于复杂算术问题的分析。与教师单一呈现答题过程相比,鱼骨图可以将答题过程和关键知识点一一列举,并建立逻辑关系。

鱼骨图由“脊骨”及上下方的“鱼刺”三部分组成。其中“脊骨”主要由大问题细分出的小问题而构成的一个个关键节点组成,通过解决这些简单而具体的小问题,进而解决大问题。“脊骨”下方的“鱼刺”为问题的分析过程,“脊骨”上方的“鱼刺”为已知条件或由已知条件得出的结论。

将鱼骨图运用在初中数学教学中,可以有效激发学生学习数学知识的兴趣,营造良好的教学氛围,提高学生的学习能力和解题能力,培养学生的数学核心素养。在教学过程中,教师要结合学生实际情况,合理运用鱼骨图,将抽象的数学知识形象化,为学生日后的学习打下坚实的基础。

4. 流程图

流程图主要用于呈现答题过程,也可以用于分析知识点。在课堂答题教学中,教师可用流程图将答题过程有序列出,建立逻辑关系。对于知识点,应用流程图可以直观地展示知识点之间的联系。

将操作过程的关键词一一填入流程图的方框中,并用阶梯线和箭头符号将方框一个接一个地连接起来,就可以生成完整的流程图。在数学教学中,许多数学结论经常要用到分析和推理、判断和选择的方法得出,但教材上都是用文字叙述,或用一些图表(如表格等)来表达的。如果采用流程图来表达这些数学结论,则会给学生留下更形象、更直观、更清晰、更深刻的印象。

(二)思维可视化的内容

1.定义、命题——具体化

数学定义是培养学生认知能力和数学思维的起点。教师应鼓励学生深入探究定义的本质,把握定义的内涵和外延,加强对定义的理解。初中数学有多种定义,如三角形、圆、四边形、有理数、方程等单一的实用定义,在教授分离、相切、交集等表示单一定义之间关系的定义时,教师可以利用思维可视化工具,将不同的情况进行展示、比较,使学生深入地了解,这样既可以减少烦琐的语言,又可以让学生更好地区分知识点。

2.解题过程——简明化

解决问题能够使学生更好地理解概念,提高学生实际应用知识的技能。有些学生能在课堂上理解所学知识,但在解题的过程中不知道从何下手。造成这一现象的主要因素是学生对所学习的知识理解得不够,不能把问题和所学知识结合起来。思维可视化可以将解题的步骤和知识点进行直观对比,这样学生们在解决问题的过程中,可以强化所学的内容。

在解决代数、几何、概率等数学问题时,鱼骨图起到了很大的作用。如果是一些比较复杂的数学问题,如一元二次方程,就没有必要再用鱼骨图来描述解题过程了。可视化图表可以直接揭示出学生思想和知识的薄弱之处,有利于教师引导,同时也有利于学生们能够及时地找出问题的原因,从而提高学习效率。

3.知识巩固——条理化

知识要点的总结,是课堂中不可或缺的环节。对知识的总结可以是整理一节课的知识,也可以是整理一个章节、一个单元,甚至是一个主题的知识。在常规的复习教学中,大部分教师都是采用提问的形式,或是通过多媒体来展示内容,这可能会导致复习效果不佳。大部分教师都把重点放在了练习的解释上,而在复习中花费的时间却比较短。在复习课上,教师要指导学生们自己去整理知识点,画出自己的知识点导图,之后学生们可以将自己的作品交给教师、同学进行点评,来了解自己对所学知识的欠缺。

教师要指导学生归纳总结容易出错的知识点,并归纳总结解决问题的办法,告别"题海战术",利用可视化的方法,对知识点进行整理和优化。

三、初中数学教学中思维可视化的原则

(一)开放性原则

人们对同一知识的认知与理解存在差异,所以人们会对同一知识内容进行划分。对相同的知识进行可视化,其方法也多种多样。所以,教师在课堂上要注意启发和激励学生表达自己的观点,鼓励他们展示多样化、开放性的可视化作品,使课堂不再"千篇一律"。

(二)精简性原则

在一定的时限之内,教师要高效地进行课堂授课。教师要对课堂进行适当的设计,屏弃对学生的能力训练没有太大作用的内容。有许多知识不容易被人了解、记住,将可视化的工具引入到课程的教学中,目的是对学生所学的知识进行总结和归纳,从而减轻学生的学习压力。

(三)过程性原则

在思维可视化的教学中,与"结果图"相比,"过程图"的展示更为关键。在知识的生成中,要让学习者自觉地将所学知识融入自己的认知体系中去。使用"过程图",不但能激发学生的深层思维,而且对教师的教学也具有一定的帮助。

第二节　初中数学教学中思维可视化的应用及策略

一、思维可视化在初中数学教学中的应用

(一)思维可视化在初中数学教学中的作用

1. 激发学生自主思考

在初中数学课堂上运用思维可视化,可以很好地促进学生们自主地、自发地组成讨论小组,并就怎样思考进行讨论。之后,学生们可以阐述他们的观点,并对他们的观点进行检验。学生通过不断地创造思考,加深对课程的理解。另外,教师还可以在学生的思考过程中,帮助学生解决问题,总结学生的观点,引导学生绘制出一个清晰的思维导图。

2. 构建完整的知识体系

经常会有学生抱怨自己看不懂那些复杂的数学公式。只要能将抽象的数学知识转换成具体的图形,就能很容易地把问题给解决了。有研究认为,一般的知识可以通过思维可视化而转化为直观的图像,这种直观的图像能够使学生们记住知识,并形成完整的知识体系。

3. 促进学生对数学问题的高效求解

教师在讲解数学问题时,不仅要向学生们传授知识,还要提高他们的解题能力。解决问题的过程,不仅反映解决问题的方式和技术,还反映出了一个人的思维方式。教师可以利用可视化的方法把学生的思想活动具象化,便于学生发现问题的切入点,加深对问题的认识,进而归纳同类问题的共同特征。运用思维可视化法,学生们可以从"一道题"看出"一类题",提高学习效率,避免"题海战术",缓解学业压力。

4. 推动学生逻辑思维发展

有关专家们认为,逻辑思维是一个人必备的思维方式。数学是理论性

课程,要想把这门课程学好,就必须要有逻辑思考的能力。在进行思维可视化的创作过程中,制作者要对整体结构进行梳理和分析,并对知识点进行定位,知识的定位应该能够体现出知识的主次关系。提高学生的逻辑思维水平,要求教师在复习和解题时对学生进行刻意的培训,让学生通过思维可视化,呈现自己的思考过程。

5. 发展学生的创造性思考

传统的教学方式是教师赋予学生"固定"的学习方式和思考方式,这会束缚住他们的思想。在课堂上将思想变得直观,有助于培养学生创造性地思考。学生在课堂上进行持续的思考,能促进发散性思考,实现从多角度、多层次思考问题。

(二)思维可视化在教师教案编写方面的应用设计

思维视觉化不仅可以在课堂上使用,也可以应用于教案编写当中。教案的写作质量会对教学的成效产生很大的影响,一些学者认为,如果教案太过细致,会让整个教案看起来杂乱无章,缺乏重点。运用"可视化表",可以很好地解决这个问题。

例如,教师在备课时,可以采用可视化表,清晰描绘出具体教学目标、教学重点和教学难点。但是需要注意的是,可视化表并不能完全代替传统教案。可视化表是针对某一教学思路的总体概括,其中不包括习题的练习,因此教师还需要对相应的习题加以补充。可视化表可以将教学过程预演,但具体的细节还需教师用详尽的文字注释说明。也就是说,可视化表的作用是帮助教师尽量减少文字书写,同时将一节课的教学内容以提纲的方式呈现。

二、思维可视化在初中数学教学中的策略

在课堂上,教师应坚持"以学生为主体"和"授之以渔"的原则,充分发挥领导能力。教师要充分发挥学生的主动性,为他们营造良好的学习环境。在可视化教学中,教师应重视加强学生的思考和探究能力。下面从思维可

视化的视角，分别从新知导入、新知探究、新知应用、复习小结四大方面阐述思维可视化课堂教学的策略。

(一)新知导入中的思维可视化策略

教学情境是激励学生学习的“润滑剂”。在整个数学课堂中，导入环节是影响整个数学课堂教学质量的重要因素。在教学过程中，教师要根据学习者的认知特征，运用可视化技术创造出一个生动的情境，创造一个积极的探究环境，以指导学生明确学习目标、学习内容、学习方法，并促进其思维和探究能力。

1. 基于“问题情境导入”的可视化策略

问题是“数学之心”，而问题又是思考的枢纽，问题可以促使学生迸发出创造力的火花。在课堂上，教师应根据学生的知识积累情况，以及教学中的重点和难点，利用思维可视化工具巧妙地设计具有创意的问题情境，使学生对所学内容产生浓厚的兴趣，引起他们对数学的美、奇、妙的追求。

2. 基于“目标驱动导入”的可视化策略

在上新课前，教师可运用思维可视化工具来展示课程的教学目的，从而使学生确定课程的学习方向。有了目标，自然就会有动机，即思想的内在驱动。为了实现某个目的，学生会在学习过程中主动投入，这能促进其学习和思考能力的提高。教师要指导学生们为新课做充分的准备，并启发他们的聪明才智和思想，鼓励他们建立和改进自己的知识系统，提高自己的技能。在教育过程中，教师要重视对学生情绪、态度和价值观念的渗透。

概念图的演示，能让学生对整体知识有一个基本的认识，这为新老知识的整合提供了有利条件。教师以目标知识点为指导，让学生自由沟通和探讨，使其能探索到更高层次的知识点。在教学中，教师不仅要使学生清楚自己的学习目的，还要使他们想要达成学习目的，以及在达成目的时去解决碰到的问题。

(二)新知探究中的思维可视化策略

要深入了解抽象的数学概念，就得用详尽的解释。教师要善于启发和指导学生,加深他们的思考,使他们体验从特定到抽象的知识的生成。教师要以认知法则为指导,逐步培养学生的思考能力,改善他们的思维方式。

1. 基于"顺序式线索连接"的可视化策略

研究因果关系的知识,可以使用"顺序式线索连接"方法。采用直线思维导图把前面和后面的知识点连接在一起,构成一个整体的连接,显示出各知识点之间的关系。"顺序式线索连接"教学注重学生对知识的连续探索,逐步培养学生的思考能力。

例如,在二次函数的研究中,从"概念——图像——性质——运用"这条线索,对二次函数进行探索。首先,理解二次函数;其次,用实际行动来画二次函数;再次,通过对图像的观测,得出二次函数的一些基本属性;最后,利用二次函数求解问题。

2. 基于"递进式线索连接"的可视化策略

在包含层次关系的知识点探索中,可以采取"递进式线索连接"方式,从基本的知识点入手,由浅到深,层层深入,从而使知识的关键点呈现出来。通过直观的图形,学生可以很容易地理解知识点之间的联系。教师可以用"递进图"来直观地展示知识,使学生更加清晰知识的结构,更深入地认识其含义和意义。

3. 基于"中心发散多维引导"的可视化策略

教师可以采取"中心发散多维引导"的方法,围绕课程的核心话题,由教学内容逐渐向外拓展,从多个层面对知识展开研究。首先从重点入手,把重点和难点分开。要科学地规划出思维导图的主要"枝丫",逐步拓展其应用领域。与"线索连接"不同,"中心发散多维引导"注重对学生知识探索的有序进行。这种模型可以把相关的知识集中起来,突出核心主题。

比如,在人教版数学七年级下册第五章的5.2"平行线及其判定"这一新课教学中,教师可引导学生探索两直线平行的条件,通过同位角、内错角、同旁内角的关系判断两直线是否平行。学生以三角板和直尺为工具进行两条平行线的探究活动。首先,在活动前,教师强调直尺和三角板的位置摆放以及三角板的移动方式。其次,通过绘制平行线这个外显的数学活动,学生经过动手操作和直观感知，发现在所画的平行直线中，每一组对应的同位角都是相等的。教师还可以引导学生从多个维度探究直线平行的条件。最后，通过交流讨论，总结平行线的判定定理

（三）新知应用中的思维可视化策略

在初中阶段，用死记的方法是解决不了变化无常的数理问题的。所以，教师要改变学生思考数学问题的模式。教师和学生常常把注意力集中在知识的产出上，而忽略了知识的形成，而思维的发展并非来自知识的累积，而是来自思考知识的方式与进程。抽象的数学知识只有通过实际运用，方能获得深入的认识。图式可以清晰地展现解决问题的思路和方法，并通过视觉上的效果，让思维可视化，从而提升学生解决问题的能力。

1. 基于“分散问题目标”的可视化策略

在课堂上，学生不仅要掌握解题的方法，还要了解解题的过程。如果有大量的资料，且知识范围很大，又不知该如何着手，教师就可以先利用表格、鱼骨图等可视化的方法来整理这些问题。教师以问题为指导，把思考的对象分成几个小目标，用连贯的方法指导学生解决问题。在解决问题的过程中，与“结果图”相比，“过程图”的展示更为关键。

2. 基于“建立解题模型”的可视化策略

在本质上，解题是一个思考的过程，即对解决问题模式的选取与应用。在可视化教学中，教师可通过分析典型问题，归纳出解决问题的规则，并利用流程图显示。流程图是说明思想的一个很好的方法，通过使用流程图逐步展现出逻辑思维，因果联系会更加清晰，思路在问题中的发展也会逐渐显现。

在解决数学问题的过程中，错误是无法避免的。错误能够揭示出学生在学习过程中知识的薄弱之处和思想上的不足。在教学中，教师要充分运用错误，指导学生们整理和归纳出正确的知识。通过对错误的整理，教师可以对课堂教学的设计进行反思，从而更好地理解学生的思维习惯。

（四）复习小结中的思维可视化策略

大部分学生认为知识是孤立的，很难记住，因此不能把已经学会的相关

知识联系在一起。究其根源，在于他们没有对知识进行系统性的归类和组织。对知识点的归纳可以加深学生对知识的认识，拓宽思路，加强知识的积累，同时，还能帮助他们及时地找到自己的薄弱之处。

1. 基于“完善教学目标”的可视化策略

在教学总结中，教师运用思维导图引导学生们进行知识点总结，梳理出知识链，使其养成良好的思维习惯，从而增强其独立学习的意识。在总结时，可以以一节课、一章为单元对知识点进行总结。教师以立体的目标为指导，帮助学生建立学习目标，在思想动力的驱动下，对学生进行知识扩充和精练，使其知识系统逐步得到优化。

教师可利用思维可视化的方法，将分散的知识进行归类。以一个特定的知识点为中心，逐步发展出一个层次的知识，然后横向转移，垂直延伸，再将这些知识进一步细化，从而构建出一个直观的、系统化的、结构化的知识网络，以达到提高学生思维能力和思维广度的目的，使他们在掌握了新的知识后，能快速地将与之关联的知识整合到大脑中，提升他们的学习效果。

例如，总结“方程”的知识点。首先，以《方程》为题目，使学生们能够把与“方程”相关的知识联系起来。当“方程”出现的时候，学生们马上就会想起“分式方程”和“整式方程”，教师可让他们从“分式方程”“整式方程”这两个角度来考虑自己已经学到的东西，并把它们的关键字记在卡片上。然后，把它们归类，按照顺序进行排序，用概念性的图形来重建“方程”。

2. 基于“建立问题串”的可视化策略

目前，在数学课上，教师们普遍采用的是“什么是什么”“什么叫什么”等的提问方法。“灌输式”的教学方法对培养学生的数学思维和提高其学习效果来说是不利的。教育不应局限于固定的思维系统，而应当通过观察、提出问题、对问题进行剖析和探讨来揭示这个系统，再将其按逻辑组织起来，从而使学生更快速地发展思维。

教师可采用“建立问题串”的可视化策略，来帮助学生复习知识点。教师可将一系列问题以可视化的方式呈现，一方面能帮助学生构建完整的知识体系，将所学知识串联起来；另一方面能循序渐进地开阔学生的思维，提升他们的逻辑思维能力。

第三节　初中数学教学中思维导图的应用

一、思维导图应用于数学课堂的可行性分析

(一)思维导图制作的可操作性

1. 思维导图的绘制步骤

思维导图可通过手动绘制和软件绘制,具有个性化和随意性。教师可以使用电脑软件进行思维导图的制作、修改和保存,并且电脑绘制的思维导图颜色和形态丰富。绘制思维导图最常用的软件是 Xmind、FreeMind 和 MindManager 等。思维导图的绘制流程如下。

第一个步骤:确定题目。在白纸的中央画出一个代表这个题目的图案或者写出一个主题。

第二个步骤:绘制一个层次的子主题。用一个关键字或一个内容图表来表达一个层次的子主题,把主题和各个子主题连接起来。

第三个步骤:扩展联系,并持续创造一个分支的子主题。对子主题逐一进行剖析,再按次序扩展出第二、第三层次的主题。

在制作思维导图的时候,有一些小窍门,例如:思维导图中的题目有先后次序,可以编号标注;尽量采用各种色彩,色彩可以为思维导图增加跳跃性和活力;如果各个分支之间存在某些关联或差异,则可以通过线路将两者相连,作为标识;如果采用软件制图,还可以加入超链接和附加物,有助于加深对结点的理解;手工绘画还能连接到典型案例等,充实思维导图;画的时候可以根据自己的喜好多运用图画、箭头、线条等,形成个性鲜明的思维导图。

2. 思维导图的绘制原则

遵循一定的绘制原则,可以让思维导图规范化、合理化,并能实现通

用化。

(1)发散性原则

发散性思维,又称扩散性思维、辐射性思维、求异思维。它是一种从不同的方向、途径和角度去设想问题,探求多种答案,最终使问题获得圆满解决的思维方法。要把分散的知识连接起来,就必须运用我们的思维导图。利用思维导图,将发散思维的产物连接起来,逐渐形成一个知识网络。

(2)中心点原则

一个思维导图只能有一个中心点,其余的点都是从这个中心散发出去的。

(3)关键词原则

关键词指的是一个重要的环节,它可以是一个知识点,也可以是一个思想的节点。我们的知识体系就是一个又一个知识点连接而成的,我们在进行思考的时候,必须要将自己的思想联系在一起。而思维导图则是利用简单的短语来表达重点,从而使人们能够更好地理解和思考的一种方式。

(4)层级原则

思维导图的层级结构能反映出从上至下的思考模式,而层级与层级则通过线条连接起来。

(5)图形化原则

思维导图最后得出的是一个图形,而非单纯的文字说明。因此,图形化原则就是把思想具象化。

(6)个性化原则

在进行思维导图的初步设计时,必须遵守一些基本的绘画原理。到了后期,有了经验,就可以尽情施展自己的能力。也可以按照自己的爱好,将思维导图画成独特的形状和图案,增加学习的兴趣和乐趣。

(二)思维导图的价值性

思维导图可以把枯燥抽象的数学知识变成彩色、可视化、易于记忆和结构化的图形,并且学生可以在新知识的累积下,通过对已有知识点的拓展,将各知识点之间的联系整理清楚,逐步建立起一个更大的体系,从而更直观地看见数学的“全景”。除此之外，运用思维导图还具有以下优点。

1. 有助于构建学生的思维系统。在实践中逐步完成的思维导图可以使学生体验到知识产生的历程，并体验到教师综合的思想。

2. 有益于激发学生学习的积极性。通过对思维导图进行图像表述，学生在心理上处于相对放松的心态，从而能够激发学习热情。

3. 增强了学生的自我意识和自学能力。在教学实践中，教师可通过思维导图对教学内容进行分析，以培养学生的自我意识和自学能力。

4. 促进学生进行创造性思考。思维导图具有发散性、整体性和分层性等特征，有利于培养学生的创新意识和发散性思维能力。

5. 提高学生自我检讨的本领。思维导图还可以展示学生的思考历程，有助于他们找到思考过程中的错误，进而提升他们的能力。

（三）思维导图的实用性

教师在教学过程中应着重强调如何构建知识点之间的关系。思维导图可以将抽象的、复杂的知识可视化，形成一套完整的体系。初中生虽然可以主动地记住数学概念、公式和定理，但这只是机械地记住，而且很容易忘记，这很可能会导致学生失去学习数学的兴趣。将思维导图当作一种学习的手段，画出思维导图，就是将自己的知识进行拆解和组合，此时，思维会高度集中，能够促进知识点的记忆。而在这种情况下，思维导图的图形和文字，更能让人对自己的知识库有更深刻的认识。此外，思维导图展示的教学内容更加适合学生认知和思维发展的特点，在课堂上进行思维导图的制作也能让学生从被动变成主动。因此，在初中数学课堂上运用思维导图，不失为一种有益的探索。

二、运用思维导图解决学习问题

（一）思维导图用于个人管理

思维导图可用于学生制订学习计划。自主学习计划是以学生为中心，以激励学生的学习动力为目标的学习计划，例如学年计划、学期计划、周计划甚至每日计划。它能让学生时刻掌握自己的学习状态,并能及时地跟进学习进程。让学生能够根据自己的学习状况对时间安排进行适当的调节,提高学习效果。

学生制订学习计划的基本要素包括:自我分析,包括学习特点、学习现状等的分析;学习目标,目标要适当、明确、具体;全面规划学习,包括睡眠、娱乐、各学科的时间安排,做到文理交替,劳逸结合。

将学习计划的思维导图绘制出来,并将其粘贴到醒目的地方。要时常查看,确保所有的工作都按照预定的进度进行,一旦出现问题,应立即进行纠正,或者修改方案,或者消除影响。一个好的学习计划,可以使时间安排得更合理,可以提高学习效率,减少时间的消耗,培养良好的学习习惯。在学习过程中,如果学习计划能顺畅执行,学生学习的积极性、主动性会大大提高。

(二)思维导图用于数学学习

1. 思维导图用于课前预习

对学生而言,预习是学习中的一项重要内容,它关系到学生是否能够在课堂上有针对性地听,以及课堂的教学效果。调查发现,部分学生尚未形成自主学习的意识,大多数人都认识到了预习的重要性,却没有一套科学的预习方式。实际上,学生可以利用思维导图进行预习。

那么怎样才能引导学生们使用思维导图来进行预习呢?教师可按照下列步骤进行:首先,确定预习的目的和具体的内容,通常这是由教师指定的。其次,确定学习的重点,并按照其逻辑关系,画出思维导图。根据学生的理解能力,用不同的符号标注,例如明白,用对号;疑惑,用问号;不明白,用错号;等等。有了思维导图式预习,再加上有针对性地听,学生就能大大提高学习效率。另外,学生在以后学一些相关知识时,还可以在此次预习的基础上思考,从而使知识相结合。

2. 思维导图用于课中记笔记

学生们可以根据教师的解释来修正和补充自己的思维导图。学生也可以根据教师的思路,在白纸上画出一张思维导图。此外,对于在思维导图中标注的困难问题,要做好笔记。尤其要在白纸的背面或者本子上写下一些重要的例子,并以超链接的方式来连接。

3. 思维导图用于课后整理笔记

无论是在预习阶段,还是在教室里画出的思维导图,都显示出了对知识进行处理的过程。学生在课后整理自己所掌握的知识,就能获得更多的信息。教师可按下列步骤引导学生在课后整理笔记。

(1)让学生们自己去复习所学的知识,整理知识点,以更好地了解所学的内容。

(2)让学生将课堂中所记录的有关内容添加到笔记本中,并通过超链接来实现连接。思维导图是一张由关键字组成的知识网,虽然有很多知识点,但并不能涵盖所有的信息,所以只能通过超链接记录的方式来弥补。还可以让学生将自己经常犯错误的习题和思维导图连接起来,以便学生在下课后更好地练习。

(3)在完成了某一章节或专题的学习后,让学生们将所学到的知识进行综合,总结出教师所说的要点和自己的缺点,然后进行相应的改进。这种方式可以帮助学生更好地理解、记忆和储存所学的内容,从而增强学生的自我判断能力。另外,教师也可以根据学生画出的各个分支,来判定他们的认知架构是否牢固,从而找出他们所遗漏的知识、错误的认知等,并对其进行有针对性的指导。

三、运用思维导图解决教学问题

随着教育改革的深入,教师越来越注重学生在课堂上的主体性,并致力于"把课堂还给学生"。同时,教师也意识到,当教师把课堂还给学生时,学生会感到自己的知识和经历都是很少的,因此,教师在课堂上要引导学生积极地进行数学研究。

将思维导图应用于初中数学,能够将学生的思想活动与知识联系起来,并将其生动、直观地展现出来。通过这种方式,学生能够感受到教师对知识集成的思考,并能够更好地将独立的知识具体化、专题化,形成一个完善的知识网,从而提升数学思考水平。思维导图的教学方法强调将任务交予学生,将时间归还给他们,使他们体验到学习的全过程,克服学习中的难题,总结方法,探索规律,得出结论。

(一)思维导图用于新授课中的教学流程

数学新授课,指的是建立一个数学概念,研究一个数学定理,或者解决一个数学问题的课程。它的使命是让学生了解、理解、掌握新知识,并把新知识应用到实际的生活和新的学习中去。在数学课堂中,教师要注重学生的实践、思考、探索、交流和知识获取能力的培养。在初中数学教学中,应用思维导图可以有效地促进初中数学教师的教学,同时也有利于学生的自主学习。

1. 课前

教师要全面掌握,宏观准备。首先,教师要全面梳理本节课的内容,画出总体思路,并在此基础上,对所学内容进行梳理,结合各个知识点之间的联系,对所学内容进行反思。在这种整体性思维的指导下,教师可以帮助学生突破知识点间的隔阂,理顺知识的内在联系,提高他们对整个知识系统的理解。

2. 课中

新课的介绍,使题目更加清晰。教师运用思维导图将旧知识导入新知识中,这样可以反映知识之间的联系,从而帮助学生更快地掌握新知识,了解新知识与旧知识之间的关系,提高他们对知识的理解、迁移和运用能力。当知识之间没有太多的联系时,教师可以根据课程的核心知识点绘制出一张思维导图,并在课堂上向学生展示所要学习的知识。这样可以让学生们对所学的内容有一个宏观的认识,从而明确学习目的。

分散知识,拓展主题。在这一阶段,教师使用思维导图,将这节课的知识分散开来,然后再对各个部分进行突破,使学生能够全面掌握基础的学习内容。这种教学与绘画同步的教学方式,使课程的教学内容以中心主题为基础，循序渐进地进行，使学生的思维实现由局部向全局的转换，从而形成系统化的知识结构。在此阶段，教师应与学生进行讨论、协商、交流，共同完成思维导图。在课堂上，教师要引导学生思考、发言，激发学生学习的积极性。

延伸练习，加深主题。在练习时，教师要知道哪些学生还需要强化，哪些学生要单独指导。然后是让已经学会的学生们自己练习，而将那些即将学会的人分成几个小队进行训练，而教师自己则帮助那些需要个别指导的学生。当有学生能够更多地接受训练时，教师可把预先准备好的拓展训练交给他们，以便他们能够更好地消化。这一切都是在同一课堂发生的，并且教师预先做好了充分的准备。在拓展训练结束后，教师引导学生把自己的经验和领悟融入思维导图中，同时还可以让他们通过小组讨论，来完善知识结构。

总结提高，使主题更加完美。在总结中，教师可以利用思维导图对课堂教学内容进行整理。然后，教师和学生进行沟通，不断完善思维导图，这时的思维导图应该包括数学思想和数学方法等。当一堂课结束，一张完整的思维导图也绘制好了，里面的内容包括产生知识的全过程，条理分明，学生的笔记简洁而富有思考，方便下课后进行记忆。最后，思维导图将所有的知识都集中到一个平面上，使得教学内容更加系统和严谨，同时也能帮助学生全面地了解知识。

3. 课后

通过阅读笔记，学生们可以回忆起教师在学习集成知识时的思考过程，并能根据自己的理解进行“课堂再现”。“课堂再现”是学生重现教师的教学理念，然后重新绘制出自己的思维导图，将自己的知识融入知识库中，或者通过错误和经典的问题，来丰富自己的思维导图。这一过程是知识的抽取与再造，是一个新知识系统的构建。在这个过程中，学生不但可以积极地思考，理顺自己的思路和知识之间的关系，还可以发现自己所掌握的知识之间的“缝隙”，并将“缝隙”填平。同时，这也为学生今后的学习打下了基础。

(二)思维导图用于复习课中的教学流程

在当前的数学复习课上,大多数的学生都是跟随教师的脚步进行复习,而不是主动地去思考。复习课程的目标是加强知识联系、加深知识理解、优化知识结构、体验数学思维方法、发展数学认知。初中数学复习课程应该强调“内化学习”,学生通过对已学知识的反思,构成完整的知识网。

教师将思维导图运用于初中数学复习课,能体现出数学知识之间的内在关联,增强学生对整体知识的理解,并能引导学生深入理解概念、原理。通过自主梳理、团队合作,学生从被动的学习方式转变为自主构建知识的逻辑系统,从而提高数学思考能力和自主学习能力。将思维导图作为一个完整的知识系统,教师能够全面掌握和合理安排复习内容。

1.课前

明确目的。教师在课堂上对复习的目的进行分析,并设计出一些有代表性的例子。根据教学目的,教师在课堂上安排复习的内容,并对作业进行简要的解释。

自我梳理。学生按照复习的目的画出自己的思维导图,并将自己不熟悉或有疑问的地方标注出来,这个过程可以与教师的教学思路相结合。教师为学生提供充分的学习空间,让他们自行整理知识之间的关系,将零散的知识进行有序的组织,掌握主干知识、集中要点、突破困难。最重要的是,在整理的过程中,学生可以发现遗漏的知识、错误的认知等,从而更好地提高自己的判断能力。

团队合作。学生在小组内进行问答、互相帮助,使每个人的思考能力有所提升,从而形成一张新的集体思维导图。制作集体思维导图,能促进学生之间的团结与协作。

教师评价。在课间,教师检查学生们绘制的作品,并给出正面的、有效的意见。教师通过学生绘制的思维导图,可以了解他们知识掌握的情况,从而进行更好的组织教学。

2.课中

学生演示,教师评价。在学生们演示完后,教师可把自己的思维导图和学生们一起分享。在分享的时候，教师要把知识的逻辑统一起来，强化那些容易出错、容易遗漏的知识点和重点，并对学生的演示结果进行适当的评估和引导。这种方式既能指导学生复习，又能让他们逐渐掌握整理的知识，提高自学能力。对数学知识进行梳理，全部知识重新呈现、组合，使得知识系统更加完整，进而巩固了学生的认知结构。

归纳与提升。学生将本节课的知识、题目和思想方法，进一步整理到思维导图中，并进一步提高综合运用知识的能力。

3.课后

复习应是一种持续的过程，课后，学生们要结合在课堂上完成的思维导图，充实自己的知识库，并反省自身的不足，然后制订学习计划，进行有针对性的学习。在对问题进行补充和完善的同时，学生还可以添加自己的理解和领悟，使知识结构转变为认知结构，并将新知识和已有的知识结合起来，构成一个知识网。

(三)思维导图用于习题课中的教学流程

在习题课上，教师将习题进行归类，然后再对每个题目的解题方式进行归纳，这样的教学方式虽然可以帮助学生巩固所学的知识，也可以锻炼学生解题的基础方法，但却忽视了解题的目的和过程，以及解题过程中相应的数学思考方式。

在数学习题课中，教师要思考的问题是：怎样清楚地理解学生在解题时的思想，更好地理解他们的思维障碍？怎样引导他们去思考、去解决问题，让他们亲身体会到解题的过程，从而形成自己的解题思路？因此，教师可利用思维导图，使学生的思维明晰，这有助于教师发现和解决学生思维上的困难。思维导图能逐渐呈现出思维的过程，既可以让学生了解教师的解题思路、思维方法和研究方法，又可以让教师引导学生思考，从而帮助他们建立自己的解题思维。

教师在日常的解题教学中，运用思维导图，让学生能够正确地理解问题，找到问题的本质，并根据问题的本质去思考，然后根据关键词，找出与问题相关联的知识，发散思维，找到解决问题的方法。

1.课前

教师必须选择典型的、综合的问题，并画出复习知识或解题方式的思维导图。

2.课中

教师在课堂上运用思维导图进行示范。运用思维导图构造练习，画出思考的全过程，使解题的思路直观化，从而指导学生如何思考，如何着手解决问题。

指导学生整理思维，规范回答。此时，可以选择一位学生的思维导图进行投影展示，夸奖其优点，然后指出其缺点。

学生们进行实践。根据学生的实践，教师需要做一个总结，并要求学生在总结时指出相应的例子。教师还要根据不同的回答，让他们做一些容易出错和混淆的练习。

总结。教师提供一些课堂上的重点练习题目，及解决问题的方法，让学生们在小组里总结这些题目的类型。如果问题类型比较多，教师可以在一节课中解释一种类型的问题，让学生辨别出不同的问题，或者找出解决这些问题应用的知识点，并加以归纳。

3.课后

教师要让学生们按照课堂上所说的思考方法来完成课后的巩固练习。

第六章　基于信息技术的初中数学教学模式研究

第一节　信息技术与初中数学教学的整合

一、核心概念界定

（一）信息技术

信息技术涉及计算机和任何类型的存储、检索、研究、传输、处理数据和发送信息的电信研究和应用。信息技术涉及硬件和软件的结合，用于满足人们日常需要和执行基本任务。

信息技术的进步、应用和创新，给各学科的教学带来了巨大的改变，因此其越来越融入各个学科的教学之中。教师只有不断地学习，不断地提升自己的信息素养，才能更好地进行教学。

（二）整合

整合是指在一定客观、现实的标准下将不同目标结合起来，目标要素相互协作，有利于资源的分享与更新，从而形成具有更大价值的整体。

二、信息技术与初中数学整合的问题、目标与原则

（一）信息技术与初中数学整合的问题

信息技术与数学课程整合的问题可以概括为以下几种。

1. 教学整合流于形式

信息技术与数学课程的整合过于形式化。在教学过程中，教师和学生都看着屏幕，教师只是将数学概念、例题呈现在屏幕上，然后再用鼠标或者键盘来操作，一一呈现。在这种情况下，教师并没有起到引导学生去思考的作用，同时学生的学习效率也降低了。教师无法从课堂教学中获得大量的工作经验，导致教师和学生减少了教与学的机会。另一种流于形式的整合是在示范班或一些教学竞赛的课堂上，教师们仅仅是从网上下载所需的资源并进行简单的修改，没有进行思考，这有时可能会分散学生的注意力，导致其实际的学习效率下降。还有一种流于形式的现象，就是很多教师无视学生的差异，一劳永逸地使用多年前的教学课件。以上流于形式的整合，说明教师对整合的意义和方法并没有深入的理解。

在初中数学与信息技术相结合的课堂教学中，教师要把教学内容中的重点和难点结合起来，并充分运用信息技术，使学生能够更好地处理复杂的、难以表达的问题。而在传统的数学课程中，教师们的情感、行为，都会感染学生们，让他们热血沸腾。而在逻辑推理、板书等方面，教师也会和学生们进行交流，共同思考和探索。在新的教学模式下，教师要从设计、方法、媒体等方面重新审视，以解决新教学模式所引发的一系列问题。教师可以在网上学习或接受培训，提高自身的理论和信息技术水平。随着教育的发展，初中数学课程标准也相应提高，教师要从教学内容和教学目的出发，对教学过程进行再思考，以实现全面发展和提升学生素养的目的。

2. 教师信息素养能力较低

由于教师是整个课堂的“领导者”，因此教育成效的好坏依赖于教师综合素质的高低，其主要表现在对知识的认知和需求、获取和处理、有效利用和评估等方面。教师只有不断提升信息素养能力，才可以利用这些信息来进行更好的教学。

初中数学教学与信息化教学一体化的实现需要教师的参与，而教师作为教学的设计者和执行者，又要引导和控制整个教学过程的进行。在初中数学教学过程中，教师要灵活运用专业素养和知识，把初中数学与信息技术整合起来。

信息技术可以让教师们在教学过程中满足学生的学习需要。教师也可以利用教学设计、课件、微课、思维导图等来进行教学。广大数学教师应充分了解和掌握初中数学课程的教学内容,以实现对初中数学教育的有效提升。

3. 缺少信息化教学资源

初中数学教学资源可以为学生提供一个很好的学习与交流的机会,供他们合作与探究。如果教师是在网上搜集和编辑资源的话,就可以对其进行分析和修正。而一些专门的数学工具,就需要教师自己设计、开发、研究,用专门的数学应用程序来完成。初中数学的课程涉及抽象概念、复杂原理、微观过程、多维空间等方面的内容,因此,教师必须使用专门的"网络画板"等辅助工具。

要积极倡导和支持教师自主编写和整合教材,教师要积极主动地与其他教师们探讨、研究、创新,并分享自己的数学教学经验,分享自己在数学领域的优秀教学成果。

4. 教学反馈不足以及教学考核、评价方式单调

传统上,评价是通过口头或书面测试进行的。学生们聚集在一个考试大厅或房间里,在那里试卷被交给学生,学生们必须在规定的时间内写出答案。目前,考试模式已经发生了变化——学生的考试地点不再局限于教室考场,而是登录在线考试系统,通过该系统他们可以访问试卷并填写答案,评价结果的公布也在这个系统中进行。

(二)信息技术与初中数学整合的目标

信息技术与初中数学整合,并不是单纯地利用计算机技术辅助初中数学课堂,而是利用信息技术,教师充分发挥主导作用,挖掘学生作为主体的潜力。学生可以独立探究以及与别人合作学习,提高数学素养及信息素养。教师优化教学过程,提升初中数学的教学质量,从而为国家培养创新型人才。

对教师而言,要提高自己的资讯能力,再根据自己所掌握的专业知识和技术,在一定程度上将信息技术与初中的课程相融合。目前,部分初中数学教师的信息化技术水平较低,这就是一个很大的问题。教师们要勤于尝试、勤于思考、勤于实践、勤于反思。整合教学是需要教师一步一步地去探索、去适应,在短时间内这个工作量是非常大的,因此教师在平时试验之中要抓紧研究,做好充足的准备,除了要满足教授知识的基本目的之外,还要注重对学生的知识和技能的培养,让他们能够利用电脑和互联网技术,在知识的海洋中尽情遨游,获得更多的知识、技能和情感,从而提高数学思考能力和运用知识解决问题的能力。

（三）信息技术与初中数学整合的原则

虽然各学科与信息技术的整合方式不尽相同,但其指导理念及执行准则却是相同的。因此,教师必须运用自身的聪明才智,在所教的数学课程中摸索,创造出实用、有效的整合方式。下面四条是信息技术与初中数学整合的原则。

1. 以建构主义理论为导向。建构主义理论为有关的教学理论、教学设计方法等提供了理论上的支持,从而改善和优化了传统教学。因此,教师只有以建构主义理论为导向,帮助学生从整体上把握对于知识点的分析以及知识系统的构建,才能打造高效的数学课堂。

2. 发挥学生主观能动性。教师和学生在教室中的位置不发生变化,就无法充分发挥学生的主观能动性,所以教师要改革传统的教学模式,和学生之间相互配合,发挥学生的主观能动性。

3. 信息化的“学教并重”。在信息时代,教学设计在课堂一体化中具有着举足轻重的地位,它是以“以教为主”“以学为主”为特色的教学设计为基础的。

4. 构建教育信息化的教育资源。构建教育信息化的关键在于教育资源,它可以使教师创造出一个具有教育意义的教学场景,激发学生的思维,使他们可以在活动中寻找和探索信息,从而更好地发掘和掌握信息。

在实施整合的过程中,应充分考虑到数学学科的特点,创造出一种全新的教育模式。信息技术为广大教师和学生提供了先进的、科学的、高质量的教学手段，对于提高数学教学质量、提高学生的创造性和动手能力都有着十分重要的作用。初中数学与信息技术相结合，需要学校、教师和学生等多方参与，经过长时间的协作，才能使之顺利进行。

第二节　初中数学O2O教学模式

人工智能时代的发展的确给数学教学提供了便利，线上资源的呈现与共享弥补了线下课堂的缺陷。与此同时，O2O教学模式的应用和推广，将会大大减轻由于教学资源呈现不全面所带来的局限性，提升初中数学课堂教学的效率。但任何事物都有两面性，信息技术促进教育教学进步的同时，也带来了挑战，即O2O教学模式在融合的过程中会因教育者、受教育者、数学学科自身的特点等因素的影响，导致线上教学内容与线下教学实践的衔接不合理，降低学生学习数学的信心和兴趣。如何衡量这些因素，保证O2O教学活动有效开展是目前需要解决的问题，追其根本，关键是要解决好线上线下教学内容衔接的问题。

一、O2O教学模式的内涵及特征

（一）O2O教学模式的内涵

O2O(Online to Offline)模式最早不是兴起于教育领域，而是电商行业，其是将线上的互联网当作线下交易平台，促成消费和推广的一种商业模式。并且这种迅速发展起来的电商模式，由于更贴近现代人的生活，所以发展速度惊人。王德志在《高校体育O2O教学模式的构建研究——以安心游泳课程为例》中提出："将互联网信息技术与高校体育教学相融合，选择十分便捷的微信小程序作为线上教学工具，构建课前线上教学、课中线下教学、课后线上回顾和拓展的O2O教学模式……高校体育O2O教学模式可以激发学生的兴趣，有效提高教学效果。”①当教育工作者将互联网技术引入到教育教学中，O2O 教学模式便由此诞生了，与此同时，其内涵也产生了较大的改变。

O2O 教学模式通过在线教育平台的连接，实现了线上教学活动与线下教学活动交互开展的信息化教学模式。

（二）O2O 教学模式的特征

通过上述关于 O2O 教学模式内涵的界定，可以清楚地发现，该模式最大的特征是通过平台实现线上教学和线下教学的交互，保证了学生在 O2O 教学过程中学习环境、学习内容及学习方式上的独特性，同时也实现了每一位学生在任何时间、任何地点进行学习的 3A（Anybody, Anytime, Anywhere）目标，另外 O2O 教学模式还具有很多与传统教学模式不同的新特征。

1. O2O 教学模式拓展了教师教学和学生学习的教育空间。这使教学活动开展的范围不再只是局限于教室，另外还赋予了学生自主学习的意义、体现了学习方式的多样性、实现了学生的个性化学习、增强了学生学习的主动性。如此一来，学生不仅可以利用 O2O 学习环境来刺激学习，使课堂时间安排更加合理，还能有效地配合教师完成教学任务，提高教学效率。

2. O2O 教学模式有利于实现教育资源的共享。目前，随着互联网技术的覆盖和普及，线上优质教学资源可以说是层出不穷。教师可以上传优质视频资源，让更多的学生观看线上视频进行自学。这一方面可以降低学生对教师的依赖，提高其自主学习能力；另一方面，线上教学视频在一定程度上能够解决一些师资力量薄弱的教学状况，弥补教学资源分布不均的不足。O2O 教学模式给学生提供优质课程资源的同时，又实现了教育资源的合理利用。

3. O2O 教学模式有助于教师引导学生突破教学重难点。人工智能时代，将“互联网＋”技术引入实践教学环节的优势逐渐突显出来。教师在进行实践教学环节时，可有计划地将教学流程进行录制，以便教师发现问题。同时教师还可以将教学重点、难点以及教学精彩片段共享到网络平台，让学

① 王德志. 高校体育 O2O 教学模式的构建研究[D]. 武汉：华中师范大学，2019：1.

生反复观看和研究,以此突破教学重难点。这样的操作使教师和学生都有反复观摩和反思的机会,从而提高教师教学和学生学习的效率。

综上所述,O2O 教学模式相对于传统教学模式而言,在教学环境、优质资源共享以及教学方法和学习方法的转变上都有所不同。O2O 教学模式的推广,符合当前时代的发展趋势,对于提升教育教学的质量有着巨大的推动作用。

二、初中数学 O2O 教学模式下教学内容衔接流程构建

O2O 教学模式通过在线平台实现了线上教学与线下教学的优势互补,在此基础上,O2O 教学内容衔接需要结合社会条件、资源条件,以及初中数学 O2O 教学模式的设计来构建衔接流程。

(一)O2O 教学模式下教学内容衔接的可行性

信息技术促进着教学模式的进步和发展,使得 O2O 教学内容衔接成为可能,为了更好地理解本次研究教学内容衔接的目的,应探讨 O2O 教学模式下教学内容衔接的可行性,对教学内容衔接具备的资源条件和社会条件做出相应的分析,使得教学内容衔接更加符合初中数学教学的特点。

1. O2O 教学模式下教学内容衔接的基础

数学义务教育改革离不开信息技术的发展,信息技术与学科教学的深度融合是当前义务教育信息化的重要任务,两者的有效结合使得 O2O 教学内容衔接成为可能。信息技术促进了数学教育教学的不断进步和革新,其作用和价值得到了实践的验证,信息技术与学科教学的深度融合是技术变革教育的学科实践。比如教师将几何画板、动态数学软件等技术引入数学课堂之后,学生难以理解和想象的几何知识变得更加形象和具体,同时教师的备课变得更加全面和贴近学生的实际生活。数学义务教育改革取得了较大的成功,这在很大程度上要归功于信息技术的快速发展。因为信息技术的快速发展为其供应了优质的教学资源、平台和技术。基于此,O2O 教学模式应运而生,这更加体现教育资源合理利用的实效性。由此可见,信息技术

与数学义务教育的融合为 O2O 教学提供了技术保障，同时也为 O2O 教学内容衔接奠定了基础。

2. O2O 教学模式下教学内容衔接的资源条件

信息技术与教育的高度融合，最突出的表现就是计算机辅助教学以及在线教育平台的广泛应用。随着 4G 网络普及的同时，我们也迎来了 5G 时代，国内各大网络平台陆陆续续地开发出了各种在线学习软件，于是各大网校应运而生。与此同时，网络平台在线直播上课、微课小视频等线上教学模式的诞生，加快了推广应用 O2O 教学模式的步伐。所以，相关教学平台的建立和发展为 O2O 教学内容的衔接提供了资源条件。

3. O2O 教学模式下教学内容衔接的社会条件

教师利用 APP 开启网络课程，一方面打开了新型授课方式的大门，另一方面打破了教师传统授课方式的局限性。此外，在线教育平台推出的线上教学服务，提供的免费教学课程资源，使得学生接触到了更多学习知识的途径和方法，增加了学生学习数学的信心。正是网上教学的顺利开展，为教师和学生开展 O2O 式教学奠定了实践基础，同时也为 O2O 教学内容衔接提供了社会条件。

（二）O2O 教学模式下教学内容衔接的必要性

1. 防止初中数学 O2O 教学内容的脱节

教学内容的衔接有助于 O2O 教学活动的有效开展，从而防止线上和线下教学内容相脱节。对于教师而言，如何有效地开展教学活动，发挥学生的自主学习能力，使学生更好地理解和运用数学知识是开展 O2O 教学的前提。对学生而言，掌握学习数学的方法本身更加重要，而线上教学跟线下教学不一样的地方还在于，线上教学不仅受到教育者和受教育者的影响，还受到教学平台以及教育资源的影响。如果教学内容没有得到合理的安排，很可能导致线上授课与线下授课的内容出现脱节，从而造成教学质量下降。O2O 教学模式的提出主要是为了解决单纯的线下授课或者线上授课出现的问题，实现线上教学和线下授课的优势互补。然而，教学内容作为连接线上教学与线下教学的桥梁，如果衔接不恰当将会适得其反。所以做好教学内容衔接可以帮助教师理清 O2O 教学活动开展的主线，顺利实施各个教学环节，促进初中数学教学质量的提升。

2. 有利于数学教育资源的合理利用

O2O 教学内容的衔接有利于数学教育资源的合理应用。O2O 教学模式下的数学课堂是丰富多彩的，教师合理设计 O2O 教学内容，使得教学资料呈现不再局限于教师在黑板或者 PPT 上的文字形式，视频、录音、动画等线上教育资源也可以在课堂上使用。O2O 教学内容衔接不仅可将线上资源与线下课堂有机地结合起来，还能打通资源合理利用的通道，促进 O2O 教学的顺利开展。正是有了这些优质资源的辅助，学生学习抽象难懂的数学知识变得更加容易。另外，具体生活情境的引入，也反映了生活实际与数学知识间的内在联系，能帮助学生建立数学源于生活的观念。引导学生体验开放式的数学学习，帮助学生获得更多优质化、个性化的数学教育资源，同时，这也是 O2O 教学内容衔接的价值所在。

3. 培养学生自主学习的能力

O2O 教学模式下教学内容的衔接有利于培养学生自主学习的能力。传统的数学课堂，一直是以教师“马不停蹄”地讲授知识为主，漠视了学生的主体性，导致学生参与教学活动的主动性和积极性未得到真正的调动。教师应该根据学生的认知发展特点，合理地进行线上和线下教学内容衔接，促进学生自主学习能力的提升。O2O 教学模式正是顺应时代的发展趋势，着眼于 O2O 教学内容衔接，帮助学生掌握抽象难懂的数学知识，为学生后续的学习打下基础，培养学生自主学习的能力，促进学生个性化发展和可持续发展。

综上所述，为了适应时代发展需求，开展 O2O 教学模式下教学内容衔接有利于防止线上教学和线下教学内容的脱节，促进 O2O 教学的各个环节顺利实施。另外，教学内容衔接还有利于数学教育资源的合理利用，培养学生自主学习能力。

（三）初中数学 O2O 教学理论模型的设计

根据邹莹在《O2O 微课教学模式在高中信息技术教学中应用的行动研究》中构建的 O2O 微课教学理论模型，本书设计了适合初中数学教学的 O2O 教学理论模型，主要包括三个环节：一是课前线上微课导学，教师提供微课导学视频，学生自行在线上进行学习；二是课中线下教学，师生之间、生生之间合作交流，完成教学目标；三是课后反思与拓展，弥补不足，教师通过反思进一步完善教学，学生可以再次通过线上微课进行复习，优化并整理知识。

1. 课前线上微课导学

这一环节是 O2O 教学活动过程中，教师和学生首次配合的环节，这对学生自觉性要求较高，当然家长也需要起到一定的监督作用。教师根据教学内容制订线上自主学习任务单，并在线上平台创建班级群，在群里上传为学生提供的学习资源，这里的学习资源主要指教师根据本班学生特点，提前录制好的微课视频。学生则是拿到任务单后，仔细分析学习任务，待教师上传视频后，利用电脑、手机等电子设备进行线上学习。这样学生在任何时间和任何地点都可以进行微课导学，并且可以反复观看视频。这有助于学生系统掌握教师上传的课程内容，完成自主学习任务单，并将自己的答案以及对课程内容的疑惑和想法反馈给教师。

当然，这对微课设计有一定要求，比如微课时间不宜过长或过短，内容要求完整且不能过于死板。为什么将微课用作导学，主要是因为以下几个方面：一是由数学学科自身的特点以及初中生学业压力大所决定的。初中数学的知识面广且知识难度较大，与其他学科不一样的地方在于每个细小的知识点都需要学生认真地理解和消化。采用微课导学的方式不仅能利用微课自身的优点，让学生花较短的时间对内容进行预习，还能减轻学生的学习压力和负担，增强学生学习数学的兴趣和信心。二是微课简短且精练。教师利用微课的趣味性吸引学生，使其不会因为视频过长而分散注意力。三是微课是教师根据本班学生特点录制的，符合教学学情，有助于教师开展后续线下教学活动。

2. 课中线下教学

微课导学结束之后，就是第二个环节——线下课堂教学。在一些数学问题的讨论和解决过程中，线下课堂讲授所达到的效果是线上学习所达不到的或者说其达到的效果欠佳。学生在通过电子设备完成微课导学环节的过程中，不能与教师和学生之间产生思维碰撞，缺少一定的交流。以下是线下课堂教学的具体要求。

(1)根据导学定目标。这里所指的目标是教学目标和学习目标，学生通过课前导学活动，对知识本身有了一定的了解。但由于学生是成长中的个体，看问题较为片面，对于一些抽象难懂的数学问题存在一定的疑惑，线下学习的目的主要就是解决疑惑，更好地帮助学生掌握和理解本节课的知识和内容。教师则是根据学生的反馈，合理设置教学目标，使学生的学习更有针对性，引导学生在解决困惑过程中掌握所学知识，体会学习数学的乐趣。

(2)重梳教学难点。教师结合学生导学任务单上填写的困惑，重新梳理本节课的教学难点。虽然教师在设计微课时，会预设学生可能在哪些地方出现问题，从而做出应对措施。但这容易忽视学生的主观能动性，学生发现的问题可能是教师预设之外的。因此，教师重新梳理教学难点不仅能够帮助学生解决发现的新问题，还能帮助教师发现更多预设的可能，在不脱离教学内容的情况下，更好地攻破教学难点。

(3)线下反馈答疑。线下答疑环节其实贯穿教学的每一个环节。教师可采用问答的方式引导学生，巩固线上教学中的基础知识点，加深学生对基础知识点的理解。但同时教师也要了解学生解决问题的思路和方式。首先，教师通过线下授课，让学生自己想出解决方案；其次，让学生合作解决；最后，教师引导学生回顾教学过程，理清思路，突破困惑难点。

(3)组织线下交流，探讨学习方法。小组合作交流不仅能锻炼学生语言表达能力，更重要的是学生通过交流，能够激发出不一样的思维火花。学生通过微课产生了自己的想法，教师组织线下交流，让学生分享自己不同的思想，一方面是对微课内容起到强化巩固的作用，使 O2O 教学不再碎片化，使知识点的讲解更加完整；另一方面则是让学生参与讨论，使他们对所学的知识产生共鸣,分享各自的学习方式,在体会学习数学乐趣的同时,掌握更多学习数学的方法。

3. 课后反思与拓展

课后反思与拓展是O2O模式的第三环节,该环节主要分为学生的学习拓展和教师的教学反思。学生进一步拓展是指线下教学结束之后,学生进行线上自学,自学内容是教师通过线上网络平台向学生提供的资源。这些拓展资源是课本中没有涉及,但又是跟课本知识保持紧密联系的内容,这样可以帮助学生进行知识内化和延伸。教师可以在下一次上课之前让学生分享自己的心得,或展示自己的收获,这既复习了上节课学习的内容,又对下节课的学习起到衔接的作用。教师可以将学生的课堂表现作为线上学习拓展的反馈,并对其进行分析与反思,不断地改进和优化教学设计,提高数学课堂的教学效果。

(四)O2O教学内容衔接流程的构建(ADIEA五步法)

根据O2O教学模式构建教学内容衔接流程,结合O2O教学模式的三个环节,可设计"ADIEA五步法",其中A代表分析(Analysis)、D代表设计(Design)、I代表讲授(Implementation)、E代表评估(Evaluation)、A代表调整(Adjustment)。接下来用"ADIEA五步法"进行O2O教学内容衔接流程的构建。

1. A分析

分析是O2O教学模式下教学内容衔接的前提。首先,分析知识点的类型,教师要结合《义务教育数学课程标准》对初中部分课程内容的四个知识模块("数与代数""图形与几何""统计与概率""综合与实践")中知识要点的划分,明确学生在学习中应该掌握的知识以及发展的能力;其次,分析学情,教师从学生的认知发展特点出发,分析讲授本节内容之前,学生所掌握知识的情况,以生为本,从而为后续教学内容的设计和布局打下基础;再次,分析教学目标以及重难点,教学目标是对四个模块教学内容的整体把握,讲授一节新课的前提是教师要明确教学的重点和难点,帮助学生掌握重点,攻克难点;最后,教师结合初中 O2O 教学模式的特点,分析教法和学法,合理安排 O2O 教学任务,确保让学生理解和掌握知识点。

2. D 设计

设计是 O2O 教学模式下教学内容衔接的关键一环。这里的设计是指 O2O 教学模式下的教学设计,准确来说是教师在整个 O2O 教学活动中的具体实施步骤。围绕教学内容衔接展开,教学设计的关注点是教学内容如何安排,这里的设计分为线上导学活动设计和线下课堂活动设计,下面将分别介绍 O2O 教学活动的设计。

(1)线上微课导学活动设计

首先,教师在线上教学软件录制微课,并针对微课内容和时间长短制订学生自主学习的方案,可将其称为线上自主学习任务单(以下简称为任务单)。任务单上一般有学习指南、学习任务、困惑与建议三个部分,任务单上的内容主要是根据课标要求并且结合教学内容的特点制订的。其次,教师提前发放任务单,由于线上学习的任务是微课导学,提前发放任务单不仅可以充分体现学生和教师地位的平等性,而且学生还能根据任务单的指示自主完成学习任务。再次,教师在教学群里上传微课视频,要求学生观看视频,并完成任务单。最后,回收任务单,教师通过翻看任务单总结学生的学习困惑,进一步了解学生在线上学习过程中遇到的困难,为开展线下教学奠定基础。

(2)线下课堂活动设计

线下课堂活动与传统教学既有联系又有区别。联系在于线下课堂教学目标的实现需要以传统教学活动的各个环节作为依托,基于此,教师在进行线下课堂活动设计时,应该结合传统教学环节合理地设置教学活动,即情境导入、探索新知、知识应用、巩固练习、课堂小结以及作业布置。两者的区别在于,O2O 教学模式下的线下课堂更多是教师引导学生解决微课导学所产生的疑惑和困难,主要以学生互相交流和小组合作为主。

3. I 讲授

讲授是 O2O 教学模式下教学内容衔接的根本所在。教师在给学生合理安排线上教学任务后，要结合线下课堂教学对整个教学内容进行讲授。讲授的目的在于传授学生数学基本知识和基本技能，同时培养学生的数学核心素养。教师可以直接通过学生的课堂表现来判断微课导学的效果及学生掌握知识的情况。

4. E 评估

评估是 O2O 教学模式下教学内容衔接的"诊脉"手段。评估是教师对前面三步的综合性检验，估量分析是否到位、设计是否合理、讲授是否顺利，最主要的依据则是根据学生的课堂表现、情感体验，以及 O2O 综合考核的成绩等对教学内容衔接的效果进行综合性评价和估量，这是教师的内部评估，主要目的在于根据评估结果及时对内容衔接的其他步骤做出调整。

5. A 调整

调整是 O2O 教学模式下教学内容衔接的心脏之源。调整处于核心位置，主要因为调整是针对 ADIE 这四个步骤而言的。根据评估结果，对 O2O 教学内容的分析、设计、讲授，甚至对评估本身不恰当的细枝末节做出修改和整理，以此来完善整个"ADIEA 五步法"，并为下一次教学内容的衔接提供经验支撑，确保衔接顺利进行。

"ADIEA 五步法"是严格按照初中数学 O2O 教学模式的三个环节构建的。教师在应用"ADIEA 五步法"时不仅要熟悉五步法的每一个步骤，还要始终围绕 O2O 教学模式的三个环节进行教学内容衔接。

三、增强 O2O 教学内容衔接的策略

实践效果验证了 O2O 教学模式下"ADIEA 五步法"的应用，有利于帮助教师提升课堂的有效性，提高学生学习数学的信心。但同时教师组织能力、学生实践能力也会影响其步骤的实施。为了增强教学内容衔接，本书根据实践反馈结论，从把握衔接方向、增强操作技能，以及加强教师衔接意识方面提出增强 O2O 教学内容衔接的策略，促进 O2O 教学活动的有效开展。

（一）遵循课标要求，把握衔接方向

遵循课标要求有利于教师在设计教学活动时，把握 O2O 教学内容的衔

接方向。基于此,下面将按照课标要求,分析各模块的细则。

“数与代数”这一模块的内容细分为:“数与式”“方程与不等式”,以及“函数”。通过对这一模块的学习,学生经历问题的抽象、数据的运算,以及学会用数学建模(比如函数模型、方程模型等)的思想去解决生活中所遇到的数学问题,培养了数感、符号意识。因此开展“数与代数”模块的O2O教学内容衔接,教师需要从落实O2O教学的实施环节、关注学生数感和符号意识的培养、促进方程思想和函数思想的建立等方面下功夫。

“图形与几何”这一模块的内容又细分为“图形的性质”“图形的变化”,以及“图形与坐标”。通过对这一模块的学习,学生经历从具体的实物模型中抽象并区分出立体图形(如长方体)和平面图形(如长方形),培养了空间观念和想象力。因此教师开展“图形与几何”模块的O2O教学内容衔接,需要根据学生已有的知识结构,结合线上教学资源,在线上微课导学部分下功夫,同时注重学生抽象思维的培养,利用动态数学软件将抽象的事物具体化,促进学生形象思维向抽象思维的转换。

“统计与概率”这一模块的内容细分为“抽样与数据分析”和“随机事件的概率”。通过对这一模块的学习,学生掌握收集和整理数据的方法,学会分析数据,提升数据分析观念。这部分内容要求学生掌握数据分析方法,教师在录制微课时,可以更多地引入数据收集和整理的视频教学,提高学生动手操作能力,进而加深学生对分析数据和整理数据方法的掌握。

“综合与实践”模块的内容,需要教师引导学生结合具体的实际情境,讨论并设计出解决问题的方案。基于此,开展O2O教学内容衔接,教师应加强学生理论知识的学习,帮助学生利用所学的数学知识构建数学模型,解决生活中的实际问题。另外,教师还应合理安排线上学习的时长,让学生在线下进行更多的实践操作。

(二)完善程序结构,增强操作技能

完善平台的程序结构,增强教师和学生的平台实践操作技能有利于促进教学内容衔接。目前,软件虽然具有添加方便、实时性强的特点,但同时也存在着较大的操作阻碍,教师对于部分功能仅仅是简单层面的演练,无法

更好地实现较高水平的操作，比如教师录制视频的水平只是对简单功能的掌握。微课的录制对于整个初中数学 O2O 教学模式而言至关重要，基于此，软件开发者应在常用功能的基础上，增加更多高级操作的程序和教程，帮助教师在微课录制上有更多精彩的片段。另外，虽然关于线上教学软件的使用，教师和学生都有一定的实践基础，但教师还是应该掌握软件的更多功能，创建有效的师生交流途径，从而增强学生线上学习的兴趣，使得教学内容衔接更加合理，防止学生没有观看完微课视频，就结束了线上学习任务。同时，线上教学软件还应设计线上菜单分析，教师和学生都可以利用菜单查找学习的薄弱板块，从而有针对性地加强薄弱环节的练习，提高初中数学 O2O 教学的效率和质量。

（三）转变传统观念，加强衔接意识

教师转变传统观念，加强 O2O 教学内容衔接的意识是开展教学活动的关键。信息技术的更新使得教学形式不再刻板，但教师的传统观念对于教学的影响依然存在。O2O 教学模式是在互联网时代快速发展的背景下兴起的，在客观上造成了教师接触较少且教学内容衔接意识薄弱的现象，这不但不利于 O2O 教学内容衔接工作的顺利进行，还会严重阻碍 O2O 教学活动的有效开展。为了做好衔接工作，教师应该转变传统观念，加强 O2O 教学内容衔接的意识。另外，教师不能只局限于自己授课的班级，应该多与其他班级的授课教师交流和沟通，熟悉 O2O 教学活动的每一个环节，特别是“ADIEA 五步法”的步骤。教师对比传统教学和 O2O 教学在教学方法和学习方法的区别，联系初中生的心理发展水平，合理进行教学内容衔接，使学生在轻松愉悦的氛围中收获知识。

另外，在应用“ADIEA 五步法”时，教师可以根据具体的教学内容引入形象生动的生活实例，来设计线上微课和线下教学课件，从而激发学生学习的兴趣，让学生在理性思维的支配下充分发挥其内在的潜力，在数学学习中完成量的积累，实现质的飞跃。

第三节 基于智慧教室的初中数学探究式教学模式

一、智慧教室及探究式教学模式的概念

(一)智慧教室

智慧教室是智能教学的一个具体体现,它是一种以多媒体和互联网为代表的教育教学模式。其是普适计算、物联网、云计算、智能化等技术相结合而成的,能够帮助学习者构建自己的知识库。作为课堂空间与软件设备的集合,智慧教室为学生的教育活动提供了智能的应用,为学生自主探究、合作学习提供了充分的条件。

智慧教室设备可以充分反映物联网三层(应用层、网络层、感知层),利用传感器、射频识别(RFID)等技术,让资讯感知装置根据协议,将任意物件与因特网(例如 WIFI、移动通信、电信网等)相连,并进行资讯交流与通讯,从而达到物与物、物与人的泛在联系,实现智能识别、追踪、监控与管理的目的。该系统可满足学校物联网技术专业相关领域的应用、传感器原理与应用、无线传感器网络与应用、物联网工程与应用、物联网技术与应用、物联网标准与中间件技术应用、物联网应用系统的设计与应用等方面的需求。

(二)探究式教学模式

探究式教学模式是一种以自主、探究和合作为特点的学习方式,是实现培养学生知识技能、过程和方法、情感态度和价值观念的一种新的教育方式。该教学模式的主要特点是"主导主体相结合"。其在课堂上不仅起到了引导功能,而且也充分地表现出学生的主体性。在基础教育中,该教学模式的特点使各学科在进行信息和课程融合时,可以采取探索性的方式进行。当前,该教学模式是一种最有效的教学方式,能够最好地适应常规教学的需要。

二、基于智慧教室的初中数学探究式教学模式的运用

(一)初中数学课程本体特征

初中数学具有抽象性、逻辑严密性、广泛应用性。数学能够培养人的理性思维,数学学习能够增强人思维的逻辑性,培养人思维的严密性。数学与我们的生活密切相关,数学的应用题从实际生活中产生和抽象而来。数学是其他研究领域的基础性学科,与其他领域联系密切。初中数学为高中数学的学习奠定了基础,通过初中数学学习,学生基本可以解决在日常生活中所遇到的数学问题。因此,初中数学的意义不可小视。

国家教育部制定的《义务教育数学课程标准(2022 年版)》指出:"义务教育数学课程具有基础性、普及性和发展性。学生通过数学课程的学习,掌握适应现代生活及进一步学习必备的基础知识和基本技能、基本思想和基本活动经验;激发学习数学的兴趣,养成独立思考的习惯和合作交流的意愿;发展实践能力和创新精神,形成和发展核心素养,增强社会责任感,树立正确的世界观、人生观、价值观。"①

(二)初中数学课程与探究式教学模式的契合点

探究式教学模式的学习理念是"以教师为主导、以学生为主体",目的是学生通过自主、探究、合作的学习方式,对教学内容进行自主学习、深度探究、合作交流,完成知识与技能、过程与方法、情感态度与价值观的教学目标,培养自主探究、解决问题的能力。

初中数学课程目标是知识技能、数学思考、问题解决、情感态度的集合。学生通过数学学习,提高独立思考、解决问题、实践与交流的能力。初中数学课程与探究式教学模式之间有契合点,即培养学生解决问题的能力。

(三)初中数学课程与智慧教室的契合点

初中数学课程教学总目标涉及以下四个方面:知识技能、数学思考、问

① 中华人民共和国教育部. 义务教育数学课程标准(2022 年版)[M]. 北京:北京师范大学出版社,2022:1.

题解决、情感态度。初中数学还具有抽象性、严密性的特征。

智慧教室是一种高度信息化的学习环境,智慧教室环境强调“以教师为主导、以学生为主体”的人本主义学习理念。智慧教室的运用旨在促进信息技术与课程融合、鼓励学生探索、培养学生创造力和自主解决问题的能力。

从二者融合来看,二者的目的都是想培养学生利用学科知识自主解决问题的能力。智慧教室还有一点优势,即智慧教室有完备的数学学科教学工具,这一点可以弥补传统数学课程的不足,将数学知识变抽象为具象,降低其理解难度。

(四)智慧教室与探究式教学模式的契合点

智慧教室是学校教育信息化发展到一定程度的产物。它融合当代技术,提供智慧教育环境。它强调的学习理念与探究式教学模式一脉相承,即以教师为主导,以学生为主体。

智慧教室和探究式教学模式的教学目的都是要培养学生的自主探究能力、独立解决问题的能力,以及创新能力。同时智慧教室具备交互技术、物联网技术、相应的教学资源和配备的学科教学工具,能弥补一般探究式教学模式在数理方面缺乏探究工具的不足。

(五)初中数学利用智慧教室进行探究式教学模式的优势

1. 降低学习难度。2. 宽松学习氛围。3. 培养学生创新能力。4. 提高教学有效性。

三、基于智慧教室的初中数学探究式教学模式的影响因素分析

影响因素分析是教师教学设计的理论依据,也是因材施教的必要前提。下面从学生特征和学生学习风格两方面来进行影响因素分析。

(一)学生特征分析

1. 心理特征。初中生大多在十三四岁,正处于青春期,心理也趋于成熟,他们觉得自己不再是小孩子而是大人。在这个阶段,孩子的独立性、自

尊心、荣誉感、好奇心、探索欲都不断增长，对于数学的实际应用内容会非常感兴趣。

2.学习动机。他们具有好奇心，想了解新鲜事物；具有好胜心，不甘心落后于别人；具有荣誉感，想得到别人的鼓励和赞赏；得到鼓励后有优越感，想继续保持好成绩。

3.家庭环境。初中生心理逐渐成熟，其独立性也日渐增强。如果学生与家长沟通逐渐减少的话，会产生由于家庭因素导致的问题，如家庭经济、家庭管理等都会影响学生，进而影响学生学习。

4.社会环境。社会发展日新月异，信息大爆炸，人们的生活方式伴随互联网都发生了极大改变。基于此社会环境长大的初中学生，思想更加多元，对事物的认知也更加多元。

5.初始能力。学生已具备了一定的学习能力，学科知识基础和一定的信息素养。

（二）学生学习风格分析

初中生的学习科目更多、压力更大，他们不喜欢数学教师一味在黑板上讲解，觉得乏味无聊。他们喜欢自己“动手”探究学习，喜欢视觉、听觉等多种刺激同时存在的探究。教师引导学生做探究性的教学活动会取得更好的教学效果。学生学习数学时（尤其是几何）希望教师采用计算机和网络教学，通过图片、动画及其他方式教学，并在课堂上进行一些愉快的活动。

四、基于智慧教室的初中数学探究式教学模式的培养目标

（一）知识技能

通过探究式学习，学生可以从具体情境抽象出符号，认识有理数、实数、不等式等；掌握必要的数学运算技能；能自主深入探索具体问题中的数量关系和变化规律，能用代数式、方程式等对数量关系及变化规律进行描述。

通过探究式学习，学生可以探索物体与图形的基本性质、变换和位置关

系;初步认识投影和视图;掌握基本识图、画图技能;掌握基本推理技能。掌握数据的收集与描述、分析、判断的方法;掌握数据处理技能,感受抽样方法的必要性;掌握样本估计整体思想;加深对概率的认识,学会简单的概率计算。

(二)数学思考

通过探究式学习,学生能发展形象思维与抽象思维;能发展数据分析观念,感受随机现象;并在参加实践活动后,发展合情推理、演绎推理以及语言表达的能力;学会独立思考,体会数学的基本思想和思维方式。

(三)问题解决

通过探究式学习,学生能依据具体情境发现并提出数学问题;能试着从不同角度解决问题,并体会不同解决方法的差异;能在探究学习中,体会与人合作的重要性;能用符号语言表达解决问题的过程,并能解释结果的合理性;能通过对解决问题过程的反思,获得相应经验。

(四)情感态度

学生通过探究式学习,能转变情感与态度。一要乐于接触社会中的数学,乐于谈论数学信息,能在数学活动中积极探索。二是通过探索,建立信心,勇于面对数学中的困难问题,有独立解决数学问题及应用数学解决学习、生活难题的信心。三是在数学探索学习过程中,独立思考,积极参加数学讨论,勇于发表自己的见解,从而在尊重他人与理解他人想法的基础上提升自己。四是学生能认识到数学可以解决实际问题,且能在现实世界中促进人们交流,数学对人类和社会进步具有重要的促进作用。

五、基于智慧教室的初中数学探究式教学模式的构建

(一)基于智慧教室的初中数学探究式教学模式的构建理论基础

探究式教学模式以人本主义、建构主义等为理论基础,理念上强调发挥学生的主观能动性,让学生依靠自身力量寻求解决问题的方式方法。方法上以学生为主体,教师起主导作用。结构上教师创设情境、启发思考,学生

自主或合作探究,最后教师总结点拨。通过探究式教学模式的教学过程,学生可以收获到开放式与发散的思维;由于被尊重而获得主体意识;提高与他人合作的能力以及自主解决问题的能力。一般探究式教学模式具有以下局限性:一是缺乏有效工具,二是探究学习环境的舒适度不够。

智慧教育是一种充分利用互联网信息化环境、符合人本主义理念、促进人全面发展的教育。智慧教育是集成了物联网、大数据分析等技术,以培养学习者创新能力、解决问题等能力为目的,遵循教师主导、学生主体的教育方式的教育。智慧教育是教育信息化发展多年来形成的一种高级形态,具有高度集成化、自由化、体验化的特征,可实现师生强交互功能、基于大数据分析调整教学策略功能、智能化教学管理功能、高度资源整合等功能,对培养创新型人才非常有利。

"探究式教学模式+智慧教育"具有建构主义和人本主义的"以学生为主体"的思想,运用智慧环境,丰富探究途径,加大探究力度,培养学生探究能力、解决问题能力、创新能力;智能监控与调控教学环节,使教师了解真实教学情况,及时调整教学策略;同时让学生在更加舒适和开放的环境下快乐学习。

(二)基于智慧教室的初中数学探究式教学模式的构建策略

教育是为了培养出适应社会进步的、有价值的人。传统探究式教学模式是在教师指导下,学生通过"自主、探究、合作"学习,从而达到课堂教学效果的教学模式。随着时代发展,该教学模式已经不满足信息化时代的教学发展,且缺乏数理学科工具,所以实施效果一般。智慧教室是智慧教育的学习环境。技术上实现智能化环境的创造,资源上实现智能化资源的提供,教学上对课堂教学信息跟踪、分析,辅助教学决策,以学生自主学习为主,突破时空界限。

1. 创设情境、进入感知

情境是感知和理解问题的前提,也是建构学习环境的四大要素(情境、协作、会话和意义建构)之一。创设情境不仅是教师导入教学主题的需要,也是激发学生学习动机和自主探究动机的需要。情境的作用很大,恰当的情境引入可以激发学生的学习兴趣,是一节好的课堂教学的开端。教师可以基于智慧教室的多媒体资源,如视频、音频、图片、课件等创设情境,帮助学生做好课堂学习准备。教师可通过学生面部、肢体语言等判断他们是否进入情境。

2. 启发思考、引出教学问题

通过创设情境,学生已经做好了一定的教学准备。但是学生彼此不同,具有差异性,情境感知的激发程度也不同。这时,教师提出一些启发性的、关于本节课教学知识点的问题或启发,提供学生自主探究解决问题所需要的工具以及使用工具的小贴士,帮助缩小不同学生之间在教学准备方面的差异,同时使学生自己思考,形成初步探究思路。

3. 利用工具、自主探究

教师教学生如何使用智慧教室的教学资源、教学工具。教师分配学生学习任务,帮助学生以个人或小组的形式进行探究。小组合作探究时,教师要适当干预。智慧教室提供的学习工具可以降低数学学科探究的抽象性和难度,帮助学生快乐探究,满足学生学习需求。

4. 教师指导、协作交流

教师根据学生探究情况,因势利导进行点拨。教师引导学生协作交流,使学生加深理解。在适当的情况和节点,教师指导学生内化知识。

5. 评价反思、总结提高

这一环节,教师对本节课做个收尾工作,对学生的探究情况进行评价,对知识点进行梳理、总结,加深学生们的记忆。

六、基于智慧教室的初中数学探究式教学模式的评价

教学评价是教学工作的重要环节,评价的目的是依据学科教学目标,应用科学方法和相应手段对课堂教学行为及其效果进行价值判断,为教师进一步改进教学工作提供依据,使教学可以按一定方向和水平有序地达到既

定目标。

为达到全方位评价课堂教学效果的目的，评价分为过程评价和成果评价。过程评价一是可以检验教师教学设计、教学环节、教学问题设定是否合理，能否调动学生探究兴趣；二是可以反映学生课堂表现、课堂活跃度，反映学生探究能力、学习状态。成果评价反映学生学习效果。过程评价与成果评价结合，能反映课堂教学模式。

（一）过程评价

课前教师告知学生会有评价，能激发他们的表现欲，使他们重视本节课。这是利用了学生的积极心理，促进学生在探究过程中良好表现。过程评价的目的是激励学生学习、帮助学生有效调控自己的学习过程，使学生获得成就感、自信心，培养学生合作精神。

过程评价是依据课标中对学生知识技能、数学思考、问题解决、情感态度的具体要求设定的，采取学生自评、小组互评、教师评价三个维度全面客观评价学生探究活动过程的效果。其中教师评价权重占 50%，学生自评、小组互评各占 25%。

（二）成果评价

成果评价是在课堂教学实施之后进行的，用来评价学牛知识技能、数学思考、问题解决、情感态度方面的收获。成果评价属于总结性评价。成果评价是想检验学生是否达到本节课教学目标的要求。本评价采用教育技术研究的相关理论及方法，对学生进行课堂前测和课堂后测，从而全面掌握学生教学目标的达成情况。

在评价上，教师灵活根据课堂教学内容、教学目标来设定课堂前测题目和课堂后测题目。教师可以采用纸笔形式的前测和后测，也可以采用智慧教室交互工具进行前测和后测。题型可以选择主观题、客观题或将两者相结合。

第四节　微课在初中数学教学中的构建

一、对微课课堂教学的认识

（一）微课课堂教学的内涵

微课，是根据课程标准和教学需要，以视频教学为重点媒介，反映多种教育资源，供教师针对课堂知识点或教学过程开展有效教学活动的一种方式。

由此可以看出，微课的核心是课堂中的教学视频，就是将课本中某个重点、难点以视频的形式给学生展现出来，并在教师教学的基础上正确引导学生发现问题、分析问题并找到解决问题的方法。从本质上讲，微课实际上是一种精心策划的新型课堂教学，关键是利用学生学习的主观能动性来保证课堂教学效率。微课将学生作为教育的主体，因此应该从学生角度开展教学活动。

必须指出的是，作为新型的教学方式，微课与传统课堂有很大不同。教师不能简单地将微课视为传统课堂教学的浓缩，更不能简单地将教学内容删减。相反，微课是一种主题明确、内容丰富的教学视频，可以有效提升教学效果。

（二）微课课堂教学的要素

微课作为新型教学方式，虽然在许多方面与传统课堂有很大的不同，但仍然是由教师、学生及课堂教学主题活动三方面构成。

1. 教师的作用

目前，大部分教学主题活动的开展都是在教师的调整下进行的，而不是根据学生的学习状况来进行教学工作计划的制订。这种教学模式大大限制了学生们自主学习的同时，也容易导致学生们的学习兴趣下降，使他们跟不上教师的教学计划，无法熟练掌握知识。而在微课教学中，教师的角色从知识的教授者转变为课堂上学生的帮手和带头人。该教学模式以学生为教学主体,教师在课堂教学中起到辅助作用。当学生在学习过程中需要协助以及具体指导时,教师应立即给出必要的支持。

2. 课堂时间的分配

现在有些初中教师晚下课,甚至占用其他课程来开展日常的课堂教学任务。究其原因,一方面是初中数学日常任务十分复杂、知识点众多;另一方面是教师的教学策略不合时宜,课堂教学的时间不能被合理分配。教师将大多数的时间花在了对课本的解释上,这反过来又造成了学生没有足够的独立学习的时间,这难免会出现晚下课的情况。教师如何分配课堂教学时间会对学生的学习情况产生不同的影响。与以往传统的教学方式不同,微课课堂教学减少了教师的教学时间,要求教师上课时间在 10 分钟左右,增加了学生独立思考的时间。这样有利于学生第一时间发现问题,并能培养他们的理解力,从而进一步提高课堂教学和学习效率。此外,微课还可以依托多媒体技术的学习工具,将原有课堂教学授课内容拓宽到学生自主利用课后空闲时间学习,这样教师既可以完成教学任务,又能增加与学生的课堂互动。

3. 学生地位的改变

学生是课堂教学的主要参与者,同时也是教师开展教学活动的目标。在传统的教学方式下,学生通常按照教师的计划进行学习,教师安排什么学生就学习什么,这样一概而论的教育方法往往会导致教学效果事倍功半。在微课教学中,学生从被动的接受者变成了课堂的主体,教师设计的教学活动是以他们为核心。因此在微课中,学生由被动接受变为主动参与。此外,随着现代信息技术、信息化管理的发展,以及教学方式的转变,学生不仅可以通过网络进行学习,同时,还可以按照自己的意愿来决定学习的具体时间和地点,以便更好地安排自己的学习内容。

（三）微课课堂教学的特征

1. 课程时间短

微课是一种新型的教学方式,课程内容的学习和培训时间短、速度快是其比较明显的特点。根据对青少年理解特点和掌握规律的调查分析,有专业数据和资料表明,微课的培训时间应在5分钟至8分钟,最长不超过10分钟。在这种情况下,课程的时间减少了,学生不用花太多的时间和精力去听教师讲课,从而有很多时间独立学习和发现问题。

2. 教学主题突出

教学主题风格的突出也是微课的一大特色。在传统的教学课堂中,教师为完成课堂教学任务而提前准备课程内容,这占用大量时间,会导致课堂教学时间相当长。在一段时间内重复解释一个关键知识点,不仅会导致教学计划的延误,还会削弱学生的兴趣。因此,教师对于微课的设计应该围绕一定的主题风格,在课程内容中只解释一个知识点,或进行课后反思等学科活动,把所有的时间和精力都集中在一个特定的知识点或困难上,大大提升教学效果。

3. 课程独立性高

微课的内容多是针对教材中某个知识点的,尤其是学生不易掌握的难点专业知识或象征性知识点。所以可以说,每一门微课都是独立的。学生如果有什么问题,可以随时查阅,不需要花费时间在大量的知识上,从而为自主学习争取到越来越多的精力和时间。

4. 课程内容灵活

因为微课的时间比较短,题目设计往往只能围绕一个知识点展开,不用拓宽和延展,这印证了微课在课程内容上有更高层次的选择,无须考虑与该知识点相关的其他专业知识,教师只需利用学生的自学能力即可制订设计方案。因此,在制订微课设计方案的情况下,教师不仅可以选择学生比较感兴趣的知识点,还可以选择日常生活中的常见问题作为课程内容的主题,从而激发学生的自学能力,并不断提升课堂的效率与质量。

5. 课程使用便捷

微课作为一种新型的教学方式,主要借助优秀的视频设备和现代信息技术来制作,具有应用方便、传播方式多样的特点。教师可以使用手机或数码相机来录制课程内容，也可以从网上下载相应的短视频或视听资料，将其制作成微课在课堂上展示。微课可以为学生提供更加多样化的学习方式，学生可以使用手机播放视频，也可以在论坛上讨论、展开学习培训，这不仅可以提高学生的学习效果，还可以培养初中生的信息分析能力，促进初中生全面发展。

（四）微课课堂教学的作用

1. 增强课堂的趣味性

微课在初中数学教学中的应用，可以大大提升学生对课程的兴趣，对于促进学生自主学习具有重要的现实意义。

该教学方法在初中数学教学的运用，改变了传统的“灌输式”课堂教学方式。传统的教学方法是教师利用 PPT 文稿进行讲解，学生兴趣不足，教学效果不佳，很难达到让学生熟悉掌握并能融会贯通、灵活运用知识的教学目标。微课辅助教学除保证知识的准确性和逻辑的严谨性之外，还强调微课画面、微课情境的趣味性，使抽象枯燥的知识变得生动有趣、有吸引力，能充分调动学生学习的积极性，提高课堂趣味性，学生专注度也有所提升，课堂氛围好。让微课学习成为学生上课所期待的学习环节，课程的感召力自然而然就会增加。在课中，教师利用微课动画对重难点多角度展示，方便学生全方位观察。课后教师将微课动画共享给学生，学生可以反复播放直至学会并掌握，加深对知识的理解。

2. 强化教学的重点难点

微课可以辅助教师加强重点难点问题的讲解。初中数学教师要想用好微课课堂教学模式，必须在建立课堂教学主题风格的基础上，制订课题研究主题活动的设计方案，进而帮助初中生处理学习训练的重点难点问题。除此以外，微课教学课件还可以帮助学生复习和掌握重点难点专业知识。

3. 提升课堂教学效能

微课在初中数学教学中的应用可以显著提高数学课堂教学的有效性，对促进初中数学教学的不断发展具有不可忽视的作用。首先，对于教师而言,微课视频等新型教育资源的应用,可以大大缩短教师科研和准备教案的时间,缓解教师的工作压力,教师可利用省下的时间提升自己的业务能力,进而提高教学质量。其次针对学生,教师利用微课可以对学生进行差异教学。差异教学不是对每个学生都进行不一样的教学方式,而是要根据学生的学习发展基础和学习需要来对进行分层教学,可以通过弹性分组的方式来实现分层教学的目的。微课教学的适应面更加广泛,能够有效契合学生的不同需求,满足他们的个体差异性需要。

总的来说,微课是义务教育改革发展的必然趋势。它的产生和应用意味着顺应这一时期教育的发展规律和发展步伐,是多媒体系统信息技术、互联网信息管理与教学技术的最终融合,还是探索高效课堂教学模式的必由之路。此外,加强微课课堂教学模式的运用,也是为了更好地改善传统教育,更好地推动初中数学教学的持续发展。

二、微课的构建

(一)微课的内容与设计

微课在内容、时间、总体目标等方面都可以反映“微”的特征。因此,在微课的设计过程中,教师应根据学生的需求来开发课程内容,以加强学生在学习和培训方面的主体性。此外,在选择学习内容和设计学习主题活动的过程中,教师要注意教学内容的应用和教学资源的多样性。如果学生在使用微课时有不明白的地方,教师应提前想办法解决困难。因此,在设计微课课程内容时,教师应对学生给予一定的帮助,促进学生学习与培训的成功,提高学生的学习质量。

微课不同于传统的教学课件,因此教师的准备过程也与日常不同。教师只有了解了微课制作和设计的关键环节,才能在教学过程中真正发挥微课的优势和作用,只有这样才能真正提高学生自主学习的效率,而不是以肤浅的方式播放微课视听资料。教师要充分考虑微课的设计原则:一是微课要明确学生学习和培训的总体目标,以学生的需求为主导;二是在明确学生的要求和学科总体目标后,选择微课的学习内容,从而开展学习活动;三是在规划模型中,在确定了学习目标、需求、内容和活动后,教师应该对整体学习过程进行评估。

在选定了微课的学习内容和设计方案后,教师要根据微课本身的特点,确定教学资源和学习训练辅助的设计方案,同时还可以根据学生的需要,安排其他形式的教学活动,以充实课堂教学。在开发微课教学课件的过程中,教师必须保证以下几个方面。

1. 要有足够的艺术美感。能给学生带来愉悦的感官体验,能在第一时间抓住学生的眼球,充分调动学生自主学习的能力,力求教学形式与内容相统一。

2. 要保持态势融合。微课既要有动态的界面,让教学课件更加丰富多彩,也要有静态的数据界面,给学生充足的想象和探索空间,以进一步加强微课课堂教学的效果。

3. 要简单实用。因为微课的时间段一般在 10 分钟左右,所以教师不要在教学课件的实际操作上花太多时间,一定要避免复杂的操作。因此,在设计微课时,教师需要对菜单栏、按钮,以及它们的实际操作顺序进行清晰的标注,以免在操作微课教学课件的过程中出现异常,浪费学习时间。

（二）微课的类型与制作方法

当学习内容确定后,教师需要对微课进行分类。虽然可以根据不同的标准对微课进行分类,但最广泛的应该是利用专业知识的种类来分类微课。一种是解释型微课,这种课程是以教学为基础。另一种是实际运行试验型微课,指结合实际操作演练进行叙述的课程。微课的分类具有一定的开放性,在我国的教育学研究中,微课的种类也在随着教师的实践活动而发生变化。

制作微课的具体方法有两种:PPT 式的微课和讲课式微课。讲课式微课的关键是,教师会针对课程的具体内容进行中后期的拍摄和视频剪辑,时间不会超过 10 分钟。PPT 式微课的关键是教师按照 PPT 教学课件的设计方案实现在系统上的拍摄,最后将其变成视频,时间一般为 5 分钟,制作过程比较简单。微课视频的制作,让教师有效掌握微课的学习内容。在这个环节,教师要特别注意材料内容的选择和实际操作技术的要点,这些因素都会对微课的实施产生影响。

第五节 直播在初中数学教学中的应用

一、直播应用于初中数学教学的现状

(一)直播应用于初中数学教学的优势

1. 突破时空局限

可以说,在初中使用直播软件进行数学教学,最基本的作用和特点就是缩短时间。在学校里,讲课、下课和课间休息是学校的常规教育形式。然而,在线上数学直播课程中,教师可以适当地调节课间的间隔。而且,直播教学也打破了空间的局限,让学生在任何地方都能学习。

2. 便于整合教育资源,提高课堂容量

比起线下的教学,直播教学内容要丰富得多,传统教学还是使用纸质资料,而直播教学则是使用电子版资料。学生获得教材、辅助材料等网络资源也更加方便 ,他们只要移动鼠标,或者点击手指,就可以轻松浏览。通过实时直播,教师可以方便地向学生们传送电子文件,同时学生也能方便地收到教师所发出的信息并迅速翻看。在线实时传输数据,可以避免大量的数据查找和存储,极大地提升了课堂的教学效果。

另外,网络时代和信息化时代最突出的特点就是知识的大爆发。因特网把国内、国外的不同地区、不同学校的数据连接起来,极大地拓宽了教师讲课所需材料的来源。因特网上庞大的信息,不但极大地拓宽了学生们所能够了解的知识面,而且也为教师们提供了大量的参考材料,丰富了他们的知识储备。

3. 课堂资源呈现形式多样化

在数学直播教学课程中,教师可以用 ppt 展示课堂教学的考试大纲和主要内容。但是，传统课堂多媒体演示 ppt 与直播数学课堂中不同的是：教师在传统课堂的实践中，受到课堂结构的限制，学生座位到 ppt 显示器的距离大小不同，教师无法照顾所有学生。数学直播课堂中，ppt 在每个学生的智能终端显示屏上展示，每个学生都可以调整自己的位置和姿势，用最好的体验观看课堂教学 ppt。

教师可以使用在线作业布置，在课后练习时展示为考试准备的教材，同时可以设置学生提交作业的时间。如果学生错过时间，提交通道可能会关闭。学生上传作业后，教师可在线批改，方便教师和学生。

教师还可以借助直播软件的邮件功能，将教学课件 ppt、参考文档、视频、音频等资料发送给学生。

数字技术的直播拓宽了信息的展示渠道，丰富了信息的表达方式，方便了教师的授课，也方便了学生们的学习。

4. 没有教学对象数量的限制

传统教室空间有限，无法满足大量的学生进行学习，直播教学则使学生不会被教室的物理空间所束缚。目前，网络上的直播教学是可以设置人数的。比如，学校建立了一个平台，把各个班分成不同的班组，这样每个班教师的直播教学人数就是固定的和有限的。此外，由于软件的功能不健全，比如网络条件和硬件条件不好、提供直播服务的公司服务器的能力不够等，也是造成学生数量有限的主要因素。然而，从总体上看，目前的直播授课人数已打破了传统课堂教学人数的局限。

5. 同时呈现多个教学对象的数学思考，促进思维碰撞

教师利用数字实况转播技术，与多名学生连麦，让他们对相同问题逐一作答，以显示出不同学生对同一问题的不同看法。这样的方式可以让学生们的思想得到全面的展现和交流，从而产生出新的思想火花。

另外，教师可以比较演示学生的习题答案，尤其是对于同一问题，教师可以将有多种解题方式的学生所做的功课，通过实况演示与比较，让学生探讨各种解题方式的利弊。这样的展现，可以提高学生的思考能力。

(二)直播应用于初中数学教学的问题

1.很难保证学生到课率和课堂参与度

学生可以通过打卡器进行实时学习,但因为时间和空间的原因,教师们没有办法去关注学生们的上课情况。但在传统的教室里,教师很方便了解每个学生的出勤情况。

运用直播进行实况教学,不能保证学员的参与。在目前的直播中,学生可以通过麦克风向教师来提问,以此来获得更多反馈。使用直播实况授课的教师无法像在常规的教室那样,及时收到学生的反馈。而在传统的课堂授课中,教师可以随时聆听学生的答案,无须特别询问,也能从学生的姿势、眼神等方面,看出学生的参与程度。

2.师生互动与沟通不畅通,生生互动与竞争受限

采用直播授课的教学方式,师生互动交流不顺畅。由于师生无法近距离接触,学生只能听到教师的音频或观看教师讲课的视频界面。教师也不能在直播课堂中观察学生的学习状态,不能随时与他们进行眼神交流或语言交流,也不能立即了解学生对问题的理解程度或意见。仅靠连麦或打字交流是不够的,直播教学无法使教师深层次掌握学生的学习情况。

3.教师检查作业具有局限性

直播软件虽然为教师检查作业和学生提交作业提供了便利,但目前的方式存在一定的不足。在传统的教学方式下,教师可以零距离查看学生做练习题的进度,并有针对性地提出明确建议。教师还可以在课堂上模拟考试,询问学生对本节课的看法。此外,在传统教学方式下,教师可以控制学生做作业的全过程。但是,目前直播教学无法实现。

4.缺乏对学生的实质性监督

初中生还没有形成健全的自控能力,必须接受来自外界的控制。教师采用直播教学的方法,从某种意义上说,不能对学生进行本质的监督。例如,签到系统可以确保学生进入直播间,但不能保证学生一直认真学习;连麦可以掌握部分学生的学习情况,但无法控制每一个学生,甚至连麦直播的

时间也很短,连麦的人数非常有限。

在传统的教学方式下,从上课到下课,教师可以掌控整个过程,可以监督整个课堂,并与学生面对面地进行教学互动,对所有学生进行监督。另外,教师对学生的督导并非仅限于纪律上的,教师具有专业技能,能够及时地发现和改正学生在学习中的失误,这是一种专业化的督导。

5. 不能及时充分地了解教学效果

一方面,直播教学突破了学习的空间限制,另一方面,也破坏了师生接触的优势。在常规的课堂上,教师可以通过提问、学生回答问题、随堂演练等方式,来了解学生对问题的理解程度。此外,学校还会进行周考和月考,以此来体现学生的学业水平,并对其进行误差分布的剖析,从而发现教学体系的缺陷。但是,由于使用的是直播教学,教师和学生的交流受限于时间和空间,且仅限于个人的交流,存在着不全面、不及时的问题,教师不能及时地了解学生的学习状况,学生也不能及时地了解自己的学习状况,教师也不能及时地改变现有课程安排,使其符合实际需要。

6. 对网络环境的依赖性高

直播软件已经开发设计了很多课堂教学中经常用到的功能,如每日签到、连麦直播答题、布置作业、提交作业、课堂教学公告等,但是完成上述所有功能需要一个良好的网络空间。没有一个好的网络空间,所有的功能都将“名存实亡”。如果教师的网络自然环境很差,即使学生网络自然环境很好,也于事无补。同样,如果学生端的网络自然环境很差,即使教师端处于非常好的网络空间,也无法完成直播、讨论等功能。因此,数学直播教学要想顺利进行,教师和学生都必须处于一个更好的网络空间。

7. 直播软件功能和数学教学工具不够完善

虽然直播软件已经针对课堂教学进行了大量的开发设计,但这并不意味着直播教学可以完全替代传统的课堂教学,因为其功能与教具还不够完善。

二、直播应用于初中数学教学的策略建议

(一)利用直播构建课前课后教学模型

1. 课前课后教学模型的设计

传统的数学教学实况转播以实况转播为主,而这却完全忽视了课堂内外的互动。针对过去实况转播不注重课堂前后课堂教学的弊端,有必要构建数学在线教学的课前、课后教学模式。在网上直播教学前,教师会推送教学课件给学生,并指派学生课前预习教学课件。课后,师生可通过观看重播、课后练习、答疑解惑、相互讨论等方式,让课后的所有时间都被利用起来,这样既可以节约时间,又可以提高教学质量。

2. 利用课前课后教学模型的策略建议

课前课后灵活运用教学模型的重点是控制时间。从课堂教学的实践活动可以看出,学生的课程内容都是衔接性的。如果按照正常上课时间进行直播教学,肯定会导致教师没有时间进行预览工作。同样,如果按照正常的时间下课,学生将没有时间在课后进行练习。因此,节省在线直播课程内容和课后练习作业的时间是必要的。

另外,课前和课后的监督和检查也是非常有必要的。因此,充分发挥家长的监督作用是合理的,家长可监督学生在直播课堂上的表现。教师的督导运用于课后练习。家长和教师对课堂和课后练习的监督,能提高学生学习的效率,提高课堂的教学质量。

(二)对校方开展数学直播教学的策略建议

1. 加大对数学直播教学的投入

学校要加大对网络教育投资的力度。实施网络教育,既要有软件支撑,又要有硬件支撑。比如,许多直播课堂都是在家里进行的,没有好的上网设备,是不可能进行直播教学的。并非每个教师都拥有足够的家庭资源来进行直播,或许是因为没有终端,也或许是因为缺少互联网。鉴于此,学校要做好准备工作,为没有终端设备的教师提供手提计算机,为没有上网条件的

教师提供上网服务。

2. 配备专门的直播教学管理人员

学校应配置专业的直播教学管理人员，来处理师生直播中出现的问题。有些教师不太会使用直播软件，直播教学管理者可以通过远程操作显示屏的方式，帮助教师处理问题。如果没有专业的人员处理问题，将导致直播教学延误。对于学生来说也是如此，遇见不明白的问题，他们只会向父母征求意见，家长可能不了解直播软件。因此，直播教学管理人员有必要对出现的各种问题进行讲解，使直播教学进行得更顺利。

3. 加强对教师教学和学生学习的监督

在传统的课堂教学模式下，学校会责成教务处对教师的教学进行督查，学生的学习情况由各班主任和学科教师监督。这种监督是建立在具体的观察和走访的基础上的。但是，直播教学受到时空的限制，学校对教师以及教师对学生的监督不太可能基于近距离走访和调查进行。因此，学校必须在线上巡查和监督教师和学生的直播课堂。

对于学生的监管问题，教师可以选择群签到的方式。对有固定时间上课的教师，学校可通过直播间每日签到的方式，监控教师是否准时上线，是否完成日常课堂教学任务。另外，学校也可以在直播主机房创建教师群。原本按实体组织的会议，也可以以直播的形式进行，以纠正教师直播教学中的问题。同时，学校可以允许在线教学督导人员进入班级直播课堂巡视，这样既可以监督教师的教学效果，又可以监督学生的学习状态。此外，对于学生课堂状态的监督，教师可以与家长沟通，以掌握学生在家中直播学习的状态。

4. 校际共享线上直播数学教学资源

现阶段，网络教育资源非常丰富，基本可以满足教师教学的主要需求。但是从无数的互联网资源中，选择合适的资源是一项非常复杂的工作，教师很可能没有足够的时间进行细致的选择工作。因此，虽然有足够的资源，但由于教师时间少、材料复杂，其无法立即充分地将资源应用于直播教学。

学校领导应积极推动学校间资源共享，与不同机构合作，以多种方式利用其他机构的教育资源，如录播课程、教学课件、课后练习等。其他学校的资源都是其他教师精心挑选的，都非常适合学生使用，教师也可以节省大部分时间对资源进行选择和整理。根据学校之间的共享资源，教师可以完成多种资源的整合应用，以更好地满足教学和学生学习的要求，提高直播教学的质量和教学内容丰富度。

（三）对教师利用数学直播教学的策略建议

1. 改变和升级教育理念

在传统的课堂教学模式下，教师能第一时间回应学生，解读数学教材的内容，使学生能通过课后练习提升专业知识。但是，这与直播教学方式大不相同。过去，教师没有直播教学的学习培训经验，因此，暂时无法融入直播教学的形式。这可能会导致，一方面是对软件的实际操作不熟悉，另一方面是其教育观念没有及时转变。

在直播教学中，教师无法近距离接触学生，也无法随时随地监控学生的表现。对于这样的情况，教师应该增加提问的频率，以弥补直播教学方式下互动交流不足的问题。传统教学方式使用的教材非常有限，在直播教学中，教师可以在网上广泛收集各种教学资源，找到适合学生的电子资料，充实课堂的内容，改善课堂的教学质量。此外，传统教学方式下对学生的督导主要由教师进行。选择了直播教学方式后，教师受时空的限制，对学生的监督非常有限。因此，教师一方面要让家长作为监督主体，另一方面要注重提高学生独立学习的能力，增强学生的自我意识。另外，教师还要提高学生的主观性，分配其任务，因此课堂上安排的日常任务也应该越来越多样化，从而增加学生对学习的兴趣，最终帮助他们养成独立学习的能力。

2. 加强师生、生生间互动沟通

直播教学方式下，最明显的问题是师生之间、学生与学生之间缺乏互动交流。这主要是由于网络空间的限制和直播软件功能的不足所导致的。教师可采用以下方法促进交流。

（1）增加直播提问的频率。很多课堂并不适合直播教学，导致教师无法

在规定的时间内进行学科课堂教学。因此教师可通过多提问的方式掌握学生的学习情况。

(2)可以选择早分类、早分配任务的方式。这样可以让学生充分参与到课堂教学中。通过不同学习小组学生的回答或展示,强化学生之间的竞争、讨论和探索。

(3)提前分组。教师可以提前在讨论区确定一个3—5人的学习小组,让他们在直播中展示学习成果。

3. 创造多变的直播教学方式

随着时间的推移,传统课堂的教育模式成型,其模式尽管不够创新,却趋于成熟。因此,越来越多的教师将这些传统课堂的教学模式进行了进一步的深入研究和完善,在教学活动中引入了一些新型的教学元素和教育方式,从而形成了个人风格鲜明的新教学模式。在直播教学中,教师可以将传统的课堂教学模式引入其中,这样就能创造出多变的直播教学方式。

教师有必要对直播间的教学方式进行自主创新。可以将传统的数学教学课堂模型作为参考,但不能机械复制,应该开创一条新道路。从教师的角度来看,从传统课堂教学到直播课堂教学的转变并不是简单的,而是应该根据直播课堂的特点,将设计方案融入直播教学中。例如,学生可以成为"网络主播",教师成为观众。这种变化在直播教学中极为方便快捷。一方面,实际操作比较简单。另一方面,学生们的负担会大大减轻,参与的主动性会更高。

4. 将线上直播和线下沟通相结合

传统课堂教学模式下,教师可以非常方便地掌握学生的学习状态。直播教学方式下,教师可以自己掌握网络教学的实际操作内容和时间。因此,在直播的整个过程中,掌握学生的学习状态是非常困难和不便的。因此,为了更好地掌握学生的学习状态和学习效果,教师必须将线上直播与线下沟通交流紧密结合,可以选择以下几种方式:一是可以在网上进行家庭访问;二是通过与学生的及时沟通,掌握学生的学习情况;三是可以在网络直播平台上创建5—10人的群聊,让每个群聊把想反映的问题集中在一起,发送给教师;四是总结家长和学生的意见和建议,并对比自己的教育实践活动,调整教学计划。

参考文献

[1]摆晓娟. 浅谈建模思想在初中数学应用题教学中的应用策略[J]. 新课程,2021(50):22.

[2]蔡长安. 初中数学教学对学生核心素养的培育分析[J]. 新课程,2021(50):31.

[3]晁春梅. 新课改下初中数学教学方法的改革与创新[J]. 新课程,2021(50):79.

[4]程琪. 浅谈初中数学例题教学中学生数学学习能力的培养[J]. 新课程,2021(50):102.

[5]崔汝伦. 中学数学培养学生自主学习能力的指导方法[J]. 新课程,2021(50):124.

[6]高玲霞. 农村初中数学高效课堂教学有效策略和实践浅析[J]. 学周刊,2022(01):126－127.

[7]顾继玲,章飞. 初中数学教科书中“几何直观”的设计类型及原则[J]. 数学教育学报,2021,30(6):59－63＋91.

[8]韩邦英. 浅析初中数学教学中学生创新思维和创新能力的培养策略[J]. 天天爱科学(教学研究),2021(12):193－194.

[9]韩军霞. 初中数学教学新课程改革的思考[J]. 新课程,2021(50):81.

[10]黄永东. 数学思想促进初中生物学理性思维发展的研讨[J]. 学周刊,2022(1):122－123.

[11]蒋建忠,王德贵. 核心素养视域下初中数学深度学习[J]. 天津教育,2022(14):22－24.

[12]焦小春. 小组合作学习模式在初中数学教学中的应用[J]. 学周刊,2022

(2):111-112.

[13]康惠娟.从数形结合思想切入初中数学核心素养的培养[J].新课程,2021(50):32.

[14]蓝秀梅.基于智慧教育理念的初中数学课堂教学优化策略研究[J].天天爱科学(教学研究),2021(12):13-14.

[15]李艾伦.极简逻辑学[M].北京:民主与建设出版社,2019.

[16]厉彦玲.浅谈如何提高初中数学课堂的教学效率[J].天天爱科学(教学研究),2021(12):79-80.

[17]林晓华.思维导图在初中数学阅读中的设计原则[J].新课程,2021(50):21.

[18]刘丁山.借助"课堂观察"提高初中数学课堂教学有效性探究[J].学周刊,2022(1):68-69.

[19]刘宁.初中数学实验教学与学生数学素养培养[J].新课程,2021(50):30.

[20]泮西星,吴旦利.浅谈初中数学核心素养的培养[J].新课程,2021(50):33.

[21]彭富春.美学[M].武汉:武汉大学出版社,2005.

[22]屈振秀.新课改下初中数学教学方法的改革与创新[J].新课程,2021(50):82.

[23]孙喜兵.关于在初中数学教学中促进深度学习的思考[J].新课程,2021(50):150.

[24]孙小波.数学思想方法在初中数学问题解决教学中的有效措施研究[J].新课程,2021(50):51.

[25]陶玉娥.新课程背景下的初中数学教学改革研究[J].新课程,2021(50):80.

[26]滕明侠.关于初中数学教学与信息技术多媒体的整合研究[J].新课程,2021(50):144.

[27]田学锋.如何在初中数学教学中培养学生的创新能力[J].学周刊,2022

(2):51－52.

[28]王昌敏.试析化归思想在初中数学教学中的有效应用[J].新课程,2021(50):122.

[29]王德志.高校体育O2O教学模式的构建研究[D].武汉:华中师范大学,2019.

[30]王军.利用信息技术优势,打造初中数学有效课堂[J].知识文库,2021(24):146－148.

[31]王立刚.初中数学课堂教学中小组合作学习的策略[J].新课程,2021(50):121.

[32]韦礼德.提高初中数学教学课堂效率的措施探究[J].学周刊,2022(1):52－53.

[33]徐大贵,党晓红.培养自主学习习惯,优化农村初中数学教学效果[J].学周刊,2022(2):61－62.

[34]颜怀才.借助数形结合思想,培养学生解题能力[J].新课程,2021(50):120.

[35]俞瑞勋.初中数学“学材再建构”的实践策略研究[J].新课程,2021(50):50.

[36]张程.多维视角下艺术设计理论发展与人才培养模式研究[M].北京:冶金工业出版社,2019.

[37]张海华.如何培养学生数学思维的灵活性[J].学周刊,2022(2):29－30.

[38]张海玲.初中数学教学中学生自主学习的指导策略[J].新课程,2021(50):123.

[39]张礼礼.关于初中数学单元教学设计策略的研究[J].天天爱科学(教学研究),2021(12):185－186.

[40]张武.初中数学课堂教学小组合作学习存在的问题及对策研究[J].学周刊,2022(2):59－60.

[41]张晓勇.浅谈合作学习在数学教学中的策略[J].新课程,2021(50):83.

[42]张雪梅. 浅谈初中数学教学中对深度学习的理解与实施[J]. 学周刊, 2022(22):58－60.

[43]中华人民共和国教育部. 义务教育数学课程标准(2022 年版)[M]. 北京:北京师范大学出版社,2022.

[44]周贝贝. 新课程改革背景下初中数学分层教学的实践探索[J]. 天天爱科学(教学研究),2021(12):51－52.

[45]周金平. 基于数学概念的深度学习策略研究[J]. 新课程,2021(50):49.

[46]周元庆. 浅谈数学意识视角下的初中数学教学模式[J]. 天天爱科学(教学研究),2021(12):191－192.

[47]邹世德. 微课在初中数学教学中的应用研究[J]. 新课程,2021(50):143.

雲南文庫

学术名家文丛

王松学术文选

王 松 著

雲南大學出版社
雲南人民出版社

作者简介

王松，男，1920 年出生，福建武平人。毕业于中国新闻总署主办的北京新闻学校第二期研究班。1938 年加入中国共产党。曾参加过抗日战争、解放战争。曾任遆南人民自卫军第一支队政委、副司令员，中国人民解放军滇桂黔边区支队第九支队政治部宣传科长等职。从事过教师、报刊编辑、记者等工作。新中国成立后筹建了中国作家协会昆明分会并任副秘书长、云南分会副主席，中国社会科学院民族文学研究所云南分所副所长，中国民间文艺研究会常务理事，云南民间文艺家协会常务副主席，中国少数民族文学学会副理事长，中国神话学会副理事长等职。

新中国成立后主要从事的是文学领域的行政领导工作及文艺创作、民族文学理论研究等工作。1951 年代表《新华日报》赴朝鲜慰问志愿军。回国后以本报记者的名义写了十几篇连续报告，后编成《不屈的民族》一书。“文革”结束后，1979 年奉命筹建中国社会科学院少数民族文学研究所云南分所、云南民族民间文学研究所。同时省文联民间文艺家协会并入以上二所合署办公，负责全面工作。其间还主持中国民间文艺出版社云南版的编辑出版工作。在我省民族文学研究专家学者的共同努力下，出版了一批各民族的文学概论、文学简史、文学史。开始组织我省民族民间文学三大集成的工作。1985 年离休。

总　序

中共云南省委书记 李纪恒

“盖文章，经国之大业，不朽之盛事。”一部承载责任与使命的好作品，必将是一部千古不朽的立言典范，也必将是一部历久弥新的传世教科书。千百年来特别是明代以来，许多贤人君子和名人大家在广袤的云岭大地耕耘、思考和写作，留下了闪光的足迹和丰厚的作品，足以飨及后进，启迪晚辈。在搜集、遴选和整理云南明代以来学术大家、学术名家著作的基础上，由云南宣传部门牵头推出了《云南文库》，这一丛书的面世诚为云南学术研究和出版界之盛事。

编纂《云南文库》是传承云南地域文明、提高云南文化自觉的有益尝试。“七彩云南”这片神奇的土地孕育了对中国乃至世界文明都有重要影响的古人类，造就了云南文化的丰厚积淀，从而构成了博大精深的云南文化艺术宝库。作为中华文化圈、印度文化圈和东南亚文化圈的交汇地，云南自古以来都不缺乏学贯中西的大师和博古通今的大家，从来都不缺乏魅力四射的光辉著作和壮美奇绝的文化遗存。其中，许多学术作品都凝聚了深邃的思想和超凡的智慧，体现了鲜明的地域特色和民族特色，彰显了有云南自身特点的知识谱系和学术传统。今天，我们将历史长河中的明珠拾起，用心记载云南学术史上的灿烂篇章，正是为了守护云南优秀的地域文化，为了汲取进一步繁荣发展云南哲学社会科学的养分和动力，进而筑牢云南文化自信的根基。

编纂《云南文库》是树立云南文化品牌、增强云南文化影响力的重要举措。云南文化是中华文化的有机组成部分，其悠久的历史文化、多彩的民族文化、独特的生态文化、包容的宗教文化，已经成为文化百花园中一枝流光溢彩、香飘四海的奇葩。千百年来，云南学者中英奇瑰伟之士以及众多寓居云南的外省学者念兹在兹，深植于云南沃土，扎根于传统文化，不懈探索、勤奋撰述，留下了一批经得住历史和实践检验的珍贵成果。特别是抗战时期，随着西南联合大学和相关研究机构的到来，昆明一时风云际会，云集了大批我国现代学术史上开宗立派的学术大师和著名专家，云南成为当时中国学术中心之一，诞生了大批学术经典。新中国成立后，云南学术研究取得很大进展，研究队伍空前壮大，学科建设卓有成效，学术成果日益丰硕，推出了一批享誉国内外的学术精品。近年来，《云南史料丛刊》《云南丛书》等一批历史文献和地方文献丛书相继刊印，云南文化的影响力和竞争力不断增强。今天，我们隆重推出《云南文库》，就是要为更多的人了解云南、熟悉云南、研究云南搭建一个平台和载体，为云南的经济社会发展、文化建设、文史学术研究等提供有益的历史借鉴，为在更广领域传播云南文化、打造云南品牌、增强云南软实力创造更好条件。

编纂《云南文库》是保障人民群众的基本文化权益的有效途径。文化建设的根本就是要用健康高雅的艺术、用智慧明辨的思想、用善良温厚的德行启迪人、引导人。编纂《云南文库》一个重要目的是丰富人民群众的精神文化生活、增进人民群众的幸福感。此次收入《云南文库》的著作，涉及哲学、历史、文学、语言、艺术、民族、宗教、政治、军事、外交等诸多方面，包含着丰富的自然、社会和人生哲理知识，体现了高度的人文关怀。阅读这些著作，有助于培育读者自尊自信、理性平和、积极向上的心态，有助于引导人们去发现、享用、珍惜世界和人生之美，能使大众的精神世界得以滋养和美化、人格得以陶冶和熏陶、心灵得以安顿和抚慰、情感得以丰富和升华，从而更好地满足人民群众多层次、多方面、多样性的审美需求。

编纂《云南文库》是推动云南跨越发展的必然要求。云南早在1996年就提出了建设“民族文化大省”的目标，是全国最早提出建设民族文化大省的省份之一。2000年，我省正式确立了“建设绿色经济强省、民族文化大省和中国连接东南亚南亚的国际大通道”的三大目标，把文化事业和文化产业的发展纳入了全省经济社会发展战略的范畴。2009年召开的中共云南省委八届八次全委会，作出了把云南建设成为“绿色经济强省、民族文化强省、中国面向西南开放的桥头堡”的重大决策，把云南文化建设推向了一个新的阶段。2011年11月，云南省第九次党代会进一步明确了科学发展、和谐发展、跨越发展的发展主题，要求更加自觉、更加主动地推动文化大发展大繁荣。当前，云南人民正豪情满怀地沿着建设民族文化强省的道路阔步前行，具有云南特色的文化模式已经也必将进一步焕发动人而耀眼的光芒。我们将以打造《云南文库》等一批社科品牌和文化精品为契机，继承优良传统，发挥优势，突出特色，以面向现代化、面向世界、面向未来的宏大眼光，锐意进取，积极开展学术研究，努力创造出无愧于时代、无愧于人民、无愧于历史的优秀学术成果和文化产品，更好地弘扬以高远、开放、包容的高原情怀和坚定、担当、务实的大山品质为主要内容的云南精神。

《云南文库》最终得以发行，首先是众位先贤心血和智慧的结晶。在此，我们要对创造了云南学术精品并因此而为中华文化做出杰出贡献的学者们表示崇高的敬意！在《云南文库》的编纂过程中，相关编纂单位、出版单位和参加整理的学者，以高度的责任感和使命感，兢兢业业地做好编校和出版工作，正是有了他们的辛勤劳动和精心工作，才有如今的翰墨流芳。在此，我要诚恳地道一声，大家辛苦了！《云南文库》从构想走向现实，离不开众多读者和社会各界人士的支持，我也一并向你们表示诚挚的谢意！同时，衷心希望同志们一如既往地为云南文化建设献智献策，欢迎更多的同仁志士参与到云南文化建设的伟大事业中来！

谨为序。

目录
Contents

神话论

论傣族民间叙事长诗

民间文学散论

神　话　论

论少数民族神话在中国文学史上应有的地位

——《中国少数民族神话选》序

一、提出了一个重要问题

我以欣喜和感激的心情拜读了谷德明同志编选的《中国少数民族神话选》。这本书非常及时地向我国神话学界、中国文学史界提供了大量的研究中国神话的资料，同时也就提出了有关中国神话（包括中国文学）的内涵的问题，也就是少数民族神话在中国文学史上的地位问题。

德明同志再三要我为这本书作序，我总觉得以我的学识和名望都很难达到为一本重要的书籍作序的条件，因此，推之再三！最后只得勉为其难。再一想，何不借此机会，为少数民族神话说几句话，呼吁我国的文学史家们，在中国的文学史上为少数民族的口头文学（包括神话）留下一席之地。让她真正成为中国的（而不仅仅是汉族）文学史。

我在许多场合，例如有关编写文学史、学术讨论的会议上曾多次呼吁，但是，始终没有引起文学史家们的重视。于是，我得出一个结论：抱怨和空叫是没有意义的，必须做出成绩来，拿出东西让文学史家们看，甚至逼着他们承认，我国少数民族文学是中国文学的一个非常重要的组成部分，没有少数民族文学这部分，是不能称之为中国文学史的，至少是一部不完整的中国文学史，或者只能说是汉族文学史。当然，这样说似乎过分了些，也应该为文学史家们想想，由于过去条件的限制，他们大都是通过书本在“亭子间”编文学史的。没有充分的材料、样本、权威性的论著，又叫他们怎么去写呢？这一想，就觉得应该把这个搜集、整理、编纂、出版少数民族口头文学作为一个事业去做。作为与文学史家们共同的事业，也就是作为创造中国文学史的一部分去做。事实上，新中国成立后，尤其是粉碎“四人帮”之后，已经有一大批包括各个少数民族自己的民间文学工作者在内的广大口头文学工作者，正在各个民族、各个地区生气勃勃地搜集整理各个少数民族所创造的宝贵的精神财富，并且在许多刊物上发表了大量的作品。现在，谷德明同志又花了大量的时间和精力，把这些零散在各个刊物的作品收集成册，这就填补了我国文学的一大空白，我国有了少数民族神话专辑了。

这就是我抱着这本书流下了欣喜而感激之泪的原因。

二、中国神话已被广泛应用

十一届三中全会以后，我国的各条战线、各个方面都出现了生气勃勃的局面，在学术界不仅学术气氛十分活跃，而且出现了新兴的学科，什么“潜科学”“信息科学”等等。民族学、社会学、宗教学等获得飞跃的发展，特别值得注意的是这些学科的专家们大量地利用我国的神话（包括少数民族神话）去研究各自的学科，获得了巨大的成就。

早在三十年前，历史学家吕振羽同志就以各种书籍中的神话传说式的记载以及出土文物写出了《史前期中国社会研究》一书，在当时就引起了学术界强烈的反响。后来的有关史前的历史著作无不引用中国神话作为材料。范文澜同志通过神话传说分析我国远古时期的氏族、部落的分布及民族之形成，他明确指出：虽然这些神话与传说“不是真有什么根据，但也反映出古代学人对人类社会的进化观，是值得珍重的！”

近年来，有不少学者运用图腾神话研究我国古代文化，成为研究社会学、天象学、物候学、民族学、人类学等等的可贵资料。朱天顺同志所著《中国古代宗教初探》是一例。不过，最突出的例子就是有关伏羲神话“河出图、洛出书、圣人则之”。说神马从黄河背着“图”、神龟从洛水背着“书”来到伏羲面前，伏羲就根据这个“图”和“书”画出了八卦。八卦，过去人们把它看成为卜算的迷信，近年来许多专家研究认为这是我国古代的高度的科学结晶。① 认为：“伏羲八卦图”在天文学、数学和生物学上都有重大价值。1930 年我国刘子华运用太极八卦图推测发现了太阳系第 10 颗行星木王星，写出了博士论文《八卦宇宙论与现代天文》。1981 年出版的《中国哲学》刘蔚华的论文《谈易数之谜——中国古代的数理哲学》说：“伏羲氏可谓是数学家的鼻祖。”1973 年戈德伯格受到太极八卦图的启发，在分子生物学的领域里提出生物控制的“阴阳假说”。受八卦影响最大的则是德国数学家莱布尼兹，他受“伏羲六十四卦次序图”和“伏羲六十四卦方位图”的影响，创造出了当代电子计算机二位进制数学。难怪茅盾先生说：“伏羲显然是中华民族文化的始祖。”

此外，彝族的《梅葛》《查姆》等神话史诗已被日本等国家的专家们作为研究人类学、民族学等等的重要资料。这些都证明了神话的多功能性和神话的科学价值。然而，神话毕竟是文学，她在文学中的美学价值、在文学继承与发展中的价值，却遭到冷遇，特别是在文学史上至今还没有她应有的地位，这是一个悲剧。

三、中国神话是少数民族人民创造的

我说的“少数民族”这个概念是指今天除汉族以外的其他民族。然而，在古代，当然不存在主体民族，而是众多的氏族、部落或民族。古籍上一般称：东夷、西戎、南蛮、北狄，这四种并非民族，而是居住在我国东西南北诸民族的总称，它们又包括许许多多氏族或部落。

有一个很重要的事实，就是那时候众多的氏族或民族之中，没有汉族。范文澜同志说：“黄帝族与炎帝族，又与夷族、黎族、苗族的一部分逐渐融合，形成了春秋时称为华族、汉以后称为汉族的初步基础。”② 史学

① 智旭子：《太极八卦图与现代科学》，载《科学时代》1983 年第 3 期。
② 《中国通史简编》（修订本）第 1 册，第 91—92 页。

家白寿彝先生也说："中国的主体民族——汉族，是秦汉时期形成的。秦汉以前，还没有一个汉族，是汉朝开始的。"①

就以伏羲而论，它就不是汉族神话。据彝族刘尧汉教授说："伏羲、炎帝（神农）、黄帝、颛顼（帝高阳）出自西戎，女娲、帝高辛、帝尧、帝舜出自'东夷'（戎、夷中混有蛮、狄）。"② 但范文澜同志则认为"当是出于太皞或太皞族"。太皞族属东夷的一族。从图腾来说，伏羲"人面蛇身"与太皞"人头蛇身"，是一致的，而西戎属虎图腾。

夏以后，有关黄帝的神话特别多，据说历史上的唐尧、虞舜以及夏、商、周三代相传都是黄帝的后裔。但是，素来就有"炎、黄"之称，实则是我国古代的两大族，炎帝族原居住于中原地区，姓羌；一说炎帝是"牛头人身"，是西戎的一族，是从西北游牧进入中原，与九黎族发生部落战争，被九黎击败，逃到涿鹿。而黄帝原住于西北，应炎族之邀，两族联合进攻九黎、杀蚩尤，接着又与炎族发生冲突，黄帝族统率以熊、罴、貔、貅、驱虎等图腾为标志的氏族，又击败了炎帝族，进入中原。关于造舟车、弓矢、兵器、养蚕、文字、干支、乐器的神话，都与黄帝有关。黄帝以后，帝尧以前，关于少皞、颛顼、帝喾、尧、舜、禹、共工等神话的出现，形成了炎黄神话体系。可以说，汉文古籍中的神话，几乎都是少数民族的神话。

那么，为什么伏羲神话与炎帝神话又变成为汉族的神话了呢？原来，这些神话均始于口头，在民间流传，到殷代甲骨文、西周金文略有记载，这些神话的成文，多出于战国、秦和汉，尤其汉以后，华族进而汉族产生了，便都把这些神话附会于汉族。由此，我们可以认为汉族的神话，实则为少数民族的神话。就是仍然流传于汉族民间的口头神话，也都是被融合进汉族的其他少数民族的神话。盘古开天辟地神话，就是原来瑶族、苗族的神话。

根据这一点，汉文古籍中的神话，也都是原先少数民族的神话。汉民族产生于封建社会，神话的时代已经过去了，从这个意义说，汉民族无神

---

① 《中国封建社会发展的阶段问题》，载《历史知识》1981年第6期。

② 《彝族文化对国内外宗教、哲学、科学和文学的影响》，载《彝族文化》1984年年刊。

话。当然，从另外一个角度来讲，这些被融合成汉族的氏族神话，也可以说是汉族的神话。但是，确切地说，这些神话就应该是中华民族的神话，而不是某一个民族的神话。

四、铁的证据

《中国少数民族神话选》是我国第一部少数民族神话专书。它的出版，证明了中国的神话史不是只有那些被称为“片段的”“零碎的”“仅存零星者”的汉文古籍中的材料，而是完整的、丰富多彩的、至今还活在各民族中的活的中国古代百科全书。证明了这些我国活的古代百科全书都在我国的少数民族尤其是南方少数民族之中。汉族民间也有流传，但绝大多数是蕴藏于各少数民族民间之中。

能证实这一点，对于研究我国神话和今后纂写中国文学史都是十分重要的。因为直到今天，我们的一些神话研究专家、文学史家和一些教师们仍然“只知有汉”，只知有汉文古籍中的“片段”、“零碎”的材料，而把少数民族的神话摒弃于中国神话之外。举个例说：由中国科学院文学研究所中国文学史编写组编写，由人民文学出版社1962年出版的《中国文学史》（一）里就说：

> 我国古代神话传说有许多是民族社会里产生的，但现在看到的都是封建时代的文字记载。我国古代没有系统地记载神话的长书，只在封建社会初期的一些典籍如《山海经》、《庄子》、《楚辞》、《淮南子》等书中保存神话传说的片段。

我国有影响的神话专家袁珂先生在他所著《中国古代神话》一书中也说：

> 中国神话，原先虽然不能不说丰富，可惜中间经过散失，只剩下一些零星的片段，东一处西一处地分散在古人的著作里，毫

无系统条理，不能和希腊各民族的神话媲美，是非常抱憾的。

袁先生后来有变化，在他发表于1983年第1期《民间文学论坛》的文章《从狭义的神话到广义的神话》中把中国神话分为9种，把少数民族神话排列为第9种，袁先生还说：

中国神话里虽然是以汉族的神话为主，但少数民族丰富多彩的神话传说，自然也应包括在中国神话的领域以内。

接着袁先生便举出了如藏族的《格萨尔王传》、白族的《望夫云》、壮族作家韦麒麟同志根据民间传说创作的《百鸟衣》、彝族的《阿诗玛》、壮族的《刘三妹（姐）》、傣族的《召树屯》、高山族的《日月潭》、白族的《辘角庄》等等为例。承认了少数民族神话是中国神话的一部分，袁先生确实进了一步。但是，一方面把少数民族神话列为第九位，另一方面又把少数民族的神话与传说、神话与带有神话色彩的叙事诗搅混在一起，依然没有将少数民族神话放在中国神话中应有的重要地位上。

冯天瑜同志撰写的《上古神话纵横谈》一书中也说："中国古神话没有得到充分的发育"，这些没有发育的神话，又"仅存支离的片段"。

大概就是因为我国研究神话的学者、专家们的偏见，因此，就或多或少地影响到其他国家研究我国神话的学者、专家对我国神话的看法，苏联学者李福清就是受了袁珂先生的影响，在他的《世界各民族的神话》百科辞典上卷所写的"中国神话"词条中说："中国神话是由中国古典神话、道家神话、佛教神话与近世民间神话这四个神话体系组成的集合体。"① 看起来他似乎把少数民族神话归于"近世民间神话"的范围之内，然而，少数民族神话恰恰是古老的神话，而不是"近世神话"。因此，所谓"近世神话"，包括"道家神话""佛教神话"，就是袁珂先生的"广义神话"。美国学者杰克·彼德干脆说："古代中国的神话材料，通常是如此残缺而带偶然性，以致在他们的基础上，即使是构成个别的神话（且不说充分发

① 袁珂先生的发言《关于神话界限的讨论》，载《民间文学论坛》1984年第4期。

展的体系）都是极其困难的。”① 这意思就是说：中国没有神话。用他自己的话说是：“中国可能是主要的古代文明社会中唯一没有真正的创世神话的国家。”

由于历史的局限，五四前后，大量的我国少数民族神话没有被发掘出来，因此茅盾先生和鲁迅先生只根据汉文古籍得出了中国神话是“片段”“零碎”的结论。那么，新中国成立以后，在各个少数民族神话被大量发掘出来的情况下，我们的学者专家们完全熟视无睹，对于我国少数民族的神话采取不承认主义，这就值得商榷了。

谷德明同志花了大量心血编成的这部长书，不管他主观意图如何，客观上都回答了中外学者对我国神话的误解或错误的结论。中国不仅有神话，而且存在着许多民族各自不同的丰富多彩的神话体系。这本《中国少数民族神话选》就是一个铁的证据。

五、恢复中国神话的本来面貌

这本少数民族神话是个选本，既然是“选”，当然就有取舍，有取舍，就不可能是我国少数民族神话的全部。然而，就这个“选”本，已可见我国神话的概貌。

杰克·彼德先生不是说中国是一个没有“创世神话的国家”吗，就这本书所选的神话中就有许多少数民族创世神话，例如壮族的《布碌陀》，瑶族的《开天辟地的传说》《密洛陀》，土家族的《造天制地》，彝族和白族的《开天辟地》，哈尼族的《天、地、人的传说》，傣族的《开天辟地》《地球和“英叭”的由来》，傈僳族的《天、地、人的形成》，阿昌族的《遮帕麻与遮米麻》，独龙族的《大蚂蚁分天地》，苗族的《阳雀造日月》，布依族的《力嘎撑天》，土族的《阳世（地球）的形成》等等。

至于人类的产生、万物的来源、洪水神话——人类再生的神话更是俯拾即是了。朝鲜族的《坛君神话》其实是一篇古老的图腾神话，熊和天神

① 程蔷译：《中国古代神话》，载《民间文艺集刊》第2集。

之子交配，产生了朝鲜族。壮族有《巧匠造木人》、傣族有英叭用汗腻捏人祖布桑该与雅桑该，珞巴族的《斯金金巴巴娜达明和金尼麦包》即天与地成婚后，大地妈妈生了人类的神话。此外还有许多关于民族来源的神话，洪水神话——兄妹成婚神话，等等，这里就不一一举例了。

所谓“创世神话”，笔者认为包括了开天辟地神话、万物起源神话（包括日月星辰神话）、人类产生的神话、洪水神话等等。笔者受中国民间文艺研究会的重托正在编撰的《中国创世神话集》，就初步收集的资料已达二百万到三百万字，计划分六卷。这证明中国不是没有创世神话，而是世界上拥有创世神话最多样、最丰富的国家之一。有的民族，例如彝族开天辟地的神话就有十几种之多，这是世界上罕见的现象。

这本书是“选”本，就是说，是把这些年来在报刊上已经发表过的，或某些内部调查材料中有关的神话选出来。她不仅不是中国神话的全部，也不是我国少数民族神话的全部。关于这一点，我很同意李子贤同志的意见，他认为中国神话应该包括：①“汉文古籍中所记载的神话”。②“现在还活在我国各民族人民口头上的神话”。③“用少数民族文字书写的文献中记载的神话”。④“已被融汇进少数民族的史诗中去的神话”。[①]

就笔者所掌握的记载于用云南少数民族文字所写的经典中的神话和融合于史诗中的神话，其数量远远大于这本书的篇幅，例如云南纳西族用东巴文记载的《崇邦统》，即《创世纪》，前者基本是散文，后者则是史诗。纳西族原始宗教东巴教的《东巴经》极大部分都是神话及民间文学。彝文文献中的神话就更加丰富，而且大部分被融合成了史诗，例如我们已经知道了的史诗《梅葛》《查姆》《阿细的先基》《门米间扎节》《勒俄特依》以及近年出版的《西南彝志》中都有很大一部分是“开天辟地”“人类起源”“洪水神话”“万物起源”等等。傣族的史诗《哇雷麻约甘哈傣》达一万多行，被称为傣族的五大诗王之一，叙述的是地球的形成、英叭神王的产生和他用汗垢捏人祖开创天地的故事。瑶族的《盘古书》、壮族的《布碌陀》、白族的《盘古盘生》都是用汉文记音成书的。这些都是我们所悉知的，此外还有用满文、藏文、维吾尔文、乌孜别克及其他民族文字

① 李子贤：《中国神话内涵简论》，载《民间文学论坛》1984年第4期。

所记载的民族神话，大量还散落在民间、未被我们发掘出来的少数民族文字文献记载的神话和流传于口头的，例如苗族《古歌》等等神话。这些神话比起汉文古籍记载的神话，简直可以说是大巫见小巫。李子贤同志在上面提到的那篇文章中说的一段话很好：

> 中国是一个统一的、多民族的国家。因此，我们在理解中国神话之内涵时，必须充分考虑到这个总的特点。纵然汉文古籍中记载的神话并非都是汉族的神话，但毕竟不是中国神话的全部。中国神话应是由整个中华民族所创造，即包括汉族及五十余个少数民族以各种方式、各种文字所保存的全部神话这样一个概念。

综上所述，我国的少数民族对创造中华民族的神话，是建树了伟大功绩的。立了功的反而被轻视和遗忘，这是不公平的。在建设社会主义精神文明的今天，我们有责任恢复其本来的历史面貌，给予少数民族神话应有的地位，以利于建立中国神话学的理论体系，建立社会主义的新兴文学，建设各民族的社会主义精神文明。

最后，再一次感谢谷德民同志编选了这本书并且给予我一个发表我的意见的机会。

1984 年 11 月 7 日于昆明

简论神话与科学的关系

一、从一条“注解”说起

在贵州发现并出版的彝族诗体神话历史《西南彝志》中，有一条十分有趣的注解，引起了我的注意：

妥鲁铺：彝义为“宇宙人”指“原始人”。

这使我立刻联想起今天世界各国科学界争相研究的“宇宙人”，或者叫“天外来客”，以及由此而产生的新的神话理论。

宇宙人和原始人当然不是一回事。然而，是不是早在四五千年以前，“宇宙人”就跟人类的祖先发生过关系？这是一个谜。特别是通过神话反映出来，就涉及重新认识神话的问题。

这条注解是为了解释下面两句诗：

要寻武傻根
始于妥鲁铺

妥鲁铺和武傻根是彝语，但是“武傻”是什么，没有注解。该书的第一章《创世志》里却有这样两句话：

人根在天上
繁衍于地上

这一章的第五节《天地津梁断》后面又有一条注解云："彝族先民传说：古时天人交感，天仙与凡人互通婚姻，乍家传十代，武家传十代……"再看看下面的几句韵文，就更清楚了：

在拜谷楷戛，天地设歌官，实勺辟歌场；三天君之女，如鸟飞而至，在歌场唱歌，和笃慕成家，传彝族世代。

原来是天女与彝族先祖笃慕对歌成婚，生育了六对儿女，这就是彝族历史上的"六祖分支"。这六祖中有一支就是武家。武傻，无疑就是彝族众多的氏族中的一支。

"天人同感、天仙与凡人互通婚姻"，无疑是一个神话，可是，在这里却成了彝族的历史。"神话历史化"了。这是彝族神话的一个突出特点。

二、评神话研究的"新"理论

神话是一种"不自觉"的、"借助想象"的"艺术加工"，后来却成了"自觉的""史实"，变成了"科学"。

这使我联想到一本令人感兴趣的书，这就是瑞士学者埃里奇·冯·达尼肯先生写的《众神之车》。这本书大胆地提出："上帝是个宇航员吗?"作者的答案是肯定的。他说：

我认为，我们的祖先曾在太古时代接待过宇宙来客，尽管我还不知道来自地球以外的"众神"是些什么生灵，他们来自哪颗星球，但我却要宣告：这些"陌生人"曾经把那个时候的人类灭掉一部分，并创造出一种新的，也许是第一批人种。

他用一个秘鲁蒂亚瓦纳科的印第安人神话《奥雅娜》作为证明，他把神话也渲染为今天科学的产物。他说：

> 一艘金碧辉煌的宇宙飞船从天而降，里面走出一个女子，名叫奥雅娜。
>
> 她的使命是要来做地球的伟大的母亲。奥雅娜只有四个手指，指间有蹼。伟大母亲奥雅娜生育了七十个孩子后就飞返她的星球去了。

当然这不是专门研究神话的著作，而是研究“未解的古昔之谜”的著作。但是，作者又说：

> 一切神话和实际经历构成一个民族的历史。

本文当然不是为了评论这本书，而是要通过对彝族创世神话的探讨，来说明上述神话新理论的错误。

这种新理论认为，古代神话就是人类的历史，就是自觉创造的科学的产物。那么，它就不是原始人反映原始心理的特定的产物，而是在人类社会发展的任何阶段，在人类还没有完全控制自然力之前，随时都可以产生神话，因此神话应该是“广义”的。过去的“仙话”、带有神话色彩的通俗小说，例如《封神榜》之类，还有“寓言”“童话”都应该归入神话。还有，近年来发现的“飞碟”“百慕大三角”，乃至野人、人体特异功能、巫术、卜卦、农村闹鬼等等，都是今天的神话。名之曰：“自觉的神话”，“文明的神话”。并且进一步认为，神话不是一门专门的学科，而是一种“思维方式”，也就是一种创作方法。这种创作方法，实际上是一种浪漫主义。①

这样一来，这种神话完全否定了。

三、神话和“神话历史化”

神话和历史当然是两种不同的东西，但是“神话历史化”以后，究竟

① 邓敏文：《神话究竟是什么》，载《中国少数民族神话学术讨论会论文》上册。

是神话呢？还是历史？茅盾先生说："我们相传的关于太古的史事，至少大半就是中国的神话。"因此，在神话研究中就有所谓"历史学派"。其实这是史家、诗人和宗教修改神话的结果。茅盾先生认为我国的"史家"修改神话已是司空见惯不足为奇的。他说："历史总是人群文明渐进后的产物，那时的风俗习惯及人类的思想方式已大不同于发生神话的时代。所以，历史学家虽然认为神话为最古老的史事，但又觉得其不合理者太多，便常加以修改。"

其实，修改神话的不只是"史家"。诗人屈原把神话当成诗，统治阶级又把神话当成光宗耀祖的家史，哲学家们则把神话当作哲理，宗教家则把神话当成宣传宗教的"经"。实际上，这是一个事物发展的极其复杂的过程。彝族的神话大都变成了"史诗"，就是一个很明显的例证。

我们有些研究神话的同志把"史诗"即说明天地万物和人类来源的"诗"，当作最古老、最可靠的神话来探讨。根据这些材料得出结论，往往就要上当的。这些作品中虽然保持了一些原始意识，但它已经成为宗教和历史的组成部分了。就以《西南彝志》来说，作为神话，无疑天女应该是主体，但她在这里却成了连名字都没有的仅仅为了生"六祖"的配角。"六祖"当然已不是神话，而是历史了。然而，这"史"也不是全部，而是"武傻"的"根"。"三眼"型"史诗"中的天女都有名字（兄妹成婚者除外）。例如从独眼人到直眼人时天神派出天女撒赛歇，但是，她不是主人公。从独眼人到横眼人，都是为了歌颂天王。实际上《史诗》的形成跟原始宗教体系的形成有着非常密切的关系。从《阿细的先基》里的《阿热阿咪造男女》，到《儿依得罗娃造独眼人》，再到《格兹天神造人》，乃至塑造天地、万物都是为了塑造一个代表原始宗教的、能控制天地、主宰世界的偶像。这一点，不仅是彝族如此，其他民族的原始宗教也如此。不看到这一点，把宗教说成是创造一切的"救世主"，那就错了。当然，原始宗教与其他人为的宗教不同，它对于推动原始社会的进步、生产力的发展、民族的形成等都起了一定的作用。许多民族的创世神话都把各民族的出现作为人类的开始，如佤族的葫芦里出来的是佤、拉祜、傣、汉等族，彝族的天女生下的肉团砍碎后也出来彝、汉、藏等民族。这就证明，神话在民族的形成中起了巨大的作用。当然，有些神话是被原始宗教修改过了的。有些原始宗教至今仍保存在许多少数民族中，就是因为它在民族的形成及生产发展中起过一定的作用。

“六祖分支”当然已不是什么神话了。但它是不是就是彝族的六个支系呢？据我们所知，组成彝族的支系绝不只是六个，而是一百多个。事实上，彝族是从黄河流域到西北、西南，或者是从西南至黄河流域又往西北迁徙的许多氏族联合而成的共同体。所谓“六祖”，也是神话了的历史。彝族创世神话至今仍然保存着多种多样，就是氏族众多的证明。

把用艺术形式加工过的自然与社会本身当作历史，当然是荒谬的。但是，它又确实曲折地反映了原始人类的心理与生活。因此在神话里可以找到历史的影子。就拿笃慕与天女成婚这件事做例子吧。第一，太古时候，人的观念中根本不存在“婚嫁”这个概念。可是，在这里不仅有了婚嫁，而且“设”了“歌官”，有了“歌场”，已是“山歌为媒”的时候了。第二，从女方无名字反映出这是父权制建立以后才发生的事。第三，可以确定这本书是反映从族内血缘婚到族外婚的过渡时期。“先是武为舅，武氏女吐堵，乍家的嫡母，后是乍为舅，乍氏女能额，武家的嫡母。”这说明已经到了“舅舅为大”的时候。正因为建立了族外婚，才使“天地”的津梁断了，停止了“天人通婚”。

为什么在人类建立了族外婚之后，人和天女的通婚就断了呢？这就引起了我们去研究所谓“天人通婚”，也就是族外婚之前的人类婚姻的状况。

我们知道，人类在原始时代一个漫长的时期中过着杂婚生活，从杂交进入兄弟姐妹的同辈血缘婚。男女结合没有固定的对象，常常不知道对方是何许人，这种乱伦，在原始人看来就是“天”（自然规律）的安排。对于那些与之结合而不知其名的女性，便成了“神女”。这就是“天人通婚”的实质。在我国，反映这一时期的文化遗存有龙山文化、屈家岭文化、良渚文化和齐家岭文化等，距今五六千年。

四、天地观念的形成与天女的出现

天与地的概念是怎样形成的？我们现在还没有足够的资料科学地说明它。但是，从这些被改造成史诗和后人加工过的神话中可以看到，人类最初是不存在天与地的概念的。原始人的思维方式是用简单直观的类比方法去认识与解释自然的。他们最初看见的除了混沌之外，再没有什么了。混沌就是世界。混沌，也就是人类最初的思维特点。既不存在天堂式的世界，更不存在神，后来的甲骨文里的“[illegible]”（乙6868）（天）字，只是形象地覆盖在人头上的茫茫一片空间。《说文解字》释“天”：“颠也。至高至上。”只是自然界的外貌，并没有宗教的神的成分。神，是自然力人格化的产物。我们至今仍然可以在彝族的绝大部分史诗中找出人类最初对天地形成的解释。

流传于云南楚雄地区的史诗《门米间扎节》说是“云彩来造天，雾露来造地”；另一部史诗《阿细的先基》也说：“云彩有两张，云彩有两层，轻云飞上去，就变成了天。——重云落下来，就变成了地。”《西南彝志》和《老人梅葛》都说：

> 过去没有天，过去没有地，蜘蛛网是天，巴根草是地，古老的时候，蜘蛛来造天，巴根草铺地。

从“混沌”（“云彩”）造天地到动物（例如蜘蛛）造天地，是一个漫长的时期；从动物到巨人造天地，又是神话发展的一个阶段。流传于云南红河流域一带的“阿黑西尼摩”就是生天生地的巨人——天地之母：

> 阿黑西尼摩，身高九万尺，肚子九万层，尾巴九十度，九十九条筋，十四只眼睛，二十四只奶，十四片耳朵。

这是由动物转化来的巨人，他不仅身躯巨大，有超人的五官，而且有动物的尾巴。当然他是超自然力，是自然力的人格化，但他却又是“我们的祖先”。他跟盘古有近似之处，他不是以躯体化万物，而是“生”万物。“阿黑西尼摩，喝了金海水，生下地和天，生下日和月，生下云和星，生下雷和雨，生银河闪电，生下风和雾，生下山和川，生下牛和马，生下兽和禽，生下草和树，生下稻和麦。”

“清气、浊气”成天地，显然是从混沌、从云彩而来，继而发展为

"哎与哺"[①] 及"乾与坤",这是具有哲学和宗教色彩的天地论。接着又是"九女子造天,八男子造地"。这种反映母权社会的造天造地说,最后出现以男神为主的天神,逐步形成统一的神格兹造天造地。

天女,当然是出现了人格神、统一的天神之后才产生的。因此,"天人通婚"是比较晚的神话。它一方面反映了统治阶级为了麻醉、欺骗和控制人民而利用神话;另一方面反映了氏族之间斗争的需要。如羌族与戈基人斗争中,就产生了白石崇拜。而成汤灭了以戎羌为主体的夏国之后,戎羌族成了四处逃散的民族,他们在与西南许多土著氏族融合的过程中,当然也很需要宣扬他们是"天神的后代",借以强调氏族人种的优越性,以起到民族大融合的作用。

这种"天人通婚"的神话,显然跟天女简狄吞玄鸟蛋而生殷人始祖契有极大关系。简狄生契的故事,无疑是来源于天神俊:俊与太阳女神羲和生下了十个太阳儿子;又与月亮女神常羲生下了十二个月亮;再与娥皇生下了"三身国"、中容、司幽、白民、黑齿国(其实就是民族)。这个俊后来成了人帝,从天上到地下,成了殷民族的始祖,而后有简狄生契的故事。这时,已是奴隶制国家。神话也开始了"历史化"。俊,据说是个猩猩,或者是鸟头人身的怪物[②]。应该说我国伏羲女娲同是最古老的神话。如是,彝族的阿黑西尼摩、撒赛歇和没有名字的天女,还有羌族的木姐珠、纳西族的册恒布白命(衬红褒白)、景颇族的宁贯娃,乃至印第安人的《奥雅娜》《星星姑娘》,都是俊的孙女,是我国神话的一个类型或"体系"。

五、独眼人、直眼人、横眼人与人类发展的三个阶段

彝族的许多史诗都出现了"独眼人时代""直眼人时代"和"横眼人

① 哎、哺,彝语,哎是影,哺是形,认为宇宙和人类的出现,是由清浊二气变化,出现了"影和形"。

② 袁珂:《中国古代神话》,第141页。

时代”。藏族的创世神话也出现三代人的故事。而这三代人又都是“天神换人种”，这恰好又跟被称为天外来客的“陌生人”“灭掉一部分‘人类’，并创造出一种新的、也许是第一批人种”的理论相符合。这究竟是科学，还是神话?

天外来客换人种，无疑是今天的“神话”，但却披了一件科学的外衣。千年以前的彝族神话却是真正的神话，它形象而又曲折地反映了我国古代灿烂文化中的重大成就：人类发展的科学。

常识告诉我们：一切事物都有它的发生、发展的过程。人类的产生也是如此。其他星球是否存在“智人”，暂且不说。但是，人类绝不可能是“天神”或“上帝”所创造的。彝族的神话虽然提到天神换人种，但是，却曲折而又清晰地把独眼人、直眼人、横眼人称为“时代”，即发展的阶段，这就是指人类从“猿人”到“智人”，再到“现代人”的发展过程。

《勒俄特依》提到独眼人的特征是：“形状虽像人，叫声似猴音，树叶当衣穿，野果当饭吃，有眼不看路……”《查姆》中的《八依得罗娃造独眼人》描述独眼人的特征是：“独眼睛这一代人，不会说话，不会种田，像野兽一样过光阴。”史诗《门米间扎节》则干脆宣布：“猴子变成人。”无疑这里描述的是旧石器时代，也就是处于蒙昧的低级阶段的人。

直眼睛时代的人，从外形看，他还不完全是人，“鼻子剪刀样，下巴鸡蛋圆，嘴唇像鹦哥”，不过，已很接近人类了。

大约从十多万年前开始，人类从直立猿人过渡到早期智人阶段。我国的元谋人是亚洲和我国最早的人类，和蓝田人、北京人同属直立猿人。四五万年前，早期智人又发展到晚期智人的阶段。云南的西畴人、丽江人和昆明人都是属于晚期智人。此外，云南的呈贡县、彝族居住的路南县、马关、罗平等地都发掘出了一批旧石器，如刮削器、尖状器、砍砸器等，这些都是晚期智人的工具。这说明“横眼睛时代”，已有了狩猎工具，发明了弓箭，开始了简单的原始农业，开始由旧石器时代过渡到新石器时代。

彝族的先民在上千年以前，就研究了人类的发展过程，并以眼睛为象征，通过神话曲折地反映出古代的科学成果，这是十分了不起的智慧，也证明彝族的先民确实创造了光辉灿烂的古代文化。

六、神话与古代文化

人类的远古时代曾经出现过光辉灿烂的文化。埃及的金字塔、印度的宗教及文化，中国的火药、印刷术、纸，以及这三个东方古国的数学、历法，都是人类聪明才智的结晶。

科学，是人类关于自然、社会和思维的知识体系，是人类实践经验的总结，包括科学预言，都是对客观事物发展过程中的各种矛盾进行了观察、实践、分析、研究，获得事物本质的知识，从而作出的概括性的结论。神话却恰恰相反，它是在原始人不能理解和驾驭自然力，不能科学地解释世界的情况下企图借助幻想，用超自然的、人格化的方式来认识、解释自然而产生的意识，是人们头脑中虚幻的产物。当然，它也反映了古代原始人对理想的追求。当我们研究中国古代神话与科学的关系时，呈现出异常复杂的情况。就拿伏羲来说，茅盾先生说："伏羲显然是中华民族文化的始祖。"这话是有根据的。伏羲，实际上是把我国古代科学与神话集于一身，他究竟是古代的科学家，还是神话人物？已很难分辨。

《易传·系辞上》说："古者，包牺（即伏羲）氏之王于天下也，仰则观象于天，俯则观法于地；观鸟兽之文，与地之宜；近取诸身，远取诸物，于是始作八卦。"伏羲一直被认为是我国太古时代的一位数学家、天文学家、哲学家。《周易》把"－－"和"—"两个符号象征为阴和阳的概念。《庄子·天下篇》说："《易》以道阴阳。"《老子》云："道生一，一生二，二生三，三生万物；万物负阴而抱阳，冲气以为和。"《淮南子·天文训》云："道始于一，一而不生，故分为阴阳，阴阳合而万物生。"这种把万物变化归纳为"一分为二"，即"对立统一"的法则，贯穿于我国的哲学和科学思想之中，也贯穿于我国的各民族神话之中。

英国学者李约瑟在他的著作《中国科学技术史》一书"天文卷"中把"伏羲八卦"与当代的尖端科学电子计算机联系在一起。他说，德国的哲学家、数学家莱布尼兹根据"伏羲六十四卦次序图"和"伏羲六十四卦方位图"创造了现代电子计算机计算法二进位制数学。他说，莱布尼兹论文的标题就是《创造中国帝国的伏羲氏及其推演的八卦中曾用二元算术》。因此，李约瑟认为莱布尼兹和伏羲“已经为现代人类伟大计算机的发明立下了一定的基础。”彝族刘尧汉教授认为：“若用电子计算机来排列此六十四卦的顺序，可经二进制数学检验伏羲六十四卦的顺序和方位，准确无误。”①

可以得出结论，伏羲是我国古代伟大的科学家。但是，谁都知道，他又是中国神话中人类的始祖。

茅盾先生很惋惜“伏羲神话太少”，甚至“几乎全然没有”。因此，他否定了伏羲是中国神话的“主神”。当然，伏羲是否如希腊神话的宙斯，是另一个问题，然而，伏羲的神话却正是彝族洪水神话中与“天人通婚”型相对立的“兄妹通婚”型神话。

据闻一多先生考证：伏羲和女娲兄妹，他们成婚繁衍人类的神话就是洪水神话。他在《伏羲考》一文中举出世界各地的二十五篇洪水神话中竟有六七篇兄妹标名为“伏羲”和“女娲”。并认为：芮逸夫先生的论文《苗族的洪水故事与伏羲女娲的传说》的判断是正确的。很可惜，他们没有举出一篇彝族的洪水神话。而彝语支，以及整个南方苗瑶、壮侗等语族（北方一些语系也有洪水神话）都有洪水神话，有的都不只一篇，粗略地统计一下就有一百多篇。关于八卦，就有一个神话。孔颖达疏引《尚书中候·握河纪》云：“伏羲氏有天下，龙马负图出于河。”什么是“图”呢?《易·系辞上》云：“河出图，洛出书，圣人则之。”伏羲时，有龙马背负着河图从黄河里出来，又有神龟背负洛书从洛河浮出。伏羲就根据这“图”与“书”画成八卦。女娲补天，其实就是洪水神话，雨多而天漏。东汉武梁祠石室画条左柱有隶书“伏戏仓精初造王业画卦结绳以理海内”十六字。而画像即人头蛇身交尾图，也就是伏羲女娲像，正与《山海经》及其他古籍记载相吻合。《玄中记》：“伏羲龙身，女娲蛇躯。”《伪列子黄帝篇》：“庖牺氏、女娲氏……蛇身人面。”

毫无疑问，伏羲是神话人物。然而，他又被说成是中国第一位皇帝，

① “二进制加法的形式”“十进制加法”和“伏羲六十四卦次序图”以及刘尧汉同志这段话，均见云南楚雄彝族文化研究室编《彝族文化》中刘尧汉著《彝族文化对国内外宗教、哲学、科学和文化的影响》。

是一个政治家。那么，他究竟是科学家呢？还是神话人物呢？

《庄子·逍遥游》有一段阐述道家理想人物的标准的话："至人无己，神人无功，圣人无名。"这是我国古代的传统。黄宗羲之子黄百家在其父所著《宋元学案》卷十《先天八卦图——八卦次序之图》一文按语云："先天图传自方壶，谓创自伏羲，此即《云笈七签》中云，某经传自玉皇，某符传自九天玄女，故道家术士假托以高其说之常也。"

确实如此，我国的科学、技术著作一是跟帝王联系在一起；二是跟天神、玉帝、天女联系在一起；三是跟方壶术士、占候、星占、巫医、神仙术、占卜、相术等搅混在一起，特别是跟道家思想搅混在一起；四是跟中国神话联系在一起。李约瑟说："道家极端独特又有趣地糅合了哲学和宗教，以及原始的科学与魔术。"他甚至说："东亚的文学、矿物学、植物学、动物学和药物学都渊源于道家。"其实，这就是中国古代文化的特点，是中国神话历史化、历史神话化和神话的科学化、科学神话化的结果。

当然，不管是科学还是神话，都是我国古代的文化。刘尧汉教授认为：伏羲是彝族一个以母虎为标志的图腾氏族的名号或首领而发展起来的神话，也是戎羌的第一代帝王。八卦、十个月的太阳历都是彝族先民的伟大成就。也就是华夏民族所创造的光辉灿烂的古代文化。所谓神话历史化，或者是神话科学化，都是后人利用神话"以高其说"，或以高其位的产物。到后来，又进一步与宗教、方士、巫术混搅在一起。这就需要我们去研究、整理，以恢复其原来的面貌。那种以今天的科学眼光去研究古代神话的理论，认为人类的古代文化是"天外来客"所"创造"的。这种说法对于研究神话是不利的。这里用得着列宁的一句名言："神奇的预言是神话。科学的预言都是事实。"①

（原载《思想战线》1986年第2期）

① 《列宁选集》第3卷。

论由神话到传说的转变

——与袁珂先生商榷有关中国神话问题

我对神话是个门外汉，至少是一名新兵，这几年来接触到云南少数民族神话，感触至深，原想编一本少数民族神话集，因为种种原因，没有实现这一夙愿。去年读了袁珂先生发表在《民间文学论坛》（1983 年第 2 期）上的《从狭义的神话到广义的神话》，就觉得有些话要说。只是，又觉得像这样一个涉及一门科学——神话学的重大问题，一定会引起一场争论，许多学者、专家定会发表高见。可是，一年过去了，没有反响，我只好冒昧谈一点不同的看法，与袁珂先生商讨。

袁珂先生是我国的一位神话研究专家，我对袁先生是很尊敬的。但在学术问题上有不同见解，我以为是可以讨论，也应当提倡探讨的。也正是因为尊敬袁珂先生，就更应该把不同观点提出来求教于袁珂先生，以求得我国神话学之发展。

一、少数民族神话是“老九”吗

袁珂先生把中国的所谓广义神话分为九部分，关于什么“广义”的神话的问题，我在后面要专门论述。我想先就袁珂先生把我国少数民族神话放在第九位的问题，谈谈我的看法。

把少数民族神话安排到哪一部分，本来并不是什么重要问题，但是，袁先生的这种分法，却反映了一个带有普遍性的问题，即中华民族的古老文化是谁创造的问题。袁先生说：

> 中国神话，虽然是以汉民族的神话为主，但少数民族丰富多彩的神话传说，自然也该包括在中国神话的领域以内。

新中国成立以后，我国少数民族的神话被大量地发掘出来了，袁先生作为一位我国神话研究的专家，当然是很有研究的，却仍然这样提出问题，就大可商榷了。

第一，袁先生在他所著《中国古代神话》一书中说了这么一段话：

> 希腊和印度的神话更相当完整地被保存下来，只有中国的神话，原先虽然不能说不丰富，可惜中间经过散失，只剩下一些零星的片断，东一处西一处地分散在古人的著作里，毫无系统条理，不能和希腊各民族的神话媲美，是非常抱憾的。

这是一本专著，实际上，五十年代少数民族神话已被发掘出了许多，袁先生在去年发表的文章中所举出的如《格萨尔王》《望夫云》《百鸟衣》《阿诗玛》《刘三妹（姐）》《召树屯》《日月潭》《辘角庄》等等，且不说这些是否是神话，却都是五十年代发掘出来的。粉碎“四人帮”以后，我国少数民族神话的发掘、整理和发表，有了一个飞跃的发展，大量的开天辟地神话、创世神话、洪水神话、太阳神话、英雄神话等等被发掘出来了。可是，袁先生在去年发表的这篇文章里，却实际上仍然把少数民族神话排斥在中国神话之外，或者只放在一个可有可无的“老九”的地位。

我国的神话包括少数民族神话是不是可以与希腊、印度神话作比较，我对希腊、印度神话（应该弄清他们的神话是经过后人整理加工的）没有专门研究。但是，可以肯定的是我国的神话有自己的特点，比如说，我国神话数量之多，是没有一个国家能够比拟的，尤其是开天辟地的神话、洪水神话、图腾神话，几乎每一个民族都有，还有如白族的本主神话，傣族的建勐建寨的神话，这些神话以它的古代、原始为特征，为我们研究古代文化、研究神话提供了十分宝贵的资料。因此，它不仅有文学的价值，更重要的是有科学的价值。就其文学性和规模来说，我国少数民族神话比起汉文古籍的“零散”神话，不知要丰富、完美多少倍，不仅有完整的故事，而且规模也是很大的。仅傣族神话创世史诗《巴塔麻戛捧尚罗》就达一万多行。可是，袁先生把它们排在外，因而中国神话“只能算是一个大池子”。袁先生把传说、仙话乃至历史故事、童话、寓言等都硬拉进神话的范围里去，以追求“浩瀚的海洋”。袁先生自己也说：“我国是个多民族的国家。”怎么却不把少数民族丰富多彩的神话包括进去呢？事实上，少数民族神话在我国神话中是占着十分重要的地位的。

第二，就以袁先生所说的“零星”的汉文古籍中记载的神话来说，难道仅仅是汉族所创造的吗？大家都知道，我国古代的中原并非是只有汉民族，恰恰相反，我国的许多主要民族如彝族、苗族、壮族、瑶族都曾住在中原，朱天顺同志在他所著《中国古代宗教初探》一书中说：“四千年以前在这些地区居住着夏、狄、戎、夷、蛮等民族。这些民族还可以细分为许多分支如夷族就有莱夷、嵎夷、淮夷等分支。”如伟大诗人屈原，就存在一个族属问题，近年来就有人提出是苗族，他的《天问》中所提到的神话以及祭祀风俗等，还可以在西南许多少数民族中找到。朱天顺同志在他同一书中认为：“奉共工为治水之神的是古代羌族的信仰，把共工认作水害之神的是夏族的信仰。共工不同神性是来源于夏族与羌族的矛盾。因为夏族是战胜者，所以古籍中把共工看做水害之神的说法占了主要地位。”他又说：“有的神灵本来是某一个部落的善神或保护神，而在古籍记载里却变成了小神或恶神。例如羿的神性和神格的问题，古籍中对于羿的事迹有许多不同的记载。但有一个共同的地方，就是都说他善于射箭。可以想见，羿本来是一个狩猎部族的主要守护神。可是其他部族则视为小神或恶神，在一些古籍中把羿说成是尧帝手下射落九日的属神（《淮南子·本经训》），或说羿是不顾人民生活、耽于狩猎的无道暴君（《左传·襄公四年》），或说羿有射河伯强占雒嫔为妻的劣迹（《楚辞·天问》）。”

还可以举出许多例子，证明我国的古代文化是我国各民族的先民们共同创造的。就拿盘古开天辟地的神话来说，究竟是哪一个民族的？汉族的、苗族的、瑶族的、彝族的、白族的？不，这些民族都有类似的神话，有些民族，例如苗族，就有《盘古王制天地》《盘古》①，白族也有《盘古

① 见《苗族文学史》第32页。

氏·盘生氏开天辟地的传说》①。民族文化的互相交流、互相借鉴、互相融合，形成了古老的中华民族的灿烂文化。各民族相同的神话、传说，在云南的少数民族之中是屡见不鲜的。如傣族的《娥并与桑洛》在阿昌族中流传，也在佤族中流传，甚至成为佤族古老的创世神话的一部分。你能说清是哪个民族的？我认为是这些民族共同创造的，但又是各民族自己的。应该说流传在傣族中的《娥并与桑洛》就是傣族的，流传在阿昌族或佤族中的就是阿昌族或佤族的。因为各有自己的特点，但它又是中华民族文化不可分割的组成部分。

因此，不应该忽视少数民族神话在中国神话中的地位，因为中国神话都是我国古代诸民族所创造的。今天的汉族事实上是许多民族的综合体，是汉朝时由许多少数民族和汉族融合在一起而形成的新兴的民族。严格说，汉族的神话就是我国各民族的神话。

二、神话是包罗万象的学科吗

袁珂先生把神话分为广义与狭义两种的观点，酝酿时间已很久，并在《中国古代神话》一书以及他所编的《中国神话、传说词典》中付诸实施。去年发表在《民间文学论坛》的那篇文章公开地、系统地提出来，进一步阐明了他这种观点的理论。

第一，袁先生要追求“浩瀚的海洋”而不要“大池子”。因此，他“撤去人为的樊篱。把视野扩大到广义的范围”。他“荟萃各个时代”和“具有神话因素的传说故事于一域”，由此，冲破了“古代”这个时间界限，把“牛郎织女、眉间尺、韩朋鸟、董永和七仙女、白螺天女、白蛇传、沉香救母、望娘滩……”乃至贺英同志牺牲后变成“八仙星”小说里的“姐妹鸟”，都列进了神话之中。他这样做，是为了解答他认为的“实际问题”，这就是：“在人类文化发展的每一个历史时期，都有新的神话产生的现象，应该作何解释呢？”

① 见《山茶》1981年第4期。

第二，袁先生引用了周明同学的一篇稿件来支持他的观点，此稿实际上是片面的以马克思、恩格斯的某些观点去否定马克思的完整理论，以此来阐明神话是随着生产力的发展而发展的。因此，神话也就永远不会消失。周明同学在引用了恩格斯在《反杜林论》中的一段关于人的思维能力是无限的，同时又是有限的话之后说：

> 自然界的无限和一定时期人们认识能力和支配自然能力的有限就构成尖锐的矛盾。这样由生产力不发达决定的认识方面的矛盾是一定时期人们必然要产生的幻想（神话）的基础。人们不可能因为社会生产力的相对提高就能穷尽自然的奥秘和绝对支配自然力。也就是说，人们的物质生活的发展总是落后于自然界的发展，不可能超过它。拿今天的生产力为例，比原始时期不知高了多少倍，但终究还有许多东西没有被认识，许多自然力没有被支配，就是说，产生神话的经济基础和条件，从原始社会到今天为止，都还没有消失。

显然这一段话是完全否定马克思关于神话的产生和消失的理论，从字眼来看，是很符合“马克思主义的”，然而，这个结论是从恩格斯的一段话中演绎出来的。恩格斯说：“一方面，人的思维的性质必然被看作是绝对的，另一方面，人的思维又是在完全有限地思维着的个人中实现的。这个矛盾只有在无限的前进过程中，在至少对我们来说实际上是无止境的人类世代更迭中才能得到解决。按它的本性、使命、可能和历史的终极目的来说，是至上的和无限的；按它的个别实现和每次的现实来说，又是不至上的和有限的。”我们的理解无法从恩格斯的话里产生出周明同学的上述的结论。

生产力的发展是无穷的，没有止境的，但是，它是有条件的，当生产关系不能相适应时，它就停滞了。这就产生了社会发展的不同阶段，这种不同的历史阶段就是不同性质的社会。因此，离开了生产关系，把生产力的发展孤立起来，其结果就使人不去认识社会或事物发展的阶段，不去研究社会或事物的性质，当然就无从去解决问题。

我们不能把马克思说的艺术“一定繁盛时期决不是同社会的一般发展成比例的”，“某些有重大意义的艺术形式只有在艺术发展的不发达阶段上才是可能的”，简单地化成“生产力发展落后于自然界发展＝神话”这个公式。我们离开了神话这一特殊的具体艺术形式并撇开社会发展的阶段性去研究神话，是绝不可能得出正确的结论的。马克思在论到神话是人类童年时代的产物的同时，又在《〈政治经济学批判〉导言》中说：“希腊人是正常的儿童。他们的艺术对我们所产生的魅力，同它在其中生长的那个不发达的社会阶段并不矛盾。它倒是这个社会阶段的结果，并且是同它在其中产生而且只能在其中产生（着重点是笔者加的）的那些未成熟的社会条件永远不能复返这一点分不开的。”马克思又在《摩尔根〈古代社会〉一书摘要》中说：“从古代雅利安人的传统的对自然的崇拜而来的全部希腊神话，其发展本身，实质上也是由氏族及胞族所制约并在它们中进行的。”

马克思非常明白地说出了神话就是在生产力十分低下的氏族及胞族的社会中才可能产生的结论。而袁珂先生却说：“如果单纯是这样地去理解马克思的那段论述，那就是片面的理解，是不够准确的。”这是出于一种什么原因呢？我以为还是由于袁先生想把神话变成为一种包罗万象的新的神话学体系，企图把神话学变成包罗万象的科学。学科没有特定的内涵，结果反把一门学科搞乱了、取消了。

三、神话的主要特征是原始心理

有一个时期，我确实分不清楚民间文学，尤其是少数民族神话、传说、民间故事之间的区别。傣族的叙事长诗里不仅有以神话作为题材的，也有很多神话因素，或者神话色彩很浓的作品，比方说，傣族著名的五大“诗王”之一的《兰嘎西贺》，两个男主角和一个女主角都出自神族，十头魔王捧玛加是最高天王玛哈捧的儿子，而正面人物召朗玛是佛祖的转世，女主人公婻西拉也是森林中的仙女（一说是天神叭英王后的侍女）。除了他们之外，捧玛加的兄弟、召朗玛的兄弟都是出身神族，玛哈捧、叭英，还有龙王、龙女，还有猴国的猴王，风神之子阿奴曼，野牛国的几个牛王、妖魔、神佛全都出了场，活动的空间上至十八层天，中至仙境、陆地、海洋，下至阴间地狱。故事神奇曲折，人物均能腾云驾雾，搬山填海，拉住太阳，其本事无所不能！无所不晓，变化无穷。这样的作品，能不能算是神话？编辑同志已在书的封面上明确地标上了“傣族神话叙事长诗”。大概不会错了吧。然而，是不是神话呢？

这里就提出了一个问题，究竟什么叫神话？什么叫传说？神话与传说有什么区别，又有什么联系？我发觉我自己对《兰嘎西贺》捉摸不定的主要原因，就是对神话没有一个准确的概念。

神话，据说是来源于希腊文 Mytbos、拉丁文的 Mythologia。无疑是个外来语，后来传进了中国。但是，我国古时神的概念是有的，或者不叫神而叫帝。云南的某些少数民族直到新中国成立前，只有鬼的名词，而无神的名词。因此，这些民族还没有神的概念，当然更没有神话的概念。但是，整个中国的所有古代民族，都有十分丰富的神话。这就是说，神话已被我国的学者们所接受，成为我国的一种文学形式，于是，也就有了中国自己的神话学。

我国的神话学既然是研究我国神话的，它就是一门科学。既然是一门科学，它就是以客观事物，即中国各民族的神话作为对象，进行综合、整理、分析、比较、研究，从而得出有关事物性质的结论，而不是以主观臆想，或是把一个概念僵死化，完全离开社会、离开各种条件，把它放之四海，到处去套。

每一件事物都有它自己特定的性质，一旦它的性质发生了变化，它就转化为另一种事物。当然，这种变化是根据条件而产生的。条件是逐渐产生的。因此，即使性质发生了变化，它们之间仍然有非常密切的联系。神话也有它自己的性质，一旦构成神话的条件发生了变化，它就被传说所代替了，后来又由传说产生了小说，这就是鲁迅先生所说的小说是从神话发展起来的。

要认识神话的性质，首先必须找出神话的表面和内在的特征，特别是找出足以反映它的本质的特征。神话，有哪些特征呢？

神话，作为民间文学中的一种形式，所有民间文学的特征它都具备，例如口头性、集体性、传承性、变异性（还有人根据我国人类学家林惠祥的《神话论》加了什么“传袭的”“叙述的”“拟人化的”“说明性的”“初民确信的知识”①）等等。但是，这些都不是神话特有的、能够说明它的本质的特征。“神话是原始心理的产物”②，同时它又是人与自然的关系、人和自然进行斗争的产物。

原始性，包括了最初的人类与自然的关系和与自然的斗争，并由此产生的原始心理。离开了这种特殊的环境，这些特殊的条件，神话就不可能产生，也就不存在神话这个文学形式，同时也就失去了它的科学性。

中国神话的原始性，反映在最初的神话的简单、纯朴、天真与幼稚，反映在由最初的人神（鬼）不分，到以神为主、神统治人。

云南有二十多个少数民族，上面已经说过，每一个民族都有其丰富多彩的神话。这些民族最初的神话，不论是内容与形式都非常朴素、简单，既没有情节，也没有什么“拟人化”，没有什么矛盾，有的则是对自然“不合理”的解释。傣族的先民们认为在天地形成的同时，在茫茫的大海中只有一条巨大的神鱼。它的身粗有一万约扎拿③，身长二十万约扎拿。是它顶住了大地不使它沉沦的。苗族认为太阳是最美的，是会闪光的石头抛到天上而形成的。

有人说神话起源于宗教，也有人说神话与宗教出于同一源头。我不知道他们讲的宗教是什么性质的宗教。大家都清楚，宗教在各个不同的历史阶段有不同的内容，因而性质也不同。如果说他们指的是自然崇拜，我以为是对的。恩格斯说：“自然界是不依赖任何哲学而存在的……在自然界和人以外，不存在任何东西。”④ 马克思、恩格斯在《费尔巴哈　唯物主义观点和唯心主义观点的对立》⑤ 中说：“人们同它（指自然——笔者）的关系完全像动物同它的关系一样，人们就像牲畜一样服从它的权力。因而，这是对自然界的一种纯粹动物式的意识（自然宗教）。”神话，就是在

① 冯天瑜：《上古神话纵横谈》。
② 林惠祥：《神话论》，第3页。
③ 约扎拿：傣族计算长度单位，一个约扎拿等于一眼视线所及，一般计算约为五十里。
④ 《费尔巴哈与德国古典哲学的终结》，见《马克思恩格斯选集》第4卷，第218页。
⑤ 马克思、恩格斯：《德意志意识形态》，人民出版社1961年版，第25页。

这种背景下产生的。然而，这时并不存在作为人的观念形态的神。

随着生产力的发展，人发现了人自身的价值，产生了人对自然的作用，于是产生了以人为中心，通过人去理解自然，企图用超人的力量去征服自然力。于是产生了拟人化，通过幻想创造了能人、超人的神的形象。自然崇拜本身就是原始心理的反映，没有人的心理状态，就不可能产生崇拜。“越是进化了的自然崇拜，其神的人性就越多。”① 然而，作为神话。却相反，人也就越神化。否则，他就无法战胜自然力。

> 东南海之外，甘水之间，有羲和之国。有女子名曰羲和，方日浴于甘渊。羲和者，帝俊之妻，生十日。②

这个神话的发展变化是最好的例证。羲和，其实指的就是太阳，晨曦就是早上的太阳，她住在东南海上。这就是最初的神话。羲和后来拟人化了，成了驾日车的太阳神，后来出现了国家，那里便有个羲和国。羲和又成了帝俊之妻，太阳的母亲。由简单的神话到拟人化的神，最后成了原始宗教的神，进而产生了祭日的宗教仪礼。

盘古神话，只是用人体去解释自然，却没有成为被人崇拜的神。但是，我国傣族开天辟地的巨人英叭（他比盘古还要巨大，身粗达一万约扎拿，高二十万约扎拿，活了八万四千套③），他是由气体、烟雾、大风滚动形成天地之英气而成的巨人，却成了傣族原始宗教的最高神。他不仅有女娲似的补天事迹，也用他的汗腻捏出了人类的祖先布桑该与雅桑该。可是，在这之前，傣族已经有了布桑该与雅桑该的神话，说开始只有一个女人雅桑该，过了许久之后才又出现一个男人布桑该，他们都没有固定的落脚处，而是在太空中游荡。许久以后他们碰在一起了，经过几番周折，两人结成了夫妻。这个神话不仅反映了由动物到人的转变，反映了以血缘为基础的氏族社会的出现，而且反映了由母权社会到父权社会之转变。随着生产力的发展，人类思维的进化，由神话的流传逐渐产生了多神教，进而

① 朱天顺：《中国古代宗教初探》，第12页。
② 《山海经·大荒南经》。
③ 套：傣族计算神仙的年的单位，传说一套有几亿年。

产生了比较完整的原始宗教。因此出现了人类主宰之神，英叭就是这样产生的。由此可以看出神话促进了宗教的产生，宗教又反过来发展和繁荣了古代文化（包括神话在内）。

出现主宰天地的最高神是一个漫长的历史过程，它不仅经过解释自然各种现象的神话阶段，经过图腾神话的阶段，猎神和巫术的神话阶段，也经过祖先神话的阶段，最后产生了最高的主宰之神（一神化）的神话发展。因而，它标志着一个民族的古代文化达到了最高峰，但在这个过程中却反映了人神不分的阶段和神话与历史、民族的来历交织在一起的阶段，最后达到神脱离人，变为至高无上的主宰者、统治人的阶段。

在云南，至今还有些相信图腾的民族，认为某一种动物跟他的祖先有血缘关系，一些以狗为图腾的民族至今不吃狗肉，想方设法保护狗。我在与西双版纳僾尼人生活的时候，一个竜巴头（过去是行政、宗教、歌手三位一体的头人）告诉我，在僾尼人的祖先第五代之前，人和鬼是共同生活的，同住在一个寨子。这使我很惊讶，后来在他们的创世史诗里确实是这样写的。还说，因为鬼懒，常偷人的鸡和粮食吃，人才把它撵出了寨子，并树起了竜巴门作为人与鬼的分界标志。统治阶级利用它把交不起官租的百姓当成鬼撵出竜巴门去。被撵出去的人竟相信确有鬼附在他身上。这种心理状态，无疑跟他们的生产力还停滞在刀耕火种的状况是分不开的。

傣族的开天辟地的神话，发展成为最高的主宰之神英叭，就跟我们自周朝统治者创立了称为天，或天帝一样，是傣族最初的部落联盟的酋长、军事首领、原始宗教的创始人，是建勐建寨和发明农耕的英雄叭桑木底的写照。它一方面完善了神的形象，使神话达到高峰，《布桑该与雅桑该》发展成为傣族达一万多行的创世史诗《巴塔麻戛捧尚罗》。另一方面，则使神话，跟他们的历史结合在一起了。因此，那些被称为“不合理”的、被缪勒（Max Müllcy）称为以“愚蠢野蛮而无理的要素”构成的神话，不仅成了征服自然的武器，而且成了他们的历史，无疑他们是十分相信的。这就是原始心理和现代文明心理的根本区别。也就是产生神话和传说的不同的温床。所以鲁迅先生说：“昔者初民，见天地万物，变异不常，其诸现象又出于人力所能以上，则自造众说以解释之，凡所解释，今谓之神话。”又说：“神话大抵以‘神格’为中枢。……迨神话演进，则为中枢者渐近于人性，凡所叙述，今谓之传说。”

四、神话怎么向传说改变

原始心理的被破坏，即人对神的崇拜的动摇，神话就慢慢失去了作用，便逐步走向消亡。代之而起的便是以“人性”为中枢的文学，这就是传说。

随着不可克服的天灾，产生了善神与恶神，产生了妖与魔、怪与鬼，产生了善与恶的观念。于是，在神与神之间、在善神与恶神之间、在神与妖魔鬼怪之间展开了斗争。这种斗争虽然不是历史本身，却反映了矛盾，这个矛盾虽然不是社会的，或直接反映人与自然之间的矛盾，却是人与自然之间的矛盾的折射，或是投影。善神与恶神斗争的故事，每一个民族都有，景颇族的创世神话就是造物主宁冠娃与恶神高佐洛雷生死搏斗才完成的。古时崇拜太阳神，因不了解日食的原因，因此，产生了天狗食日的神话。殷人把天狗食日当做一件大事，认为大祸即将临头，于是要用九条牛来祭。为了要赶跑天狗，百姓便敲锣打鼓，击盆呐喊。白族有炎帝《射天狼》的神话，说太阳被天上像狼又像狗的怪物咬住了，是炎帝射跑了，才救出太阳。傣族的孔雀与魔鬼的斗争，蜘蛛与七公主等神话，都宣告：随看人间的疾病、自然灾害而产生不安宁，于是，神的世界里也产生了不安宁。这就是说，不是所有的神都是善良的，是为了保护人的，也并不是所有神都是万能的。因为人间是如此，神间也必然是如此。因此，神与神之间开始了斗争。

以善与恶为主题的作品很多，善与恶的主题至今还被汲取，但是性质已经起了变化。比方说，在部落与部落之间、民族与民族之间、国家与国家之间的矛盾日益尖锐，称霸之争十分激烈，于是发生了战争。这种社会关系必然在原始宗教和神话里反映出来。我们在上面讲到的共工的神话就是例子。由于羌族被战败了，而夏族取得了胜利，因此，共工被看作水害之神，于是编了一些中伤他的故事。后羿也是如此。

还有一种情况，大概是由于自然环境，或社会环境的变化，同样一个神，原来是善神，后来又变成恶神，太阳神就是一个很好的例子。太阳给了人以种种好处，不仅普照万物，给大地以生命，给人以温暖，而且农作物的种子都是太阳神给的。例如云南的景颇族、瑶族都把自己说成是太阳的子孙，瑶族的神话《日月成婚》说的就是月亮和太阳到瑶山成婚后，生下了瑶族的祖先。景颇族的《创世神话》中的姐弟成婚，生了孩子以后，因为孩子哭，领孩子的“同治鬼”把孩子砍成八块，丢到人与鬼分界的九岔路口去了。想不到同治鬼刚走，八块肉变成了八个男女，当母亲去找他们时，他们却不认识妈妈了，后来这四对男女离开了九岔路口，走进了人类世界，变成了景颇族、德昂族、佤族、傈僳族的祖先。母亲追孩子追到太阳门，太阳门被关着，她就坐在太阳门外织筒裙，后来，造物主宁冠娃就封她为驾驭太阳的太阳神。可是后来天上的太阳变成了九个，像火一样照射着大地，水被晒干了，地被晒裂了，人、树木、飞禽走兽再无法活下去了，于是大家一起骂的骂，戳的戳，终于把太阳撵走了。类似后羿射日的神话，苗族有射日英雄挪亚，一箭射下了六个太阳和六个月亮①。布依族也有个射下十日的英雄勒戛。彝族开天辟地的英雄支格阿龙也是射下了六个太阳和八个月亮。这些故事都说明太阳在一个时期里却成了恶神。

围绕着人的利害关系，神的世界里产生了恶神，在神与神之间产生了矛盾，发生了斗争，神的神圣世界分裂了。因此，人对神的偶像崇拜也随之发生了裂痕。大概最初分出去的是雷神。关于洪水的神话，还有别的许多神话都归罪于雷神。在苗族燕宝编的一本《苗族故事选》中就收集了三篇雷神的故事。三个雷神的形象都是恶神的形象。第一篇《张古老斗雷公》，雷公是个无情、霸道、残暴、狠毒的形象。第二篇《阿各林》中的雷神形象是狂妄自大却又愚蠢无能之辈。第三篇《阿陪果本》的雷神是个不讲情义的小人形象。神，降格为小人了。壮族《布伯的故事》，已把雷公说成是一个“剥削者”了。

雷神开始时也是给予人类风调雨顺之神，后来看见人间生活美好才产生了妒忌之心。紧接着，人类最高的主宰之神——天神，也像宙斯一样产生了变异，白族的《大黑天神》就是类似希腊神话中的普罗米修斯式的

① 苗族神话《公鸡请太阳》。

人物。

大黑天神成了天神的叛逆。故事说：玉帝临朝，发现几位大仙都逃往人间，玉帝很奇怪，这些大仙竟丢下玉液琼浆、蟠桃仙果的天福不享，却甘心去人间吃清茶淡饭。于是他也拨开云雾往下看，却见人间桃红柳绿，到处花香，歌声处处，男女情爱，胜过天堂，于是产生了妒忌之心，决不容忍人间胜过天宫，竟恶毒地叫瘟神送来一瓶瘟药，派他的随身侍从到人间去放毒。可是，这个侍从却十分善良，为了保护人类，他宁肯牺牲自己，便把瘟药吞进了肚里，免去了人间一场可怕的灾难，而他自己却被瘟药把全身烧得黑糊糊的，最后跌落人间，成了白族人民的保护之神。

神不仅分裂了，而且主宰之神也竟成了一个坏蛋。可以想象，人对于神的偶像崇拜已开始了倒塌。特别是玉皇大帝，在中国的影响是无法估计的。可是，在一个少数民族中却被贬为危害人类的罪恶之神。当然，很可能是人为宗教与原始宗教斗争的反映。但是，原来的主宰人类的最高偶像倒塌了，这是件历史性的大事。如果不是生产力大大向前发展了，产生了农业，不仅不会影响到最高神的地位；人为的宗教也是不可能产生或传入的。

这一阶段神话的意义不仅仅是最高神的偶像倒塌了，而且大大地促使了人敢于起来跟神作斗争，并且敢于战胜他们。如果说壮族的布伯还是属于人神的话，那么，拉祜族的神话《扎努扎别》就是一个道地的人与天神斗争的神话。

扎努扎别是拉祜族的一个巨人，相传，天就是他舂米时过于用力顶高了的。他力大无边，犁田时姑娘们用秧把他和牛包围在田中，为了不踩秧苗，他竟把牛抱起来脱出包围。到了割谷子时，他见人们把最先熟的谷子割下来献给天王厄莎时，他说："我们得饭吃，是靠我们的锄头、镰刀苦出来的，你们见过厄莎来帮过我们一点忙吗？以后再也不要向厄莎献谷子了。"厄莎当然非常气愤，他便亲身下来质问扎努扎别，他说："你们人是我用垢腻做出来的，向我献谷子是应该的。"扎努扎别说："你说人是你做出来的，我不知道。我们只知道是父母生我们出来的。你不是我们的父母，又没下来帮我们犁田、撒谷子，为什么要白白献谷子给你呢！"厄莎哑口无言。从那以后，拉祜族第一碗新米饭便献给父母。过年舂粑粑先祭锄头。可是，厄莎心不死，他回到天上以后挂出了九个太阳，想要把人晒死。扎弩扎别就教大家用七层竹壳，七只铁锅做笠帽，挡住了太阳。厄莎没法，便索性把所有的太阳收进口袋，世界便一片漆黑。扎弩扎别又教百姓用蜂蜡把松明粘在牛角上耕田。厄莎一计未成又生一计，“他揭开天河，用水淹人间。”扎弩扎别又教人凿木为舟，又没有淹死人。以后厄莎又跟扎弩扎别斗了几次，最后用计将他害死。扎弩扎别变成荨麻，不让厄莎下来扰乱百姓，又变成树木、竹子，给老百姓盖房子，再变成一群群飞蚂蚁，飞上天去找厄莎算账。

人斗天王的神话并不很多。但是，人斗神、斗魔、斗龙王、斗鬼怪的故事却数也数不清。尤其在许多少数民族建寨建勐的神话传说中十分普遍。这一现象表明，神已再也无法统治人类，于是出现了一个崭新的现象，人类的英雄与能人巧匠出世了，产生了许许多多有关英雄与能人巧匠的神话传说。它是代表社会发展的标志。如壮族的《岑逊王》、布依族的《锁孽龙》、汉族的《鲁班的传说》、白族的《雕龙记》、景颇族的《凯刚和凯诺》以及无数的各民族的药王的神话，表明出现了英雄传说和史诗的时代。

在新的生产力面前，人的意识形态毫无疑问要发生巨大的变化。这个变化的主要标志，就是慢慢地脱离了原始性，从神权的桎梏中解放了出来，转而看见人的力量，看见英雄的伟大事迹，从而歌颂他们。

这就是神话的结束，进入了传说的时代。然而，这并不是说以后就不会产生神话了。不，由于社会发展的不平衡，或其他的一些特殊原因，还保持原始心理的一些民族，仍然在产生神话，这是可能的，但这不是主流，而是个别的，神话的时代却一去不复返了。

五、传说的主要特征是歌颂人类的英雄

传说是从神话脱胎而来的文学形式，它不可能与神话截然分开。因此，不论是内容与形式都有千丝万缕的关系。然而，却又是两种不同性质的事物。

传说的主要特征是歌颂人，人的英雄、人的智者、勇者、人中之杰。这就是它和神话的根本区别。如果神话有拟人化的特点，那么，反过来，传说则往往有拟神化的特点，因为人要战胜自己的敌人，要使人类社会向前发展，没有自己的首领、英雄是不可能的，而英雄，没有超过普通人的本领、胆识、智慧也就不可能存在。因此，人民就赋予自己英雄以神的力量。为了要表现新的英雄，其形式也就必然带有浓郁的浪漫色彩，有的像神话似的神奇。这种传说具有神话的因素与色彩，是使人不易与神话区分的原因。

首先，传说无疑是继承了并且发展了神话的优良传统，但是，它却逐渐地脱去了人类的原始心理。其内容已不再是仅仅解释自然、战胜自然，而是转向人类社会，企图扫除人类社会前进的障碍。因此，它反映的面、涉及的问题都要广泛得多，其活动的空间也就更加宽广，人间、天上、海洋、地狱，乃至其他海市蜃楼式的幻想之国。

就拿袁先生所提到的《格萨尔王》《望夫云》《阿诗玛》《召树屯》以及牛郎织女、眉间尺、董永和七仙女、白螺姑娘、白蛇传等等来说吧，无疑，这些作品都具有神话的因素和神话的色彩，但它们都不是神话。因为它们所表现的都是以人为主，以社会问题为中心主题的作品。大家知道，格萨尔是藏族人民的英雄，他虽然具有超人的种种神的因素，甚至他可以调动神为他服务，然而，他的整个伟大业绩都是在人间进行的，他战胜了许多魔鬼，除了许多妖怪，都是为了人类的安宁与幸福的。

在众多的传说中，反映宗教斗争的传说占了十分重要的地位。《望夫云》《召树屯》无疑都跟佛教与原始宗教的斗争有非常密切的关系，《白蛇传》也反映了道与佛之间的斗争。

《召树屯》的神话因素和色彩都很浓郁，王子召树屯跟一个自天外飞来的孔雀公主结为夫妻，这本身就带有浓厚的神话色彩，加上他以超人的、带有神的本领，战胜了许多魔怪，终于到达了天与地之间的孔雀国。可是，他是人，是勐板加的王子，因此，他的超人的本领只能是“拟神化”，而不是神或者神人。其次，它所提出的问题，已是社会发展中的上层建筑的问题，它揭露了作为原始宗教的代表摩古拉怎样破坏了作为勐板加人民的代表王子召树屯的美满婚姻，从而破坏了勐板加的安宁和幸福。

当然，同时也就揭露了信仰原始宗教的卜算的老国王的愚昧无知、自私与残暴，他已再不能得到人民的拥护。它反映了傣族人民要求改革的强烈愿望。我们在本文开始时提到的傣族另一部长诗《兰嘎西双贺》，也有同样的情况，十头魔王、召朗玛、婻西拉，以及猴将阿奴曼和其他一些人物，都有神的力量，却是拟神化的。但是，他们首先是人，即使是神的子孙（有许多民族都自称是神的子孙），他仍然是人，他们的本领，也只是拟神化而已。它所反映的问题，已是国家政权建立之后的争霸，实质上也是反映了佛教与原始宗教的斗争。拟神化的目的只是借神的威望来树立自己的威望，从而战胜对方，以得到某一集团的利益。

随着社会生产力的发展，传说这一形式便被广泛地应用，于是产生了许多不同类型的传说，如历史人物的传说、风俗习惯的传说、地方风物的传说、物产的传说、机智人物的传说和社会道德、爱情婚姻、才子佳人的传说等等。

历史人物的传说，从氏族社会开始，历代都出现过英雄豪杰、能人巧匠，特别是农民起义，从陈胜、吴广开始，直到太平天国洪秀全等，历代的能人巧匠如鲁班、华佗，民族英雄、好官、能将（甚至有贡献的帝王），如包公、诸葛亮、关公、岳飞等，在我国各民族中太丰富了。

我国五十多个民族，每一个民族都有自己的风俗、节日，如云南许多民族都过火把节、采花节、泼水节等等，每一个民族都有不同的传说故事去解释这些节日。某些节日不仅几个民族都有，而且不同的地域有不同的传说。此外，婚嫁、丧葬、祭祀都有不同的传说。山川、河流、地名、名胜古迹的传说更是丰富多彩，动植物的传说、中草药的传说、各种生产工具的传说、工艺的传说，也多得无法统计。

这些传说有一个共同的特点，它既是人的拟神化，又是动植物、山川地理的拟人化，人又拟神化。《石林的传说》和《金沙江的传说》都有神，但却又都以人为主，人被拟神化、神又被拟人化。它所反映的事，又都是以人物作为背景，而这些人物又都是人们心目中的英雄豪杰，他们敢于跟邪恶、跟残暴、跟丑陋、跟一切阻拦进步的事物进行斗争。当然，这并不是说，传说只有正面的英雄的事迹，正面与反面往往是随着各个民族、各个社会集团的利益而不同，即使遗臭万年的奸臣、卖国贼，也有他们的传说故事。传说所反映的内容特征是英雄事迹，这是主流。

根据上述的理解，不论是《白蛇传》《天仙配》，还是别的，无疑都是传说，而不能归为神话。因为许仙、董永都是人，故事所反映的事都是人事，不过借神仙来反对封建社会的婚姻制度而已。

当然，关于传说，不可能在本文详细论述，它也是一门专门的学科。至于把像“有童话意味的民间传说”，甚至把“哲学里的寓言的东西都复原成了神话资料而被运用进神话里去”①，我想，除了把神话这个概念搅乱之外，再没有什么好处的。

我认为虽然只有一个概念之争，但却不仅仅是概念，而是涉及一门科学，涉及神话学的性质，它跟人类社会以及意识形态的发展的关系，涉及对马克思主义的理论研究的理解，也直接涉及当前我国民间文学的研究分类等等一系列的重大问题。因此，我认为有必要讨论。

我前面说过，我对这门学科是个门外汉，写这篇文章确实有班门弄斧之嫌，我只是想提出来就教于袁珂先生，也希望得到同志们的指教，起到抛砖引玉的作用。

1984年1月18日昆明

（原载上海《民间文艺季刊》1985年第7期）

① 见袁珂著《中国古代神话》，第10页。

论神话与宗教的区别

神话和宗教有着密切的关系，但同时又有着重大的差别。从今天还有人认为神话即宗教、“神话是宗教的组成部分”① 的观点来看，对此二者的认识还有一定混乱，本文试图探索它们的关系与区别。

一、关于神话的起源

关于这一问题，国外各学派都有自己的解释。如认为神话是古代宗教观念的产物（神话学派），认为梦就是“人格化了的神话”（心理学派），是巫术、宗教仪式、信仰、魔法与咒语的产物（人类学派），也有认为“神话是语言有病的结果”（语言学派），历史地理学派则认为，神话是由一个中心所产生，然后向世界各地传播的。

我国在新中国成立前也有各种说法，但有关神话学的讨论，却是在粉碎“四人帮”之后最为活跃，尤其近一两年来，许多研究神话的专家学者发表了一些观点不同的文章，使研究逐步归纳为如下几种。

杨堃先生说：“任何宗教的思想基础和理论根据，全是建筑在神话上。”因此，他得出结论：“神话是宗教的组成部分。”② 神话产生了宗教，还是宗教产生了神话，杨先生似乎没有说得十分清楚。黄惠焜同志则认为“祭坛就是文坛”③，很清楚地说明，一切文学（包括神话在内）都产生于

① 杨堃：《关于神话学与民族学的几个问题》，载《民间文艺学文丛》，第12页。
② 同上。
③ 黄惠焜：《祭坛就是文坛》，载《思想战线》1981年第2期。

原始宗教。

段宝林同志在他的专著《中国民间文学概要》中反对“神话是宗教的产物”之说，认为：“原始宗教显然是由神话的迷信成分产生的。”

宗教和神话在起源上究竟有什么不同之点呢？

杨堃先生在《关于神话学与民族学的几个问题》一文中有这样一段话：“至于神话起源的时间问题，许多人全承认神话起源于‘人类的童年’。但童年的时间究何所指，大家都有不同意见。我认为马克思所说的‘人类的童年’是指恩格斯所说的‘正在形成中的人’，也就是摩尔根所说的蒙昧时期的早期阶段。我认为：‘人类的童年’即原始群时代……在这一漫长的时期中，不可能产生神话，神话最早仅能产生于五万年至一万年以前，就是旧石器时代晚期，新人时代，也就是晚期智人时代。根据考古学材料，原始宗教与原始艺术全是产生于这个时代。”我们基本上同意这一段话。

杨堃先生的“原始群”，我认为是指人类刚脱离动物界，已经形成了人，却没有产生以血缘为标志的氏族社会。广义地说，人类的童年已经开始。杨先生说的“旧石器时代晚期”，就是母系氏族社会时期，也就是恩格斯所说的“蒙昧时期”的中级阶段。这个时期人类产生了语言，学会用火，产生了各种类型和不同用途的较精细的工具，出现了宗教和神话。历史阶段的划分并不是像我们今天划阶级那么严格，宗教与神话其实已孕育于自然宗教之中。在母系氏族社会以前的漫长时期，在从猿到人的过程里，自然宗教就存在着。从这个意义上说，宗教和神话产生于同一源头——自然宗教。自然宗教不同于我们所理解的宗教观念，更不同于具有社会属性的宗教，而是“人们像牲畜一样服从它的权力，因而，这是对自然界的一种纯粹动物式的意识（自然宗教）”。[①] 即指动物对于自然现象不理解而产生的恐惧心理，还不是人的观念。因此，自然宗教的一个特点，是非人格化，而人对于“宗教的观念——各种精灵——赋以人的形象”[②] 即神的产生，是“由于自然力被人格化”[③] 的结果。

① 《马克思恩格斯选集》第1卷，第35页。

② 《马克思恩格斯选集》第4卷，第88页。

③ 《马克思恩格斯选集》第4卷，第220页。

在这一认识的基础上，我们来看看宗教和神话是怎样从自然宗教基础上产生出来的。

马克思、恩格斯在《德意志意识形态》一书中说："思想、观念、意识的生产最初是直接与人们的物质活动，与人们的物质交往，与现实生活的语言交织在一起的。""物质在这里表现为震动着的空气层、声音，简言之，即语言。语言和意识具有同样长久的历史；语言是一种实践的，既为别人存在并仅仅因此也为我自己存在的、现实的意识。……动物不对什么东西发生'关系'，而且根本没有'关系'；对于动物来说，它对他物的关系不是作为关系存在的。因而，意识一开始就是社会的产物。"① 从人类出现到阶级产生的漫长时期里，主要是人与自然发生着"关系"。原始人之所以成群是为了生存，而人与人的关系愈密切，征服自然，获取生存条件的能力便愈强，于是沟通人与人关系的语言便应运而生并逐渐完善，思维能力也日趋发达，这一系列进化为人类认识自然、征服自然提供有力的武器。此一时期人类认识自然的唯一途径就是通过人的自身，人的特性。盘古开天地的神话，实际上是通过人体构造去简单地解释大自然的实例。但是，人除肉体以外，更重要的是还有一个指挥肉体活动的灵魂。恩格斯在讲到灵魂时说："在远古时代，人们还完全不知道自己的构造，并且受梦中景象的影响，于是就产生一种观念；他们的思维和感觉不是他们身体的活动，而是一种独特的、寓于这个身体之中而在人死亡时就离开身体的灵魂的活动。从这个时候起，人们不得不考虑这种灵魂对外部世界的关系。"于是"自然力被人格化，最初的神产生了"②。这便是由自然宗教到原始宗教的过程。而神话虽然也从自然宗教观念出发，却向着不同的方向发展。马克思说："任何神话都是用想象和借助想象以征服自然力，支配自然力"，神话就是"以征服自然力，支配自然力"为目的的。因此，神话总是通过神的形象去驾驭、战胜自然力。许多民族的开天辟地的神话，人类起源神话、洪水神话、太阳神话、治水神话、射日神话、战争神话、善与恶斗争的神话等等，几乎都证明神话创作的目的不是消极的，而是积

① 《马克思恩格斯选集》第 1 卷，第 30—35 页。

② 《马克思恩格斯选集》第 4 卷，第 19—220 页。

极的。宗教则相反，“这种观念在那个发展阶段上决不是一种安慰，而是一种不可抗拒的命运，并且往往是一种真正的不幸。”① 这从各族的图腾崇拜中可以看出，把自然界的动植物作为氏族的亲戚，借以保护氏族生存，这本身并非幸事。《汉书·地理志》指出，傣族文身是“以避蛟龙之害”，傈僳族的虎氏族、熊氏族都是与虎、熊攀亲戚，祈求虎、熊保佑。图腾对象无疑是氏族的神，由氏族的神发展成为部落的神、民族的神、国家的神，这是原始宗教发展的规律。

由此，我们知道神话和宗教在人类刚刚产生思维之后，就分道扬镳了。有人说，在古代，人的思维能力极端低下，对自然界只能有一种看法。其实不然，初生的婴儿都存在着智力的差异，原始人群所处的地理环境的不同，生产水平的差异，认识自然、驾驭自然的能力自然有着不同。

二、宗教的特征是产生了社会属性

钟敬文先生在他主编的《民间文学概论》中说到神话与宗教的差异时，有这样的一句话：“神话较多地表现了人类对大自然的斗争精神，它通过幻想的形式强调了劳动的力量，人的力量，包含着对于人和自然关系的正确反映，鼓励人们不向大自然屈服。原始宗教主要反映了人们在征服自然过程中的消极倾向。原始宗教也企图通过法术控制自然，但他们却较多地表现了对自然对象的讨好和祈求，因而歪曲地反映了人和自然的关系，在人们同自然界的斗争中多少起了麻醉作用。”

我们认为，神话和宗教实质上是人类最初的两种世界观的萌芽，虽然二者的思想基础都是自然力的人格化，但前者随着生产力的发展而变化，对自然力的看法是能予战胜的，后者则把自然力看成一成不变的偶像，永远膜拜在其淫威之下。神话和宗教的根本区别，在于宗教的神取得了社会属性。在这里，让我们先引用一段傣族原始宗教“蛇曼蛇勐”产生的材料来说明：“沙罗不能走了，人群只好住下……。东西越来越少……有时三

① 《马克思恩格斯选集》第19卷，第328页注。

天才绊倒一条马鹿。有的得吃，有的喊饿……沙罗宣布了石头一样硬的规矩……活着我是你们的‘盘’，死后我是你们的神。……我死后还有我的灵魂在，告诉你们吧：‘魂’就是‘鬼’，鬼就是神……你们要设祭台，要祭我的魂……。谁违背我的话，我的神就要惩罚他，叫他死得成。”①

这段材料说明：第一，自发的原始宗教产生于大自然给人类带来的困难，这是生产力低下的反映。第二，原始宗教产生于灵魂观念之后，而不是与之同时。第三，原始宗教一开始就有宗教仪式。第四，原始宗教一开始就带有恐吓与祈求的特点，这在咒语中反映得最为清楚。

由于这一切，原始宗教对人具有约束力，人必须服从神的意旨，而神又跟神职人员联系在一起，神职人员在氏族社会里不仅是思想的统治者，而且也是政治的统治者，这就使神职人员、神的偶像成为社会组织的有机部分。正因为如此，最初的神职人员后来成为氏族公社的头人。由上述材料可见，产生猎神的整个过程没有神话色彩，有的就是对神灵的祈祷。

很明显，宗教也是发展的，傣族宗教就是从氏族宗教发展到了民族宗教，它越向前发展，社会属性就越多，受统治阶级的控制、利用的程度也就越深，最后，有不少民族的原始宗教的祭祀主持人就变成了统治阶级。傣族的摩占（主祭人）到了农业经济，如农村公社出现之后，完全掌握了政权，成了召曼（头人）。哈尼族支系僾尼人的竜巴头（主祭人），也一度是政权、宗教、医术、文化的最高统治者。他们完全是按照愚昧的宗教思想对人民进行残酷统治的，例如杀双胞胎、六指、豁嘴等，原因是宗教思想认为，双胞胎中必有一个是鬼，六指、豁嘴也都是鬼所使然的结果。

神话一直都是作为意识形态而存在的，并没有这些社会属性；它也有变异和发展，但始终跟民族英雄、跟最先进的生产力联系在一起，直到它消亡。逐日的夸父，不仅可以耳挂两条黄蛇，还能一口喝干河、渭两条大江的水；龙狗槃瓠可以战胜高辛王的敌人房王，太阳神炎帝教人种五谷，还有纳西族上天偷谷种的神话《创世纪》、反抗天帝厄莎的拉祜族神话《扎努扎别》、白族神话《大黑天神》等等，都是人类集体力量的夸张，反映了初民战胜大自然的愿望和社会关系、道德观念。因此，神话除了作

① 《论傣族诗歌·附录》。

为原始人的文学、美学之外，还具有重要的历史价值。女娲和傣族的英叭补天、捏黄泥造人，正是反映了制陶业的发展，女娲的出现与母权社会分不开，后羿射九日则跟人类发明弓箭不可分。因此，神话才成为马克思说的文学上的“一种标准和不可企及的典范”“显示着不朽的魅力”。

三、一切宗教都吸收、篡改神话以蒙蔽人民

我们无意否定原始宗教在人类历史上的作用，作为当时全民的自发宗教，在历史上对于生产和道德伦理的建立都起了巨大的作用。傣族《谈寨神勐神的由来》一文就有这样一段文字：“在这个比大火还凶猛的时代里，不仅需要祖先们内部和睦相亲，结团成伙地去抵抗洪水的袭击，大火的燃烧，猛兽的残害，而且还要提防社会上人和人之间的厮杀。在那个时候啊，如果没有智慧的叭桑木底为祖先们紧紧拥抱而设下寨神勐神的权威，人们会友爱得像一窝蜂子吗？人类要生存，人们要获得欢乐，只有依附于寨神勐神的保护，在叭桑木底的魂幡下，去求得吉祥与安康。幸运的是，神圣的寨神勐神已保护我们度过了世道上愚蠢、野蛮、痛苦、艰难的各个时期。……这是什么力量在起作用呢？这就是我们的宗教，这就是我们对寨神勐神不可置疑的信仰，没有这一条，我们的祖先是无法达到统一的。”但是，要形成这样至高无上的权威，没有主宰之神作为它的核心，是不可能统一人们的思想。为此目的，作为神职人员的巫觋就把这个氏族、部落成员中流传的诗歌、神话搜集起来，加以修改以适应宗教的需要。我国公元前一千多年的《周易》一书中就记载着一些产生于商代的民间谣谚，《诗经》中多是采自民间的诗歌，《左传》《国语》《战国策》《庄子》《孟子》《韩非子》等书中也有些当时流传的民间故事、寓言和歌谣。汉武帝仿照周天子“采诗”“以观民风”的办法，正式设立乐府机关，采集民歌，至于周天子仿照什么人，当然无可考了。从云南许多原始宗教职业者一直在进行着搜集工作的情况来看，周天子仿照这类人也不是不可能。最近发现的《傣族古歌谣》就是傣族歌手的祖先原始宗教职业者搜集、保存下来的最古老的傣族采摘经济及狩猎经济时期的民歌。从这意义上讲，这

些巫觋们既是宗教职业者，又是古代文化的保存者。

当然，他们搜集这些民间神话、诗歌的目的，是为了宗教的需要。我们可以举出许多例子证明原始宗教确实是利用、修改民间的神话去塑造他们宗教的形象的，比如几乎所有原始宗教，乃至后来的人为宗教都有自己的创世纪。它们是怎么来的，举个例子就明白了：傣族神话《布桑该与雅桑该》中说，混沌之初，由气体与风、云不断摩擦产生了女神雅桑该，一万年之后，又产生了男神布桑该，又过了一万年，布桑该与雅桑该相遇了，男神要求延续后代，雅桑该提出问题：天下什么最亮，天下什么最黑？能回答就同意结婚，否则不行。男神没有回答出来，又过了一万年，风声告诉他：人心最亮，人心最黑。回答之后，他们结成了夫妻。

二神婚后生下五男五女，又互相配成夫妻，才繁衍了人类。所以傣族至今称布桑该与雅桑该为始祖。后来原始宗教职业者不仅搜集这个故事，并且将它变为自己的创世纪。冒充是通过女神的形象塑造了一个主宰天地之神英叭，英叭是水、气、风和云滚动摩擦而产生的，他稳住了天，用黄泥捏成了布桑该与雅桑该，布桑该与雅桑该活起来，他又把他们配为夫妻，并令他们下到人世创造人类。这就很清楚，天神英叭被提为主宰世界之神，而原来神话中的雅桑该与布桑该的地位则降低了。

佛教传入傣族地区之后，故事又发展成为《巴塔麻戛捧尚罗》（《神王头一次开创人类》），佛教的色彩更浓烈了。纳西族东巴教也把纳西族人民的创世神话改编为东巴教中的经文《崇邦统》（《人类迁徙记》）掺进了东巴教的内容，如崇仁丽恩与天女册恒布白命结婚时，祖老阿普的陪嫁中就有“给九个东巴，给七个卜巫”之说。到了后来东巴教又根据《迁徙记》的主人公崇仁丽恩的形象塑造了一个东巴教教主丁巴什罗的形象。这里将两种故事的开头各引一段，问题就看得明白了。《崇邦统》：“太古时候，天体在摇晃，阴阳相混杂，树木会走路，石头会说话，大地在震荡。天和地也还没有开辟，先出现了三样天影子和地影子……三样出九个，九个出母体，出现真和假，出现实和虚。最初真和实来做变化，开始出现白天亮太阳；白天做变化，出现亮光闪闪的岩石；岩石做变化，出现白晶晶的实蛋来；实蛋做变化，出现好声好气的唤者；声气做变化，出现了善神依古阿格……"①《丁巴什罗的故事》："在天和地、日和月、天地间万物都还没出现时，上方传出了佳音，下方冒出了一股气，声和气混合在一起，绿色宝石出现了圣人宜孤鸟葛大神……"② 前者生下了崇仁丽恩，后者生下了丁巴什罗，崇仁丽恩上天去娶了天女册恒布白命回到人间，丁巴什罗升到十八层天上，成为最高的神。这样，我们就可以看到，神话和宗教故事并不是一回事。

当然，我们不否认原始宗教也发展了民间神话，使它们更美、更完善，然而却更宗教化了。神话这时是不是变成了宗教的组成部分呢？一方面，原始宗教的巫师不论节日还是祭祀，乃至为人看病时都在唱这些《创世纪》，可是看病撵鬼跟创世有什么关系？分明没有。另一方面，神话仍然在民间流传。这就充分地说明，这二者是不同性质的意识形态，神话也不是宗教的组成部分。至于人为宗教利用民间神话和传说就更厉害了。傣族佛教的所谓"经书"实际上都是由民间神话、传说改编的故事，严格说来，它已失去了神话的基本特征。

对神话与宗教的区别这样一个涉及各方面知识的重大问题，不是一篇短文能解决的，我们只是希望抛砖引玉而已。错误之处，希望同志们指教。

（原载《山茶》1984 年第 4 期）

① 丽江东巴文研究室、云南社科院东巴文化研究室编：《纳西东巴经选译》。
② 《玉龙山》，1982 年第 1 期。

傣族创世神话与百越族群

由于我国的傣族新中国成立前几乎是全民族信奉南传上座部佛教，通过佛教输入了大量外来文化，尤其是印度文化，因此，有人说，傣族文学就是佛教文学，或者就是印度文学的分支。无可否认，傣族文学受到外国文学，其中包括印度、埃及和东南亚各国文学的影响。但是，只从外部去论证，是不可能得出科学结论的。任何事物都是根据它本身的内部规律发生和发展的，外部只是起促进作用。

我接触的印度文学，尤其是印度的创世神话很少。也许是因为宗教的原因，使最古老的印度创世神话泯灭了的关系吧，金克木在他的《梵语文学史》中说："印度人民的最古老的神话保存在《梨俱吠陀》里。不过，这部经过祭司为自己的实用目的而编订的诗集，尽管有不少神话诗，却不是神话集。"天神因陀罗（雷和暴风雨的化身）实际是一个战神，是奴隶社会初期的英雄，雅利安人的崇拜者，而不是开天辟地的神王。此外还有宇宙之神伐鲁那，火神阿格尼等。但我没有在傣文献中发现这些印度神话。《罗摩衍那》的故事的确被改编为傣族叙事长诗《兰嘎西贺》，巴利语的《本生经》也对傣族文学有较大的影响。但这些当然已经不是神话了。

佛教思想是无孔不入的，佛教企图把各民族的文化都变成它的宣传工具，然而，每一个民族的文化都有它自己的特征和发展规律。傣族神话虽然受到宗教的影响，但就其基本思想、艺术风格和人物形象而言，还是依据它自身的内在规律变化和发展的。为了说明这一点，我们把傣族神话和在历史上曾经长期在我国存在的百越族群的神话进行比较研究。

傣族的创世神话基本上以两个故事作为主线，这就是《布桑该与雅桑该》和《巴塔麻戛捧尚罗》或者叫《英叭神王造天地》。前者是口头流传于民间，后者是用傣文手抄，所以又被称为“经书”。后者实际上是将前者发展后的一部史诗。前者的主神是布桑该（男性），后者的主神是英叭。这两个神实际是一个，都是巨人：“桑戛西是一个巨人，他的身子足足有十亿斤，他有一双能看透天地的神眼，眼珠时时闪耀着光芒，大小跟太阳一般。他的嘴角两边长着一对长牙，每颗长牙有一百约扎那，他有一双很长很长的手臂足足有三万约扎那，两支长脚杆足足有四万约扎那，因此，他有无穷的力量，他能战胜一千亿只猛虎。他还有无穷的、宽广的智慧，后人都说他是一个伟大的神王。”① 到了《巴塔麻戛捧尚罗》，这个巨人变得更加巨大了。“他的体重有一千亿斤”，从十亿斤到一千亿斤，增加了一百倍；“身长达十亿约扎那；两只神眼像两个太阳，能望穿十亿约扎那，神耳能听十亿约扎那之内的声音；他有满脸的胡须，胡须长达五千约扎那，头发长七千约扎那；他有两只又粗又长的手，手臂长三万九千约扎那，他的每一个指头都很大，仅是小拇指就像一座山；他的两脚长达四万约扎那。”②

傣家人是把布桑该、雅桑该和沙罗、叭桑木底、帝娃拉联系在一起作为他们的祖宗来崇拜的。③ 这个形象显然不是来自印度，更不是来自其他什么国家，而是跟壮族的“布碌陀”，布依族的“布杰”“翁戛”，还有侗族的“萨天巴”，水族的“伢俣”等，有非常亲密的“血缘关系”。

壮族的“布碌陀”：布碌陀身材魁伟，体魄强壮，他虽然年纪老迈，鬓发斑白，但仍然满脸红光……布伯：生得比众人高大，壮健又聪明。

布依族的布杰（也叫补杰）：“脚大可当撑天柱，天上地下任他行，巴掌像棵大榕树，手粗能把天地分。”于是，他用斧子砍开了天地，用两颗牙齿嵌在天上变成了太阳和月亮。布依族还有个叫力戛的英雄，他“长得浓眉大眼，腰粗臂圆，身长九尺九寸九分，力气很大，九十九条犀牛都比不上他”。还有一个叫翁杰（可能就是布杰）：“翁杰长得像座山，喘气像刮风……”他是用气造天的。

① 《桑戛西和桑嘎赛造天地、创人类》，载《中国创世神话集》第3卷。
② 《论傣族诗歌·开天辟地》。
③ 《谈寨神勐神的由来》，载《论傣族诗歌·附录》。

无疑，这些都是巨人。侗族的创世女神萨天巴，天和地是由她生下来的，她有四只手，一次能分开万丈长，她有四只脚，她的两眼安上千珠，“放眼能量百万方”。（《创世女神萨天巴》）。水族的“伢俣”也是一个女神，她“猛一掰，天地分开。手一擎，举天向上，脚一踢，去七万丈”。她和布依族的翁杰一样，以吹风开辟天地（《开天立地》）。黎族也有个“大力神”，他不仅顶高了天，射下了六个太阳和月亮，还“从天上取下彩虹当作扁担，拿来地上的道路当作绳索，从海边挑采沙土造山垒岭”（《大力神撑天造万物》）。

我们简单地引述了百越族群几乎现存所有民族的创世英雄，尽管他们的名字不同（也有一些相类似之处），艺术表现的手法差异很大，却仍然可以说明下面几点：

第一，可以看到他们之间的“血缘关系”。我说的血缘关系，有两方面的含义，其一，指的是文化上的血缘关系。事实上，从氏族到部落，部落联盟到一个松散的族群，早已不存在血缘关系，但是，在这个漫长的发展和变化的过程中，经过战争和融合，以及共同的利害关系，共同的自然条件，却出现了一个精神上的，也可以说是原始心理或叫原始思维的统一体。百越族群基本上都在我国东南沿海以及长江中下游活动，宽阔的海洋给予他们以宽广的意识，那茫茫的海水和无边无际的大雾，使他们产生了天和地联结在一起的幻想。这和山地的民族只看见狭小的天地是完全不同的。要开辟这样一个世界，没有一个伟大的充满智慧的巨人，是不可能的。在对付自然的同时，氏族之间的文化争斗也是十分激烈的，我们可以从许许多多各个原始氏族的图腾神话看出他们之间的融合和变化。例如黎族，他们开始是信奉雷神的，就现在我们收集的关于人类起源的五篇神话里，有四篇是歌颂雷神的（《南瓜的故事》《雷神救人类》《黎母山》《人类的起源》），只在一篇叫《雷公根》的故事里，雷公变成了反面人物。我们再看看壮族的《布伯的故事》以及《人与神物分家》，水族的《四兄弟争天下》，侗族的《捉雷公》《丈良丈美与雷婆》《侗族祖先哪里来》，布依族的《洪水潮天》《布杰斗雷公》《布杰之死》乃至傣族的《披乍贺与火神之子的一场战争》，很明显，巨人的子孙在远古时代，主要是把雷神作为对立面，展开一场激烈的斗争。由此，出现了一个共同的精神财富——这个族群的神话系统。无疑，这跟印度把雷神因陀罗当成天神来崇拜是完全相反的。其二，所谓血缘，是指这些神之间具有的某种联系。壮族、侗族、水族、布依族都把人神、雷神、龙神（一说是管理水底之神）和虎神（一说“三王”，也有说十二兄弟的）说成是四兄弟。就是说，作为这个族群的主要神是有血缘关系的。水族的神话《十二个仙蛋》说是“娅线”（可能就是伢俣）与风神相配生下十二个仙蛋，孵出雷、虎、人、龙、蛇、熊、猴、牛、马、猪、狗和凤凰。

第二，这些巨人和巨人的子孙，在战胜自然的过程中，表现了这个族群的无畏的勇敢精神和聪明智慧。在百越族群的创世神话中除与雷神斗争之外，跟太阳的斗争表现得更为艰苦。傣族就有《七个太阳的传说》《披乍贺与火神之子的一场战争》《大火烧天》《射日》等等。壮族有《太阳、月亮和星星》《特康射太阳》《候野射太阳》，布依族有《射太阳》《王姜射日》，毛南族有《格射日月》，作为大陆的百越族群迁徙到台湾去的高山族，关于太阳的神话最丰富，有《升天》《太阳和月亮》《人与太阳和解了》《太阳兄弟》《日月的传说》《射日的故事》《父子射日》。

太阳应该是万物的生命之源，没有太阳就没有生命，这是谁都知道的。然而，对于热带和亚热带的古人，太阳在他们的心理上产生了极端的矛盾，一方面人不能没有太阳，另一方面太阳又造成了人类痛苦。壮族的《太阳、月亮和星星》把太阳说成是极残忍的、每天都要吃掉许多孩子的父亲，把早霞说成是孩子、星星的鲜血，却把月亮说成是“慈祥的妈妈”。其原因就是“古时候天上挂着十二个太阳，于是产生了一个巨人——特康”，他“造了一把万斤力的弓，削十二支千斤重的箭”，他“射下了十一个太阳，大地立刻变成一片黑暗”。在《候野射太阳》中，又把雷神牵了进去，说最古的时候，只有一个太阳，后来，雷神要把人晒死，又造了十一个太阳。天上便有了十二个太阳。显然，这是与雷神斗争的延续。傣族的《七个太阳的传说》和《披乍贺与火神之子的一场战争》，把这种矛盾心理表现得最典型。有一个叫皮扎祸（披乍贺）的黑暗魔王，因为英叭创造了天地和日月星辰，给大地带来了光明而暴跳如雷，他决心用洪水把地球淹没，“从那个时候起，天地就有了雷声闪电，狂风暴雨。雷声就是皮扎祸神的怒吼，闪电是他眼睛射出的光芒。”于是这个黑暗魔王张开大口，一口就把太阳、月亮和星辰全吞下肚里。自从“天空没有了太阳、月亮和星星，人类又回到天地未形成时的黑暗年代”。火神生下了七个儿子，吃火长大了，飞上天去与黑暗魔王搏斗，终于战胜了黑暗，然而，他们再回不来了，在天空中变成了七个太阳，这七个太阳又不自觉地成了人类的祸害。于是又有了《大火烧天》和《射日》的故事。一个新的巨人玛腊扎诞生了，他的“个子像直立在山头上的一棵大树，一日能行一万约扎那，一气能挑两座大山”，他“做了一张硬弓，足足有一亿斤重”，用重七千万斤的岩石磨出六支石箭，终于射下了六个太阳。这时最小的弟弟变的太阳便向玛腊扎苦苦求情道：“请求你别射死我……用我的光芒和温暖赎回过去的罪恶吧!”一代英雄尽了自己的力之后，竟又成了人类新的灾祸，从而又产生第二代英雄，这就是历史发展的必然。高山族布嫩部落的《太阳和月亮》《人与月亮和解了》《太阳兄弟》《日月的传说》《射日的故事》《父子射日》都是射日的故事，尤其是后面两则，反映了他们的决心。有三个健壮的英雄，为了要把太阳射下来，把刚生下的婴儿背在身上，到太阳升起的地方去，为了不迷路，沿途还种下橘子树，他们走呀走呀，不知疲倦地一直走到鬓发全都花白，婴儿长成了大人，最后在路旁倒下了，儿子掩埋了父亲的尸骨，又继续朝太阳前进。最后，终于射下了太阳，却因为太阳的血溅到一个射手的身上而被烫死，剩下两个射手，回来时橘子已结满枝头，他们就吃橘子充饥，回到家，他们已变成“弯着腰，拄着拐杖，白发苍苍的老人了。”

这种惊人的毅力正是这个族群之所以屹立于我国南方，发展成为今天的许多民族，并且保存了他们古代文化的精神支柱，也是有别于其他民族的创世神话的标志之一。

第三，从它们之间的差异，我们至少可以看出：一是发展的、变化的。二是随着历史的大动乱，活动地域的变化，民族的逐步形成，使各自的艺术风格，主要是表现手法产生了极大的差异，出现了各个民族自己的艺术风格。三是由于社会的进步，生产的发展，宗教信仰的变化，周围民族的不同，各自吸收了大量的外来文化，从而大大地丰富了各自的文化。

每一次历史上的大动乱、大变动，都必然带来两种不同的结果，一方面推动历史、社会的进程，另一方面对少数民族却带来了灾难，不是被镇压、融化，就是大迁徙。就现在有文字记载的，百越族群最少经过三次大动乱。第一次发生于春秋时代（公元前772—前481年），《史记·越世家》云："后二十余世，至于允常……允常卒，子勾践立，是为越王。"于是便发生了长达十几年的著名的"卧薪尝胆"，勾践灭夫差事件。这大概是百越族群的黄金时代，但是，好景不长，越王雄心勃勃，不久便掉头"伐楚"，《史记·越世家》又说："越遂释齐而伐楚，楚威王兴兵而伐之，大败越，杀王无疆……而越以此散，诸族子争立，或为王，或为君，滨于江南海上。"《史记·孙吴列传》也说："楚悼王素闻起贤……于是南平百越；北并陈蔡"，这是战国时的事。紧接着便又发生了秦始皇统一中国的事，贾谊的《过秦论》说秦王"威振四海，南取百越之地，以为桂林、象郡；百越之君，俯首系颈，委命下吏。"

经过这四五百年的大动乱，中国逐步统一了，但原活动于今浙江、福建一带的"瓯越""闽越"，活动于今江西、湖北、湖南一带的"杨越"和活跃于今湖北、四川间的"夔越"逐渐消失了。所谓"消失"就是大部分被融合为楚，最后为华夏族，到汉代以后变成了汉人。另一部分则往东渡海，或往南方山地逃难。在文化上也就产生了大融合，被融合的当地文化，一部分成为楚文化后又成为汉文化的一部分，一部分泯灭了。在另一些保留着强大势力的聚居区，例如桂南，他们虽然受到楚、汉文化的影响，却仍然保留了原有的民族文化。那些实行大迁徙的民族，在文化上也出现了两种结果，一种是抛弃了原有的基本文化，与另一种部族结合，产生了新的文化；另一部分则不仅保留了原来的文化，而且大大地发展了原来的文化。傣族的巨人比其他属百越族群的民族都巨大，同其远离族群，人数又少，在一个崭新的地方披荆斩棘，开辟一个新的天地有非常密切的关系。相反，壮族的"布碌陀"却并不十分强调他的巨人的体形。傣族在一个新的环境中逐步形成一个独立的民族，在文化上也就逐步形成自己独特的民族形式与民族风格。应该特别指出的是，他们接受了南传上座部佛教之后，大开眼界，不仅吸收了大量外来的文化，而且也吸收了周围其他民族的文化，于是，丰富了自己的文化，同时也形成了自己的艺术风格。这里，我想用关于火的神话作一粗浅的比较。

壮族只在《布碌陀》里有一节"取火"，说的是"上天派雷公把烟火送到人间来的”。雷电劈倒大榕树引起了火。可是人们“被吓得魂飞魄散”，都被吓跑了，只有“布碌陀”不怕，并教人用火、取火、保存火。布依族也在《造万物歌》中有一节《造火》，说“祖先打石头”迸出了火，“削来杉树皮，树皮接着火”，于是有了火。另一首《翁戛造万物》里内容相同，只不过接火的不是杉树皮，而是“爽艾蒿”。在侗族、水族、毛南族、黎族中，我们几乎都没有搜集到关于火的神话。水族在《造人歌》中则把汉族“燧人造火”说了两句，但没有具体情节。只有远离大陆的高山族和远离百越族群的云南傣族有很丰富的火的神话。高山族有《洪水中取火》《火鸟》《瘦羌勇冠群兽》《神鸟传火》。令人寻味的是高山族通过取火来怀念大陆和他们的祖先。《火鸟》神话中说螃蟹和大鳗鱼争地方（让人不得不联系到历史上的大动乱），而失去了火。于是发生了找火的故事。火在哪里？这时高山上有一块巨石，“人们称它为‘石王’”。它告诉人们：火，“在那很远很远的大海对岸”，这对岸在哪里呢？有一个叫沈莹的人写了本叫《临海水土志》的书，他揭开了这个“谜”。他说在台湾的高山上“有越王射的正石，乃是石也”。这个传说正是“石王”也。其他神话内容大同小异。这跟壮族的《取火》和布依族的《造火》比较起来，最少有这样几个区别：一是它不那么原始了；二是有了新内容；三是有了情节，构成了一篇童话式的神话，艺术性强多了；四是有了海洋的气息，形成了高山族自己的民族与地方风格及特色。

那么，傣族呢？就我搜集到的火神话只有两则，就是《火的来源》和《天和地打架》（火神的故事以及创世史诗《巴塔麻戛捧尚罗》中所记载《大火烧天》等不算在内）。前一篇的内容与布依族的石头碰火差不多，但有具体情节，说洪水来时，祖先把火藏在石头里，藏火时，“叫所有动物和人都将眼睛蒙起来，有只螳螂的眼睛没有蒙。过了十万年，人们需要用火了……最后，螳螂告诉大家，火藏在石头里面，人们便用石头碰石头，碰出火来了。”这是一篇人类童年时的“童话”。《天和地打架》却是一篇充满着幻想，把自然加以人格化的、具有较高艺术性和思想性的神话。全篇短短五百多字，不仅惟妙惟肖地描绘出了原始先民的生活情景，特别把雷鸣与闪电的气象加以人格化，描绘得淋漓尽致，而且把原始先民在恶劣条件下的乐观精神烘托得活灵活现。我们似乎看到像一个孩子般的原始人对着大自然拍手欢叫："我们有火了，我们有火了……"

其实，就内容说，它同壮族靠雷电取火是一样的，然而，从艺术角度看，就有天壤之别了。此外，它没有把取火的功劳归结于"神"，而是把天和地加以人格化，并把他们说成是兄弟。我想，除了上面指出的随着民族迁徙而出现了一个新的自然环境之外，傣族善于吸收外来文化丰富自己，是个很重要的原因。在进入阶级社会之后，傣族之所以产生了五六百部叙事长诗，无疑也与此有关。但是，我认为这一切文化现象，仍然是由其内部规律作为依据的，在由族群发展成为各个不同民族时，文化得到了迅速的发展。这种发展，显然已逐步向神话的系统或体系发展，却还没有形成一个完整的体系。而跟我国以俄羲、女娲、黄帝为体系的神话体系是完全不同的一个系统。

（原载《山茶》1986 年第 4 期）

谈中国神话的几个问题

关于中国神话，历来就有许多不同的看法。例如一些外国人曾说：中国没有神话。国内有人认为“中国神话，非常零碎”。由于这个原因，近来一些学者把我国的一些古代小说和后来的一些传说例如《封神榜》《西游记》《白蛇传》《孟姜女》《梁山伯与祝英台》等等，乃至把当代创作小说里的某些带有神话色彩和神话因素的故事，都归入中国神话之列，以示中国神话之“丰富”。

造成这种情况的原因是多方面的，我以为主要的原因是由于下述几个方面的情况所造成的：一是由于中国幅员广阔，民族众多。历史上，从民族到部落之间的斗争与融合，经过了漫长的时间，许多民族或部落的古代文化（其中包括神话）随着斗争与融合发生了巨大的变化，它们互相渗透、互相影响又互相排斥，因而，无法形成一个统一的神话系统。后来的汉族神话其实是中国许多古代民族或部族神话的综合。但是并没有形成自己的，如同希腊一样的神话体系，而各个由许多民族或部族融合或分出而形成的民族却保留着自己的神话。因为古代文化包括神话，是一个民族存在的主要标志，由于历史的原因，融合于汉族的神话，被零散地记录在汉文古籍中，而没有形成系统，因此没有一本完整的中国汉族神话的专门书籍；许多民族则因为没有文字，或是只有限于本民族的巫师运用的文字，他们的神话便一直以口耳相传，或成为巫师经文的主要部分而被湮没。汉族的学者当然无法了解，因此，误把汉族的神话当成为中国的神话，这当然是片面的，却又是无可奈何的。问题在于新中国成立以后，乃至今天，还有人只承认汉文古籍里记载着的神话，认为这才是“有根有据”的中国神话。却不承认存在于我国各个民族里的口头流传和少数民族文字记载的神话也是中国神话。因此，便有人叫他们为“文献派”。

第二个原因是中国神话的历史化。当然也还有神话本身的变化而产生的规律，还有学术上不同的观点等等。但是，一个最根本的原因，就是资料的发掘和整理。即使新中国成立以后，我国各民族口头或文字保留下来的宝贵的古代文化，也没有全部地发掘、整理出来；许多已发掘、整理出来了，发表在全国各地刊物的资料，也没有系统地编成一本中国神话的书。

近年我编辑创世神话，思考了一些问题，写出供参考。

一、从民间文学的变异谈起

在今天，把“中国神话”这个概念固定在汉族和汉文古籍的记载里，是十分不恰当的。

无疑，汉民族是我国的主体民族，也是科学文化水平最高的一个民族。但是，她在秦汉以前还没有出现，白寿彝先生说：“秦汉以前，还没有汉族。为啥叫‘汉族’，是汉朝开始的。”① 范文澜同志说：“炎帝姓姜……姜姓是西戎的一支……黄帝族与炎帝族，又与夷族、黎族、苗族的一部分融合，形成了春秋时期的华族，汉（代）以后称为汉族的初步基础。”② 郭沫若同志也说：“羌人、夷人、戎人、蛮人，正是汉族的前身。”③ 史学家翦伯赞也说：“到春秋末，大多数居住在中原或靠近中原的各族逐步融合于华夏族，华夷之间的差别，界限也就逐步泯灭了。”④

我们知道，秦汉已是我国的封建社会，按照神话的发展规律，已不是神话产生的时代，相反，却是我国神话消亡的年月。从这一意义说：汉族本身没有神话，然而，不仅仅文献古籍里有神话，而且在汉族民间口头也流传着许多神话。这些神话其实就是被融合于汉族的其他民族或氏族的神

① 《中国封建社会发展的阶段问题》，载《历史知识》1981年第6期。
② 《中国通史简编》第一编。
③ 《中国史稿》第一册。
④ 《中国史纲》第一册。

话。《黄帝岭》《伏羲墓》《大禹的传说》，乃至《王母娘娘划天河》《女娲补天》等等，都可以找到它们的族别，其他的神话内容也可以在别的民族中找到它的源头。因此，把中国神话固定为汉族神话，说汉族神话是中国神话，是不符合中国神话历史，也是不符合中国古代文化史的。

任何神话不仅跟民族联系在一起，而且跟氏族紧紧联系在一起。但是，中国由于她自己的特殊原因，并没有出现一个统一的宙斯。各个原始民族的神，也都在民族大变动、大融合的过程中，消失的消失、变化的变化。最明显的例证就是共工触不周山的神话。

从文献起，共工触不周山的神话是不定型的，是随着氏族斗争、社会变化而变异的。其实，汉文古籍也是根据口头和各自的立场观点记录整理的。我们有些人却把这些当作"定本"，作为研究中国神话的依据，反而看不起从民间口头流传下来的资料，认为这些东西不可靠，不真实。什么原因呢，时间长。从天地的形成，洪水神话的产生，到战国时代《山海经》的成书有多少年？人类学家认为：人类蒙昧时期占去了人类历史的百分之九十以上的时间。这个过程，神话有多少变异？更不必说后来才成书的《淮南子》《史记》《楚辞》等等。而自秦以后几千年的岁月里，我国社会始终停滞在闭关自守的封建社会，地理上处于极端偏僻、贫困、落后，乃至与世隔绝的边境的绝大多数少数民族，有的仍停留在原始社会的末期，有的则发展到奴隶社会、封建领主制社会，许多民族甚至至今还没有自己的文字，他们保留原始社会的神话，不是更可信吗？

无疑，他们中的神话，也有过大的变化，就其发展史的变化来说，也是很大的。例如史诗，我们有些人以为创世神话，或者创世史诗，大概一定是最早的吧，然而，仅仅是天地的形成就有几十种（万物之源，人与自然力的斗争的神话，应该是最老的，创世神话的主体），氏族的神话就有母权时代与父权时代之别，到了后来氏族的神，已是以英雄神话为主。而史诗，实际上已是一个民族的史，把神话归入了史，以宗教作为主要线索，把历史神化，反过来，也就是把神话历史化、神话宗教化、神话科学化。把这样一个原来产生的具有综合性，一个由氏族融合为民族的过程的综合性文化教科书作为人类最原始的文化来研究，认为是人类文化开始形成时最初的"实际"，就必然要上大当，就必然会把自己引向错误的方向。

总之，研究神话（其中包括研究人类原始文化史和历史的同志，把神话定型化，看不见它的变异性，它的发展往往表现在同一篇神话或史诗之中，例如彝族、哈尼族的创世史诗就综合了许多不同时代和不同性质的神话，从开天辟地一直到宗教祭祀，农业生产、手工业匠人的出现，祖宗的分支等等），一律把它认为是最古老的文化，就必然会得出错误的结论。我认为这是我们首先要解决的一个问题，也就是如何运用历史唯物主义于神话研究的问题。

二、英雄神话的时代

我国最古老的历史，一般只推算到公元前两千多年的夏代。历史学家们认为夏是我国原始社会的结束，由母系社会转到父系社会的开始，形成和出现了我国第一个国家——最早的奴隶制社会，也是我国文明时期，即阶级社会的开端，是我国历史的新纪年。这一切，不仅从生产力，从社会经济、政治反映出来，而且也从文化、科学，从神话的发展反映出来，是我国神话进入一个新阶段：最繁荣的英雄神话时代。

在夏以前，有一个被称为“传说中的尧、舜、禹时代”。从历史的角度考察，这是一个由原始社会过渡到奴隶制社会最动荡的时期，也是我国民族大融合，文化大交流、大汇集的时期。许多神话故事几乎都是描述这个时期的英雄事迹的。当然，这些神话的流传、整理、发展是夏以后才开始的。而记录成文字，则又是更后的事了，这些神话，正是夏的政治、文化的折射。那么，这个时期的神话，有些什么特点呢？

第一个特点是图腾被充分地利用、发展为英雄神话。

图腾最初是人对自然力的屈服而产生的原始宗教形式，是原始经济在上层建筑中的一种反映。可是，到了夏以后，这种原始意识的性质发生了根本的变化。

《左传·昭公十七年》云：“秋，郯子来朝，公与之宴。昭子问焉，曰：‘少皞氏鸟名官。何故也？’郯子曰：‘……我高祖少皞挚之立也，凤鸟适至，故纪于鸟，为鸟师而鸟名：凤鸟氏，历正也；玄鸟氏，司分者也；伯赵氏，司至者也；青鸟氏，司启者也；丹鸟氏，司闭者也。祝鸠氏，司徒也；雎鸠氏，司马也；鸤鸠氏，司空也；爽鸠氏，司寇也；鹘鸠氏，司事也。五鸠，鸠民者也。五雉为五工正，利器用、正度量，夷民者也。九扈为九农正，扈民无淫者也。'”无疑，这是一个鸟王国的神话，但《山海经·大荒东经》："东海之外大壑，少昊之国。"少昊即少皞。《春秋经传集解》："凤鸟氏，历正也。"杜预注："凤鸟知天时，故以名历正之官。"居于我国东部的东夷，正是以鸟为图腾。少皞，不论他是个氏族，还是个酋长，或少昊国，抑或是鸟国神话，具有如此完整的机构，既有总管、立法、教育，又有军事首领，管理手工业和农业，乃至度量衡等等部门，就上层建筑的意识形态说，确实已形成了国家这个概念。这就说明，母权氏族时期的图腾已和国家联系在一起。又孔颖达、服虔说："大皞以龙名官，春官为青龙氏，夏官为赤龙氏，秋官为白龙氏，冬官为黑龙氏，中官为黄龙氏。"《左传·僖公二十一年》："任、宿、须句、颛臾、风姓也，实司大皞与有济之祀。"风、凤也，古语通。大皞也是信奉鸟图腾的，但夏以后东夷族大部因受到夏民族的征伐和压迫，大都迁徙至淮河中、上游，这时，这部分东夷族称为大皞。很明显，大皞是由原来的小皞及淮河流域的土著民族的融合而发展起来的，其图腾也因地理环境和其他民族的融合而变为龙。郯子说："大皞氏以龙纪，故为龙师而龙名。"杜预注："大的……有龙瑞，故以龙命官。"他们是否有龙瑞，我们可以不管，但确实继承了少皞时以图腾命官名的传统。

龙图腾，一直可以追溯到"以佃以渔"即渔猎时代的伏羲、东夷的一支太昊，神话中的伏羲就是人头龙（或蛇）身。这个氏族正是在今江淮一带的水乡泽国，一说，伏羲与凤族之女娲结成婚姻之族。伏羲的母亲叫华胥，于是成了后来汉族的龙凤图腾。其实已失去其原有的意义，再不是图腾崇拜的普遍的鸟或蛇，而成为象征人主的帝王，即"真龙天子"，"帝王的标志"。"日月所照，风雨所至，莫不顺从。"后来，古代的杰出人物，都成了"龙"的化身："轩辕，黄龙体。"① "鲧死三年不腐，剖之以吴刀，

① 《史记·天官书》。

化为黄龙。"①"西北荒有人焉，人面朱发蛇身人手足……名曰共工。"就连属东夷族的舜，也"世有豢龙"②是龙的图腾，就连国家的兴亡，也跟"龙"有非常密切的关系。《史记·夏本纪》云："帝孔甲立……天降龙二，有雌雄，孔甲不能食，未得豢龙氏。陶唐即衰，其后有刘累，学扰龙于豢龙氏，以事孔甲，孔甲赐之姓御龙氏。受豕韦之后。龙一雌死，以食夏后，夏后使求，惧而迁去。"从孔甲三传至桀，夏终于亡国，自后，龙、凤便成了帝后之专用形象，是"王权神授"的依据。刘娲交龙而孕刘季，因而"高祖为人，隆准而龙颜"③。而唐太宗则"龙凤之姿，天日之表"④。

少皞明明是帝俊之妻皇娥与白帝的私生子（见王嘉《拾遗记》，很可能是杂乱婚的产儿），可是《帝王本纪》却说："母女节，有大星下流华诸，女节梦接意感而生少昊。"

感生神话成了粉饰帝王将相的工具，也许这些神话都产生于氏族，但无论如何不是母权社会的反映，我们只就汉文文献中的感生神话跟少数民族的例如基诺族的"女始祖尧北"作一比较就十分清楚，后者不仅把尧北描绘成一个唯一的能者，而且是人类，最少是一个民族的母亲，而前者却成为这些帝王将相之所以不同于凡人、成为伟大人物的依据了。因此，神便成了"帝"或"皇"。

第二个特点是神话成了科学的依据，产生了许多科学家、发明家、工匠的英雄神话。

借助想象去解释或征服自然力确实又跟科学有着重要的联系。在原始人那里，由于生产力的低下，思维能力的简单，对事物及许多自然现象无法理解，而产生了想象和对自然、自然力的盲目崇拜。由此产生了自然宗教。但是，人类最初的思维绝不可能是一刀切，只有一种，人的最原始的思维也必然根据各不相同的处境和智力的差异，而产生复杂的现象。因此，一开始就向两个不同的方向发展是很自然的，这两个不同的方向就是科学与宗教。这一点，人类越往后发展越明显，中世纪的欧洲这两者发生

① 《山海经·海内经》。
② 《左传·昭公二十九年》。
③ 《史记·高祖本纪》。
④ 《新唐书·太宗纪》。

了严重的对抗。但是，中国没有发生这种对抗。神话在这两者之中起到了十分微妙的作用。迷信跟宗教有非常密切的关系，但宗教，尤其是原始宗教却并不全是迷信，它不仅对原始社会的发展起到了巨大的推动作用，而且在人类思维发展中也起到巨大作用，而迷信后来便发展为中国的“谶纬”。科学是人类实践的总结，又反过来战胜自然。神话却往往是科学的先导，它不是离开客观事物的“异想”，而是根据自然与社会的重要现象，借助想象，企图解释和战胜它的“幻想”。因此，它的想象往往给实践家、科学家以启示。没有极其丰富的想象力的科学家和实践家，是不可能获得伟大成果的。但是神话绝不是科学，也不是实践的总结，实践会产生奇迹，然而，这个奇迹不是神话。中国的许多科学奇迹和科学家却又和神话难解难分。

汉族的历法干支用动物来表示，八卦是后来的产物，是附会于神话人物伏羲身上的。在由原始社会转入阶级社会的前后，也是科学技术大发展的时期，据考古所发现的大汶口文化到龙山文化时期，我国的冶金术已发明，山东胶县三里河龙山文化层中有铜锥铜器。二里头遗址发现铜器作坊，证明我国夏时已能制造铜和锡的合金——青铜。神话中的女娲炼五彩之石补天，用黄土造人（陶器），还是豢养家畜的发明家。神农氏不仅成为发明农业的神，而且成为尝百草著《本草》的司医之神，他又是制作五弦琴的音乐家，成了万能之神；黄帝也成了历法和“钻燧生火”的发明家；太阳之神炎帝也成了发明火神、教民熟食之神。此外还有发明文字，有四只眼睛的仓颉，发明火药的人等等，或加以神化，连西王母这个神话人物也成为掌握长生不死之药的医学家。这样，科学神话化，产生了许多有关的神话。

第三个特点是氏族的大融合，造成了神话（文化）的大融合。

许多中外学者对中国神话的体系进行了有益的研究，提出了许多很好的见解，归纳起来，大体有如下几种：中国神话出于黄帝神话系统的一源论；龙、凤神话系和昆仑蓬莱两大系统论；羲娲体系，炎黄体系，帝俊体系三大体系论；还有一个多种部族神话融合论。

我很赞同把神话的产生跟氏族的产生联系起来的观点。把神话孤立起来，从神话研究神话的观点是形而上学的，离开气候与土壤就没有万物的生命，也就没有人类世界。我认为神话的气候与土壤就是处于不同的地理和历史阶段的氏族、部族和民族。因此，离开氏族、部族和民族去研究神话是不可能得出正确结论的。

我国古籍文献，通常把许多氏族或部族集团按方位划分，把散布于我国东部的叫东夷，居住于南方的叫南蛮，西部的叫西戎，北部的叫北狄。然而，不论是东夷、南蛮或是北狄、西戎，它都是由许许多多的氏族所组成的联合体，所以叫它部族集团。

以东夷为例，《左传·昭公十七年》讲到他们的祖先少皞的故事时，这个部族就有凤鸟氏、玄鸟氏、伯赵氏、青鸟氏、丹鸟氏、祝鸠氏、雎鸠氏、鸤鸠氏、爽鸠氏、鹘鸠氏等。《竹书纪年》讲伏羲部族以龙为图腾，因此有飞龙氏、潜龙氏、居龙氏、降龙氏、土龙氏、水龙氏、青龙氏、赤龙氏、白龙氏、黑龙氏、黄龙氏等。显然，这里有四种可能，其一是表明，由于许多信仰不同图腾的氏族被其中一个势力最大的伏羲氏族所征服，被迫都改为伏羲同一类型图腾；另一种可能是这些氏族所处的同一地理环境，例如有人认为东夷居住于江淮水泽湖泊地域，气候炎热、蛇蛙丛生，因此都信仰蛇、龙图腾。显然，所谓“龙”，是神化了的蛇，自然界并不存在龙。从这里收集的怒族、傈僳族图腾故事关于蛇氏族的来源可以看出，蛇对于人类是一个巨大的威胁，由此，可以断定，龙是后期才出现的。

作为从原始共产主义社会向阶级社会过渡时期的传说中的尧舜时代，氏族与氏族之间的斗争，表现得特别激烈。这就出现了氏族之间的互相侵蚀、互相吞并，又互相联合、互相融合的大动荡局面。古文献里尽管把尧、舜、禹描绘成人类最理想的君王，却怎么也掩饰不了氏族之间权力之争的实质。例如大家所熟知的黄帝与炎帝之间的斗争，黄帝与蚩尤之战，尧杀三苗和欢头的故事，舜杀鲧，鲧死腹生禹的神话，颛顼杀共工的故事，禹杀共工之臣相柳的神话，都反映了氏族之间的争权斗争。

没有氏族之间的斗争与融合，唐尧就不可能成为部落联盟的领袖。也就不可能出现禹的儿子启建立第一个奴隶制政权。这个漫长的斗争过程中，各个氏族为了自身的生存，必然要产生自己的杰出人物，如黄帝、炎帝、祝融、尧、鲧、共工、欢兜、舜、禹、颛顼、帝喾等等，就连西王母，据史家考证，也只是貘部族的氏族神，后来又成为嫫。后羿射十日的神话，其实就是尧镇压少数民族建立部族的一个重要例证。

氏族斗争与融合，到商，逐渐形成两大族群，即东夷与西戎。文化也随之逐渐形成两种体系，即所谓“龙凤体系”。所谓三大体系，即东夷体系、西戎体系和南方楚民族体系，也是从殷商以后出现民族大融合之后出现的新形势，而且两种东西文化的影响是很深的。例如古文献说，东夷均是信奉太阳神，传到北方，也成了历史上的统治者，这个神话跟东夷、南蛮的关系可想而知。而西戎神话则变成所谓“昆仑体系”。但是氏族、民族的融合并不像一个小国或一个小地区一样容易，经过一两次战争，就出现一个统一的民族，统一的国家，如欧洲一样。中国是一个大国，氏族之众多，幅员之广大，战争之频繁，造成了历史上民族的大迁徙：大皞（东夷）之南迁，西戎之东进，三苗之北移。《后汉书》：“西羌之本出自三苗，羌姓之别。”羌戎是我西北的一个大族群，不可能是源于中原的苗族。“陈，大皞之虚也。”陈即今河南之淮阳，可是，由于黄帝杀蚩尤，尧杀三苗之君，禹攻三苗，于是分“北三苗”与“南三苗”，后稷放帝朱于丹水，三苗余众亦迁于丹水；禹征三苗，苗败，部分向南迁徙，至湖北、安徽之间，渡过长江，居于洞庭、彭蠡等地。《战国策·魏策》中说的是这“南三苗”。《尚书·舜典》：“分北苗”。禹攻苗三十天未果，采取昌言主张改为柔攻，战争停。谈判七十天“三苗迁此于三危”，这就是舜典所说：“窜三苗于三危。”据说：“三危即今敦煌东南二十里的三危山。”① 而这一带当然是羌戎居地，三苗杂居此而已，当然与羌戎文化产生互相影响，互相融合。但绝不可能是“西羌之本出自三苗”。

直到汉以后，中原的许多民族形成了汉族，并在以后的一个较长历史阶段，汉族成了我国的主要的、文化科学水平最高的民族。但是，并没有把我国的许多民族融合成一个统一的民族。散布于边境的少数民族依然存在，并都保持着各自的固有文化。在这种情况下，硬要说中国只有一个神话体系，是不符合我国历史真实的。

忽视中国是个多民族的国家，具有多种民族文化，因而也有多民族神

---

① 姚宝瑄：《中国古代神话——中原文学和西域文学共同的土壤和始祖》。

话这个特点，一味用西方的希腊神话系统、北欧神话系统、巴比伦神话系统去套中国神话，把他们形成神话系统的因素与条件套在中国神话的研究上，是永远也不会懂得中国神话的，当然也永远整理不出一个完整的中国神话系统的。

所谓神话系统（暂且不说神话体系），一般都是指人类社会进入了英雄时代，即阶级社会产生之后，各民族（或部族）的宗教和文化都有了一个飞跃的发展，具备了创造系统的种种条件。例如有一个天才，能把这个民族与他周围民族的神话联系起来，以某一个宗教作为主体产生出一个或几个主神，通过主神把各种神之间的关系统一起来。而我国直到新中国成立初期，不仅仍然有许多民族，而且各个民族社会的发展十分不平衡，有的已进入资本主义的萌芽阶段，而有的却还停留在母权社会、原始社会的末期，也有的还刚进入奴隶社会或封建领主制社会。因此，他们保留的古代文化也参差不齐，怒、独龙、傈僳及纳西的一部分还保留着完整的图腾神话，其他大部分民族至今还把没有产生神的形象的开天辟地、洪水神话作为自己的主要文化，人和自然力斗争的神话还占着主导地位的时候，又怎么谈得上神话系统呢？是的，有些民族确实已萌发了神话系统的端倪，例如汉族的以“帝”为系统的，氐羌以天女为系统的，百越以雷为系统的神话，他们之间固然有互相联系之处，却又还不完备。如果这也算系统，中国也不是只有一个系统，而应该是多系统的，这就是中国神话与希腊等神话的不同之处。

三、关于中国神话的体系

第一，天地形成神话与神话体系。

透过汉藏语系的十多个民族关于天地形成的神话，我们可以把它们概括为下面几个类型：

一是天地原型：这是原始人的基本思维方法，以客观存在的实体作为基础，反映自然力本身。就是说，天与地并非什么神仙造出来的，而是原来就存在的。最初的人类并不知道什么叫做“天”，这个幻想的王国是后来才产生的，许多民族都认为最初天和地是连在一起的，他们的开天辟地只是把天地分开而已。因为他们能看见的是云雾把大地和天空连接在一起。其次就是云彩、气体、雾露、太阳、月亮和星星。还有雷鸣与闪电。许多民族把他们每天看得见的自然力当做天，而且赋予灵魂，使它们成为生命的精灵。“清气造天，浊气造地”，很明显就是从“云彩造天”“雾露造地”发展而成，后来又成为“阴阳两神造天地”，最后被哲学家们提为贯穿中国哲学的“气”与“道”。还值得一提的是傣族的有关天地的形成，地球是大风、水汽与雾露经过几十亿年的互相摩擦、运动的产物，这已经近乎科学。然而，同时，这些风、气、雾的运动又产生了天神英叭（精灵）。

二是图腾式型：所谓“图腾式”，主要是指动、植物造天地。哈尼族的杀龙牛造天地、大鱼造天地；彝族蜘蛛网造天地；怒族的巨人砍兽造天地、青蛙造天地；普米族的吉赛儿砍马鹿造天地；彝族的阿颠神种树造天，阿志神种树造地；甚至人面蛇身的女娲补天，都是跟原始图腾信仰有关系。

三是巨人造天地型，或者叫做英雄始祖型：最典型的就是盘古开天辟地，像盘古这样勇于自我牺牲的人类始祖是不多的。但是，始祖造天的神话却很多，这里就有基诺族小白阿嫫造天地；拉祜族支系苦聪人的阿娜用石头造天，阿罗用瓦泥造地；傈僳族的木布帕掐地球；阿昌族的巨人遮帕麻造天织地；彝族的巨人阿黑西尼摩生天生地生万物；景颇族的宁贯娃造天地等等，都是他们民族的英雄，也是他们的始祖。无疑，这些英雄或始祖已被神化，有的已无法分辨人和神，或者说，这些英雄也是超人的神，不过是地上的神而已。

四是天神造天地型：一般说，这已是具有宗教意义的神，如彝族的格兹天神造天地，天王恩体古兹分天地，天神造九女八男造天地，八哥、点尼、迟格阿鲁、结直戛鲁造天地；傈僳族大神造出五个小神造天地；拉祜族的天神厄莎造天地；哈尼族的大神十遮、遮则造天地等等。

由此可以看出，由我国众多的氏族、部族或民族在最初的最简单的思维方式所产生的有关开天辟地的创世神话，只能以类型来归纳，而不可能用一个互相联系而又互相排斥的体系统一在一起。即使统一的系统也是无法包罗的。因为这些各民族的创世神话并没在大融合中被淘汰，相反，它却仍然活在各族人民之中。

第二，原始思维与神话体系。

所谓体系，是指若干事物互相联系又互相制约而构成的一个整体。所谓互相联系与互相制约首先就表现在思维方式的互相联系与制约。思维方式是受社会的发展和各个民族社会生产力及经济基础的制约的。诚然，夏以后由于中国战乱，民族与氏族在大动乱中分化与融合，造成了古代文化的大融合，于是产生了炎黄神话，龙凤系统，这是存在的。然而，它不是唯一的，因为那时候固然是以东夷与西戎为主，然而，东夷就不仅仅是后来的苗族，还包括了当时也是大民族的楚、百越、瑶等民族，后来的苗族也是与中原及淮河流域、长江流域的许多氏族融合了的。因此，炎黄神话已不能概括这些所有民族的神话；同样，西戎族也不仅仅是后来的氐羌，羌族后来极大部分已融于汉族，剩下的往西北与西南迁徙，在西迁的过程中，极大部分分化了，有的被融合到其他民族之中，有的成为彝、藏、纳西、白、哈尼、拉祜等民族，而这些民族又与当地的许多氏族相融合，大量地吸收了许多土著氏族的精神财富，便又出现了各自的民族文化（包括神话），不仅丰富了自己，而且产生了新的民族神话。彝族就是一个例证。

彝族神话属于哪个系统呢？从哲学思想考察，她确实保持被称为华夏文化的一面，然而，就彝族神话来说，炎黄神话已离她很遥远了。以创世神话而论，仅天地的形成就有十四种不同的说法。是的，彝族的英雄神话正在形成之中，但是在形成的过程中，它已向历史化的方向发展了。甚至仅彝族的创世神话也没有在融合的漫长的历史过程中形成统一的系统，就更不必说用龙凤或炎黄神话系统去归纳统一彝族的神话了。因此，不论是统一的体系论，还是其他的体系论，最少目前还不可能说服人。

上面提到的四种类型的开天辟地神话，它一方面反映了各个氏族的世界观，另一方面则更多地反映了中国神话发展的不同阶段的不同思维方式，即思维发展的不同阶段。

人类最初思维的基础是生存，而自然力对于人类的生存带来巨大的威胁，不仅是食物，还有气候，一个氏族所处的地理环境，氏族之间的关系和分布状况，都对氏族的存亡发生巨大的影响，要么战胜它们，要么灭亡。要战胜它，必须认识它。然而，在生产力极端低下的情况下，要准确地认识自然是不可能的，因此只能从事物的表象去想象。而他们的生活除了寻找食物，与野兽发生不同的关系，受到天象的种种制约之外，就是两性的性行为。此外，再没有别的什么了。最初的创世神话与宗教就是这样产生的。但是，一开始就产生两种不同的对自然力的态度。一种是企图战胜自然力的创世神话，一种是对自然力屈服的图腾。这种图腾信仰与上面提到的“图腾式”创世神话有密切的关系，但是，就在这个类型中猎人杀鹿造天地，已属于创造天地的范围，后来的巨人创造天地，当然更是企图战胜自然力的表现。到最后产生并完善了原始宗教，它一方面利用了神话，同时又发展了神话，企图用宗教与神话统一信仰，然而，他们确实在民族的融合与形成的过程中起到了巨大的作用。可是，宗教并没有消灭神话。作为一种思维方式，或者作为一种世界观，它在社会发展中始终起到积极的推动作用。

第三，两性关系的变化与神话体系。

血缘关系对于文化思想的影响是巨大的，尤其对于神话与宗教的影响，也很可能由一个较大的民族为主，形成一个统一体，因此，它就有其发展的过程，即继承性。

前面提到的关于“天人交感”，凡人与天女成婚的神话可以追溯到少昊的出生，乃至伏羲、黄帝、神农、颛顼、尧、舜、禹的出生都跟“天人交感”有关。然而，这不过是原始人从母权社会转为父权制社会时为树立男权而产生的神话。直到今天还有仍然处于原始社会末期，或母权社会遗迹的民族，他们仍然保存着母权崇拜的神话，例如基诺族就认为天地是他们的老祖爷小白开创的；哈尼族也有春风受孕《母女生万物》的神话和塔婆生虎神、生龙神的神话；怒族有天上派来的女始祖摩英充与黑虎成婚生人类的神话；彝族的阿黑西尼摩既是巨人，又是女始祖。这些父权制与母权制时代的神话，显然是两种社会，或人类发展的两个历史阶段的产物，要把母权制神话归进父权制时代的系统里去，是困难的。即使被认为是昆仑神话的主要女神西王母，除了地域之外，恐怕也很难归到男权社会的系统里去。

四、中国神话之消亡

让我们从藏族的历史故事《聂赤赞普》和阿昌族的传说《桑建的故事》来看神话的消亡，聂赤赞普据说是“吐蕃第一代赞普”，西藏有句口头语说：“最早的国王是聂赤赞普。最早的城堡是雍布拉卡。”据说这个城堡至今还在雅隆河谷。聂赤赞普无疑是西藏第一个奴隶主。但是，却流传着许多关于聂赤赞普的、带有浓厚的神话色彩的传说，如本教（原始宗教）史记载：他是天王之子，因与其兄弟不和，无法在天上生存，便沿着“神梯、神索”降到如波神山之巅，再顺天梯来到雅隆河谷，当地人就请他当了他们的主人。无疑，按照这个故事，他是天神。但是，他不是真正的神，而是人。因此，关于他还有其他几种说法，例如从印度来的佛教传教士说，他是印度某个国王的后代。本教说，他是天王之子，佛教说他是印度的王子，显然都是为了宣扬自己，或是教派斗争的需要而利用聂赤赞普的威信附加上的。民间则说，他是波密地方的一个女子加姆则的儿子（请注意，他没有父亲，只有母亲）。而最有力的是史载他的政权传七代，聂赤之子穆赤赞普，穆赤之子丁赤，丁赤之子索赤，索赤之子梅赤，梅赤之子达赤，达赤之子西赤。他们都是赞普，是自幼继承王位的。然后，他们又都回到天上去了，所以又叫做天神七王。显然，这是聂赤赞普为了建立他的业绩，为了便于统治人民而利用神话编造出来的，流传于民间的历史故事。就像汉皇帝都是龙的化身，皇后乃凤的传世一样，大概第一代开创帝业的统治阶级都要编造一些离奇的、与神有关的故事来渲染自己的吧！

《桑建的故事》纯粹是个传说，这个传说把自然灾害化为一个“三嘴人”，从而塑造了一个阿昌族的英雄腊亮的形象，而且把故事跟开天辟地的遮帕麻与遮米麻和妖魔腊訇的斗争联系了起来，看起来，不仅有神话的因素，而且直接跟创世神话《遮帕麻和遮米麻》联系起来，可以说是遮帕麻与腊訇斗争的继续，但是，它所描述的英雄是现实社会的人，即腊亮与腊乖，腊亮勇敢却没有神的本领，他战胜腊訇是靠神遮帕麻与遮米麻的帮助，更重要的是故事的背景不是神的幻想意境，而是阿昌族的现实社会生活。

上述两个例子说明什么呢？很清楚，前者说明，中国的神话发展到英雄神话之后，便逐渐向历史化发展，后者则往传说发展。神话也就逐渐消亡了。

神话历史化，在许多民族神话中都可以看到，当他们歌颂他们的祖宗时，即把他们的祖宗神化时，还有一些帝王将相为了宣扬自己的高贵，因而把自己渲染为神的时候，神话已转化为历史或传说了。这里最突出的例子还是彝族，尤其是《西南彝族志》，与其说它是神话史诗，不如说是历史诗。此外，哈尼族的迁徙史都是从神话开始，逐渐转到民族的历史，《梅葛》甚至一直描述到各种生产技术，风俗习惯。无疑，这些都已不再是神话了。

随着神话的历史化，传说作为一种文艺形式大大地发展了，我们讲的蓬莱仙话以及我国的四大传说，即《白蛇传》《梁山伯与祝英台》《孟姜女哭长城》《牛郎织女》等等即是，然后再发展为更加广泛和多样的民间故事，这样，中国神话就逐渐变化为另一种性质的体裁，从而慢慢消失了。

我这里所讲的消失，主要是指不再产生，至于已经产生的神话，其影响与魅力，在流传了四五千年的中国神话依然不衰，便是证明。

（原载《民间文学论坛》1987年第3期）

创世神话三题

创世神话是整个神话中最重要的组成部分，许多神话都是从创世神话变化和发展起来的。创世神话，和别的神话一样，它是文学，却又不仅仅是文学；它跟宗教有非常密切的关系，但又不是宗教本身，就它的思维方式、内容及价值而论，它是人类最初的百科全书。

一、创世神话是人类最初的思维方式

今天被人们称为“创世神话”的体裁，呈现出非常复杂的情况。就我国许多少数民族的《创世纪》来说，也十分繁复多样，虽然这些神话都不尽相同，但我们依然可以看出它的发展与变化的痕迹。但是，不管哪一个类型的神话，都有 个共同的特征，这就是幻想，或者叫“想象”。离丌了这一特征，就不存在神话，神话是通过幻想去反映自然与社会的意识形态。

神话的幻想，是作为人类原始思维的独特的表现形式，是由社会物质条件所决定的。它跟后来的文学意义上的、宗教意义上的幻想，是不同性质的。前者是不自觉的思维，而后者则是为了要达到某一种目的自觉的思维。

这种不自觉的思维方式，除了由于人类处于初期，生产力低下之外，与没有文化积累，各自处于与世隔绝的狭小的天地有非常密切的关系，他们的视野只能看见他们生活的那片天空，那座森林或是河谷，谁也不知道还有其他的人所生活的天地，不仅无法吸收别人的知识，也无法进行比较，视野的短浅，当然无法使人正面地、从事物本身去研究事物的内在原因。因此，只能离开事物（自然）本身去理解，即用超自然的办法，即借助想象去认识它。这种认识的过程，是不自觉的。他们并没有意识到，这一种认识过程，更没有意识到这种超自然的认识的方法是错误的。

就像马克思所比喻的那样，当人类还处于童年的时代，生存要求他要认识世界，他的智力又无能去认识世界的情况下，一个孩子的好奇心和神秘感便使他产生一种幻觉，这就是超自然的思维方式。

正因为如此，初民们的这种认识过程是一个综合的认识过程。他们把他们所接触到的狭小的天地看做整个世界，而不是一个局部。因此，在这些想象中就包含着他们的整个宇宙观，其中有哲学、社会、天文、地理、动植物、宗教、文学、美学等等，而神话，只是这种世界观的表现形式而已。

和幻想联系在一起的另一个原始思维特点，是它的形象性，人类初期，思维能力还不了解从具体的事物的矛盾中去抽出其中的理性的规律。就是说，还不善于用理性知识、理性原理去认识事物，只能通过感性，通过形象去认识事物。形象思维也并不是人类一开始就存在的，而是在人类认识了人自身，产生了人格之后才产生的。不自觉的形象幻想与形象思维的结合，便产生了神话。

神话，一方面是幻想的产物，“它们并不是根据具体的矛盾之一定的条件而构成的。”① 然而，另一方面，它又是客观现实的反映。高尔基说过这样一句话：“神话乃是一种虚构。所谓虚构，就是说从既定的现实的总体中抽出它的基本的意义，而且也用形象体现出来——这样我们就有了现实主义”。因此，把神话看成是唯心主义的体现是错误的。

二、神话是科学的母胎

闻一多先生有一句名言：“科学来了，神话也该退位了。”这是闻先生从研究龙和凤的神话得出的结论，他说：“生物界只有穷凶极恶而诡计多端

① 毛泽东：《矛盾论》。

的蛇，和受人豢养、替人帮闲而终不免被人宰割的鸡，哪有什么龙和凤呢?”

这就是很有现代的政治气味的杂文言论了。至少它不是原始人的思维方式。然而，确实神话不是科学，科学产生之后，神话也就消亡了。这一点，马克思在他那著名的《〈政治经济学批判〉导论》一文里说得再清楚不过的了。从他所说的希腊神话中的雷神不能与避雷针相比，商业之神不能以动产抵押银行这段话看来。神话和科学似乎是势不两立的对立物，是不能相提并论的。然而，我却认为：在原始人那里，却是一个统一体，在那里，神话里包含着科学，科学是用神话来反映的。问题在于我们是用什么眼光与方法去认识和理解它们，如果我们用的是今天的电子计算机时代的眼光去看人类的过去，那么，不仅创世神话是荒诞无稽的，恐怕牛顿看苹果掉落地下的故事也是荒诞无稽的。但是，如果我们用创世神话本身的形成及其规律去认识它，那么，我们就会发现，许多创世神话就是人类最初对于客观世界认识的结晶，而且令人吃惊地发现，它们的某些成就竟与今天的科学相似。

伏羲神话是我国古籍记载的创世神话之一。伏羲这位创世神是中华民族文化的始祖。关于他作八卦的传说是人所共知的。彝族刘尧汉教授说：“八卦是自然界和人类社会一切现象的最基本的根源及其变化规律的概括和总结，一切事物都将按八卦所总结出来的规律发展变化。”① 据刘尧汉教授解释《周易—河图》画的八卦图就是我国古代太阳历法的依据。

英国学者李约瑟在他所写的《中国科学技术史》中介绍了这样 个情况：1710 年秋末，德国哲学家、数学家莱布尼兹收到了友人法国传教士鲍威特从北京寄给他的《伏羲六十四卦次序图》和《伏羲六十四卦方位图》。他“从《易经》的图像中发现了从 63 到 0 的二进位数字”，创造了“二进制数学，从而成为计算机的先驱②，而莱布尼兹关于二进数学论文的标题就是：《创造中国帝国的伏羲氏及其推演的八卦中曾用二元算术》。”因此，有人说：“伏羲氏可谓是数学家的鼻祖。”③

---

① 刘尧汉：《彝族文化对国内外宗教、哲学、科学和文学的影响》，第 26 页，云南社科院楚雄彝族文化研究所 1984 年印行。

② 周士一、潘启明著：《〈周易参同契〉新探》。

③ 刘蔚华：《谈易数之谜——中国古代的数理哲学》，载《中国哲学》第六辑。

当然，谁都知道，关于一分为二的思想，尤其是有关八卦的发明，并不是伏羲所发明，它甚至不是某一位例如老子、庄子以至后来的邵雍、张介宾等个别人所完成的，而是从作为神话中的“主神”伏羲开始直到明代的我国科学界无数人所共同创造的。因而，它已完全越出了神话学的范围，而且把神话和科学混淆不清了。可是，为什么会在我国出现神话和科学搅混在一起的现象呢？

许多学者们都说：这是后人故意把科学假托于神话人物身上，以显示其神秘性。也有说是因为后人不了解科学与神话的根本区别的缘故。笔者原也有这种思想，因此，虽著文提出要分清神话与科学的界说，至今，我还认为这是对的。然而，事物的互相关系，或者对事物的认识并不是单一的、简单的一刀切的。庖牺“观象于天”和“观法于地”是符合古代首领的职责的，正因为他总结经验观察出自然规律取信于民，才产生了作“八卦”的神话。这是符合事物的规律的。当然，那时的“八卦”，不可能是完整的，但却是后来的“八卦”的母胎。

由庖牺“观象于天”，不由地又令人想起了关于日月星辰的许多神话。其中最有代表性的就是关于“烛龙”的神话。兰州大学刘文英先生认为：神话里的烛龙，“乃是我们祖先对于北极光的发现”。他说：“任何神话的产生，都是古人根据某种客观事物或现象而引起的一种想象、揣测和夸张。”并且进一步在附注中说：“据郑文光、席泽宗《中国历史上的宇宙理论》，从《汉书》关于建治元年九月这次极光记录开始到公元十世纪为止，中国共有极光记录一四五次。”①

由此，刘文英先生综合成四个依据：第一，他认为王逸在《章句》注“言天地之西北，有幽冥五日之国，有龙含烛而照之”的“幽冥五日之国”就是今天的北极的“不见日六月”的“极夜”。《淮南子·地形训》说：“九州之外，乃有八殡……北方曰大冥，曰寒泽。”他说：寒泽，“此显然指的北冰洋。由那里往北，也是接近北极了”。这是从地理位置去考证。第二，从“形状”考察，“都是龙蛇形”。第三，从光色论，“光彩多是红色”。他说：“极光本来五彩缤纷，据说颜色因空间高度和电离层带电

① 《中国古代关于北极光的记载和神话》，载《文史活页丛刊》1980年第93期。

粒子的波长而定，有蓝色、白色、绿色、黄色，但红色最为壮观，或持续时间较长。”红色也就是“赤色”。第四，龙衔火和“视为昼，瞑为夜”，显然是极光在黑夜中时隐时现的写照。

极光是天体的一种现象，在创世神话里关于太阳、月亮、星星的故事实在太多了，在原始人看来，太阳、月亮、星星对于人类生产生活的关系太密切了。由于季节的变化，而产生后羿射十日的神话，而把太阳变成为自然崇拜，并且加以十分丰富的想象。令人惊讶的是在原始人那里就知道了太阳绕着地球一转为一日的道理，并由太阳的运转而划分出年月及季节。这无疑是原始人了不起的科学。

神话，应该就是人类最初的包罗万象的用艺术方式加工过的百科全书，但它不是今天意义上的科学，却是后来科学技术的先导。

三、神话的发展、演变与消亡

任何一种事物都有它的生长、发展与消亡的过程，世界上不存在永远不变的事物。由于条件的差异，有的变化和消亡快一些，有的则慢一些，神话也不例外。

我们可以举出无数的例证，证明有最原始的创世神话，有成熟时期的创世神话，也有已经发生了质的变化之后的创世神话和后来仿原始神话的特征而产生的“神话”，以及完全变化成其他样式，却还有神话色彩的作品。

当我们到实际中去搜集神话的时候，我们就会发现这样一个情况，越是先进的地区或民族，保存的神话就越少，如果有，其内容也就越现代化；相反，越是交通闭塞、文化落后的地区和民族保存的神话就越多，内容和形式也就越接近原始。这是一种情况。还有一种情况，当你发现一个比较完整的，或者最原始的创世神话之后，如果你还不满足，希望再深入一步，那么，你还会发现比这个创世神话的原形或较完整的，或已变化了的创世神话。这是什么原因？问题非常简单，就一个字：变，一切事物都在变。

汉族保存的神话最少。就连在汉文古籍中保存下来的，也都是些“零星”和“片段”。大量的氏族、部落的神话都消亡了，或者被歪曲了。这是个复杂的问题，当然，主要原因是被先进的文化所代替；其次，由于氏族在形成氏族的过程中互相斗争和歧视，大的氏族或部族不让小的氏族文化存在与发展，许多神话发展成另外一个东西去了。

把同样一个族源的壮族与傣族作比较也是一个很有趣的事，壮族由于处在内地复杂的民族与阶级斗争的旋涡之中，本民族的古老文化保留了些，却都较近代化了，例如《布伯》。傣族后来居住于我国遥远的边疆，她们在这里处于先进民族的地位。因此，她们固有的文化即使后来受到佛教的猛烈冲击，却仍然保留得多而完整。我们上面举的西双版纳傣族创世史诗《巴塔麻戛捧尚罗》就是《布桑该与雅桑该》的发展，就是受了原始宗教的影响，加了一段天神英叭的神话，把傣族认做人类始祖的布桑该与雅桑该变成为英叭用污垢捏成的一对男女神人。天神给予他们生命，派他们来到人间，并把仙葫芦等交给他们来到人间，撒下万物的种子。从此，人间才有了万物。他们又学天神用黄泥捏人；他们又变成一对野蜂当着泥人的面教他们性交，才繁衍了人类。这才完成了一部完整的创世神话。根据这个神话，又由歌手编成史诗，就连神话的形式也发生了变化。类似的例子实在太多了。汉文古籍中西王母的变化是一个典型的例子。

下面，我想谈谈关于神话消亡的问题。我们所说的“消亡”，不是指整个神话的消失，“最好的神话具有永久的魅力。”我国某些少数民族的神话至今还保持着活力，活在他们民族之中就是最好的证明。我们所讨论的“消亡”指的就是“演化”，由作为初民的百科全书的神话演化成为各个不同性质的事物，神话就消亡了，不再向前发展了。

云南阿昌族有一篇神话叫《遮帕麻与遮米麻》，这篇神话后来成了一部很有特色的阿昌族史诗，故事情节没有很大的变化，但就性质来说，它已成为阿昌族的“史”的诗，遮帕麻与遮米麻便成了阿昌人的始祖，这是一个变化。后来又产生了一篇叫《桑建的故事》，这个故事描述了一个由神话《遮帕麻与遮米麻》里的妖魔腊訇转世的“三嘴人”，向阿昌人民实行报复，英雄腊亮奋起与三嘴人进行斗争，最后战胜了三嘴人的故事。从故事的连续性看，它应该是《遮帕麻与遮米麻》的续篇。但是，它已不再是神话，而是一篇阿昌人的传说了。理由很简单：①它所描述的故事，已不是原始初民中所发生的事。②它虽然是一篇带有丰富的想象，或者说带有幻想色彩的作品，但它已不再是为了“征服自然力”而产生的。③很显然，它所描述的不是神的世界，而是人类的现实生活。④它的主题很明显，就是为了批判那种好吃懒做的人。因此，自觉地而不是“不自觉”地认识世界。一句话，它不是人类原始思维的反映。作为文学样式，它应该是属于传说了。神话，作为文学因素演化成了传说。

我国的许多少数民族都有自己的史诗，这也是众所周知的。史诗，一般都把它看成是一种文学体裁。作为诗，它无疑是一种文学样式。但是，几乎所有的有史诗的民族，都主要把它看做是民族的历史，把开天辟地的神话中的英雄看做是他们民族的始祖。盘古，在汉族中只不过是开天辟地的人物，开口就“自从盘古开天地”，但是，谁也没有把他当成始祖去祭奠他。而瑶族却把盘古作为他们的祖先，每年都隆重地祭祀他。当然，神话并非历史。但是，许多史诗证明，它是把神话中的主神当成祖宗，到后来就把他们民族的生产劳动风俗习惯，乃至他们的迁徙、建寨、婚嫁、宗教祭祀都写进去了。彝族的支系阿细的史诗就叫《阿细的先基》，先基是歌的意思，就是唱阿细人的历史。拉祜族的史诗《牡帕密帕》在《歌头》上就唱：“颂扬祖先的业绩，祝愿我们未来美好的时光。”到了史诗的时代，神话就消亡了。贵州毕节发现的《西南彝志》也是从天地的形成，万物的来源唱起的，然而，它明显的是一部彝族历史诗了。它不仅描绘了彝族的六祖分支，甚至哪一代有几弟兄，老大要谁家姑娘为妻，哪一支跟哪一支系通婚，生多少儿女都有记载。

最后，让我们还是回到伏羲神话吧：伏羲，究竟是神，还是古帝王？或者是古代的科学家？我以为，伏羲无疑还应是雷神的儿子。伏羲是神，然而，他又无疑是某个氏族的首领。正因为这个氏族首领善观天文地理，又教民织网以渔，因此才被神化了的。可是，由于伏羲在我国的影响，他后来便产生了两种完全相反的后果。其一是导致科学文化的昌盛，使他成为“中华民族文化的始祖”。其二是导致神话消亡在科学文化之中。这一点上面已讲过，不再重复了。

（原载上海文艺出版社《神话新论》）

论拉祜族“厄莎”天神的形成

——序《拉祜族民间文学集成》

我国的“民间文学三大集成”（“民间歌谣集成”“民间故事集成”“民间谚语集成”），是由各省搜集、整理、编辑的。云南省有其民族众多、民族民间文学丰富多彩的情况，“三大集成”已无法包容其全部内容。例如许多少数民族文学有自己长达千行（有的甚至长达万行）的故事体叙事长诗，而这些长诗并非文人文学，而是通过各民族自己的歌手咏唱的、道道地地的民间口头文学（有些民族后来已用本民族文字记录下来，但仍然是通过歌手的咏唱记录和传播的），我们没有理由将这些民族的宝贵的精神财富摒弃于“集成”之外。其次，我们认为尊重少数民族的意愿和感情，有利于继承、发展各民族的优良传统，创造社会主义的民族文学。所以，我们改“三大集成”为“民族民间文学集成”，并以民族为主，在民族文学里再分文学形式。

拉祜族民族民间文学集成，就是根据这一指导思想编辑而成的。但是，由于种种原因，我们已掌握的资料的情况，拉祜族民间文学集成把歌谣、创世史诗、神话和民间故事全部集中于一卷出版，而没有分卷。

下面，就这个民族以及她们的民族民间文学发表些个人的意见，着重对拉祜族文学的特点进行初步的研究。

一

拉祜族，在我国，是云南省特有的一个有着悠久历史的民族。他们主要居住于云南西南部澜沧江两岸的山区。根据1982年7月的统计，共有306 000余人，约80%的人分布于澜沧江西南，北起临沧、南至澜沧，其中耿马、双江、沧源、孟连、西盟、勐海比较集中。此外，景东、景谷、镇沅、思茅、普洱（现宁洱）、元江、墨江、江城、景洪和金平等县都有分布。其中澜沧拉祜族自治县有161 000多人，占整个民族人口的50%以上。红河流域有苦聪人，虽然还没有最后确定他们的族别，但是，他们绝大多数都自称为“拉祜西”，他们的语言也大体跟拉祜族差不多。

拉祜族基本分为两个大支系，即拉祜纳（意为黑拉祜，又叫大拉祜）和拉祜西（意为黄拉祜）。此外，还有少数的拉祜普（白拉祜）等。他们大部分与佤族、傣族、哈尼族和汉族交错聚居，或杂居。因此，他们的文化也互为影响，却又各自保持着独立体系。

历史学家已肯定拉祜族为氐羌族群，羌族系，他们与傈僳族、纳西族、哈尼族和彝族等有很密切的关系。语言属汉藏语系藏缅语族彝语支中的一种独立语言，拉祜纳与拉祜西虽是两种方言，语音与语汇有差别，但基本可互相通话，文化基本相同。

《说文解字·羊部》云：“羌，西戎牧羊人也”。西戎，乃后起的西方氐羌族群的统称。范晔著《后汉书·西羌传》不仅把羌人在历史上的活动追溯到夏禹前的虞舜时期，而且还把羌人在历史上的盛衰及迁徙，种别名号叙述得十分清楚：

> 自爰剑后，子孙支分凡百五十种。其九种在赐支、河首、川西及在蜀汉徼北……其五十二种衰少，不能自立，分散为附落，或绝灭无后，或引而远去。

爰剑是羌人最早的统帅，曾被秦厉公俘虏为奴隶，故称“无戈爰剑”。后逃出，聚旧部为“酋豪”。豪者，“犹帅也。”“德千人者谓之豪”。无疑，爰剑之被俘，是经过剧烈的战争的结果，拉祜族之先民是属南徙之一部，及至其曾孙忍，其“季父卬畏秦之威。将其种人附落而南，出赐支河曲数千里，与众羌绝远，不复交通”。这已是“武王伐商，羌髳师会于牧野”之后，赐支河在今青海，其南，即至大渡河、雅砻江一带，称为“牦牛种”，即“越巂羌”。历史学家认为“牦牛”即“旄”“摩沙”也，就是后来历史上的“么些”的变音，即今纳西族。拉祜族与傈僳族很可能那时属“牦牛”之一种，或同居一地，因为“拉祜”，在历史文献中还没有出现。

《史记·西南夷列传》讲到汉时西南夷分布情况时说：“西至同师以东、北至楪榆，名为巂，昆明，皆编发，随畜迁徙，毋常处，毋君长，地方可数千里。”晋宁石寨山出土的铜俑和贮贝器上的人物服饰和发式，其中有一种男女均为双辫头发，身穿长袍的人，有的学者认为这种人即是当时的昆明人。然而，拉祜族与傈僳族都曾经头梳辫发，身穿长袍，他们的语言又十分相近。据了解，今仍居于昆明官渡区之彝族支系子君人，很可能是仅存的昆明人之后裔，而拉祜族与傈僳族的语言又与子君人语言颇多相同或相近之处。

就是说，到战国时，最迟到汉代，拉祜族的先民已进入云南，活动于大理洱海及昆明滇池的广大地区，当时滇西有“昆明”，滇东亦有“昆明”之称。无疑，当时还是部落称谓，后来才成为地名的。不过，这之后，拉祜或倮黑已逐渐出现，《元史·地理志》云：“武定路，昔卢鹿等蛮居之……其裔孙法厘浸盛，以其远祖罗婺为部名。”拉祜，无疑就是罗婺的变音。元《经世大典·招捕录》载镇南州定边县有一小地名叫“罗黑加”。彝语就是倮黑，或叫拉祜寨。《西南彝志》曾描写到六祖中的一支武氏族在滇东曾与一个骁勇善战的“赫”人作战。这个“赫”人，当系倮黑。另外，拉祜纳自称“哥搓”，《新唐书·南蛮下》称戎州（今宜宾西南，即滇北）有“锅锉蛮”。锅锉，拉祜语，彝和傈僳语都是山地人之意。就是说，晋唐其间，拉祜族才开始逐步形成为单一的民族。

几乎是与拉祜族的先民由西北南下的同时，在公元前286年，战国后期，中原楚国的庄蹻率数千楚人进入滇池，建立滇国，自称“滇王”。拉祜族先民就在这些地区与滇人发生战争，晋宁石寨山出土青铜器人物图像可见与滇人作战之对手均系“头梳双辫”的昆明人。他们无疑被比他们进步得多的滇人所击败。因此，青铜器出现了两种情况：一是其中有一贮贝器上出现牵牛牵马、肩负盾牌、头顶箩筐的纳贡场面。二是其中一件铜饰牌，两个滇人武士手提人头，脚踏战死者尸体，领一背着小孩的编发妇女和一头牛、两只羊。就是说，他们的命运不是沦为滇王之附庸，按期纳贡，就是沦为奴隶，因此，引起继续往南迁徙，当是很自然的事。这之后，汉武帝开发云南，设置郡县。

《爨龙颜碑》里有句话云："岁在壬申，百六遘亹，州土扰乱，东西两境，凶竖狼暴，缅戎寇场。"壬申年为东晋南北朝刘宋元嘉九年，即公元432年。"缅戎寇场"，指的是拉祜族先民乘南中大姓爨氏叛晋，兴兵进攻西爨割据政权。"东西两境，凶竖狼暴"，应是指拉祜族先民首领进攻西部，接着进攻东部之爨氏。结果遭到失败，又引起一次往南大迁徙。所谓"缅戎"，即指拉祜。彝语称拉祜人为缅，傣族亦称拉祜人为缅，今临沧旧称"缅宁"，拉祜称缅宁为牡缅密缅，疑是拉祜先民进入这里之后才得名的。而魏晋南北朝时所谓"爨"，系指当时云南东西两部之统治集团，东爨以乌蛮为主，西爨以白蛮为主。

他们到了牡缅密缅之后，才开始定居，进行正规农业生产。这时，才形成一个独立的民族。

说了这许多，目的就是想说清拉祜族的一个重要特点，她虽然有悠久的历史，但都是长期在动荡不安的战争与迁徙中度过的，这种动荡不安，无疑是拉祜族的生产力长期停滞的重要原因。因此，直到新中国成立前夕，拉祜族仍然停留于刀耕火种的落后状态。

阻滞拉祜族生产和社会长期停滞的原因之二是拉祜族本身的社会结构，也就是所谓的双系大家庭公社共有经济。关于这一点，本文将放在论述拉祜族文学特点时作介绍。

二

细心的、善于思考的读者读完上一节，关于这个民族的迁徙与形成的艰难的过程，一定会提出这样一个问题：他们靠了一种什么力量，使自己不仅没有"绝灭无后"，反而在各种战乱中得到发展，最后成为一个独立的民族呢?

我国历史上的氏族、部落何止千万，且不说传说中的帝尧时代，就是自夏禹始，至今已四五千年，经过多少战乱，许多当年的氏族、部族，灭绝的灭绝了，融合的融合了，剩下的就寥寥无几了。当年算得上我国最大而又最有势力的西方“戎羌”（《史记·六国表》云：“禹兴于西羌。”《索隐》云：“禹生于茂州汶川县，本冉駹国，皆西羌。”可见，夏王朝是羌人所创），到最后，也被“支分”“衰少”或“绝灭”了。那么，拉祜族这一支，靠了什么支持和发展至今呢？靠武力吗？俗话说的“胜则帝王败则贼”，就以上面引的“爰剑后……共八十九种，唯钟最强，胜兵十余万。其余大者万余人，小者数千人，更相钞盗，盛衰无常。”也不见经传了。古往今来，多少英雄豪杰，都只剩黄粱了。那么，是靠了一种顽强的民族精神所产生的力量吗？我们在前面已说过，作为一个统一体的民族，是后来的事，甚至在与滇人及大姓西爨东爨作战时，也还没有出现作为一个完整的民族面貌与敌人对垒。那么，按照马克思主义的观点，应该说是先进的生产力，社会进步的本身所产生的强大的生命力，然而，恰恰相反，拉祜族直到新中国成立前夕，仍然停滞于落后的刀耕火种之中，他们在与滇人作战时之所以失败，正是因为当时从中原来的楚人代表了进步的生产力。因此，历史上的许多复杂的问题，用一般的概念去套，往往解决不了问题。

今天许多少数民族在生产力十分落后的情况下，之所以能够在四五千年的战乱中保存、发展自己，有一个共同的规律，就是死死抓住两种力量，一种是精神力量，另一种是物质力量，两种力量的交织，最后转化为统一的物质力量，这就是人、民族性，其具体表现就是以原始宗教体现出爰剑精神。原始宗教不仅控制着人民的思想，也控制着人们的生产和生活。因此，研究历史上的少数民族问题，忽视原始宗教的研究，是什么问题也解决不了的。而宗教的神祇和思想、律条往往又通过各民族的民间文学，尤其是“创世神话”“创世史诗”和许多“习俗歌”，例如婚、丧、节日等等歌谣以及其他文学作品表现出来。

不论物质力量、精神力量，还是具体的文学作品，各个民族都有其各自不同的表现。拉祜族就是一个典型的例子。

直到20世纪初，拉祜族都没有产生文字。后来外国传教士来了，他们为了达到宣传宗教的目的，曾设计了一种拉丁字母拼音文字。还印刷了一些宗教宣传品，把一些拉祜族的民间故事，经过改编，印成课本，在他们为教徒开办的学校中推行。因此，其影响不大。佛教早于耶稣教传入拉祜族地区，而且曾以“三佛祖”的名义打进阿佤山，强迫一些阿佤村寨改变其政治制度，但在拉祜族经济和文化上都没有显著建树。一些信仰佛教的地区，同时仍然信仰他们原有的原始宗教，佛教也利用原始宗教说服群众，例如说“厄莎”就是“释迦牟尼”。因为这些宗教并不是他们的社会经济发展的必然产物，或者说，它们跟新的生产力结合得不紧，没有代表一种新起的阶级利益；或者，时间短，新的生产力的代表还没有来得及成长、壮大。但是，拉祜族以爰剑精神为核心的原始宗教却根深蒂固，一直到新中国成立前夕，仍然统治着拉祜人的精神世界。

那么，什么是拉祜族的原始宗教，它代表了哪种生产力，即经济基础？它跟拉祜族人民的关系，尤其跟文学的关系是什么？

拉祜语称他们的原始宗教为什么？只知道他们把所有的精灵统称为“尼”，他们的宗教意识中，还没有严格地区分出神与鬼的观念，所以他们的家神叫“页尼”，土堆鬼叫“布鸟滴尼”。实际上拉祜族还停留于“万物有灵”的多神阶段，凡存在于世的物质，诸如日、月、星、辰、风、雨、雷、电、山脉、河流、草、木、鸟、兽、房屋、工具等，都附有精灵，而且各有不同。其他例如这片山的鬼和那片山的鬼，以及山箐鬼、崖子鬼、被雷打过的鬼、火烧过的鬼、这种树和那种树的鬼，都不尽相同。又如工具，刀有刀鬼，锄头有锄头鬼，犁头有犁头鬼等等。然而，所有这一切，又慢慢归属于一个最高的天鬼，这个最高的天鬼（也可叫天神）就是以爰剑为原型的厄莎（最早译成“厄霞”）。从这个意义上说，也可称为厄莎教。关于爰剑与厄莎的关系，将在下节谈。

厄莎，就是拉祜族创世史诗《牡帕密帕》中万能的造物主，最高、最有权威的天神的形象。

厄莎是万能的，世界上存在的一切都是厄莎给的，天和地是厄莎造的，为了造天造地：

厄莎睡着想，
睡破了九床垫子。

厄莎站着想，
踩坏了九双鞋子。
厄莎急出三身大汗，
进进出出打转转。

他用自己的汗腻，在助手扎罗、娜罗的帮助下，把天造出来了。把地造出来了，接着他又“用左眼做太阳”“用右眼做月亮”，然后又造出万物和人类，安排了世界万物，教人类传宗接代，教人类捉鱼打猎，又教人盖房子、定居建寨、炼铁、打农具、种谷子、种棉花，最后，把文字发给各族头人。

无疑，他是拉祜族的缔造者，救世主。一句话，没有厄莎就没有拉祜族。因此，厄莎就成了拉祜族人的精神支柱。几乎所有拉祜族家庭都供奉和祭祀厄莎，许多拉祜族村寨都在寨中心的广场上盖有类似“厄莎庙”的茅草房，周围丛立着各种作物，如苞谷、谷子等神桩，用以供奉厄莎，祈求厄莎保护他们风调雨顺，五谷丰收。此外，作为神，除了上述条件之外，还有一个很重要的条件，就是具备神的代表人物，也就是祭司，我们一般称为巫师。拉祜族的祭司叫“毕摩格摩”，简称“毕摩”。

毕摩，就是厄莎在人间的代表。他像厄莎一样，具有崇高的威信和地位，他不仅在祭祀时主持祭典等宗教仪式，为人们“搓斯俄查”（祈祷），为病人“米巴米巴”（招魂），为死者念经引路，让死者回到厄莎那里去。而且，管理拉祜族的政治、经济、战争、文化、纠纷（法律）、婚丧、生产等等。直至清末，拉祜族还保持“三位一体”的政治制度。所谓“三位一体”，就是巫师、头人和歌手统统由一个人掌管。当巫师，是要有条件的，他不仅应该熟悉祭祀的仪式，能背诵宗教经文（其实就是“创世史诗”），而且还要懂得民族历史，精通民族的神话典故，会念会唱，还有各种丰富的常识，例如医术、草药等等。而所谓头人，也就是代表厄莎为众人排解纠纷，领导全寨百姓进行生产、生活。因此，所谓“三位一体”，其实质就是宗教专政。

在塑造这个宗教的偶像厄莎的过程中，文学，尤其是诗歌起到了不可估量的作用。

为厄莎唱赞歌，有多种口头文学体裁，如《牡帕密帕》，既有故事，又有史诗，以“创世史诗”为主，不仅在宗教仪式上被反复咏唱，在集会上也被歌手反复咏唱。它不仅作为宗教经文咏唱，也被当成拉祜族的历史来咏唱，被当成英雄史诗来咏唱，被当成生活的教科书来咏唱。不仅使厄莎家喻户晓，而且成为每一个拉祜族成员心灵中的不可动摇的偶像。还有一篇叫做《根古》的传说，有故事，也有诗歌。这篇作品与其说是文学作品，不如说是一篇拉祜族的迁徙史，更为贴切。这篇传说一开始就说拉祜族的“古老的故乡”——北京南京，“是拉祜族祖先创业的寨子”。当他们朝着南方搬迁时，他们来到了“锁达厄平耻，麻达莎平耻”——“这是天神厄莎原来居住的地方”。又走了“三年零三个月”，来到一条叫“杜拉罗拉卡密”的江畔，这里又是“厄莎天神炼太阳、月亮的地方”。可能使人感到，是厄莎引导着他们往南走。最后，哥哥又是用了“三支祖先传下来的箭，一支是金箭，一支是银箭，一支是铜箭”射向南方，箭落的地方，就是他们安家建寨的地方。

有一首巫师为病人求福招魂的唱词，原叫《讨福歌》（《找魂歌》），专门讲往北方去寻找厄莎，东找西寻，一路都不见厄莎，最后终于来到了厄莎居住的北京，他告诉厄莎身边的两个神说：“扎莫、娜玻生病了，来求厄莎作主张。”

厄莎便对巫师说：

不要再往前面走，
前面乌云滚滚天气冷，
我给你阿马叫（盐酸果），
我给你比里格儿（一种药水），
带着灵魂快回去。

原来，人的灵魂是由厄莎掌管的了，人病了，是厄莎把人的灵魂叫回去了；人死了，又是他把人的灵魂收回去了。厄莎掌握着人的生死大权，就像汉族的阎王一样。这首唱词最后唱道：

厄莎造了地，
厄莎把天造，
万物繁荣，
生灵众多，
都是厄莎的主意，
都是厄莎的创造。
信仰厄莎的礼法，
人人要记牢。

此外，在葬仪上唱的《坐夜调》是指引死者灵魂回到厄莎那里去的，这首唱词没有收入“集成”。

厄莎，不仅在宗教仪式里作为偶像出现，在其他方面，例如生产和节日习俗里也常以口头文学的形式出现。一首叫《出猎》的短歌唱道：“进山的汉子，不要忘了厄莎大神造下高山森林，造出麂子、马鹿、豹子、老虎。”《出工》歌里《挖地》，一开始就唱：“天时有十二轮之分，生产古规有五指之分，按厄莎的季节，照老人的古规……”积肥，也是“按厄莎的嘱咐”。然后是《求神》：“新谷种出你先尝，米酒烤得你先喝，瓜果摘来你先吃。”“哥妹同求厄莎天神保佑”，“厄莎保佑风调雨顺”。有一篇叫《新米节的传说》说这“是拉祜族传统节日之一”。这个节日怎么来的呢？是这样的：

传说，拉祜族的祖先扎迪娜迪从葫芦中出来后，生了许许多多的儿女，地上没有吃的，全靠野菜野果充饥。厄莎见了很同情，为了使他们生活下去，繁育后代，就把谷种给了他们，教他们种粮食吃，从而结束了吃野菜野果的生活。拉祜人吃上粮食，认为是厄莎给的福，对厄莎十分尊敬和感激。每年粮食成熟时，就想起厄莎，用新米、新鲜饭果献给厄莎尝新，报答厄莎给拉祜人的恩情。形成了拉祜族传统的节日。

拉祜族的古老乐器葫芦笙是怎么产生的呢？拉祜族人为了感激厄莎，

决定请厄莎来参加庆祝丰收的大会，便两次派人去请厄莎来参加，但厄莎在石洞里睡着了，去请的五位兄弟把手都敲肿了，也没有把厄莎叫醒，五兄弟便用五节竹管吹起来，五根竹管发出五种不同的声音，动听的和音把厄莎唤醒了。厄莎来参加了庆祝会，他们便欢天喜地地吹着竹管尽情欢跳。后来，联想到拉祜人是从葫芦里出来的，为了纪念这个，便把竹管插在葫芦里，果然声音更加动听悦耳。

甚至在拉祜族男女青年的爱情生活里，也有厄莎的影子。情歌《追蜂子》不仅反复提到"北京""南京"，而且不断提到厄莎，男女敲鼓到"南京的大门下，走到北京的大门下，厄莎搓手汗，发给一颗白谷种，这是我们的年根，这是我们的福气"。

敲起公鼓去北京，
敲起母鼓去北京。
去找年的根底，
去找幸福的根底。
这合厄莎的心，
这合厄莎的意。

从上面这些引文中，已经可以看出厄莎是无所不至，无所不在，整个拉祜族都像被厄莎所掌握，他就像是民族的魂。

这是原始宗教的力量，是厄莎的力量，更确切地说，是拉祜族人的精神力量。

因此，厄莎是怎样产生的？它产生的基础是什么？这是必须探讨的吧。

三

第一节里我们提到羌人祖先"无弋爰剑"① 从秦亡归，《西羌传》还

① 羌人谓奴为无弋，爰剑曾被秦俘为奴。

有一段故事云：

> 而秦人追之急，藏于岩穴中得免……秦人焚之，有景象为虎，为其蔽火，得以不死。既出，又与劓女遇于野，遂成夫妇。女耻其状，被发覆面，羌人因以为俗……诸羌见爰剑被焚不死，怪其神，共畏事之，推以为豪。河湟间少五谷，多禽兽，以射猎为事，爰剑教之田畜，遂见敬信，庐落种人依之者日益众。……其后世世为豪。

我很疑心，这个“爰剑”，就是厄莎的原型。理由是很充分的，第一，我疑心这个“湟中”就是他们传说中的“北京”“南京”。湟中就在西宁市之西南，青海湖之东，位于湟水谷地，无疑是一块平原。战国时的秦都在今陕西之咸阳，爰剑从咸阳经甘肃，过兰州到西宁是古大道，既方便，路途又遥远。西羌之一部往南出赐支可逃往雅砻江、岷江一带，是由于政治的原因，当时秦国在青海之东是很有势力的。第二，拉祜族所有的传说都说厄莎住在石洞之中，《追蜂子》还说石洞有三道门。这个爰剑逃出咸阳之后，为了躲避秦兵追捕，就是“藏于岩穴中得免”的。第三，拉祜两字的“拉”（包括彝族之“罗”）是虎的意思，厄莎造天造地的助手，就是扎罗娜罗，而保护爰剑没有被秦人烧死的，正是“有景象如虎，为其蔽火，得以不死”。于是就引起“诸羌”“怪其神”。古代部族的图腾以这种方式而得的例证很多，例如四川之“白狗羌”在与弋人作战失败之后，就是天女用白石变成大雪（岷江上游之大雪山），挡住了追兵，因此，白石就成了他们的崇拜物。彝族的一支叫“倮倮”，也就是虎的子孙之意。这样，拉祜的族名之来源就有了依据。第四，拉祜西说厄莎是没有成家的，只他一人；拉祜纳则认为厄莎有一个妻子，就是地神密纳玛，这跟爰剑与劓女的婚事暧昧不无关系。第五，最重要的是，最初，拉祜族的先民“以射猎为事”，爰剑从秦国逃出，显然是受到先进的秦文化的影响，于是，他才可能“教之田畜”，使拉祜族的生产力大大向前推进了一步。拉祜族所有传说，都说厄莎把谷种给了拉祜族，才使他们有饭吃的。后来不断南迁，生活动荡，又以打猎为主，农事辅之，到发现“牡缅密缅”之后，又才重新恢复并肯定了农业生产。第六，爰剑“其后世世为豪”。豪，就是酋豪，首领，就是掌握羌人自己的政权的头人，拉祜族的传说《拉祜人的大印》，就是说厄莎给了拉祜人以“官印”，西羌在青藏高原是建立过自己的国家——地方政权的。

然而，厄莎有如此强大的生命力，还有一个重要的原因，那就是它有它的社会经济基础，这个基础就是双系大家庭公社制。它是我国少数民族中的一种特殊生产关系，厄莎就是这个生产力和生产关系的代表。

什么是双系大家庭公社制呢？简单地说，就是一种小集体的私有生产组织，也就是作为社会的基本单位，对内实行共有制，对外实行私有制。

由于不断的战乱和不停的迁徙，拉祜族先民在原始公社解体时，没有向奴隶制过渡，就是说，拉祜族内部没有产生奴隶制，却产生了双系大家庭公社制，这就得从两个方面去说明。

一方面，拉祜族在禁止了族内班辈群婚之后，却实行了族内对偶婚。所谓“班辈”，就是父女婚、祖父与孙女婚，这种群婚被禁之后，却保持了族内对偶婚，实际是一种变相的，以妇女为主的群婚制。据澜沧县东河区拉巴村之拉祜纳支系的人说：当他们还居住在耿马时期，他们还住在有一百多人的大房子（拉祜语叫“耶类玛”），这个大房子居住的都是母系和父系的一个大家庭，然后又按儿女成婚后的小家庭分格（或间）居住。各个小家庭之间可以通婚①，这就是典型的族内婚。后来，随着社会的发展，父权突起，因此产生了“双系”即母系与父系共同组成的“耶类玛”——大房子。这里举一个1965年由宋恩常、李扎娃调查的糯福区巴卡乃村的一个例子吧：

娜期家，共有101人，主人是娜期和她的丈夫协卡。协卡，是本村人，来娜期家上门。全家公共房（大房子）是干栏式，长23米，宽10米。房内分9格（厄莎的房子也“分9格”）即9间，设置9个火塘。其成员的组成是：一是以娜期的次女娜木朱和她的丈夫扎保为一个系列，包括娜木朱长子李保、李保的长女娜戈、次女娜斯、三女娜俄、四女三妹及其长子扎多；娜木朱次子扎圭及其子女；娜木朱三子雅巴及其子女；娜木

① 《拉祜族简史》第12页。

朱四子扎腊及其子孙；娜木朱长女娜海及其子孙；娜木朱三女娜波及其子孙。二是娜期的三女娜腊及其丈夫、子孙。三是娜期四女娜多及其丈夫、子孙。四是娜期的次子扎俄及其妻子、子孙。五是娜期三子扎波及其妻、子孙。六是娜期的侄女米西及其丈夫、子孙。证明现代拉祜族还保持着大家庭公社组织。

《牡帕密帕》里讲的兄妹婚配的传说，跟其他彝族支系有关兄妹成婚是不同的。我们通常所见都是因洪水泛滥，人类只剩下兄妹两人被迫成婚的，可是，从葫芦里出来的拉祜族的祖先扎笛和娜笛：

……
当着厄莎害羞，
他们背地生活在一起；
他们成了夫妻，
从此他们不再分离。

很明显，这是对族内婚的赤裸裸的描写。其实在拉祜族的亲属称谓中，也完整地保留着这种被叫做亚血族，群婚的痕迹。例如，兄、姨表兄、舅表兄和姐夫，全都叫“阿伟巴”；姐、姨表姐、舅表姐和嫂嫂都叫“阿伟玛”；弟妹之间也一律称为“阿里巴”和“阿里玛”。说明古代曾经实行过按年龄等级群婚制，“所有母系的兄辈等级都是姐辈等级的丈夫，弟辈等级都是妹辈等级的丈夫，同样，所有姐辈或妹辈都是族内本班辈男子的妻丁。”①

大家庭公社作一个生产单位，他们的生产工具、土地，都属于公社集体所有，他们由村落分得土地之后，就由家长率领到共同的土地上劳动，收获后把谷子背回大房子，共同消费。消费（或者叫分配）的原则，是绝对平均主义。《牡帕密帕》里描述了扎倮和娜已两兄妹的分配情况：

① 《拉祜族简史》第11页。

娜已打了一只鹿，
分成九份血，
分成九份肉。
一个民族一壶血，
一个民族一份肉。

扎倮打了一只豪猪，也分成九份，结果娜已才分得一条尾巴根，便“埋怨扎倮太不公平”，于是引起了一场纠纷，妹妹离开了大房子走了。一方面反映了大房子公社的分配原则，另一方面也反映了这个大家庭公社开始分解，因为大家庭里又分出了小家庭。后来，随着生产的变化，又产生了“班考”，就是生产季节临时住的窝铺，小家庭住到窝铺里，这就为小家庭单独经营发展小家庭经济创造了条件即小家庭私有。于是便又产生了大家庭经济与小家庭经济之间的矛盾。为了解决这个矛盾，便以性别把血族的财产分为男和女两半。古代拉祜族的财产继承法就是：父亲去世，其财产由儿子继承；母亲去世，其财产由女儿继承，用以调和大家庭内部的矛盾。

这种大家庭公社经济，无疑是长期处于战乱和不断迁徙的产物。一方面为了应付由于战乱引起的变化，另一方面则父系母系的血缘关系长期维持为一个集体，使他们适应于战乱与迁徙。打仗以公社为单位，比氏族公社更易调动，更易指挥，也更有战斗力。同时，因为没有固定的、庞大的聚落，就便于既经营简单的农业，又可以适应流动的畜牧业和狩猎、采集活动。也因此，使拉祜族先民没有像其他民族一样，产生由母系过渡到氏族阶段，也就没有后来的突出的父系制。这就使拉祜族先民没有产生氏族意识，便越过了氏族、部落、部落联盟这些阶段，使他们比较顺利地完成社会组织的地缘化过程，从而促进他们形成整体的民族观念。然而，这种地缘内聚力无疑是以各个大家庭公社经济为基础。但是各个公社之间既无纵的也无横的关系，他们之间靠什么来取得统一呢？很明显，这股力量就是厄莎，厄莎这个宗教成为地缘力量维系各个大家庭之间的纽带。

就是这种宗教意识，使他们成为发生局部（只能是局部）事件时，迅速而成功地结成军事上和政治上的同盟，举行大规模的战争和迁徙。也因此，使厄莎后来成为拉祜民族的灵魂。我们还可以反过来看看当时被隔散的昆明人，或者至今还保留着拉祜语言或某些风俗的如苦聪人、罗婺人、子君人，他们的意识形态中就没有厄莎这个形象，因此，他们不是被融合于其他民族，就变成为彝族的一个支系，或者变为半独立的一种人，例如苦聪人。

这就使我们更能理解厄莎。首先厄莎与拉祜族的历史联系在一起。其次当精神力量与经济力量能结合为一的时候，落后的生产力也会产生伟大的力量；此外，作为宗教的厄莎，同时又作为文学的形象，两者结合为一的时候，将会在历史中起到怎样伟大的作用。

四

必须指出，这种双系大家庭公社经济组织，发展到一定阶段，尤其在拉祜族固定了住地，建立了聚落专门从事农业生产之后，它不仅失去了进步作用，而且成为拉祜族发展生产力的十分严重的障碍或阻力。

上面，我们提到了大家庭公社内部产生了一个叫“班考”的临时小窝铺，这个为适应刀耕火种的轮歇地而设的临时住房，随着社会生产力的发展，却逐渐成为大家庭公社里面的小家庭私有经济单位，成为大家庭经济公社的对立面和掘墓人。但是，大家庭作为一种血缘维系的独立，却千方百计地用尽一切办法去阻止小家庭私有经济的发展。这就引起了一场大家庭公社内部的明争暗斗。事实上，小家庭的“班考”已成为后来拉祜族的一个基本单位。还是以上面举的娜期一家为例吧：

娜期的大房子有9个火塘，又分为18个生产和生活单位。他们除了娜期、扎俄、娜多、李保因耕地近还住在大房子之外，其余14家都住在“班考”（拉祜西叫“叶布”）。由此，又产生了所有制的变化：土地，表面仍属于大家庭集体所有，耕牛、农具都为小家庭私有，直到新中国成立前夕，娜期夫妇占有水牛5头、黄牛8头、马6匹、骡2匹，水田50斤种面积，大量从事种植鸦片，作为放债或出售，劳动季节到时，除了利用大家庭内部互助之外，还把丧失独立劳动能力的扎拉和扎俄，仅供给衣食为其常年劳动，实际就是家奴。因此已出现了剥削。由此可以看到，各个小家庭由于占有的工具、牛、马、粮食的不一致，就产生了富裕的雇工、放债，家长还要进行特权剥削；贫穷的则只有卖工、负债，最后沦为奴隶。而代表这种大家庭公社的厄莎教，却拼命地要维持这个社会经济制度。到这时，原始宗教已成为反面的、守旧的，因而也是反动的东西。

然而，作为文学作品的《牡帕密帕》，却仍然在民间流传，仍然在起着控制拉祜人的精神世界的作用。随便举个例子吧：《牡帕密帕》最后有个情节（整理本被删去了）叫做《订年节，发文字》。厄莎把给佤族的文字写在牛皮上，喜欢剽牛的佤族把牛皮吃了；厄莎又把给汉族的文字写在纸上，因此汉族有了文字；厄莎又把给傣族的文字写在树皮上，所以傣族也有了文字。唯独给拉祜族的文字写在“粑粑上”，因此

那天是正月初一，
拉祜过年在正月初一，
过年吃了粑粑，
拉祜从此没有文字。

简直是对拉祜族自己的一个嘲弄，拉祜族就那么馋？这关系到自己民族进步与落后保守、文明与愚昧，甚至能否继续生存的文化，都吃掉了？不，问题不在于拉祜人，而在于拉祜族的这位祖先，创世的圣哲，为什么偏偏把给拉祜人的文字写在“粑粑”上？难道他不知道“粑粑”不是拿来写字，而是拿来吃的？不，他是很清楚的，细细地想想就不难得到答案。那就是，拉祜人是不能越出厄莎画给拉祜人的圈圈半步的，文字这东西，是会使人的头脑聪明起来的。汉族和傣族之所以获得迅猛的发展，跟他们的文化是有非常密切关系的。他们也清楚地知道，当拉祜族人民产生了新的文化，就不会再信仰厄莎，厄莎教也就完结了。因此，文字，对于厄莎是关系到他生死存亡的大事，于是它，作为原始宗教就巧妙地用“粑粑”来愚弄拉祜人。然而，社会的发展是不以巫师们的主观意志为转移的，个体经济仍然在不断发展，于是拉祜族文学产生了另一部代表个体经济的利益的光辉的诗篇《扎努扎别》。

非常清楚，《扎努扎别》是明确地反对，甚至要推翻厄莎对于拉祜人在政治上、经济上、精神上的统治。

扎努扎别跟厄莎的斗争是围绕着这样两个根本性的问题展开的：第一个问题是腐朽的传统观念，厄莎认为：世界是他创造的，“人类是我用我身上的汗垢创造的”。正因为这样，它一向受到拉祜族人的信仰、供奉，他已经成为拉祜族人的偶像和神灵。偶像和神灵，是绝对不能碰的。然而，扎努扎别碰了，不仅碰了，而且敢于蔑视他，把他从神的位置上降为普通的人。在《扎努扎别》里，我们可以看到，扎努扎别不仅把厄莎当成普通的人跟他“赛跑”，跟他比赛“跳高”，跟他“捉迷藏”，而且，把厄莎的那种丑恶、阴险的面貌暴露得十分彻底。这就不是一般的文学情节问题，而是向神也就是向原始宗教展开了斗争。这一点，即扎努扎别的敢于蔑视腐朽的传统，敢于蔑视神圣不可侵犯的宗教的精神，要比反物质上的剥削要宝贵得多。这是《扎努扎别》能够在拉祜族人民中流传的一个重要原因。第二个问题，《扎努扎别》把矛头直接指向大家庭公社的家长制。“如果谁不听我的话，谁就要受到我的处罚。”这是厄莎对扎努扎别的宣言，瞧，多么威严的一副家长的面孔，而且公然说人类是他创造的。就是说，他跟公社的子孙是有“血缘”关系的。而这个大家庭公社家长的实质是什么呢？厄莎大言不惭地又说：“人们有义务把自己种出来最先成熟的粮食献给我。”

实质就是剥削与被剥削的关系。人民受到剥削，沦为雇工、奴隶，谁又还会去发展生产力呢？因此，这是一个能不能发展生产、能不能使拉祜族社会得到进步与发展的关键。扎努扎别认为这是不公道的事。他便一面对大家，一面又对厄莎说：“我们得饭吃，是靠锄头、犁头，并不是靠厄莎。”于是，他宣布：“今后谁也不许把早谷贡献给厄莎。”又说：“你又不是我们的父母，为什么要白白地贡献给你呢?”“从那时起，拉祜族人吃新米时，第一碗就先给父母吃，过年舂粑粑时，就贡献犁头、锄头。”这个转变有两层意义：一是新兴的个体经济宣布：他们首先是相信犁头、锄头，就是说，他们只是相信劳动，劳动才能使他们摆脱贫困；其次，他们信仰直接的祖先。我们知道，厄莎也是祖先崇拜，却已完成了历史作用，而作为“万物有灵”的代表，却阻碍历史的发展。

要战胜万能的厄莎，并不是一件容易的事。尤其作为一个纯朴、忠厚的拉祜族农民。因此，《扎弩扎别》的作者赋予了扎弩扎别一个巨人的形象。

他的身子像座高山，四肢像丘陵，一餐饭要吃几石米，力大无穷，干起活来也非常能干，没有任何人赶得上他。

因为他是巨人，所以在“舂米的时候……他的杵棒就把天顶上去了”。

此外，扎弩扎别作为拉祜族新兴的个体农民的形象塑造，是成功的。第一，“他为人公道”。第二，他是勇敢的，敢于向陈腐思想的代表厄莎提出挑战，并且死也不屈服。第三，他是一个老实、坦率，从不掩饰自己观点的强者。第四，他是一个顶天立地的劳动者，一个创造进步的男子汉。因此，是一个可爱的、获得拉祜族人喜爱的形象。可是，他却遭到了失败。

所谓失败，就是指《扎弩扎别》的悲剧结局，他被厄莎阴谋毒死了，还把他的躯体磨成粉，用大炮射到高山、平地和天空中。

这个悲剧结局有两种意义：其一，扎弩扎别虽然是巨人，那只是外表的，实质是虚弱的。厄莎三番两次要置扎弩扎别于死地，扎弩扎别只有招架之力，而无反扑之功。当厄莎用九个太阳（其实就是自然灾害，厄莎以造物主的架势放出旱灾）要晒死扎弩扎别，他都只能用七层笋壳，最后又用七只锅做笠帽挡住阳光，他自己没被晒死，“人们的确被晒死了很多”。接着厄莎又用黑暗笼罩大地，使人们无法干活，最后饿死，而扎弩扎别只顾自己用蜂蜡把松明火粘在牛角上耕地，他自己没有饿死，却又“因而饿死了一大半人”。

这就是小农经济的脆弱性，加上，拉祜族的个体经济是在大家庭公社内部发生的，它不可能完全脱离大家庭公社。这一点，在扎弩扎别被厄莎的大金龟子涂了毒药的角刺伤，肿起来之后，“他说厄莎是仙人，就去向厄莎请教。”并且完全按照厄莎的毒计行事，最后送掉了性命。这就暴露了扎弩扎别反抗的不彻底性（小农经济当然不可能彻底），暴露了扎弩扎别的心灵世界仍然被厄莎暗中控制着，也就是说：厄莎在他的头脑中仍然起着作用。可见，厄莎的生命力。直到现在，还有人说：扎弩扎别是坏人。这个故事是："教诫子女不能仿效。"还说："扎努扎别之死是应得之罪。"这也难怪，厄莎和他的宗教在拉祜族的精神世界里经营了几千年，而且确实曾经帮助过拉祜族人渡过了难关，起过进步作用。正因为扎努扎别的脆弱性和厄莎的（即旧传统的）强大的生命力，使得拉祜人的社会、生产力发展的进程非常非常缓慢。

作为文学形象，悲剧的结局却相反会产生一种人们所看不见的力量，影响人们的心灵世界，博得人们的同情。

> 当埋葬扎努扎别的时候，各种动物都来跳舞，百鸟都来吊孝。比鲁妈鸟在扎努扎别的脚上哭……朋谷保鸟在扎努扎别的头上哭……蝉虫在扎努扎别的脸前哭，因为扎努扎别是被厄莎耍阴谋毒死的，死得也不瞑目……每当蝉虫和比鲁妈鸟唱起来的时候，拉祜族的人们总是同声叹息地说："这是扎努扎别遇难的时候了！"

有一篇叫《纳布娄斯》（起死回生树）的传说，讲一个孤儿辛辛苦苦种了一片苞谷，长得很好，但他却做了个梦，梦见他的苞谷全部"被他们部落的大首领偷走了"。后来才发现是野猪偷吃了，却从野猪那里发现一棵"起死回生树"。他用这棵树救活了许多好人。"有一天……头人病死了"，他也照样救活了头人，却因此引起头人要夺起死回生树的贪心，孤儿不让，死抱着那棵树，结果被这个头人连人带树砍掉了。这树和人便都飞到月亮里去了。

这个传说本来跟厄莎和扎努扎别毫无关系。然而，这位作者却突然插进了这样一句话：

> 这棵树离开了人间，随后，扎努扎别又被厄莎迫害死了，因此，就再也没有地方去找这种纳布娄斯了。

真的是画龙点睛，只那么一句话，就把这个传说的意义提到了拉祜族历史发展的高度。接着，作者又追了一句：

后来，人们就用一种草编起了天梯，并派白兔到月亮上去取药。可是，又被厄莎知道了，就刮起了一阵风把梯子吹散，这样白兔就下不来了，只好留在月亮上跟孤儿做伴了。

这就是《扎努扎别》的影响，也就是拉祜族社会一定要进步一定要发展的反映。

五

一篇“序”写了那么长，而且翻来覆去只论述两个人物，即厄莎和扎努扎别，实在感到抱歉。然而，却又确实出于无奈。因为就我们现在所掌握的资料和我个人的认识，我以为拉祜族文学在拉祜族的历史长河中真正起到伟大作用的就只有这两个不灭的形象，而且，给人们以非常深刻的启示。文学，离开了社会经济基础，离开了时代、历史，离开了人民的命运，就不可能产生伟大作用，也就不可能成为传世之作。《扎努扎别》之后，之所以没有产生例如《牡帕密帕》一样的史诗作品，我想，跟拉祜族本身没有产生一种核心力量，推动拉祜族社会掀起旋风似的波澜壮阔的运动，使她飞跃前进，尤其在文化上，使她成为一个现代意识的民族有非常密切的关系。为了使拉祜族文学在社会主义社会里产生他们自己的社会主义的文学，我便写多了一些。

那么，拉祜族的文学是不是就没有别的什么特点了呢？不，她在形式上，在风格上，甚至在某些内容上，都还有显著的特点。例如一种充满着动乱不安的情绪，节奏较快；又如因为他们属于氐羌族群，所以，他们的文学既跟氐羌族群，特别是跟彝族、傈僳族、纳西族等有非常密切的关系，却又是一个独立的充满着民族色彩的、属于他们自己的民族文学。同样，他们又长期跟佤族、傣族、哈尼族、汉族共居相处，文学上互相影响是难免的，也是可贵的。就我所知，他们之间就你中有我，我中有你，例如关于人类跟飞鼠的翅膀换火的故事，哈尼族就有，笔者就这个题材写过一篇散文，曾发表于《边疆文艺》。类似的事不少，很难说这题材属于哪一个民族的。事实上却又各自独立，有各自不同的风格，因而也就成为这个民族文学的组成部分。因为篇幅的关系，我就不去具体论述了。

最后，作为拉祜族的民间文学集成，大部分搜集者都是拉祜族本民族的干部，或长期在拉祜族地区工作的同志，他们各自的水平不同，理解各异。但是，他们都做过比较艰苦的工作。作品力求忠实可靠，反映民间流传的真实面貌。不过这不等于一字不动。为了文从字顺，意思准确，文字、句子都要作适当修改，甚至某些混乱的情节都应作些调整。当然，我们坚决反对把口头民间文学随意乱删、乱改，增入一些搜集人或编辑者个人的东西，这是违背原作精神的不正之风。只有这样，才能保存其原貌，保存其历史的科学的价值。

1986 年 9 月 26 日昆明

论傣族民间叙事长诗

论傣族诗歌的艺术特点

——在日本大阪日本国立民族学博物馆演讲

尊敬的日本国立民族学博物馆共同研究会的诸位先生们，今天来参加集会的先生们和研究民间文学、民族学的同行们，现在就中国傣族诗歌的艺术特征阐述一点我个人的看法，请各位指教。

中国的傣族，被誉为诗歌的民族。这是名副其实的。

不久前出版的《傣族古歌谣》一书中，有一部分歌谣是反映傣族先民在采摘经济时期的生产与生活的作品，此外就是狩猎时期和农耕出现以后的劳动歌、习俗歌、祭祀歌、情歌等等，充分地反映了这个民族的古代诗歌的风貌，证明这个民族在远古时代就善于用诗歌的方式来表达他们的丰富多彩的劳动、生活以及他们的独特的民族感情。

然而，最令人惊叹的则是这个在中国只有80多万人口的小民族，竟有五百多部叙事长诗，其中包括创世史诗、英雄史诗和反映封建领主制社会的兴衰的故事体叙事长诗。这些叙事长诗，短的也在千行以上，长的则达十余万行。

这些叙事长诗本身就是傣族诗歌的一个特点，世界上很少有五百多部叙事长诗的民族，很少有用叙事长诗的文学形式来反映他们的各个不同历史时代的生活的民族，她实际上已成为这个民族的文学的主要形式。然而，就其内容和美的观念、艺术特点等仍然有她不同于其他民族的民族特点。

概括起来，傣族叙事长诗的艺术特点有四个方面：第一，是佛教的影响以及它带来的东方的诗歌美，使这个民族的诗歌具有东方诗歌的特点。第二，一直保持民间文学的主要特征的口头性，即赞哈制度的存在，使其传播手段主要以口头为主。第三，充满森林的气息，森林的美。第四，由于上述的特点融为一体，构成了傣民族的特有的民族的美。

佛教的传入，不仅给傣族带来了文字，使这个民族的文化发展进入了一个新的阶段，而且对于傣族文学，尤其是诗歌的发展起到极重要的推动作用。它一方面为傣族文学带进了在当时来说是新的思想，使傣族的作家和诗人们能用新的思想方法去观察周围的世界，从而发现和推动傣族社会的变化与发展，产生了新的题材和主题。这种新兴的为封建领主服务的佛教思想，对傣族文学（诗歌）的大发展提供了必要的条件。另一方面，它又为傣族文学、诗歌带进了新的血液，使傣族诗歌有可能吸收东方其他国家，尤其是佛教策源地印度的古老文化和民间文学的养料，使这个民族的崭新的文学得以迅速成长与发展，从而形成自己特有的艺术风格。

佛教传入之前，傣族已经有了自己的故事体叙事长诗，如描写图腾的《录允掌》（《象的儿子》）和《马海》，以及描述原始宗教信仰的《秀披秀滚》（《人和鬼交朋友》），还有神话诗《七只神鸟》等等，这些故事体叙事长诗，无论是故事、人物、语言都还比较简单、粗糙，缺乏更广阔的想象，以纪实的笔触去描述神话和传说，虽然有朴质无华的民歌风味，而且确实继承了古歌谣的传统，却使人感到缺乏感人的力量。佛教传入以后，由于外来文化的影响，傣族诗人们一方面吸收了外来诗歌的丰富的想象和表现手法，以及其他的许多优点；另一方面，也是主要方面，则是大胆地把古歌谣的朴质与后来出现的情歌糅合成一体，加上外来的养料，就使傣族的诗歌出现了一个崭新的风格，既有本民族的纪实、朴素的传统，又有其他国家的浪漫、神话式的幻想，即东方诗歌的风格和抒情，由此形成了傣族诗歌的特殊的风格，它既使傣族诗歌更美，又更确切地反映了傣族人民的感情和社会变化，使艺术获得新的生命，也就更能刻画和表达人物的性格和内心世界，因而也就更富于艺术魅力，更能感动读者。《十头魔王》又叫《兰嘎西贺》，取材于印度的英雄史诗《罗摩衍那》，却又以傣族诗歌的表现手法和他们的想象加以发展和表现，因此，成了他们自己的诗篇。像《召树屯》（《孔雀公主》或叫《鸟羽人》）这样的神话故事，被加上了一个佛教的神职人员帕拉西，就成为佛教与原始宗教（摩古拉）的斗争的故事，从而反映了佛教传入傣族地区初期的社会和思想意识的变化。

长诗《松帕敏与嘎西娜》不论是思想、人物的塑造和故事，无疑都是受到了佛教的哲学与新的佛教思想和佛教故事《叭惟先答腊》的影响。

当然，佛教已大量地利用了傣族民间文学和诗歌来宣传它的思想意识和教义，因此，在这个时期里所出现的大量的故事体叙事诗中，便出了一些几乎与故事及人物没有多大关系，或硬拉上某些瓜葛的人物，例如：我们在几乎所有傣族叙事长诗里都可以找到佛法无边的、被认为是主宰人类命运的叭英（或叫混西迦）天神和佛祖叭召古德玛，还有被描写成为圣人的帕拉西（也被译为亚细）。这些人物无疑是佛教的代表，因而被描绘成为帮助英雄人物成长和克服前进中一切艰难险阻的力量的源泉。而故事中所谓的英雄人物，毫无例外地都是国王、王后，或是王子、公主。这些人物的出现，一方面反映了傣族社会的变革，封建领主制的盛衰；另一方面也反映了佛教和傣族统治阶级之间是怎么互相勾结，互相利用又互相矛盾的关系。

然而，这仅仅是一个方面。没有矛盾，是无法构成故事情节的，因而也就无法达到其宣传佛教的目的。当然，大多数是反映了傣族社会的矛盾的，更多的作品则是把矛盾转到妖魔鬼怪、龙王怪鸟等等身上，这些实际上在世界是并不存在的角色，和佛的代表人物的斗争，不仅可以使主题思想更含蓄、模糊、笼统，而且使故事扯到天上、海洋到地狱，构成了有别于原始神话的佛教传说。

这种我把它叫做佛教传说的故事体叙事长诗，是构成这一个时期傣族文学的基本特征。创造这种带有浓厚的神话因素的传说故事的目的，显然是为了宣传佛教，让佛教去战胜原始宗教，从而去控制这个民族的精神世界。然而这一点却又恰恰真实地反映了这一时期傣族社会的变化。上面提到的叙事长诗《召树屯》，它一方面反映了佛教和原始宗教的斗争，同时又真实地反映了封建领主制出现初期这个阶级对社会产生的进步作用，从而跟原来的《鸟羽人》产生了区别，赋予它以时代的、社会的精神，不仅增加了思想性，也使其艺术境界有个极大的提高，更具有艺术魅力。同样，当封建领主制社会走向腐朽没落之后，又出现了《千瓣莲花》《红宝石》《七头七尾象》和庞杂的《阿銮》故事体系叙事长诗。这些叙事长诗，一方面揭露了国王的贪婪与残暴，另一方面，那些混西迦、叭召古德玛、帕拉西等等神佛们又去扶植新一代的国王了。

当然，佛教也无疑成了傣族社会发展的思想障碍，于是便出现了完全没有神佛和妖魔鬼怪的，甚至是反佛教的悲剧叙事长诗。《宛纳帕丽》就是一个最好的例证。

傣族诗歌的另一个特点，是始终跟“赞哈”（歌手）的制度分不开，这就不仅使它保持着与民间文学密切的关系，而且由于依靠民间歌手来传播。因此，使傣族文学尤其是诗歌，始终受到人民的喜闻乐见，变成了人民的精神财富。

文字产生以后，按一般的规律，应该逐步转为以文人文学和文字文学为主，但是，由于南传上座部佛教的自利性，只把文字限于佛寺内部应用，加上因为没有普及教育，认识文字的人仅限于佛爷等少数人。因此，其文学作品便一直停留在手抄的阶段。用文字传播就受到了极大的限制。于是，只好仍然利用原有的歌手，用口头演唱的方法，作为文学的传播手段。这就使傣族文学出现了一个十分特殊的情况：一方面，诗人们能利用文字进行创作，记录口头创作，从而开始跨进了文人文学的阶梯；另一方面，又因为没有报刊，印刷术不普及，因此依然以口头作为传播的手段。

口头性，这个民间文学的基本特征，其意义是多方面的。它一方面使其文学始终与人民保持着密切的关系，使这种文学不仅通俗易懂，文字口头化，适用于演唱。而且就其内容，也必须使广大听众能接受，使他们喜闻乐见。另一方面，赞哈既是文学的传播者又是创作者、作家、诗人。有许多叙事长诗，都是赞哈根据民间故事编为唱词，然后用文字记下，成为一首叙事长诗，即用文字创作的叙事长诗。由于口头流传，在赞哈演唱的过程中，必然会产生变异，赞哈一方面必然吸收人民的意见作为养料，大量吸收人民的语言；另一方面赞哈为了适应群众的需要，他们自己也必然在演唱过程中不断修改、充实、完善，再经过文学传抄人的修饰，成为手抄本。如此反复，就使傣族文学保持了民间文学的另外两个特征，即集体创作和作品的变异性。这就是使傣族的叙事长诗没有署名作者和许多手抄本之间内容和文字都存在差异的一个重要原因。因而也就使傣族诗歌始终保持其民族性和人民性。

由此，我们一方面从中知道傣族的赞哈在发展傣族文学，尤其是诗歌中的重要作用。另一方面又使傣族文学始终保持着民族的、人民的美的价值，因而也就使我们了解到，诗歌为什么成为傣族文学的主要形式。当然，这种形式也有其极大的局限性。例如，文化始终无法普及和发展，特别无法通过文字更多地吸收外来文化等等，就不多谈了。

第三个特点是傣族诗歌充满着森林的气息，森林的美，充满着傣族人民的生活气息。

世间传说天上有仙境
美丽的彩云缭着大树
像彩带飘绕着仙女
多情的手轻抚着森林的心

傣族的英雄史诗《相勐》把森林比做天上的仙境，这是很准确的。就是这部史诗，把相勐与婻西里总布的爱情放在深山密林里。像这样的描述树林美的作品，俯拾即是。叙事长诗《占响》描述森林里的鹦鹉传情，真是太动人了；其次，在许多长诗里都描绘了一个叫巴音麻板森林的故事，最突出的就是《十二头魔王》，美丽的天女西拉就是在森林里的美人树里转世的。至于关于森林里金湖的故事，森林里神鹿的故事，森林里神鸟的故事，森林里帕拉西的故事，森林里狩猎的故事，森林里采摘花果的故事，就太多太多了。

傣族，对于森林，确实有一种特殊的感情。这是因为他们世世代代都居住在那“绿色的世界、红色的花蕊”之中的缘故。森林，就像母亲似的抚育着傣家的一代又一代；森林，不仅给他们以温饱，也给他们以欢乐与悲伤；森林，给了他们所需要的一切。那里有他们的房屋，有他们的童年，有他们祖先的尸骨，有他们的梦；也有令他们的生活变得美好的奇花异草、动听的百鸟争鸣和淙淙作响的山泉，有美丽的孔雀，有善良的金鹿。因此，也就哺育了傣族诗人们森林美的思想意识和森林美的观念，也就很自然地成为傣族诗歌的重要的美。

老鹰叼走了凤凰
叼不走凤凰想念的森林的心
——《一百零一朵花》

像这样的诗句，在傣族诗歌中随手可拾。《召树屯》里有这样一幅美丽的图画："密密丛丛的树林里，有个镜子般的金湖碧波荡漾，美丽的凤凰在那里栖息，多情的金鹿在望着水中的情郎。"《苏文纳和她的儿子》也有这样的描写："竹筏漂过了森林，漂到了一片幽美的平坝，江两岸没有高山，葱茏的芭蕉林看不到边……这真是一个美丽的地方，正好接待美丽的姑娘，一年四季都结满果子，一年四季都有花香。"这不是仙境，又是什么呢？

傣族，是一个追求美的民族，他们不仅善于撷取其他国家、民族的美，有森林的，充满神秘的幻想的美。然而，她，这个民族本身就是美，美的诗，美的语言，美的心灵。

如果说，亚洲其他国家例如印度的叙事长诗更侧重结构的宏伟、人物的众多、场面的宏大，在方法上更重于叙述和哲理的应用的话，那么，傣族的叙事长诗则更侧重于故事的传奇、人物的感情世界的刻画和语言的美。因此，傣族叙事长诗给人最深刻的印象，就是美。美的语言、美的人物、美的诗。就连环境的描述也是美的。《相勐》一开始就这样描述故事发生地勐荷傣的：

无边的坝子翠绿如茵
淙淙的溪水绕着竹楼人家
密密的椰树顶着蓝天
高高的佛塔挂满了彩霞

环境美，一幅傣家村寨的美丽图画，然而这个图画不是画的，而是用了四句诗描绘出来的，没有美的、充满诗情画意的语言，就没有这幅画，也就没有诗，让我们再看看另一幅画吧：

河水弯弯流淌
野鸭对对双双
被惊醒的睡莲花啊
散发出迷人的清香

这是一幅活的画，它不仅使我们看见了游弋在河里睡莲中间的对对双双的野鸭，更重要的是使我们感觉到了睡莲的被惊动，而且使我们嗅到了睡莲散发的芳香，那“对对双双”的野鸭，已够轻盈可爱的了，却又偏偏“惊醒了睡莲”，又为那看不见的情侣散发出“迷人的清香”，这不正是美妙的语言构成的真正美的诗？

美的语言，美的诗，但在傣族诗人看来，更美的是人，人的高尚的品德，人的纯洁的心灵，人的崇高的思想，人的高洁的感情，才是真正的美。英雄史诗《相勐》里的英雄召相勐，诗人并不是一开始就描写他伟大的英雄业绩，却尽力去刻画他的善良，刻画他对爱情的忠贞，刻画他对人的尊敬与谦让、忍辱负重，到最后，在故事发展到矛盾的极限时，甚至直到勐荷傣的老国王要他当勐荷傣的国王，他却坚决要他的对手、敌人貌舒莱去继承，直到貌舒莱死了之后，他才返回勐荷傣当了国王，去完成他的统一大业。这种性格和品德，既是善良的傣族人民的高度概括，又是他们心目中英雄的高尚感情。因此，他成为傣族人民效法的楷模、崇拜的偶像。在傣族的叙事长诗中，被描绘得最美的则是傣族妇女的形象。《召树屯》里的婻婼娜、《十二头魔王》里的婻西拉、《相勐》里的婻西里总布、《婻京布》里的京布，都不仅相貌非常美丽，而且都是对爱情无限忠贞，有高尚的道德情操、温柔、贤淑的理想的人物形象，而且几乎所有的叙事长诗中的女主角，都被描绘成为无与伦比的美女，读了令人十分怜爱。当然，其中作为傣家妇女美的典型的，大概只有婻婼娜和婻西拉，她们是被作为美的化身、完全神化了的却又充满着人情味的美人。

再见啊，我住过的房屋
再见啊，我走过的小路

再见啊，亲爱的城市
再见啊，召树屯的家乡

当她从死亡里逃出来之后，婻婼娜对于勐板加不仅没有埋怨和诅咒，相反却恋恋不舍地在勐板加上空盘旋。无疑这是对于召树屯爱情的表现。而她与召树屯刚新婚就遇上战争，丈夫出征与她离别时，她鼓励丈夫唱的歌，已由一般的爱情升华为高尚的无与伦比的情操：

去吧，不要说时间
长椰子要十年才会结果
葵花总是向着太阳

这里，在婻婼娜的身上，忠贞的爱情已经化为对人类正义事业的支持和力量，这种看不见、摸不着的意识，不是通过诗人的说教去反映，而是通过令人怜爱的美丽的妇人之嘴唱出来的，这是感人的，其力量也就在这里。《十二头魔王》里的婻西拉，不仅在被十二头魔王擒去之后保住了她的忠贞诚挚的爱情，就是在她丈夫召朗玛获得了政权，对她产生怀疑，一定要杀她之后，她对丈夫仍然保持着忠贞不渝的爱情。

然而，傣族的诗人追求的美，并没有就此停步，在十万行的故事体叙事诗《吾沙麻罗》里，他们用诗，把美与丑这个对立的概念化为形象，提出一个大胆思想，即人的外形的美，并不是真正的美，真正的美是人的智慧、人的灵魂，并且能用自己的智慧与能力去勇敢地战胜邪恶、傲慢、愚蠢、贪婪的人，才是真正的美。这部取材于印度《本生经》里的一个小故事发展成为宏伟的诗篇，是描述一个外貌奇丑，却充满着智慧的王子，被一个称为世界上最美的他的妻子所抛弃：为了报这个仇，他受尽屈辱，最后用他的智慧战胜了企图抢夺这个美女的敌人，终于征服了傲慢的公主的故事。

到了悲剧叙事诗时代，傣族人民对于美的概念又有了进一步的发展与变化。最明显的变化是诗人们已从虚幻与抽象的概念中解脱了出来，让诗歌从天上回到了人间，从梦幻中回到了现实社会之中，从而，认为生活才是真正的美。这时的傣族悲剧叙事诗再看不见神仙都拉、看不见叭英、看不见佛祖古德玛，他们描绘和歌颂的是普通人的爱情，欢乐与幸福，诉说他们的不幸与痛苦，从而揭露现实社会中的黑暗，抨击统治阶级的贪婪与残暴，激发人们起来反抗。一位傣族诗人说：眼泪就是力量。因为眼泪是现实社会的镜子。《娥并与桑洛》《叶罕佐与冒弄养》《海罕》《婻波冠》《宛纳帕丽》等等，都是控诉封建领主制与佛教的罪恶的檄文。

是的，傣族诗歌是美的，大概这也是使它成为傣族文学的主要形式的原因之一吧。然而，悲剧叙事诗出现之后，傣族的作家、诗人们已经感觉到，仅仅有诗歌，已经不够用了，许多复杂的事物，许多有关的理论，许多科学技术，用诗歌去表现，已感到勉强和无力，就是文学本身，也需要多种多样的样式去表现。于是，在文学形式上爆发了一次革命，开始产生了散文、小说，后来又产生了傣剧、文艺理论，像《论傣族诗歌》这样的诗论也出现了。

新中国成立以后，不论是诗歌、散文、小说、戏剧、舞蹈、音乐都有个大的发展。一批年轻的傣族诗人、作家正在成长，诗歌的新的特点已露出了头角。

谢谢各位！有错误之处，请予指正。

附记：这是我在1982年访问日本时，12月2日在大阪国立民族学博物馆的演讲，后由君岛久子和新岛翠女士翻成日文，发表在1983年21期《民博通讯》上。这次收入本集，略作修饰和补充。

论傣族文学与赞哈制度的关系

傣族是我国的一个少数民族，人口约 80 万，居住于我国云南省的西双版纳、德宏、景谷、孟连、耿马、金平一带。它是一个跨境而居的族群，在缅甸、老挝、泰国以及印度支那半岛都有名称不同的傣族群。

傣民族不仅是一个历史悠久、我国最早种植水稻的民族之一，而且是一个有着光辉灿烂的古代文化，能歌善舞，酷爱和平的民族，特别是诗歌，他们自称是“诗的民族”，他们自豪地说：单是叙事长诗就有 550 部之多；德宏地区的傣族则说：仅是《阿銮》的叙事长诗就有 500 部。究竟有多少部，我们目前掌握的目录只有 360 余部，搜集到的已有 140 多部，大量的仍散失在民间。傣族的叙事长诗确实相当多，其中最长的达十万行，短的也在千行以上。事实上，诗歌是傣族人民生活的一部分。他们说：“莫米赞哈兵莫米格（没有歌唱就像吃饭没有盐巴一样，淡而无味）。”做父母的在孩子懂事之后，就要教他们唱歌，因为一出门就要跟其他孩子们一起玩，也就是歌舞。传授生产经验、生活知识要唱歌，长大了谈恋爱也要唱歌，嘴笨的人连情人都找不着。因此，人人都热爱诗歌。这种情况，是跟傣族社会中长期存在的一种叫“赞哈”的社会制度分不开的。

什么叫“赞哈”呢？赞就是会的意思，哈就是唱，甘哈就是唱歌，赞哈就是会唱的人，也就是歌手。比较后进的民族，几乎都有自己的歌手，他们的特点是几乎无一例外都是和原始宗教的巫师结合在一起，既是宗教职业者，又是歌手，也是医生。僾尼人的竜巴头在一定的历史时期还是一个头人。这样，他们不是一身三职，就是一身四任。傣族的“赞哈”跟其他民族最大的不同，就在于他已不再是宗教职业者，而是纯粹的歌者，歌唱家。除了唱歌，他们还创作诗歌，此外再没有别的任务了；其次，赞哈既然从原始宗教分了出来，成为一种独立的职业，却又不像别的民族一样成为流浪歌者、走江湖或是乞食的“歌人”，而是作为傣族社会制度的一部分，散布于整个傣族村寨。就我所知，西双版纳的所有村寨都有“赞哈”，直到新中国成立之后，“文化大革命”前，据初步不完全统计，有十余万人的西双版纳傣族，就有三百至六百个赞哈。因此，他们不是一两个人，而是一支庞大的诗歌队伍。就是说，他们通过这样一个制度，把他们所有具有艺术才华（包括创作天才，洪亮圆润的嗓子等）的艺术家都组织起来，让他们发挥自己的才能。再次，凡是被承认为“赞哈”的人，都可以免去“公役”或“负担”，封建领主制出现以后，每年举行一次赛歌，胜者被封为赞哈勐、赞哈叭、赞哈鲊，他们还可以额外分到一份田地，作为“俸禄”。这就不仅保证了他们的地位，还保证了他们的生活，在演唱时还可以收费。

他们的唱歌形式很简单，只要有一个吹筚者给他们伴奏，就不受任何场合的限制，不仅在节日里唱，贺新房时唱，而且在劳动中和劳动之后唱，在竹楼上唱，也在田野里唱。晚上，常常唱通宵。

就是这些人，创造了傣族光辉灿烂的文化，特别是创造了光彩夺目的傣族诗歌，使傣族成为一个“诗歌的民族”。

他们的功绩首先在于保存了傣族的古老文化。为了职业的需要，他们必须到处搜集古代流传下来的和当时流传于民间的歌谣，加以改造或代代相传。有人说，“赞哈”的产生就是傣族诗歌的产生。把傣族诗歌和歌手混为一谈，这是不符合事实的，也是不可能的。歌手不可能离开群众孤立而产生，它必然是从广大人民的歌海中涌现出来的。在“赞哈”还没有出现之前，傣族民间的诗歌早已存在，而且被称为群众性最广的，“随心所哈，随心所唱，不受任何约束”的“甘哈彼彼波波时代”。所以那时的歌“比树叶多”“鱼塘也装不完”。如果赞哈不吸收其中最精华的养料，他们就不可能受到群众欢迎，他们就不可能存在。傣族的最古老的歌谣之所以能保存至今，赞哈是起了非常重要的作用的。《傣族古歌谣》是我们现在所知道的最古老的歌谣，它有不少诗篇是反映人类采摘经济和狩猎经济时代的生活的。这份傣族先民们为我们留下的极其珍贵的资料，就是从西双版纳的一家三代都是歌手的人家里找到的。就我们现在掌握的情况，《傣族古歌谣》并不是唯一的古歌谣，还有不少古歌谣至今还散布在民间，即保存在广大赞哈世家的手抄本和头脑之中。

当然，他们除了搜集歌谣之外，也搜集神话、传说和故事，这些流传于民间的文学作品，不仅把傣族的古代文学保存了下来，而且对于发展傣族诗歌作出了极其重要的贡献。就他们保存的资料而言，它是使傣族出现光辉灿烂的诗歌的基础。它一方面成为再创作的资料，另一方面，也是更重要的方面是形成傣族文学的传统，加上这些众多的赞哈的聪明才智，不断地进行创作，增加新的作品，就使傣族的文学出现了江川似的“洪流”，一代一代地相传，一代一代地发展。

其次，他们是傣族文化唯一的传播者。在傣文还没有出现之前，傣族和其他后进民族一样，都是用口头相传的方法传播他们的文化。佛教传进之后，带来了文字，然而也由于南传上座部佛教的自利性，仅仅把文字作为传播佛教的工具，局限于佛寺里应用。因此，直到新中国成立，我国傣族地区仍然没有传进或者个别地方传进了却没有普遍运用印刷术，其文化（包括文学）的传播手段，除了极少数的手抄本之外，仍然是用口头讲或传唱，以唱为主，也就是把所有的文学、天文、地理、医学等等都用诗歌的形式，用口头唱的方法去传播。

这种传播方式当然是落后的，然而，因为赞哈是作为制度存在的，每个村寨都有，因此它虽然不像报纸、刊物那样传播迅速，却是非常普及的。而且，作为文学，尤其是诗歌，它仍然保持着民间文学的特征，口头性、集体性，因而也仍然存在着变异性。也就是说，通过许许多多不同气质、不同水平的赞哈，在他们演唱的过程中，根据他们的才华、生活经历、世界观和当时的心情对一部作品加以补充、删节、修改、完善，然后又用文字把它记录下来，再去传唱。如此反复，不断提高，这就是许多手抄本的内容都不同的主要原因。由于通过这种反复的传播和直接让群众考验，也就使傣族文学始终保持了它的人民性。

但是，我觉得赞哈最大的功绩是他们发展了在傣族文学中占主导地位的傣族诗歌，并且让它成为傣族人民生产和生活的工具，他们首先创作了许多以传播生产经验为题材的诗歌，如唱季节的《十二马》《四季歌》

《生产调》等。唱生产经验的《撒秧歌》《种甘蔗歌》《纺织歌》《养鸡歌》《穿牛鼻子歌》《破篾歌》等；纯粹是歌颂劳动的《挖井歌》《抬木头歌》《盖房歌》等等。这些歌，直到如今，还被当成生产的教科书。

通过他们的实践，他们不仅在内容上扩大了主题与题材的范围，而且发展了傣族诗歌的形式，即把以纪实为主的，也就是没有格律的自由体的所谓零星歌谣和后来的情歌糅合起来，成为带有浓郁的抒情味的最初的叙事诗，即所谓《“绿叶信”诗》和男女爱情的《凤凰情诗》。这些诗的特点是有勾人心弦的抒情，有简单的情节，却还没有各具个性的人物和鲜明的矛盾冲突。这些最初的叙事诗，就为未来的故事体叙事诗做了充分的准备。最后，他们便创作出来了像《录允掌》（《象的孩子》）以及《马海》《秀披秀滚》《与鬼交朋友》《七只神鸟》等最初的故事体叙事长诗了。

当然，这些最初的故事体叙事长诗还不成熟，人物刻画也不鲜明，只是到了后来，佛教传进之后，傣族长诗才慢慢成熟，但是却带有浓厚的佛教色彩。我们前面提到了500部或550部故事体叙事长诗，可以肯定都是傣族的赞哈们在这个时期的集体创作。由此，就被误认为赞哈是佛教组织中的一部分，是宣传佛教的工具。事情恰恰相反，最初，它是佛教的死对头。因为赞哈产生于傣族的原始宗教。所以，在佛教传入的初期，它是反佛教的主力军。为了说明这点，让我们先讲个传说吧：在佛教传入傣族地区的初期，有一天佛祖释迦牟尼正在讲经，这时来了个叭亚罕的赞哈拿把扇子就唱了起来，结果听经的群众都跑过来听叭亚罕唱歌了，佛祖非常生气，怒冲冲跑过来要跟叭亚罕比赛唱歌，叭亚罕同意了，并且把佛祖唱败了，佛祖恼羞成怒，就诅咒道：“你别得意，等我站住脚之后，我要你世世代代都以唱歌为生，叫你世世代代都不得出头，永远是最穷的穷人。”据说，赞哈成为祖传，同时总是出不了头，永远是穷人，就是因为佛祖诅咒过。

当然这只是个传说，我们还可以从赞哈的产生和变化去说清这个问题。有本傣文手抄本《咋雷蛇曼蛇勐》（即《谈寨神勐神的由来》）一书里记述了这样一件事：

沙罗死了，正是下雨天，森林起大风，人们个个哭，哭后人集中，围拢在大树下，搭起木架子，插上花和绿叶，绕上绿草绳，把沙罗尸体放在架上、立大树和木架为“管反”。封沙罗的头颅为“沙罗反”，选出一老人，专管“猎神殿”，负责祭猎神主，起名叫“摩反”。

沙罗是什么人？为什么会取得如此厚礼？原来，他是傣族的猎神，也是发明狩猎的傣族先民的英雄。那么，什么叫做“摩反”呢？让我再录上述那傣文手抄本里的一段话：

祖先们要去打猎，集合在“管唤”（前面），用绿叶草绳祭祀，求猎神拴住麂子，“摩”就呼天唤地，念祭神词：“今天是吉祥的日子，我们去打猎，猎神带着去。鹿魂麂魂被我们拴住，虎豹跑不脱，野猪要听话，野猫要听话，野猫、刺猪纷纷来吧，松鼠雀飞进了口袋里吧！大家走吧，猎神一定保佑你们满载而归。沙罗，沙罗反。”

用不着再解释，摩反，就是最初的巫师，他一开始就扮演着两个角色，即宗教职业者，又是歌手。上面那《祭神词》就是原始宗教最初的《猎歌》。随着原始宗教的发展，这个“摩反”便创作了带有浓郁的原始宗教色彩的许多祭祀仪式的唱词，如《祭祀词》《招魂词》《祭鬼歌》，还有歌颂后来原始宗教的代表人物，发明定居与农耕的英雄叭桑木底的《贺新房》，以及为了建立傣族社会秩序的习俗歌，如《说亲歌》《许配歌》《婚礼歌》《祝福歌》等等，最后，发展成为歌颂原始宗教最高的主宰之神英叭的《布桑该与雅桑该》，也就是傣族的创世史诗。这是傣族原始宗教最高的诗篇了，直到今天，原始宗教的巫师“摩赞”（也叫波摩）和师娘为人看病或驱鬼时，还唱这首史诗。不过，能完整地唱出来的却只有赞哈了。

可是，后来为什么赞哈又会唱出许多带有浓厚的佛教色彩的诗歌呢？为了了解这个问题，我们还得讲清“摩反”是怎样成为赞哈的。“摩反”当然并不是赞哈，他虽然唱歌，其目的是为了宣传原始宗教，因此，他的身份主要是巫师。可是，随着傣族社会的发展，农村公社出现了，“摩反”的地位愈来愈重要，最后，使他成为村社的主宰，并且开始脱离宗教。

傣族在狩猎时，以氏族为单位，那时只有一个氏族长或首领，叫盘巴，就是最有经验、最有威望的长者。然后出现了摩反。渔猎社会的出现，又出现了负责渔猎与水利的盘滴，祭摩也发展成为行政管理及思想主宰的盘赞。这三个巨头组成村社的“议会”，这是村社最初的权力机构。在这三个巨头中，盘赞成为首脑。地位的变化，权力的作用使他慢慢脱离了劳动阶级。随着农业经济和手工业生产的出现与发展，产生了自给自足的经济，一方面专管狩猎的盘巴已失去势力，盘赞则成了波曼（寨父）和专管村社事务（包括会议、各户公务、分田等）的咩曼（寨母）。另一方面就必须有进一步的分工。于是产生了摩雅（医生）、波摩（巫师）、赞哈、赞列（铁匠）、赞埋（木匠）等等不完全脱离农业生产的匠人。他们除了可以获得同样的一份土地外，还可以不必负担公共事务劳动。

这就是说，原来的摩反已分化成为头人、医生、宗教职业者和歌手。赞哈从原始宗教中独立出来，成了专门唱歌的半职业歌手。

封建领主制出现之后，虽然宣布：“浦召领召（水和土都是领主的）”，但是，他们却沿袭了农村公社的所有制形式，表面上土地仍由村社分配（即所谓“寨公田”），却把好田全都变为“纳召片领”“纳召”“纳波朗”“纳道昏”，再交给农民耕种，叫做“纳广（负担田）”，把这负担田跟公共事务劳动混为一谈，加上傣族居住的地广人稀，因此，没有引起农民的反抗。后来，他们又加上了凡分了田的都要负担“黑役（劳役地租）”。封建领主几乎全部保留了村社议会制，慢慢又改为叭、鲊、鲩两者并行。赞哈制度不仅被保留了下来，还规定要为封建领主歌功颂德，每次唱歌的歌头都必须唱一句“召喟召……”颂扬封建领主恩德的唱词。接着又进一步把赞哈提为一个社会制度，勐有“赞哈勐”，乡有“赞哈叭”，寨有“赞哈鲊”等等。每年举行一次赛歌会，把全勐最会唱歌的赞哈封为赞哈勐、赞哈叭等等，并且给予俸禄田。这样，赞哈制度发展了，同时就成了封建领主制的一个组成部分，完全控制了赞哈。

佛教的传入，尤其是跟封建领主结合之后，他们把所有7岁以下的男孩都送进佛寺当和尚，教他们读傣文，这些男孩长大还俗之后，绝大部分成了知识分子，他们叫“康朗”。这些康朗很多又成了新一代歌手。

他们在佛寺里不仅学了文字，而且接触到以许多国家的民间文学为主要内容的“经书”，特别是印度文学，对于新一代赞哈影响很大。这就是说，佛教不仅给傣族带来了文字，而且也培养和提高了傣族歌手的文学水平；使他们不仅有可能直接吸收外来先进文学的养料，而且可以利用大量的外来的民间文学作为创作的素材进行创作。我们知道有一些傣族的故事体叙事长诗的素材都来自印度的《本生经》，如被称为傣族五大诗王的《吾沙麻罗》就是《本生经》里的一个简单的故事。有些作品却直接根据印度的作品作为题材加以重新创作，《兰嘎西贺》就是来自印度的著名史诗《罗摩衍那》，它不仅使这部名著的主题思想发生了变化，成为佛教与原始宗教斗争的作品，而且人物故事也有较大的变化，尤其诗的风格也完全与印度诗的风格迥然不同。无疑，这是再创作。

应该承认，傣族文学，尤其是诗歌的全盛时代，是佛教传入之后，到七八世纪以后，培养起新的一代赞哈之后才出现的。这样，我们就极易理解，为什么傣族的故事体叙事长诗都带着浓郁的佛教色彩的原因。然而，同样我们也不能因此又得出一个相反的结论，把傣族文学看成是佛教文学。不论如何，这些赞哈可能是虔诚的佛教徒，但他们首先是傣族的劳动人民和知识分子的结合，他们跟傣族人民有着非常密切的关系，他们熟悉傣族人民的生活，熟悉傣族社会，他们有傣族的文学传统。因此在他们初期的作品里，固然吸收了佛教带来的神话色彩，但佛教思想对他们的影响却不是很严重的，如《相勐》《召树屯》就是例子。更重要的是这些作品里虽然受到佛教思想的影响，以神和国王作为人类社会的主宰，以妖魔怪鸟作为陪衬，然而它却仍然反映了傣族社会。《相勐》和《召树屯》固然反映了作为新兴阶级的封建主的进步作用，而庞大的被称为《阿銮》的叙事长诗，实际上则反映了封建领主制社会走向没落时国王的贪婪、冷酷和残暴，人们的痛苦和愿望——能出现一个有福的勇敢而又来自人民的新的国王。

我们觉得，特别是15世纪至17世纪以后，傣族文学出现了悲剧叙事诗时代。《宛纳帕丽》《婻波冠》《葫芦信》《娥并与桑洛》《叶罕佐与冒弄央》《海罕》等出现之后，在傣族知识界掀起一个以反封建领主和佛教的思想浪潮，他们写了许多揭露佛教的欺骗性和虚伪性的作品，以手抄本的形式在秘密流传。这就证明，赞哈作为傣族知识分子的代表，他们不是属于佛教的，而是属于傣族人民的。

新中国建立以后，中国共产党十分重视傣族的赞哈，在20世纪50年代就派专人帮助他们，因此，在1959年，西双版纳的歌手康朗甩写出了《傣家人之歌》，十多年拒绝演唱的老歌手康朗英写出了《流沙河之歌》，被称为“那波（最有学问的人）”的老歌手波玉温写出了《彩虹》，一时风行我国文坛。60年代初，另一个德宏的老歌手庄相写出了长诗《幸福的种子》。同时建立了赞哈自己的组织——赞哈协会，准备通过他们自己的组织整顿、改造，重建赞哈的基层组织，使他们成为傣族新社会的制度，发挥他们的作用。不幸“四人帮”把他们认为异端，说是封建社会的爪牙，使傣族文学停滞了十年。粉碎“四人帮”以后，已出现了一个新的局面。

1982年11月

（原载日本《云南の民族文化》）

傣族长诗《召树屯》

傣族长诗《召树屯》，又叫《召树屯与婻婼娜》，在德宏傣族地区又叫《婻兑罕》，是一部在我国傣族地区家喻户晓的叙事长诗。同时也作为民间传说故事在广大群众中流传。1956 年翻译成汉文，先后由作家出版社、人民文学出版社、云南人民出版社出版，曾被作为国庆十周年的献礼作品。后又被翻译成英、俄等文字，是一部在国内外都有影响的作品。

一

这部作品的故事，通过佛教的传播，在亚洲各国，尤其在东南亚诸国流传很广。印度、斯里兰卡、缅甸、泰国、老挝、日本都有流传，各国的叫法也大同小异，如印度叫《树屯和曼诺拉》、泰国叫《素屯与诺娜》或叫《娘诺拉》、老挝叫《树屯坡别》，意思是坐着弩箭飞越喜马拉雅山的树屯，我国西藏也有流传，他们叫《诺桑王子》。

除了叫法不同之外，故事内容也有差异，随着故事的差异，人名地名也不尽相同。譬如印度的《树屯和曼诺拉》讲的是哈斯金纳普国的国王舒巴胡的儿子树屯的故事，有一天他奉父王之命去参加邻国的盛大祭祀活动，因为这个国家的风俗是要捕捉人间一切能见到的生物作为他们祭祀的牺牲品，结果鸟国公主曼诺拉也被捉来了。树屯来到这个邻国见到了曼诺拉，立刻被她的美丽所吸引，曼诺拉也很喜欢堂堂仪表的树屯，两人一见钟情。树屯便用禁止杀生的佛教教义说服了国王，把所有百姓献来的生物都放了。树屯和曼诺拉相爱，并把她领回哈斯金纳普国。可是，国王舒巴胡非常生气，就把树屯关了起来，又把曼诺拉撵出国门。曼诺拉飞回喜马拉雅山的途中遇见一个猎人，她把她的不幸告诉了猎人，猎人很同情她，她就把自己的戒指留下，告诉他，如果树屯来找她，请他把戒指交给树屯。猎人同意了。不久，树屯果然来追赶曼诺拉，在猎人和隐士的帮助下，他到达了克来拉特山的尼拉季城市，见到了鸟王德鲁马。鸟王很高兴，便为他们举行了盛大庆宴，夫妻团圆，又回到了人间。

在泰国、老挝和缅甸，这个故事已成了佛教的故事。他们不仅出了各种书，而且把这些故事画在佛寺的墙上，他们说：树屯就是佛祖释迦牟尼的转世。但是也有就树屯与曼诺拉结婚时订了一些禁律，因为树屯在结婚后违背了禁律，曼诺拉又变成孔雀飞走了。但在泰文版《树屯和曼诺拉》讲的却是这样一个故事：在北潘杏拉国的东边有一个莲花池，这里住着那伽族国王乔姆普契特，他庇护着北潘杏拉国的臣民过着和平的生活。北潘杏拉国的西边有个叫马哈潘杏拉国家，这个国家因为大闹饥荒，许多人都逃到北潘杏拉国去了，马哈潘杏拉国的国王就决定把那伽族国王捉来，驱逐旱魔，使他的国家也富裕起来。马哈潘杏拉国的国王请来了一个懂魔法咒语的婆罗门，叫他去活捉那伽族国王。可是，猎人崩塔里克救了那伽族国王，把婆罗门打死了。那伽族国王为了酬谢猎人，要把他的一半财产送给他，但猎人谢绝了。

猎人在基码汪特树林打猎时遇见了卡什雅普，他告诉猎人，鸟姑娘常来那莲花池洗澡，洛伽山国国王杜马拉特的女儿曼诺拉也常来。猎人决定要把曼诺拉捉来，便向那伽族国王要了一根有魔力的套马索，终于套住了曼诺拉，他却把曼诺拉送给了北潘杏拉国的王子树屯。

树屯和曼诺拉便成了夫妻。不久，树屯出征了，北潘杏拉国国王阿提嘉旺做了个噩梦，他决定把曼诺拉拉来当祭品，曼诺拉飞走了。树屯回来后不见了妻子，便马上去寻找，走了七年七月零七天，到了洛伽山，与妻子团圆了，回到了北潘杏拉国。

这个故事更接近于我国的《召树屯》。缅甸这个故事的情节也差不多，同时这些国家如泰国已把这个故事编成戏剧、舞蹈，不少文人还把它写成长诗等。但是，在我国傣族地区关于这个故事却有许多不同的传说。德宏地区的《婻兑罕》把女主角婻兑罕和召叔添说成是两人在天上就是一对相爱的天神，投到人间之后结成夫妇。西双版纳勐海的《召树屯和兰吾罗娜》则把勐董板的国王描绘成为吃人的披雅，当召树屯去到魔国勐庄哈寻找妻子时，魔王要吃他，几次都是妻子兰吾罗娜帮助脱了险，最后把《泼水节的传说》里杀魔王的故事移过来，由其妻子告诉他，用“魔针”杀死了披雅，两人才重新团圆，回到了勐海的。

此外，在西双版纳还有一个叫《召洪罕与南拜芳》的传说。德宏地区有个叫《召西纳》的传说，故事差不多，说的是在森林里有个美丽的金湖，每隔七天就有七个人头鸟身的姑娘来洗澡。这附近的山洞里住着个蜘蛛精，见七个姑娘长得很美，就想把她们捉来做它的妻子。它经过长期的观察，发现她们都穿着孔雀衣才能飞。有一天，它趁她们正在洗澡时，把她们的孔雀衣偷到山洞里藏了起来，她们上岸不见了衣服都急得哭了。这时蜘蛛精化为一只小白兔向她们点点头，领着她们进山洞里去找。当她们进了山洞时，蜘蛛精便吐丝把洞口网了起来，它以为七个孔雀姑娘再也出不去了，便决定去邀约它的朋友，晚上参加它的婚礼，便走了。

七个孔雀姑娘找到了孔雀衣，当她们飞出来时，全都撞在蜘蛛网上了。她们知道上了当，便都急得大哭起来，这时，猎人召洪罕从森林里打猎出来，听见有女人的哭声，就走过来，砍断蜘蛛网，把她们救了下来。七个姑娘感激他的救命之恩，便一起跪下来，表示情愿做他的妻子，服侍他一辈子。召洪罕说：他一个人打猎养不活她们七个人，为了感谢她们的诚意，他选了她们中最小的姑娘南拜芳，并且当下就成了婚。送走了六个姐姐之后，召洪罕就领着南拜芳回家了。

蜘蛛精回来不见了孔雀姑娘，很是生气。闻闻有人的气味，便闻着人的气味朝着召洪罕走过的路追去。这时天已黑，召洪罕夫妇正在一棵树下睡觉，他们睡得正香时，蜘蛛精赶来了，抱着南拜芳就走，南拜芳喊起来，把猎人喊醒了，他便跟蜘蛛精展开了一场生死搏斗，最后，蜘蛛精咬了召洪罕一口，并且把它的毒全放了出来，召洪罕便被毒死了。

南拜芳又成了蜘蛛精的俘获物，因为丈夫被咬死了，她心里非常痛苦，她一面哭，一面想着为丈夫报仇。在他们快到山洞时，南拜芳看见路旁边有一塘水，一只青蛙咚的跳进水里，立刻启发她想出了一个计策，便对蜘蛛精说：“我是个弱女子，已被你逮住，再没别的办法，只好做你的妻子了，只是，你的头那么脏，我们怎么成婚呢，这路边有个水塘，你快把头洗洗，我们再高高兴兴地举行婚礼吧。”蜘蛛精听了非常高兴，便笑嘻嘻地走到水塘边去准备洗头。南拜芳又说：“你蹲下来，我帮你洗吧。”蜘蛛精更是高兴了，便顺从地蹲在水塘边，低下了头，让南拜芳给它洗。南拜芳装着给它洗，趁它不注意，用力把它推进了水塘，蜘蛛精被淹死在水塘里。

南拜芳又立刻奔回到丈夫的身边，见丈夫已再不能活了，便痛哭了七天七夜，她一边哭一边去采了许多野花，撒在召洪罕的身上。到这里，《召西纳》和《召洪罕与南拜芳》产生了不同的情节，前者说南拜芳找到了一个佛寺，拜见了修行和尚帕拉西，帕拉西用仙水救活了召西纳，又祈求天神叭英用飞车把他们夫妇带上天去了。后者则是说南拜芳真诚的爱情感动了天神，天神救活了召洪罕，使他们夫妻得以团圆。

这类鸟姑娘型的故事，很早已在我国内地广泛流传了。皇娥的儿子昊，是皇娥经“相风鸟”为媒与白帝之子爱情的结晶，后来少昊建立了一个鸟的王国①。“天命玄鸟，降而生商”，说契的母亲简狄吞了燕子蛋才怀孕的②，燕子的子孙伯盖驯服了百鸟后，舜帝把姑娘嫁给他，成了鸟身人语的鸟俗氏的故事③。类似的还有五彩凤，凤凰鸡的故事等，在我国的古代传说中实在太多了。《搜神记》卷十四有《毛衣人》的故事，抄录如下：

> 豫章新喻县男子，见田中有六七女，皆衣毛衣，不知是鸟，匍匐往，得其一女所解毛衣，取藏之，即往就诸鸟。诸鸟各飞去，一鸟独不得去，男子取以为妇，生三女。其母后使女问父，知衣在积稻下，得之，衣而飞去，后复以迎三女，女亦得飞去。

这个故事虽然很简单，看起来很像《召树屯》故事的雏形。据说，“豫章新喻县”属过去的荆州。汉武帝所置十三刺史部之一，辖境约当今之湖北、湖南及河南、贵州、广东、广西等省区。《尔雅·释地》一书云：

① 袁珂：《中国古代神话》，第76、146、220页。
② 同上。
③ 同上。

“汉南曰荆州”。汉，指汉水。这样说来，这个传说很古时就流传于中原一带了。如果说，按傣文史籍记载，我国傣族是从北方“冷森林”迁徙南下的，那么，这个简单的传说就跟《召树屯》的传说有姻缘关系。

二

然而，同一类型的故事，并不等于是同一个作品。由于民间文学的变异性，像这个鸟故事型流传到各个民族或各个国家，就已经变成为许许多多不同主题的故事，因此，它的主题思想也就起了巨大的变化。

先让我们看看印度的《树屯与曼诺拉》吧。比较起来，这个故事一是没有金湖，不是树屯自己获得曼诺拉的；二是没有战争；三是因为他的父亲国王舒巴胡把他关了起来，而把曼诺拉撵出京城，才使树屯去寻找的。这样，故事的重点很自然就落到了树屯用佛教教义不能杀生的道理，去说服邻国西姆哈普尔国王舒坎德里马不要杀害曼诺拉。显然，这是佛教为了宣传其教义，把这个故事改头去尾的结果。而树屯的父亲之所以不同意他们结合，是因为树屯不理国政，整天跟曼诺拉厮混的缘故。树屯出狱后去追赶妻子时，又是得到隐士和猎人的帮助，由猴子指点，才到达鸟国的。一位研究东南亚各国文学史的人也说：“显然，这个不知从哪里借来的情节，由《马哈瓦斯特》的编者用宗教精神加了工。比如，在故事中占重要地位的是：祭祀准备工作的描述，王子关于佛教实质的宣传，而对主要情节却较少注意。”①

泰国的《娘曼诺拉》故事跟《召树屯》差不多，但是，它主要是强调了北潘杏拉国与另一个国家马哈潘杏拉国跟水中的神灵那伽族的国王的关系。由于北潘杏拉国对那伽国的尊敬，所以他庇护着北潘杏拉国的臣民过着风调雨顺的日子，并且帮助猎人捕获了曼诺拉，而猎人又把曼诺拉送给了树屯。后面的故事则比较笼统、简平，就故事情节来看，比起印度的故事虽然复杂了，所反映的思想则要更古老一些。作为神龙的那伽族国

① 〔苏〕弗·柯尔温夫著：《泰国文学简史》，第44页。

王，无疑是属于多神教的一种。然而，却又牵强附会地把树屯说成是释迦牟尼的转世。这一点，在后来的泰国诗人把这个故事改写为长诗时，诗人就公开宣称：“作此诗的目的在于传播佛教；颂赞国王功德；表示作者忠心。”①

没有佛教影响的故事，只有我国傣族地区流传的《召洪罕和南拜芳》和《召西纳》，以及流传于我国中原的《毛衣人》。

《召洪罕和南拜芳》的故事虽然也是描述了他们之间的爱情，但是，更多的却是描述了蜘蛛精和召洪罕对南拜芳的争夺与占有。如果说，猎人召洪罕是一只金色的老鹰（洪罕：傣语就是金色的鹰），那么，就是这只鹰飞翔在浪花的上空（《召西纳》的男主人也是猎人，女主人南慕雷则是山花的意思）。无疑这是一首歌颂猎人的善良与勇敢的故事（这跟流传于其他国家里的这个故事中的猎人是相通的。也就是说那些故事中的猎人就是从这里发展变化的）。是不是可以肯定，这个故事是反映狩猎社会的呢？我以为是可以肯定的。猎人就是那个时代的主人，是征服自然的英雄。那么，蜘蛛精又是代表了什么呢？无疑蜘蛛精是丑恶的形象，它应该就是阻止人类获得美好生活的不可知的邪恶势力的代表。就是说，在这个故事里，已经反映出了傣族人民追求美好的理想的高尚品德了。因此可以说，这还是反映人和自然的斗争的作品。

我国流传于中原的一些鸟的故事，许多都是图腾的故事。《毛衣人》仅仅是一个幻想故事，如果一定要说它的主题的话，那就是说明一个人不可去追求幻觉的东西，这些东西，即使你一时获得了它，它也仍然会飞走的。

叙事长诗《召树屯》的主题思想是什么呢？

男主人公召树屯获得美丽孔雀公主婻婼娜，我们接触到的大体有三种方法，一是由盘巴（猎人）捕获之后，送给王子召树屯的，这点是跟泰国的传说一样；第二种方法是由召树屯的朋友猎人领着他去，在神龙的帮助下（即泰国的那伽国王，但不是给他有魔力的套马索，而是告诉他，只要拿孔雀姑娘的孔雀衣就行了）获得的；第三种是他自己在打猎时发现后，

① 泰国诗人帕技技塔里著：《帕素屯堪禅·前言》。

由于他曾救过神龙的命，神龙把获得婻婼娜的爱情的方法告诉他，在金湖边两人建立了爱情，回家之后成婚的。这三种方法所反映的社会是不同的。第一种方法反映出来的王子和猎人的关系显然是统治者与被统治者的关系，在封建领主的所谓“召领浦领”（即“土地和山河都是封建领主的”）的所有制下，百姓打着的野兽的一半和捕获水里鱼的一半都要送给封建领主，否则你以后就再也捕不着野兽了。这是一种什么关系，不说明也很清楚了。可是第二种，猎人却是王子的朋友，而第三种王子本身也是猎人。然而，不管是哪一种，长诗都企图描述歌颂召树屯与婻婼娜的坚贞的爱情。尤其是第三种方法，从金湖边建立爱情起，直到在勐董板团圆，其间经过战争的考验，死亡的考验，追赶途中的种种困难的考验，勐董板国王叭团的三次考验，都是围绕着召树屯对婻婼娜的爱情和婻婼娜对召树屯的爱情。

然而长诗《召树屯》的主题不仅仅是爱情，作者是把婻婼娜当成美的化身来追求的。所谓美的化身，不仅仅是婻婼娜以及七姐妹的外形美，而且是描述了婻婼娜内心的美。在金湖旁边，表现出了这位傣族妇女的温柔而善良的美，而在战争爆发之后，从她身上所迸发出来的则是大义凛然，以国家与人民的利益为重，忍痛牺牲了暂时的夫妻幸福，鼓励丈夫去出征，叮咛他要英勇作战，不要被士兵用斜眼看他，同时又安慰丈夫：

去啊，不要说时间长
椰子要十年才会结果
葵花总是向着太阳
你一定会得胜
欢乐的日子会像青松一样

这是多么高尚而又深厚的爱情啊！同样，召树屯对婻婼娜的感情也是纯洁、高尚而又深厚的：

大树倒了会惊散鸟群
灾难会伤害人的生命

我啊，不能不离开心爱的人
但是，我的心将永远在你身边

最令人断魂的是婻婼娜在刑场和起飞上天之后，以及召树屯胜利回来不见了爱妻和追赶妻子的那些描写。“召树屯回来的时候，请为我向他告别，倒了的松树还有根，枯了的青草还会再生。”然后她飞向屋顶，盘旋在勐板加的上空，掉着细雨般的眼泪，默默地向召树屯的家乡告别。她飞进了远远的云层，又飞回到勐板加的上空，再次向勐板加告别。仿佛她掉落了东西，仿佛她忘记了金簪。“当她飞到他们初恋的金湖时，她已痛苦得再也没有力量远飞。”这是缠绵、悱恻令人伤神的爱情啊。同样，当召树屯的父亲劝他另娶妻室时，他坚决地回答：“只要我还有一口气，我就会去寻找婻婼娜。”当帕拉西也阻拦他去勐董板时，他唱道：“所有的姑娘和我都没有姻缘，请你把婻婼娜的话说完，我相信，她还留给我一颗心。”他和婻婼娜一样，坚信婻婼娜是爱他的。由于这种互相信任，也就是爱情，才使他们产生了无穷的力量，去战胜种种困难，终于获得了团圆。

这种爱情是惊天地而泣鬼神的。这种心灵的美、人性的美，正是傣族人民的理想。

然而，不仅仅是如此，实际上长诗已为我们刻画出了一个乌托邦的模式。我们看看诗人是怎样描述勐董板的吧：在那里“阳光铺满地，花朝她开放。女人们穿着五彩绸缎，身上的珠宝闪闪发光”。这是因为：

勐董板是个好地方
遍地开鲜花
满山是牛羊
来往的人都骑着大象

这种富足的景象，正是人们千万年来所梦想的。在那痛苦的年月，这种景象只能在很远很远的，“在那云雾缥缈间”的孔雀国才能找到。但是，诗人在找，因此塑造了一个出生在出圣贤的地方——勐板加的英雄召树屯，把希望寄托在这个英雄的身上，希望他能给百姓带来风调雨顺的好

太阳从树林里伸出头
呆呆地望着我写这个故事

长诗一开始就让我们看见茫茫无垠的原始森林，接着我们又看见绿茵丛中的竹楼，那位诗人就坐在凉台上写他的诗篇，在他的旁边那棵像伞一样的菩提树上，群鸟正在欢跃。啊，他的诗呀，就像片片彩霞在天空中飞翔。这本身就是一首很美的诗。

是的，长诗并没有大段大段地去描述森林，然而却在每一节中使我们闻出了森林的芳香。就让我们看看最枯燥的第一节吧，这是介绍召树屯出生的一节，当然是很难联系到环境的，更谈不上跟森林联系起来了。可是，诗人却处处都洋溢出对森林的热爱，他一开始就把召树屯跟在森林里奔跑的金鹿联系了起来，接着是“生得最直的树容易遭受风吹雨淋”“幼苗长成树”“他的心像麂子般善良”，然后他又骑着马“在森林里追逐金鹿”，同时又把他跟神龙跟湖水联系了起来。显然，这一节，诗人已经把召树屯描绘成为森林的儿子了。只有森林之子才是勇敢的。召树屯傣语的意思是山野的猎人之意。

长诗描绘森林的美不是直接用白描的手法，而是通过诗的意境和人物的活动及感情去烘托的。比方说，长诗描绘森林里的金湖：

从竹林中跑出一个猎人
骑着马拿着弩箭
他追逐着一只金鹿
从树林里追到湖边

接着，诗人并没有去直接描写金湖，却用两句诗去衬托出金湖的美：

落日把他的影子送到水面
惊动了七朵浮莲

立刻就使我们看见了七个孔雀姑娘在湖里像浮在水面上的莲花似的游

泳情景。用孔雀和莲花就把金湖的美勾画了出来。无疑这是一首美丽的诗。接着又进一步用她们的欢乐的感情去渲染金湖的美：

笑声泛起波纹
花朵漂向湖心

这已经不是去描述金湖的美，而是反过来用金湖的美去烘托孔雀姑娘的美了。同时通过这些美的描绘，我们似乎听到了召树屯心跳的声音。我们看见他在湖边悄悄地爬到堆放孔雀衣的地方的姿势。当他拿到婻婼娜的孔雀衣时，情绪突然反了过来，召树屯放声歌唱了，而孔雀姑娘却慌慌张张奔上岸去寻找各自的孔雀衣了。于是，我们看见了：

婻婼娜慌忙躲进花丛
婻婼娜的手啊
被谁轻轻地牵动

这是描写金湖的美？是描写人的感情？还是一幅情景交融的美丽的诗？我们实在很难去区分。然而这正是长诗《召树屯》的美，也正是傣族诗歌的美，表明傣族诗歌的艺术技巧的娴熟。

然而，这些描写并非是诗人的目的，他的真正的目的是为了用这些美的诗去歌颂召树屯和婻婼娜的爱情。

召树屯的歌声
像一只蜜蜂落在婻婼娜的心上
她望着湖水
又羞又喜地低声歌唱

他们的感情慢慢地融在一起了：

你看见没有

湖边的花为我们开放
林中的鸟也为我们歌唱

于是我们看见一对情侣，手拉着手，沿着湖岸，像一对凤凰一样漫舞低唱。森林里的爱情多么纯洁、高尚啊，却又多么带着森林的神秘啊。人，竟然跟森林里的孔雀发生了爱情，这就是森林给予傣家人的幻想。

我们在上一节里谈到了召树屯和婻婼娜的心灵的美，那么，诗人是用什么手法去刻画和描绘他的人物呢？如果允许我用我自己的一种说法的话，那么，我把这叫做森林的艺术表现法。

上面我已经谈道，森林，特别是原始森林之所以给人一种美的印象，我想除了那种生气勃勃的气象之外，令人最难忘的是森林的变幻莫测和茫茫林海中的许多珍禽异兽以及其他一时还不可知的事物给人以神秘之感。这种感觉又往往给人以种种幻想。幻想，正是诗的灵感。我这样说时，也许会有人指责，你是把诗神秘化了，难道诗是可以离开现实的吗？对不起，请允许我把话说完吧。我还是觉得缺乏幻想的诗人是写不出什么好诗的。婻婼娜这个形象，如果没有森林给诗人以广阔的幻想天地，没有对森林的熟悉，不但不可能塑造成功，而且根本想象不出这样一个完全符合他的主题思想的优美的形象，更想不出那个在“云雾之间”的孔雀国。因此，可以说长诗《召树屯》的成功，应该说这是一个重要因素。然而，即使像婻婼娜这样从幻想中产生的形象，也并没有脱离现实世界，婻婼娜这样的性格并不是一种神怪的、不可捉摸的、庸俗低级的尤物的性格，恰恰相反，她虽然是一只孔雀的化身，却是傣族妇女的思想感情和性格及心灵与外形最集中的概括。傣族妇女的善良、温柔、忍让、大方、有主见、沉着、刚毅以及心灵与外形的美，都通过她这个形象充分地反映了出来。因为森林本身就是存在，何况森林里正居住着傣家及其他兄弟民族。因此，幻想和现实是不能分开的，如果把婻婼娜描写成纯动物的孔雀，或者是森林里别的什么怪物，那么，这个形象就毫无价值。在这个意义上说，幻想是建立在现实的基础上的。

让我们再看看召树屯这个形象吧：召树屯当然是一个猎人，他的诚实性格是很富于森林里的猎人的性格的。当他向婻婼娜表达爱情时，他是如此坦率，豪爽地唱道：姑娘啊，我不是狐狸，不会吃小鸡，我不是老虎，不会伤害人：

我是勐板加的一只丑鸭
我是猎人的一枝秃箭
我是田野上张望的鹭鸶

他甚至抱歉地咒骂自己“像一只粗野的狼，我像无礼的暴君，我的心啊，像金鹿一样善良”。只几句话，就把猎人那种豪放、坦荡的性格勾勒了出来。森林的现实正是如此。然而，在召树屯身上也处处充满幻想的成分，人怎么可能跟孔雀成婚呢？在他去追赶妻子的途中就更加发挥了诗人的幻想，而克服这些艰难险阻就更加充满着幻想。巨蟒真能让他渡过黑河？神箭能射开旋转的巨石吗？这一切都说明是森林给予了诗人以幻想的翅膀，才可能把这两个森林的儿女刻画出带着浓厚森林气息的形象。

用现在的语言来说，浪漫主义和现实主义相结合的创作方法，是傣族诗歌最恰当的特征。她所表现出来的就是森林的气息。

最后，还有一个强烈的森林语言。亚热带的森林往往突然来一阵暴雨，一时云雾遮天，森林全被罩住，一会又突然刮来一阵山风，把暴雨吹得无影无踪，顿时万里无云，天高气爽，蓝天照人，使人看不尽森林的美。《召树屯》里全都是真正的诗的语言，它干净、爽朗，十分形象，而且变幻莫测。当然，这跟诗的结构也有很大关系，跳跃性大，集中一个情节着力加以渲染。然而如果没有简洁、形象的语言，是不可能完成的。傣族诗歌语言的一个突出的特点，是比与兴的分量非常重。尤其是比，几乎每组诗都有，而且这些比喻几乎都跟森林紧密地联系着，如“心肠像麂子般善良”“像一条神龙”“最鲜艳的花朵”“美丽的凤凰”“秃箭”“眼睛像明珠”“像一只粗野的狼”“菠萝的滋味”“含羞草”等等，简直不胜枚举。用其他事物来烘托的例子也一样俯拾即是。如：“常青的菩提树啊，每一片叶子都是有情人的心”“最好看的玉不幸有斑痕，长得最直的树容易遭受风吹雨淋”“没有翅膀的鸟不会飞，没有鱼鳍的鱼不会游泳”“想吃鱼的翡翠鸟总是蹲在水边，蝙蝠一看见佛寺就绕着飞转”等等，我们上面已举了很多，就不必过多地再举了。加上本来的语言就非常形象，因此，使得整部长诗的语言都非常美丽、动人。

所有这一切，就形成了这部叙事长诗是具有浓郁的傣族风格和气派，具有高度艺术水平的傣族叙事长诗。

1982年10月

（原载云南人民出版社《中国少数民族民间文学作品选》）

《召树屯》前记

傣族人民流传了几百年的长诗《召树屯》和《嘎龙》，经过我们翻译和初步整理，现在和全国人民见面了，它们又一次证明了祖国各民族的文学遗产是十分丰富多彩的。我们愿意就这个机会简单地向读者介绍一些傣族人民文学的情况，以及翻译整理《召树屯》《嘎龙》过程中的情况和问题。

傣族，是云南比较大的民族之一，他们大都住在祖国的边疆，其中以西双版纳和德宏州为最多。这两首长诗都是流传在西双版纳傣族人民中间，因此，这里主要是介绍西双版纳傣族的情况。

凡是到过西双版纳的人们都不会忘记，每当黄昏的时候，缭绕在树林和村寨中的傣族人民的歌声，是他们在歌唱爱情，也在歌唱文学作品的故事。傣族是一个具有悠久历史和优秀文学传统的民族，傣族人民过去的生活充满着痛苦，同时也充满着诗。

丰富多彩的傣族的文学遗产，主要是通过他们民族的歌手“赞哈”用口头来传播的（赞哈，不仅是傣族人民文学的传播者，往往又是他们民族文学的创作者和民族文学的继承者，因此傣族人民都十分尊敬赞哈）。但他们已经有了文字，很大一部分文学作品有了手抄本，有的还有许多不同的手抄本；在傣族的寺庙里也保存着许多宗教文学作品和一部分记录民间传说的抄本。

从形式来说，据我们所知，傣族文学主要只有两种：一种是傣族人民叫做“感卡”的，直译就是说唱；另一种是“好尼埃”，或叫“感木光”，直译是讲故事的意思。感卡是傣族文学中最发达的一种形式。在这个总名称下，又分“卡法”（意思是唱过去和现在的事）、“卡桑”（意思是唱情，应该译为情歌)、“卡主英”或“苏生”(意思是祝福或歌颂)。“卡法”,应该说是叙事诗的形式,也是傣族人民最喜爱的文学形式,许多神话、故事、传说都被人民编为唱词来唱:据我们所知,除这里所收的两首长诗外,还有《松帕敏与戛西娜》《菲亚拉》《贺欢板嘎》《召马维》《兰嘎西贺》《勐都扎》《张巴西顿》等十多部长篇叙事诗,其中如《松帕敏与戛西娜》,翻译成汉文就有一万多行。此外还有《造酒的故事》《下一万年雨的时代》等短诗。情歌就更普遍了。有许多长篇叙事诗是吸收了一些情歌的;至今还有人把长诗中最精彩的情歌部分抄出来歌唱。我们曾经收集到一本情歌手抄本,我们觉得很好,经过翻译和对照,才知道是长诗《菲亚拉》中的一段,不知是《菲亚拉》吸收了流传着的情歌作为自己有机的部分,还是这些情歌是从《菲亚拉》中摘出的。但有一点是肯定了,那就是长诗和一些人们熟知的短篇情歌是有着十分密切关系的,这是长诗为人民所喜爱的一个很重要的原因。情歌中又分为“卡祝”“冒扫”“南色”等。卡祝的意思是唱给大家听的,赞哈为祝贺结婚的人唱的一般情歌就是这一类。“冒扫”是男女谈情说爱的对唱情歌;“南色”是用诗歌的形式写的情书,也成为一种文学形式。此外,盖新房、结婚都有人编歌祝贺,新中国成立以后,傣族人民以无比的热情来歌颂共产党和毛主席,歌颂民族团结,这种形式他们叫“卡主英”或“苏生”。

“好尼埃”或者叫“感木光”,也就是讲故事。上面所说的许多叙事诗的故事,也有用散文的形式记下来的。有的故事很可能是从“经书”里选出来的,如《召树屯》和《贺欢板嘎》(即《千瓣莲花》)的故事很相近,也许是《召树屯》变为佛教的经书后又被改变了主题,修改了故事变为《贺欢板嘎》的。在傣族的“经书”中还有一种叫做“波感西灵”,是指有讽刺或教育意义的小故事,很像汉族的“寓言”。此外,就是流传在各村寨人民之中的历史故事,他们叫做“好尼当”。好尼当主要是讲述各个村寨的来历和斗争,其中大部分是用传奇或神话的形式表达出来的。

从我们所接触到的傣族文学作品来看,叙事诗和故事都富有传奇性和神话色彩,所以故事神奇古怪,曲折动人,很像汉族的唐宋传奇。收集在这里的《嘎龙》,是我们所接触的最接近现实的作品,但也不可避免地带有传奇神话味道。其他像“召树屯”“岩苏、岩西、岩比格”等故事就更不必说了。我们想，形成这样一种傣族人民文学的特殊风格，是有许多原因的，其中有历史发展和社会生活的原因，有民族性格的原因，同时也与傣族人民的宗教信仰有不可分割的关系。宗教和傣族人民的文化是分不开的，西双版纳的"佛经"曾采用和改编了许多民间故事来宣传宗教。关于勐遮的故事就是一个明显的例子：海水干了以后，在人和巨蟒的斗争传说故事中加上了释迦牟尼的帮助等等。因此，在许多传说故事中差不多都染上了浓厚的宗教色彩。但是，并没有因为这样而失掉了它们的意义，通过神奇、曲折的故事，同样表达了傣族人民追求美好生活的愿望，反映了他们的社会生活、历史情况，反映了他们各个时期中的思想感情。"召树屯"不仅反映了傣族人民对于忠贞纯洁的爱情的歌颂，也反映了他们对于美好生活的追求，反映了他们厌恶战争的思想情绪，反映了在傣族人民中间多神教和佛教之间的斗争。而"岩苏、岩西、岩比格"三兄弟的故事，则更强烈地反映了他们对于上层人物的反抗，反映了多神教对于佛教进入的反抗。各个村寨的故事，反映了许多民族之间的斗争、演变，同时也反映了当时各族人民的生活。《嘎龙》也十分明显地表达了傣族人民的正直和纯洁的心灵，通过爱情反映了傣族人民鲜明的爱和憎。他们毫不掩饰地摒弃了奸狡的财主的儿子，把爱情的胜利大胆地给了对于爱情忠贞的穷苦人的儿子。因此，这种传奇的神话故事得到了广大人民的喜爱，也应该说是傣族人民文学的优良传统之一。

傣族是一个富有充沛情感的民族。他们的感情表现在生活斗争的各个方面，当然也表现在男女之间的爱情生活中。我们发现大部分的叙事诗和故事都是歌颂爱情的，特别是用了很多优美的语言来歌颂男女青年们对爱情的忠贞和为爱情而进行的不屈的斗争。我们认为这和他们男女的爱情生活和婚姻制度都有密切的关系，而且也是傣族人民道德观念的表现。譬如在《召树屯》和《嘎龙》这两首诗中，他们不仅用了十分丰富的想象去表达他们的情感，而且总是通过他们的生活，通过他们的风俗习惯，通过美丽的亚热带风物，很形象地表达出他们内心的快乐和痛苦。如《嘎龙》里岩仔潘唱的：

请听啊，姑娘

我用比喻向你歌唱
我就像一阵微风
怎么能把大树吹动
我是一匹孤独的野马
每天奔走在草地上
豹子老虎想吃他
毒蛇野牛想咬他
他什么也不敢相信啊

很深刻地表达了一个穷人独生子对土司女儿爱恋的复杂心情。上面所述，傣族文学大都有了成文的抄本，这和仅流传在口头的民间文学比起来，在翻译、整理工作上，是较为方便的。但是，它的另一个情况是仅仅还停留在传抄阶段，因此，每一部文学作品还不可能产生一个固定的本子来流传，而是随着手抄者的喜爱、才华、信仰和处境在不断地修改和发展。同时如上所述，傣族人民的文学主要还是通过赞哈的口头传播，因此，一个作品在人民的口头中，在赞哈的口头中，也还在不断地修改和发展。一个故事往往有几十种不同的本子。就以《召树屯》来说，我们所看到的就有九个本子，其中最大的区别，除掉语言之外，故事情节也有所不同，在我们获得的第一个本子中，婻婼娜是一个猎人捕捉到送给召树屯的，而我们在宣慰街所获得的第二个手抄本《召树屯与婻婼娜》和我们在勐海所收集的口头流传的《召树屯》中，则是召树屯自己去打猎时遇到的。其次在“追赶”一节中当召树屯追到金湖的时候，第一个本子是说“叭拉纳西”（佛教在人间的最高代表）给他几种药和一只猴子帮助他去到了孔雀国的；而后两个本子则说是得到神龙（多神教的一种神）的帮助。第一个本子中把孔雀国王称为“叭团”（魔王的意思），我们怀疑这是由于佛教取得了统治地位以后，对于所谓“女色”（婻婼娜）的一种歧视。另外据西双版纳勐海曼谢村的老赞哈波爱哉的口述：流传在勐海最早的口头传说《召树屯》中，勐董板（婻婼娜的国家）是信多神教的，而勐板加（召树屯的国家）是信佛教的，勐董板打败了勐板加，要杀死王子召树屯来报仇，勐董板国王的七女儿婻婼娜看到召树屯长得很好，就悄悄把他放走。以后婻娮娜自己又飞到勐板加与召树屯一起生活，这事又被召树屯的父亲发现，说婻娮娜是魔鬼的化身，要杀她，婻娮娜乘着献舞的机会逃回勐董板，最后召树屯跋山涉水几千万里，终于找到了婻娮娜。波爱哉又说，以后由于信佛教的人多了，就把孔雀国王称作“叭团”，这才出现《千瓣莲花》。因此，《召树屯》是傣族信仰多神教时的故事。另外，据我们了解，《召树屯》在“经书”上是没有记载的，而且宗教的上层，如勐海的都比龙（大佛爷），勐遮的祜巴（长老），以及宣慰街的祜巴勐（管理全勐佛教的人）对《召树屯》的故事都避而不谈，从这里可以看到多神教与佛教之间的一些斗争情况。而《召树屯》可能是多神教的故事，因此就不能随便按照一个本子翻译就完事了，必须经过必要的研究和整理工作。

关于《召树屯》的整理，我们把召树屯得到婻娮娜定为他自己在打猎时见到的另一个原因，那就是考虑到文学形象的更加完整，特别是有关他们之间的爱情问题。我们总感到那个猎人并没有起更多的作用，相反地在他们的爱情之间插进了这样一个人，对他们的感情是有所损伤的。当然插进一个猎人也许能够说明一些过去傣族社会的某些情况，不过其他的本子既然没有，也就索性删了。在第一个本子中，获得婻娮娜是和其他的本子一样，是由神龙来帮助的，“叭拉纳西”采取了旁观的无可奈何的态度，到后面“追赶”的时候，却又由“叭拉纳西”来帮助了，前后显然是矛盾的。我们也曾经研究过，如果是经过后来篡改的，为什么不索性把前面也改为“叭拉纳西”来帮助呢？这样不是可以不留一点痕迹了吗？事实上，要一个佛在人间的代理人去做媒，对他们的教义是不适合的，正如做和尚不能亲近女人是一个道理，这就是为什么没有修改前面的原因，也因此而显得作品里人物的多余和彼此间联系的松散。我们没有把“叭拉纳西”删去，这是因为希望由此去保留傣族人民生活中的一个方面，傣族人民几乎是全民信佛教的；其次他也在作品中起了一定的作用。关于“叭团”，直译应该是“魔王”，但是，我们总觉得“魔王”和美丽的婻娮娜是很难凑在一起的，而且也难叫人相信魔鬼会生出七个仙女；其次，从孔雀国的环境，人民对于国王的热爱来看，也难以使人相信这是魔鬼统治的世界；另外，据西双版纳文工队队长康朗拉同志说：“叭团”两字，有神奇之王的意思，加上上述的原因，我们没有把“叭团”译成魔王。关于

《召树屯》的结尾，我们原想全部整理出来，后来经过再三考虑，觉得从情节来说是重复，多余，诗的价值不高，所以就没有要了。

《嘎龙》我们只找到一本，另外在勐海搜集了口头流传的唱诗，但不完整，诗的语言却比我们所得的手抄本好，因此，我们以手抄本为基础，把口头流传的好的部分整理进去了。

我们感到翻译整理民族文学作品最好由本民族的文艺工作者来做，但是在目前兄弟民族文学工作者缺乏的情况下，一方面应该大力培养民族文学干部，一方面也应该尽量把各民族宝贵的文学遗产翻译整理出来。这样就必然产生许多困难，首先是语言不通，一个文学工作者，没有掌握武器，是十分痛苦的，我们在翻译中对于傣族人民的思想情感、生活习惯，甚至一个语汇的理解都要遇到困难，甚至闹笑话，有一次翻译到情人在分别时候的一个动作，翻译同志说：他们在嘴对嘴、耳朵对耳朵说话，我们猜了老半天，究竟是什么呢？是说悄悄话吗？还是站得很近说话？后来才知道，他们根本不是说话，而是在接吻，因为他们还没有“吻”这个名词，所以只好这样说。为了解决这个问题，我们在当地党委的帮助下，介绍了岩迭同志和我们合作，此外，陈贵培同志会说傣话，这样凑成了我们这个班子。我们四个人在一起，先由岩迭翻成傣话（因为是古文），又由陈贵培同志译成汉话，然后大家一起商量，再问岩迭同志译得妥不妥当。岩迭同志会说一些普通汉话，他说不出的又再用傣话解释，直到我们认为完善为止。我们觉得这样的合作有很大的好处，不仅帮助我们翻译了傣族人民的文学，而且帮助我们了解了许多傣族人民的风俗习惯，和他们特有的思想情感及表现方法，使我们学到许多东西。对于岩迭同志来说，我们相信也有一定的帮助。

《召树屯》原来没有分段，为了眉目更清楚，我们分了段，并且加上了小标题。《嘎龙》只是分了小段，也在这里一并声明。另外，这两首长诗都译得较仓促，错误在所难免，希望同志们指出我们的错误。如果有可能，我们想尽力把存在的关于《召树屯》的手抄本都找齐来，再做一番整理，并且系统地研究一下。

最后，感谢中共思茅地委、西双版纳工委和州人委文教科、文化馆的同志们对我们的帮助。

关于《召树屯》

这里说一下有关《召树屯》的一些问题，以便帮助读者更好地理解其内容。

为什么《召树屯》能够在傣族人民中流传几百年，并且始终为广大的傣族人民所喜爱？为什么《召树屯》被译成汉文以后，很快就得到了汉族读者的喜爱呢？这是许多人感兴趣的问题。《召树屯》绝不仅仅因为它是一部离奇、曲折、动人的爱情故事而获得广大读者的喜爱的，而是因为它反映了傣族人民的历史真实，塑造了属于傣族人民的英雄形象，表达了傣族人民的爱和憎的真实情感，表达了傣族人民的理想和愿望。

《召树屯》究竟产生在一个什么时代呢？由于缺乏文献，目前对于傣族的历史发展阶段还没有一个定论，要十分准确地说出它产生的年代是十分困难的。这里只能根据西双版纳傣族的点滴历史情况及作品本身所反映出来的历史内容和某些传说来分析。作品本身反映了些什么呢？至少反映了下面三种情况：第一，从整个内容来看，反映出傣族人民已经由对自然的斗争转化到了阶级斗争；第二，战争频繁；第三，佛教传入，并开始占领了阵地。

召树屯一方面是常常领着猎人，“骑着马带着弩箭，在森林里追逐金鹿”，另一方面他又“祈求灭巴拉（管理雨水的神）给勐板加带来风调雨顺”。好几个本子都说：召树屯得到婻婼娜是由彭巴（猎人）获得以后送给他的；又说：召树屯领着婻婼娜回家的时候，看见“落日赶着成群的牛羊”，并且，“喘息的马儿，扬起了灰尘，穿过田野，他们来到了城边”。很显然，他们不仅开始有了较集中的村寨（或叫城子）定居下来，而且饲养牛羊，开始农业生产，但是，打猎仍然是不可缺少的生产。其次，从召树屯去找寻婻婼娜所遇到的黑河、旋转的石山、砂石的海洋等现象来看，虽然召树屯已经征服了这些自然现象，但是，当时对于这些自然现象仍然是无法理解的。从整个故事情节来看，矛盾斗争已经从叭阿拉武（传说是开辟西双版纳的英雄）追金鹿的故事转到人与人之间的思想意识的斗争上面来了；降到婻婼娜与召树屯身上的灾难，主要不是来自自然界，而是来自人类本身了。

从《召树屯》的故事看来，人与人之间的斗争有两个原因：其一是来自人与人之间的战争，其二是由于摩古拉把婻婼娜认为是妖怪。关于战争，许多本子上都没有交代战争的性质、与谁交战。这说明当时战争十分频繁，人民对于战争不仅感到厌恶，甚至这次战争或那次战争都很难和没有必要分清楚了。其次，据傣族老歌手康朗甩说，对于当时的战争有两种传说：一说当时勐板加的周围有六个国家，经常互相残杀，其中有一个叫勐加西国，一向很妒忌勐板加，但害怕召树屯，听见召树屯结婚了，就乘机进攻。另一传说是：邻近的几个国家的王子都知道有七个仙女飞到金湖来洗澡，都叫猎人去捉婻婼娜，结果却被召树屯捉了去，为了婻婼娜，他们才来攻打勐板加的。不管是属于哪一种，当时战乱纷纷，这一点是确定的，战争给人们带来灾祸也是无疑的。因此人民在这个时候需要一个坚强勇敢的人出现，作品的主人公叫做坚强勇敢的王子，是有它的历史根据的。

那么摩古拉为什么要把婻婼娜当作妖怪呢？这里面牵涉到一个宗教之间的斗争问题。从作品的故事本身看来，那时候叭拉纳西还住在山上，但是，勐板加地方已经信仰佛教。召树屯已经“按照风俗，领着百姓赕佛”了。但同时又“祈求灭巴拉”，而召树屯的父亲在做了怪梦的时候，也去找来摩古拉占卜凶吉。可见，勐板加虽然信了佛教，多神教也仍然占着一定的势力。实际上，一直到解放，傣族人民仍然每年祭寨神、祭勐神，因为这些神和他们的祖宗联系在一起。据康朗甩说，祭寨神过去是由摩古拉来主持的，赕佛则是岩占和尚来主持的。他又说：摩古拉是神与人之间的代表，一个国家的战争或男女婚姻、生孩子等，都要由摩古拉来做国王的顾问。过去要是有和尚相信摩古拉，就要把他赶出佛寺，不准他再做和尚。而佛教的代表则是叭拉纳西。据缪鸾和编《西双版纳傣族自治州的过去和现在》一书中说："传说当中有'帕召'（来西双版纳的佛祖）和'披雅'（景洪曼达崇祀的部落神）斗法的故事，说明它和原有宗教的冲突。傣文佛经上记载，曾有一段时期，不信佛法的人很多，对佛教徒加以迫害，因而引起长期的残杀和战乱，说明佛教的传入，是经过一番剧烈斗争的。"那么，上面所说的连年战争，是不是和宗教有关呢？话又说回来，摩古拉究竟为什么要把婻婼娜说成是妖怪呢？一说是摩古拉反对多神教的姑娘嫁给佛教徒。那么婻婼娜所在的国家——勐董板应该是多神教的国家了。从作品对于勐董板的描写，从婻婼娜的生活中的确都找不到佛教的痕迹，老赞哈康朗英也说，勐董板是不信佛教的。但是，除掉一些如拴线等风俗习惯与勐板加相同，战争时婻婼娜鼓励丈夫去打仗时说"祈求神灵帮助你"之外，也找不出相信多神教的痕迹。另一说，当时勐板加有个西纳（大臣），西纳有个女儿，想嫁给召树屯，就乘国王做了噩梦，用十三两银子买通了摩古拉，故意陷害婻婼娜。这当然是另外一个问题了。但是从作品的整个内容来说，应该是牵涉到宗教信仰问题的。而且还可以肯定，这个故事不是佛教徒创作的。

介绍过上述的情况之后，应该回头谈谈西双版纳傣族的一般历史情况。据傣文《泐史》记载：公元1180年，傣族领袖叭真在西双版纳建立了第一个王朝——景咙国，这个"国家"是受"诏章法"（傣族对内地封建帝王的通称，意为"大天王"）加封的。如果说，这是西双版纳封建领主制的开始，那么，在这以前，应该是一个长时间的部落联盟过渡到建立奴隶国家的时期，这是一个战火四起的混乱时期，这一个时期的社会，农业已经进入到犁耕阶段，唐代樊绰《云南志》记载："开南（即今景东）以南养象，大于水牛，一家数头，养之代牛耕也。"并且根据史载，七八世纪以后，傣族各部落生产已经相当发达并已产生了商品。《后汉记》载："日南塞外擅国献幻人。"可见当时擅国（即掸国，掸，傣之变音）已有相当水平的文艺了。从生产发展情况来看，已经从氏族公社跨进了阶级社会，许多社会公仆变成了政治的和军事的首领，进一步成为奴隶主了。而佛教很可能就是在这个时候传入了西双版纳。据傣族一般老人说，佛教到西双版纳至今已有一千多年；另外，叭真建国的时候，傣族已经有了文字记载，而据语文专家的鉴定，傣泐文是从印度的巴利文演变而来的，可见傣族文字是和佛教的传入有着不可分割的关系。那么，佛教应该是在叭真建国以前传入的。

如果上述情况合乎西双版纳傣族历史发展的真实情况，那么，《召树屯》应该产生在这个历史时期。

可是，也有另一种看法，认为《召树屯》产生在叭真建国以后社会政治经济繁盛的时代里。其实，马克思早就说过了，艺术和物质生产往往是不平衡的。恩格斯也说："只有奴隶制才使农业和工业之间更大规模的分工成为可能，并因此而为古代文化的昌盛——为希腊文化创造了条件。没有奴隶制，就没有希腊的国家、希腊的艺术和科学。"而西双版纳傣族在那个时代已经有了自己的较高水平的艺术，并且在一千八百多年前就有杂剧团走了几万里到洛阳东汉王朝去表演，轰动了洛阳。这一事实说明了那个时期，是可以而且已经产生了较高水平的艺术了。至于《召树屯》，当然是经过后来无数的诗人、作家不断修改才完善的。

其次，从傣文《泐史》所反映的情况来看，从叭真建国到十六世室利松版（1180—1568）的三四百年间是极盛时期，政治经济势力都得到了极大的扩张，与外族的关系也处于相安无事状态。至于这中间统治阶级内部矛盾，第六世与第十世国王的弟弟等因争夺王位引起的战争，显然与《召树屯》所反映的环境有所不同。从这个时期所产生的文学作品《松帕敏与嘎西娜》《兰戛西贺》《喃捧荒》等可以得到充分的反映。稍后一个时期的《召玛哈塔》是歌颂傣族反侵略的长诗。而这里最重要的问题是接触到了《召树屯》的主题思想与典型环境及典型性格的问题。

那么，《召树屯》的主题思想应该是什么呢？是的，作品本身通过人物和故事，歌颂了一对真正相爱的青年，同时，大家也承认它表达了傣族人民的理想与愿望。问题是什么样的理想和愿望，又是在什么情况下产生了这种理想和愿望。是的，召树屯与婻婼娜的爱情本身就应该是道德观念的理想和愿望，可是，隐藏在这个故事和人物里的思想比爱情本身要更广阔和深刻得多。

据傣语的解释，婻婼娜的家乡——勐董板，是一座洁白的、在白云之间的，也就是天与地之间的美丽城市或理想地方。在这样一个地方生长了婻婼娜七姐妹是合理的。从作品所描写的勐董板来看，不论是作者的介绍，人物口中的描述，都是合乎上述说法的。作者一开始就说：“有一个奇妙的地方”，接着又唱道：“勐董板是个好地方，遍地开鲜花，满山是牛羊，来往的人都骑着大象。”连和尚叭拉纳西也说：“那里有滚腾的风沙，那里的山有几万丈高，飞鸟过不去，野兽走不通。”因此，婻婼娜必须会飞，必然有美丽的孔雀衣；因此，婻婼娜是“天王的公主，她们是神仙的化身。”其次，据康朗甩说：叭团的团，是比魔鬼还要大、还要有本事的近乎神的意思。这样一解释，和勐董板及婻婼娜就十分相称了。这也就把后来佛教徒把勐董板歪曲为魔鬼的地方的阴谋粉碎了（佛教徒也曾经把傣族人民的英雄叭阿拉武歪曲为向“披雅”投降的贪生怕死的形象）。而召树屯出生之地勐板加，据傣语的解释，是聪明人住的地方，也就是出圣贤的地方。应该说，这两个地方，都是当时人民理想中的地方。这是因为当时人民遭受连年的战火，生活十分痛苦，因此，希望有一个出圣贤的地方，生出一个召树屯来，然后带领人民到理想的地方去，把理想的地方和出圣贤的地方合二为一，因此，原诗的结尾描写了召树屯也做了勐董板的国王。可是，并不是任何战争环境都可以出现召树屯和婻婼娜那样的性格的。

大树倒了会惊散鸟群
灾难会伤害人的生命
我啊，不能不离开心爱的人
但是，我的心将永远在你身边

接着，婻婼娜也唱出了动人心弦的歌：

去啊，不要说时间长
椰子要十年才会结果
葵花总是向着太阳
你一定会得胜
欢乐的日子会像青松一样

这是充满着人民的不幸，充满着刚开始爱情生活的一对恋人的分离的痛苦，也是充满正义、充满信心的崇高的声音。这种声音在侵略者的队伍中，在统治阶级内部矛盾的喧嚣里是不可能听见的。但同时，它又不是作为别的民族，或是外国侵扰进来时的战争，因为这次战争是这样的突然。

可是，战争并不是产生《召树屯》的唯一原因，正如傣文《梦的对照》一书所解释为召树屯的父亲所做的梦，肠子是表示他的肉，飞出去转了三转，就是说召树屯要离开他三个月，然后又回到他的身上，这应该是一个吉祥的梦。这个梦却被摩古拉歪曲了变成为企图杀害和赶走嫡婼娜的借口。因此，长诗揭露了阴谋家摩古拉的嘴脸，他认为："一棵树结不出两种果子，嫡婼娜生得再漂亮，也不能和人住在一起。"因此，他就血淋淋地宣布："只有杀了嫡婼娜，用她的血来祭百姓的神，才能消除百姓的灾难，才能叫你重生。"同时也揭露了统治者国王的愚蠢、自私和奴隶主的嘴脸。他为了自己，同意了杀害嫡婼娜。在召树屯回来以后，他说："各勐都有好姑娘，我要出一道布告，把所有的姑娘都招来，任由你挑选。"这不是活生生的奴隶主的嘴脸吗？可是，杀害嫡婼娜意味着什么呢？这就意味着杀害理想，意味着杀害人民的未来与希望。因此，"时刻到了，乌云像青纱盖住太阳，勐板加一片阴暗、凄凉，百姓围在宫殿门前，眼睛都黯然无光。"这就十分明显地说明了，人民和作者是站在一起的，他们一起痛恨摩古拉和当时的统治者。但是，傣族人民并没有灰心丧气，并没有甘心失败，因此，作者赋予了主人公以无比的毅力和勇敢，对统治者进行了巧妙的反抗，终于战胜了许多困难，使现实与理想结合为一。这就是《召树屯》的强烈的人民性和它不朽的原因。

《召树屯》的力量，不仅在过去近千年中鼓舞着傣族人民不断地向统治者和侵略者进行反抗，而且将永远地鼓舞着人民前进。当然，勐董板和嫡婼娜作为当时人民的理想，是有着时代的局限性的，不可能像我们今天的人们看未来美好理想一样清楚，我们也不应该这样来要求。但是，嫡婼娜与召树屯作为一个理想人物的思想性格来看，我以为至今也仍然是十分可爱、十分鼓舞人的。

《召树屯》被列为我们伟大祖国建国十年来的优秀文学作品之一，这是我们傣族人民的光荣，这是傣族文学的光荣。也只有在共产党领导之下，这部傣族人民的优秀文学作品，才可能加入进我们伟大祖国的文学宝库里去。因此，也是我们伟大的党，伟大的祖国的光荣。

上面的意见，因为时间关系，来不及和岩叠、陈贵培、刘绮同志商量和讨论，仅作为我个人的意见，一定有许多错误和不妥之处，希望大家严正地提出意见。本来还想把最后一段诗再作一番整理，可是时间来不及了，上述的几个同志又不在一起，只好暂时作罢了。

1959 年 3 月

《召树屯》重版后记

傣族人民不朽的叙事长诗《召树屯》的整理本，经历了二十年的雨雪风霜，现在又由云南人民出版社（原由作家出版社、人民文学出版社出版）重新出版，再次和读者见面。作为整理者，此时此刻，心绪万端，千言万语，归结为一句：感谢党中央一举粉碎“四人帮”，《召树屯》才得以重新解放。

关于《召树屯》，我们已经说了不少的话了，但是，我们心里还有话，还有许许多多话要说。特别是粉碎了“四人帮”以后，有些话闷在心里，一定要说出来。

林彪、“四人帮”把《召树屯》作为我们是“黑线人物”“修正主义”的罪证之一。他们大言不惭地宣布：“明明歌颂的是帝王将相，是为土司、头人服务的封建文化，为什么还要搞呢?”一声令下，便一顶又一顶的帽子从天而降，什么“封、资、修的孝子贤孙”啦，什么“典型的和平主义，和平主义就是修正主义”啦，是“配合土司头人搞复辟的复辟狂”啦，“帝国主义的别动队”啦，什么“这就是走资本主义道路的当权派”“是黑线人物的铁证”啦，“现行反革命”啦，等等。帽子一顶比一顶大，简直集人类一切罪恶之大成。

“你在纠缠历史旧账!”“你还有情绪!”“你把矛头指向……”

不错，我们正是在纠缠这笔历史旧账，而且非“纠”个水落石出不可。我们就是有情绪，而且有极大的甚至是像火一样愤怒的情绪。我们就是坚决地要把矛头指向“四人帮”，指向法西斯文化专制主义，指向他们制造的一系列反动的“文艺黑线专政”论和破坏民族民间文学、破坏社会主义的民族文学的罪行。

当我们想到他们把我国的所有文学都打了下去，只剩下几个样板戏的时候，你能够不愤怒吗？当我们想到我们党和党的文艺工作者呕心沥血刚搞起来的各个民族的社会主义文学运动竟被他们一巴掌打下去；想起许多歌手和文艺工作者被残酷迫害，以至献出了他们的生命的时候，你能不痛心，不愤慨吗？当看见我们花了许多年搜集起来的几万件民族民间文学资料被他们焚烧一空的时候，你能不心痛，不气愤吗？当我们看见某些地方至今还把民族民间文学当成"四旧"加以禁止，甚至把这种"禁止"当成"先进"经验来推广，就是说，"四人帮"的流毒还在贻害着我们的同志和人民的时候，我们能够不愤慨，能够忍受而不去"纠缠"，清理这一笔历史旧账吗？我们能够把已经对准了"四人帮"的矛头收回来吗？

应该怎样来看待反映历史上帝王将相的文学作品呢？

早在1963年，自称为"旗手"的江青，就把凡有帝王将相的文艺作品都宣判为"毒草"，不加分析和区别，一律加以禁止。根据什么呢？据说，根据的是"阶级斗争的观点"。既然是帝王将相，当然都是统治阶级，都是"无产阶级"造反的对象，岂有长"当权派"的志气，让他们占领社会主义文艺阵地之理？这就是"四人帮"漂亮而又迷人的革命外衣。

事实上，历史上的帝王将相本身就是个异常复杂的问题。毫无疑问，推动人类历史前进的当然不是帝王将相，而是亿万奴隶。帝王将相，作为历史现象，乃是人类历史发展到一定阶段的产物。作为人类历史长河中的一个阶段的封建经济制度及其上层建筑的封建王朝，如同任何一个其他的社会历史发展阶段一样，都有它的兴旺、衰落和灭亡，即上升和衰落的时期。因此，同是帝王将相，却都有他们所处的不同时代而产生不同的作用和功过。我们能把秦始皇和溥仪相提并论吗？即使刘邦和唐太宗也不能同日而语。同样，即使在同一个时期，同一个朝代的帝王将相，也都不能一概而论，岳飞和秦桧同是宋朝的将和相，我们能把他们看成是一丘之貉吗？

汉族的帝王将相如此，那么，对待少数民族的所谓帝王将相，就更应该根据某一个少数民族的发展历史去作具体分析了。就拿少数民族的土司头人来说，它和汉族历史上的帝王将相是不是同一个概念，起的同一个作用呢？也应该像对待汉族的帝王将相一样对待呢？毫无疑问，他们也有其社会发展的各个时期和阶段，即上升时期或是下降、衰亡时期，在不同的时期和阶段中有着不同的作用，因此应有不同的评价，这是一般的共同的东西，此外，作为一个民族，也有它的特殊的一面。在某些少数民族中，土司头人本身虽是剥削者，但如果把他们放在整个国家的反帝反封建斗争这样一个角度去观察，就会看到半封建半殖民地的旧中国，他们不仅受到国外帝国主义的压迫，还受到国内大汉族主义、封建统治阶级的压迫。因此，在反帝反封建的斗争中，他们仍然可以起到某些积极作用。因此，新中国成立以后，我党采取对民族上层实行对待民族资产阶级相似的政策，团结、改造，乃至赎买的政策，有利于我国的许多民族顺利地经过社会改革，走上社会主义的康庄大道。可是，"四人帮"对待少数民族的土司、头人，也一律列为帝王将相，并且对我党的民族政策加以诽谤、否定，诬蔑为什么"民族投降主义"。因此，很长一个时期，造成了民族问题上的混乱，造成了一个长时期我国边疆民族地区的生产停滞、社会动荡不安。特别是林彪的反革命修正主义的所谓"政治边防"，给我边疆各民族造成的损失是难以估计的。林彪、"四人帮"的这些流毒，难道不应该彻底地肃清吗?

至于文艺作品，就更加错综复杂了。除了对历史和历史人物应该坚持历史唯物主义观点给予适当的评价之外，还有一个诗人和作家的世界观、历史观、阶级和时代的局限的问题。马克思主义对待人类的文化遗产，一贯是采取批判地继承的态度的，毛主席对待我国的古代文学也是采取十分谨慎的态度。可是，"四人帮"对待我们祖宗的文化遗产却采取一概加以否定的虚无主义的态度，都斥之为"帝王将相"，连少数民族的神话传说也不放过，一概斥之为"帝王将相""封建文化"。

不错，列宁指出：每一个民族都有两种民族文化，并且指出："'民族文化'一般说来是地主、神甫、资产阶级的文化。"但是"每一个民族的文化里面，都有一些哪怕是还不太发达的民主主义和社会主义的文化成分。因为每一个民族里面都有劳动群众和被剥削群众，他们的生活条件必然会产生民主主义的和社会主义的思想体系。"属于民间的神话、传说就更不必说了。什么叫做神话呢?马克思说得很好："任何神话都是用想象和借助想象以征服自然力，支配自然力，把自然力加以形象化；因而，随着这些自然力之实际上被支配，神话也就消失了。”

《召树屯》正是傣族人民“用想象和借助想象以征服自然力，支配自然力，把自然力加以形象化”。由于“他们的生活条件必然会产生民主主义的和社会主义的思想体系”的文化。

“且慢，你在美化《召树屯》了。《召树屯》歌颂的明明是‘召’和‘婻’，是王子和公主。召树屯还当了国王，这不是‘封建、地主文化’又是什么？你们否认傣族文化中有地主、封建文化吗？”

确实，就我们所知，傣族的许多原始的民间口头文学都有被增删或篡改而成为歌颂封建土司、头人以及释迦牟尼的事实，如追金鹿的故事和勐遮一个长工与魔鬼搏斗救出少女的故事，在后来的傣族文化中，也确实有歌颂封建头人的长篇叙事诗（这些作品如何评价是另一个问题，这里不加评述）。后来的“赞哈”每一次唱歌时，都必须先唱“召喂召”，对封建头人歌功颂德一番之后才唱别人。封建领主利用民族文化为他们服务，这是毫无疑问的。但是，问题在于：《召树屯》是不是“地主、封建文化”？新中国成立以后的赞哈歌颂社会主义，歌颂党，歌颂新人新事的傣族新文化，是不是也是“封建文化”？

“召”和“婻”，严格讲，并不能翻译成“帝”“王”或“公主”。召是主人的意思，“召恨”，是屋主人的意思；召勐，是一个勐的主人，当然也可以译成头人；召片领，直译是广大土地的主人，也可以译成最大的头人。召，也可以是一种尊称，如一般称对方为“叔召”，意思是尊敬的先生之意。同样，婻，并不是“公主”的专用词，一般称贵族的姑娘为婻，有小姐之意。但日常生活中，也有称一般姑娘为“嫡”的，父母对女儿也喊为“婻”，因此，也是一种尊称。问题在于长诗写了“勐板加”和“勐董板”这两个地方，诗中明明写了两个“国王”，召树屯是勐板加的王子。经过这些年深入生活所了解，过去把傣族文学作品中的“勐”翻译成为一个国家，这是一个错误。勐，一般是指一个坝子，一个地方，或是一个行政区划，如勐海、勐混、勐遮、勐罕等等，很可能与部落或部族有某种关系，但绝不是一个国家。西双版纳就是由十二个相当于勐的“版纳”（千田）所组成的，当然不可能是由十二个国家组成的。最重要的则是在傣语中有国家的专用名词，叫做“帕跌”（很明显，这个词不是刚流传入而产生的，一般新流传进去的均用原音，如“帕跌中国”。汉族也有这样的例子，如湄浦、浦杭，前者译成湄浦河，湄浦后面加河字；后者译为“澜沧江”，在澜沧后面又加上一个江字)。此外，勐板加和勐董板并不是一个实有的地名，而是也给它以传说色彩，前者是出圣贤，即出勇敢的人的地方；后者则是产生美丽的孔雀之乡。这就更清楚地说明，《召树屯》并不是在歌颂某一个傣族历史中的某一个国家的帝王；不加分析地，硬把帝王将相的罪名加在《召树屯》头上（同时也加在整理者的头上)，显然是别有用心。

当然，判断《召树屯》这部长诗是否属于“封建文化”，更主要的是长诗的内容。这部长诗究竟要解决什么问题呢？就是说，它要凭借想象去征服和支配什么自然力呢？长诗很清楚地告诉了读者，它的主人公召树屯是如何获得了爱情，获得了美，获得了幸福，从而也就获得了力量。问题在于什么东西破坏了召树屯和婻婼娜的幸福生活。长诗很清楚地告诉了读者，破坏他们幸福生活的首先是战争（在当时是不可克服的)，其次是代表愚昧和无知的摩古拉，是代表昏庸的勐板加头人。再次是那企图阻止召树屯去寻找婻婼娜的叭拉纳西，沸腾的黑水和互相撞击的三座石山等等，这些属于当时不可克服的“自然力”。于是，诗人凭借了召树屯这个勇敢的英雄形象，凭借着猴子、婼哈林和他的神箭，以及勐董板的善良的人，终于找到了他的爱情。诗人不仅把他们的英雄召树屯加以形象化，并且把他们心目中的美和幸福也通过孔雀，又化为婻婼娜加以形象化，很清楚地表明是要表达傣族人民的美好愿望，这难道不正是列宁所指出的“劳动群众和被剥削的群众”，由于他们的生活条件所必然产生的“民主主义的和社会主义的思想体系”吗？当然，这仅仅是一种人民的愿望，这种愿望或思想体系仍然是受到历史条件的限制的。恩格斯在评论空想的社会主义时这样说：“空想社会主义者之所以是空想社会主义者，正是因为在资本主义生产还很不发达的时代，他们只能这样。”还能要求什么呢？

非常遗憾，召树屯不是一个“贫雇农出身”的人或是产业工人的“先进阶级”，更不是经过“三突出”的模式创造出来的英雄人物。这大概是因为那时的傣族人民和诗人，既不懂得所谓的“三突出”的创作原则，也不懂得如何划分阶级，更不懂得需要一个现代无产阶级来领导，才能使社会主义获得成功的缘故。这大概也是历史的局限吧？然而，今天，社会主义的中国人民对于“四人帮”所谓用“三突出”创造出来的英雄都感到憎恶，并没有把他们当成救世主，作为学习的榜样，又怎么能拿了这些假马克思主义来要求我们的祖宗呢？当然，“四人帮”离开具体的历史条件来苛责古人，其目的只是为了要打倒今人，他们要篡改历史，消灭历史，不要祖先的目的，正是为了“换新朝”，为了建立法西斯统治。

不是“封建文化”么？那么无论如何都可以肯定《召树屯》是宣扬“和平主义”，宣传“人性论”“爱情至上论”的“修正主义黑货”。

什么叫做“和平主义”呢？和平主义是列宁在第一次世界大战时针对机会主义者伯恩斯坦和考茨基之流对战争的言行所提出来的。列宁说：“在今天，宣传和平而不同时号召群众采取行动，这只能散播幻想，使无产阶级相信资产阶级的仁慈，使他们成为秘密外交的工具。”可以肯定，《召树屯》的作者，既没读过《西线无战事》，也不认识伯恩斯坦、考茨基，更不会认识赫鲁晓夫其人的。如果说和平主义只是“抽象地宣传和平”，那么，长诗《召树屯》既没有抽象地宣传过和平，更没有否认过正义的战争。正是因为当时部落与部落之间的战争频繁，已经成为人们无法“征服的自然力”，诗人才塑造了一个他们心目中的英雄召树屯在他新婚不久就离别妻子，率领勐板加的人民迎接战争，并且取得了胜利。难道还有抵抗外来侵略，并且取得了胜利的“和平主义者”？请问：把反抗侵略的英雄骂成是“和平主义者”，那又是什么主义呢？至于说，战争破坏了他们的爱情，因此，使读者厌恶战争，这就是和平主义思想。那么，我们要说，战争，自从私有社会产生以后，就产生了这个怪物，是一个现实。战争，总是要给人类带来损失和破坏，包括人类之中的亲属的生离死别，为什么文学作品不能反映呢？

“用爱情来反对战争，而且写得缠绵，使人分不清是什么战争，不仅是宣扬了和平主义，也宣扬了爱情至上，因而，也是宣扬了人性论。”

有没有人性呢？人性是存在于人类之中的事实。人，就是感情的动物。但是，在阶级社会中，只有具体的人性，而没有抽象的人性。有两种人性，一种是“四人帮”所代表的反动剥削阶级乃至法西斯的所谓人性，他们貌似“正人君子”，满嘴的仁义道德，骨子里却是男盗女娼；表面上是个严肃的伟大战士，骨子里却是荒淫与无耻。在他们眼里，人世间根本不存在什么爱情，更谈不上“至上”了。另一种是被压迫与被侮辱的人民群众，他们之间是存在着纯真的爱情的，但他们并不至上。他们除了感情之外，还有理智，就是说，既懂得什么该爱，也懂得什么该恨。召树屯和婻婼娜的爱情是真诚而又深厚的。但是，也并不“至上”，当战争来到时，他们没有迷恋于个人的情爱，而是抛弃了甜蜜的爱情，走上了战场。当战争结束回来以后，他的爱妻被摩古拉与父王迫害而飞走之后，召树屯该不该去追寻婻婼娜？也有两种选择，一种是向父王和摩古拉屈服，把婻婼娜抛弃，遵照父王的意思在全勐的姑娘中选一个最漂亮的姑娘作为妻子，平平安安地过日子。另一种就是召树屯的选择，为了纯真的爱情，追求美和幸福而不辞辛苦，这正是一个有志气、有理想的人的高尚的情操，也正是人民寄托于召树屯的愿望。想以“抽象的人性”来否定具体的人性，这是徒劳的；想以贵族老爷、资产阶级的肉欲主义来否定人们的真正的爱情，并且骂为“至上”，也是徒劳的。

但是《召树屯》毕竟是一个古代的神话，毕竟只是表达了一个乌托邦思想，在我们今天的社会主义制度下，把它整理出版有什么实际意义呢？

马克思在论述到希腊神话时指出：困难并不在于了解希腊艺术和史诗是与社会发展的某些形态相关联的。困难在于了解它们还继续供给我们以艺术的享受，而且在某些方面还作为一种标准和不可企及的规范。就是说，它丰富了我国社会主义的新文化。如果比起“四人帮”横行时八亿人民只有几个样板戏的情况，这就很好地说明长诗《召树屯》整理本出版以后为什么受到全国和世界各国人民的欢迎，而且成为中华人民共和国建国十周年的献礼作品的主要原因。

毫无疑问，《召树屯》翻译、整理成汉文出版，也充分地体现了我们党的民族政策和民族文化政策（国民党当然不会去关心少数民族文化了）。为了尊重和发展我国所有少数民族的文化，增进民族之间的感情，交流民族文化，共同前进，党特别组织了大批人力深入到各个民族地区去帮助发扬、整理、出版他们的民间文学，就在政治上体现了民族平等、民族团结的政策；同时，也就增强了少数民族的民族自尊，成为他们前进的动力。在《召树屯》出版并受到读者的欢迎以后，老歌手波玉温就说过：“我们不仅有《召树屯》，还有许许多多长诗，傣家并不落后。”老歌手康朗英也说：“汉族有许多好东西，我们傣族也有。我们傣族对祖国也是有贡献的。”

列宁在《青年团的任务》一文中说了这样一段话：“应当明确地认识到，只有确切地了解人类全部发展过程所创造的文化，只有对这种文化加以改造，才能建设无产阶级的文化，没有这种认识，我们就不能完成这项任务。”《召树屯》的翻译、整理、出版，对于发展傣民族的社会主义文学也是起到极大的促进作用的。这部长诗是1956年整理发表的，是翻译成汉文的第一部傣族人民的文学作品，到1958年，傣民族社会主义文学就开始蓬勃地兴起和发展了。康朗英的叙事长诗《流沙河之歌》，康朗甩反映新中国成立以后傣族新面貌的叙事长诗《傣家人之歌》，波玉温的叙事长诗《彩虹》，以及他们三个歌手热情歌颂党、毛主席和祖国首都的《三个歌手唱北京》，青年傣族诗人岩鹏的《玉娥的新衣》等傣族长诗都相继发表和出版了。紧接着，在西双版纳又出现了一个群众性的歌唱社会主义、歌唱新生活的热潮，大量的诗篇陆续出现了，村村寨寨到处是笑声和歌声。1961—1962年，傣族的赞哈已成为在当地党委领导下的一支文化队伍，在西双版纳各地区展开了斗争，把一个又一个农村社会主义阵地占领下来。只有到了林彪与江青合伙搞的“文艺黑线专政”论文章发表以后，傣族人民的社会主义新文艺运动，才被残酷地镇压了下去。

这就是我们依据党的意图，翻译、整理《召树屯》的原意。何非之有？

20年过去了，中华人民共和国三十周年大庆就要到来了。《召树屯》仍然是一株不败的花朵，在祖国的百花园里放着异彩，又一次证明它的生命力。这确实是傣族人民的骄傲，当然也是我们党的民族政策的伟大胜利。

此时此刻，我们不禁怀念起我们的合作者陈贵培同志。陈贵培同志逝世了，可是他对傣族文学作出的贡献是令人不能忘怀的。在此，我们表示深切的哀悼之意。

傣族长诗《召树屯》纵横谈

作一次文学旅行，也许是冒险，但我想一定很有趣。特别是沿着我国傣族文学之流节节上溯，会发现许多令人惊叹不已的瑰丽风光。

众所周知，我国的傣族文学与东南亚文学、印度文学有着十分明显的姻缘关系，但她们是不是同一祖先？一个民族会不会只有外来文化，而没有自己的文化？各个民族的文化是不是他们民族的历史和环境的产物？探讨这些问题是很有意义的。

本文选择《召树屯》作为追溯对象，是因为她不仅在我国的傣族地区，也在东南亚各国，日本、朝鲜、斯里兰卡、印度等国广为流传，很具有代表性。

从基地出发

既然要探索，当然先要把《召树屯》这部作品的面目弄清楚。《召树屯》的主题是什么呢？

无疑是歌颂召树屯和婻婼娜的纯真而又高尚的爱情。从勐板加的王子召树屯在金湖遇见七个孔雀公主，与婻婼娜定情、结婚开始，到爆发战争，夫妻离别，婻婼娜出走，召树屯胜利归来，经历千辛万苦追赶妻子，最后夫妻团圆，都用美丽的诗篇歌颂了他们忠贞、纯洁的感情，进而歌颂了傣族人民崇高、美丽而又纯洁的民族性格。

通过爱情，也反映了傣族人民的理想。婻婼娜出生在“万雾缥缈”的，“遍地开鲜花，满山是牛羊，来往的人都骑着大象”的“勐董板地方”。这个地方当然是傣族人民理想的仙境，婻婼娜本人则是孔雀化身的美丽的、会飞的仙女，又具有善良、温柔、沉静的性格，因此，无疑是傣族人民心目中的理想的女性，其实也就是傣族妇女的最美好的性格和品德的集中概括。“出圣贤的勐板加，又生下了一个鹰的后代，坚强勇敢的王子召树屯”，这样一个王子和天下最美的姑娘结合，就可以了解傣族人民是多么希望由此产生一个美好的世界。因此，这是一部充满着美好理想的与高尚精神的神话诗篇。

然而，《召树屯》不仅仅是一部爱情和理想的神话诗。神话是现实的折射，从另一个角度去观察和分析，这首叙事长诗，又是一部以现实生活为基础的历史诗篇。因而，她就必然反映出傣民族发展的某一个历史阶段的社会面貌。比如，召树屯和婻婼娜的爱情，遭受到种种邪恶力量的破坏，经历过重重叠叠的波折，这一现象就涉及社会的构成和各个社会发展阶段中出现的种种重大矛盾。换言之，反映在诗中的矛盾，正是我国傣族历史发展进程中的社会矛盾。

当我们走进这个诗的世界时，首先发现这是一个古老的王国，统治者有国王和王后，下层民众则是淳朴的“猎人”。这个国家所信奉的还不是佛教，而是以摩古拉为代表的原始宗教。

在我接触到的我国的《召树屯》异文本里，关于召树屯和婻婼娜爱情的媒介，有三种说法：一种是召树屯在狩猎时在金湖边自己发现了孔雀公主，通过神灵的帮助，获得了婻婼娜和她的爱情；另一种说法是通过猎人告诉召树屯，在猎人的帮助下获得婻婼娜；第三种则是由猎人抓住了的婻婼娜，当成动物送到王宫，献给召树屯的。这三种不同的说法，都反映了召树屯产生于狩猎社会。这个社会的基本人民是猎人，当然有了国王（部落首领），故事所反映的也正是这个以狩猎为主的社会结构。选择一个会飞的孔雀姑娘为主人翁，无疑只有猎人才能想象出来。然而，我国的傣民族是一个很早就开始了农耕的民族，这使我们得出以下一个更准确的结论：这部长诗产生的时代，不是农耕以后，更不是封建领主制建立以后，而是在渔猎社会的后期至开始祈求雨神灭巴拉“给勐板加带来风调雨顺”的农耕社会初期。我国西双版纳傣族早在公元前若干世纪，已进入了农耕社会。但是农耕社会却经历了不同的历史阶段。上述三种不同的“媒介”

和猎人所处的三种不同地位，又反映了三个不同的社会发展阶段。把王子召树屯也作为“猎人”，说明那时的统治者（首领）和一般社会成员之间的界限还不十分分明；第二种，王子和猎人已经有了区别，不过，王子还跟猎人一道去狩猎，也还有一定的联系；第三种，猎人已成了统治者的奴隶。随着王子和猎人地位的变化，社会的性质也变化了。

更为重要的是，作为这个社会精神支柱的原始宗教，已成为社会进步的反面。被傣族人民称为最有学问的摩古拉，已成为面目可憎的反面人物。诗中表明，正是他，破坏了召树屯和婻婼娜的爱情；正是他，企图杀害美丽善良的婻婼娜（为了这个目的，不惜歪曲老国王的好梦），因而引起了种种严重的后果，人民遭受了种种苦难。这时的原始宗教已成为生产力发展的障碍。但是，佛教也没有完全代替原始宗教。佛教的代表人物帕拉西，在召树屯和婻婼娜的爱情当中，态度是暧昧的，说明作者对佛教的态度处于举棋不定之中。诗篇虽然没有把帕拉西描绘成圣人，但又流露出用佛教思想去揭露原始宗教愚昧无知、残酷无情的明显痕迹。这种内容上的变化，正是一种社会思想代替另一种社会思想的反映，也是作品在不同历史阶段上表现出来的不同特征。

从孔雀公主到千瓣莲花

《召树屯》是一部民间文学作品。民间文学的特征不仅表现在口头性和变异性，而且还表现在它的继承性。这种继承性不仅表现在民族精神、民族思想、民族风格、民族气派等特色上，还表现在一个民族的美的观念的形成与发展上。从《召树屯》到《波欢板嘎》（《千瓣莲花》）就是一个十分明显的例证。

叙事长诗《波欢板嘎》描写一个贪得无厌的国王，梦见一朵金光闪闪、芳香无比的千瓣莲花，便下令全城搜查，但没有找到，后来又罚穷人出身的贡玛拉去为他寻找。贡玛拉历尽千辛万苦，在帕拉西和天神叭英的帮助下，终于找到了千瓣莲花。原来千瓣莲花就是七个孔雀公主。由于他勇敢、真诚，获得了孔雀公主的爱情。又在她们的帮助下，战胜了残暴的国王，结果大家选贡玛拉为国王，人民过上了好日子。

把这个故事跟《召树屯》作个比较，是很有意思的。

当我们打开《千瓣莲花》里的勐巴拉西之门，接待我们的已不是愚昧昏庸的老国王，而是一个贪得无厌、残暴成性的国王。这个故事的主人翁也不再是王子而是一个最穷的寡妇的儿子贡玛拉。他和国王构成了这个国家的主要矛盾。很清楚，故事的主题已不再是爱情，而是反映了傣族人民对残暴国王的厌恶和反抗，希望选出一个由穷人出身的勇敢、善良的人作他们的圣明君主。

这里，代表原始宗教的摩古拉不见了，而是残暴代替了愚昧。残暴的根源，在于贪婪之心，贪婪之心的产生是由于社会产品出现了剩余，产生了剥削的条件，这就是矛盾的症结所在。可见，从这部作品反映的社会和时代来看，傣族已经进入了阶级社会，而且已经到了统治阶级阻碍生产力的发展，引起人们要推翻其统治的时期。这个时期，作为社会精神支柱的佛教，由于顺应统治阶级的需要得以树立自己的威信。反映在诗中，就是帕拉西的作用被夸大到了万能。贡玛拉之所以能找到千瓣莲花，就是由于天神叭英的保护和帕拉西的指点。这种人物和矛盾的变化，很明显地说明了社会性质的变化。这种情况，在泰国表现得尤为突出。

泰国传统的最古老的《素吞与婼拉》，跟我国傣族《召树屯》的传说差不多。到了19世纪，这个民间传说成了文人文学的时候，有一个叫帕披披塔里（又名帕雅伊沙拉努帕安）利用这个故事，以“禅”体诗和“戛”体诗创作了《素吞堪禅》《帕树屯堪禅》。作者明确地在“前言”中说：“作此诗的目的在于传播佛教；颂扬国王功德；表示作者忠心。”事实上，描述的却是勐乌敦班扎国王与班扎布里国王陶南他提叻之间的宫廷谋杀事件，以及由此引起的战争，那个“猎人”不仅是素吞和婼拉爱情的媒介，而且也是识破敌人阴谋的“大臣”。

毫无疑问，不论是我国的《波欢板嘎》，还是泰国的《素吞堪禅》，都已不再是《召树屯》，而是另一部作品了。这就是我们说的“变异”。但是，这些作品又跟最早的《召树屯》故事有联系，这是因为它们之间有个共同的东西：都以七个孔雀公主作为主人公追求的对象，都有金湖作为两个情人活动的场所。这是偶然的吗？不是。综观世界各国许多著名史诗和故事，都有这种现象，也可以称为一种规律。这个规律就是各种异体的产生，不论如何变化，都保留着母体。这母体最充分地反映着该民族精神中最本质的东西。在《召树屯》故事中美丽坚贞的孔雀公主是傣民族纯洁、美好、温柔性格的代表，绿波如绸的金湖是傣族人民优美富足的生活环境的缩影。所以，尽管历史变迁，这些构成民族生存的基本因素却保留下来，反映在民间文学中，就形成了继承性。

沿着佛祖之路

现在我们谈谈另一个与此攸关的问题，佛教对傣族文学的影响问题。

可以肯定，许多国家和民族的文化艺术，通过佛教的修改与传播，有许多都穿上了黄袈裟。一方面，它促成了文学的流传，是佛教的功绩；另一方面，也使许多国家、民族的文学艺术出现了混乱，这是佛教的有争议之处。

《罗摩衍那》是古代印度的伟大史诗。据季羡林先生介绍，这部史诗产生的时代跟佛教产生的时代大体一致。前者产生于印度中部，后者实际产生于今尼泊尔国土，即古印度的北部。当时佛教处于创始时期，不可能有那么大的影响，以至用佛教思想去创作史诗，相反，《罗摩衍那》的诗行里还可以找到不少讽刺、攻击佛教的语言。可是，后来佛教徒却把它作了修改，列为“经书”，用以传播佛教。泰国的《拉玛坚》和我国的《兰嘎西贺》（即《十头兰嘎王》）就深受它的影响。正是这个原因，一些人认为傣族文学就是佛教文学，或是印度文学的翻版。

一些泰国文学的研究者认为，泰国的《素吞与婼娜》是通过佛教从印度传来的。事实如何呢?

据《礼拜词》一书记载，《素吞与婼拉》亦不是产生于泰南，而是从泰国中部流传到泰南洛坤的。大约是在阿瑜陀耶时代（即大成王朝，公元1350—1767年），有一位叫昆沙他的官员，因犯法被流放到泰南，后漂流入海，被西昌岛渔民所救，送到那坤是贪马叻城。他原是个演员，便把他在阿瑜陀耶演过的《玛婼拉》传到这里，使这个城成为“洛坤”城（即戏剧之城）。这就是说，这个故事在14世纪时，已被改编为宫廷文学的戏剧形式。但是，据《泰北文学》一书记载，这个故事是在13世纪初从泰国的清迈传到泰中的。在13世纪以前，湄南河三角洲还没有形成泰封建王国，泰国的形成，始于素可泰王朝正式建立的时候，其领土从东北的琅勃拉邦到泰国的洛坤城。因此，这个故事开始产生于泰北的清迈城是可信的。可是，有些学者认为，它来自印度，理由有两个：一是随着佛教的传入，来到了清迈；二是《帕素吞》里的人名和地名都是巴利语。

现在学术界认为佛教传入泰国是沿着两条路线。一条通过海上，从斯里兰卡传入泰国。我国佛教研究专家高观如先生认为：远在5世纪，中、泰两国（当然那时并不存在泰国）佛教关系已建立。《旧唐书》卷一百九十七卷说："北与林邑隔小海……与狼牙修国为邻，人皆学婆罗门书，甚敬佛法。"那时的泰南还是土著民族，间有吉篾人、马来人。在他们中间并没有流传这个故事。就是说，佛教的传入，带进了《拉玛坚》却没有带进《召树屯》。另一条路线是从印度的阿萨姆传入缅甸，再传入泰北。高观如先生说："中国和缅甸从后汉以来就有友好往来（见《后汉书》卷上、八十六，当时称禅国）。"如果说，《召树屯》是从阿萨姆传入缅甸，再到泰国清迈，这是可能的。但是，令人不解的是为什么不从海上传入泰南？因为就交通而言，这样更便捷。这就产生了另一个可能性：《召树屯》就在本地出生。1924年泰国编纂了《五十个故事》，研究专家丹隆亲王在序言中说：这是清迈公国的和尚们汇编的泰国古代童话集，流传到缅甸，叫做《清迈班纳沙》（即《清迈经》），也被称为《佛本生经》。这个故事集里就有《树屯和曼蜡婼娜》。

其次是关于人名、地名。的确，这部作品的名词，几乎都是巴利语。树屯是英雄之子的意思，婼拉是鸟身人头的神鸟；"勐乌敦班"是无花果之意，"勐板加"据说就是释迦牟尼出生地，即当时印度十六国之中的一个国家。能不能据此断言《召树屯》就是印度的作品呢？值得研究。首先，一个名词的含义有多种不同的解释。比方说，树屯，在印度除了上述解释之外，还有一种含义："善财童子"。《华严经·入法界品》称："是佛教菩萨之一"。"他是福生长者之子（此处长者是否指英雄？未稽考。引者），因文殊的指点，'参访'了五十三个'善知识'（名师，引者）而成了菩萨。因他考过观音，所以，观音的形象或画像旁，一般常有善财童子的像”。这个善财童子的梵文名字就是“树屯”。显然，这个“树屯”跟我国傣族长诗《召树屯》里的“树屯”不是一个人。老挝的树屯叫树屯坡别，据说，他去寻找妻子时，越过喜马拉雅山（喜马拉雅山之南，是神秘的乌董板地方），遇见一支弩，依靠神弩帮助，他才越过高山，“坡别”就是弩的意思。而我国傣语的“坡别”是“坚强勇敢的人”，就含义而言，这更接近于人物的思想性格。佛教徒们都是按照流行地区的人名地名修改作品的，当然他们要把这个故事修改成宣传佛教的作品，于是树屯便成了佛的名字。这一点，在此得到了证明。

婻婼娜和乌董板是相连的，按我国傣语，婻是对女性的尊称，婼即鸟的意思，就是会飞的神女或人首鸟身的仙鸟之意，而乌董板就是产生人头鸟身的圣地。可是，婼娜并不是鸟身，而是披了孔雀衣的女人。乌董板在我国有两种说法，一为仙境，另一种为魔国。而在印度却成了“无花果之国”或叫“昙花之国”，梵文就是 udubaya。《妙法莲花经·方便品第二》记载：佛告舍利佛：“如果妙法，请佛如来，时乃说之，如优昙钵华，时一见耳多。”优昙钵就是梵文的译音，也是乌董板的异译。按佛教传说，轮转之世，是花才开，难得之意，正是我国昙花一现之意。把这个名词译为婻婼娜的出生之地，大有女色空空的含义，这是符合佛教的所谓“色空”教义的。这就跟歌颂理想的爱情没有丝毫相似之处了。

从上述两个方面，我们很难找到这部作品采自印度的确凿证据。

谁是婻婼娜的母亲

公元1—2世纪，印度出过一本叫《玛哈瓦斯特》的梵文经书。这个集子收集了一个叫《树屯和曼蜡拉》的故事，恐怕是这个故事用文字记载的最古老的本子了。这个故事讲过一个叫哈斯金纳普国的国王舒巴胡的儿子树屯，奉父之命去参加邻国的盛大祭祀，这个国王下令要捕捉一切能见到的生物作为牺牲，其中鸟国公主曼婼拉也被捉来。他们两人一见钟情，树屯便以禁止杀生的佛教教义说服了国王，将所有生物都放了，树屯领着曼婼拉回国。国王舒巴胡非常生气，就把儿子关了起来，又将曼婼拉赶出城。曼婼拉在飞回喜马拉雅山的途中遇见了一个猎人，她把她的不幸告诉了猎人，并把戒指留下请他转给王子。树屯知道后立刻去追赶爱人，在猎人和隐士的帮助下，到达了克来拉特山的尼拉季城市，见到了鸟王德鲁玛，鸟王举行了盛大的庆宴，夫妻团圆，回到了人间。

很明显，佛教的色彩不仅表现于隐士，也充分地表现在宣传佛教的教义上。外国有的研究者也注意到了这些现象，认为："编者用宗教精神加了工。比如，在故事中占有重要地位的是：祭祀准备工作的描述，王子关于佛教实质的宣传，而对主要情节却少注意。"但是这位研究者却感到迷惑，他说："这个不知从哪里借用来的情节"，却"引起了佛教传教士、译者和诗人的注意……这个爱情故事逐渐变成了民间故事，仅在表面上保留了宗教经文的形式。"① 这样就把事情颠倒过来了，仿佛宗教文学先于民间文学，而不是民间文学被佛教或其他宗教所利用。当然，这并不是绝对的，但这个故事的源头不可能是宗教，而是在民间。

这位研究者怎么会得出这样的结论？有两个原因：一是印度有这样的故事，二是他对我国傣族文学缺乏资料，因而难免片面。当然，这两个原因又跟这位作家在研究一个民族的文学史时只局限于研究文人文学，而对民间文学与文人文学的关系研究不够有关。在这种情况下，对我国傣族文学进行深入研究就显得十分重要了。

在我国傣族地区，《召树屯》的异文究竟有多少，很难完全统计。因为不仅在每个村寨的寺院里都有，而且许多傣族头人和农民中也有傣文藏本。此外，还有地区之间的差异。例如我国德宏地区的《婻兑罕》，我自己就收集了五六个本子，口头流传的不算在内。这些本子都有种种不同的差异。同时，由于民间文学具有继承性，又产生出许多同一类型的不同作品。这就是民间文学的"型"，如"灰姑娘型""天鹅湖型"等出现的原因。

在我国傣族文学中，由一个母体故事产生出各种类型的长篇叙事诗故事就太多了，《召树屯》只是其中较为突出的一个。

---

① 弗·柯尔涅夫著：《泰国文学简史》，第44页。

那么《召树屯》的母体是什么呢？我国的西双版纳有一部叙事长诗叫《召洪罕与婻拜芳》，我国德宏地区也有一部类似的叙事长诗，叫《召西纳》，从这两个故事可以看到《召树屯》是从哪里发展而来的。

故事叙述茫茫的森林里，有一个美丽的金湖，每隔七天就有七个美丽的孔雀公主来这里洗澡。在附近的山洞里住着一个蜘蛛精，很想占有这七个美丽的姑娘。它趁七个姑娘游泳时，把她们的孔雀衣偷了去。等到孔雀姑娘上岸找衣服时，蜘蛛精又变成了一只小白兔，把她们引进它住的山洞里，用网把洞口封了起来。

猎人召洪罕（或叫召西纳）来打猎，听见女人的哭喊声，姑娘们哀求猎人救她们。猎人毫不迟疑地拔出长刀砍断了魔网，救出了七个姑娘。姑娘们很感激猎人，一起要求跟猎人成亲。结果是最小的姑娘婻拜芳（或叫婻慕雷）同猎人成了亲，跟着猎人走了。

蜘蛛精不见了姑娘，便朝猎人走的道路追赶，于是，猎人和蜘蛛精展开了一场搏斗。最后，蜘蛛精用毒牙咬死了猎人。

婻拜芳被蜘蛛精逮住，便使计要蜘蛛精洗去身上的污秽。蜘蛛精在水塘边洗头时，姑娘乘其不备将它推进水塘淹死。姑娘赶回到丈夫身边，痛哭流涕。最后是天神（另一说法是修行的帕拉西）救活了猎人，使他们夫妇团圆。

这两个故事跟《召树屯》的关系是显而易见的，即都是以七个孔雀姑娘作为故事的基点，没有七个孔雀姑娘，就没有这个“型”的故事。在这个“型”的基础上，产生了时代的先后和人物情节的变化，最后，主题思想也产生了变化，于是，它不再是原来的那个作品，而成了另一个新的作品了。就是说，《召树屯》是从这两个类似的故事发展起来的。

就故事的结构和人物的关系来看，这两个故事就是猎人、孔雀姑娘跟蜘蛛精的矛盾。这种结构和人物关系，正反映了比较简单的原始社会即渔猎社会的状况。在渔猎社会里，没有出现国家，因而也就没有国王和王子，没有佛教。所以，这个时期的作品，只能以猎人为主人翁。其次，狩猎时期的后一阶段，从傣族的历史资料来看，已经出现了原始宗教，原始宗教反映了人和自然的矛盾，这两部作品中作为人的对立面的蜘蛛精，无疑是当时大自然的代表。它跟《召树屯》最大的不同点，就是《召树屯》

已转化为人与人之间的矛盾，即把代表原始宗教的摩古拉作为正义力量的对立面，同时出现了佛教的代表人物帕拉西。

可以看出，召树屯这个人物，是从猎人召洪罕或召西纳发展变化而来的。洪罕，在傣语里是金色的鹰或凤凰的意思，《召树屯》出生时，正是一只鹰落到王宫的屋顶上，王后才怀了孕。因此，树屯有鹰之子的含义。婼娜则是由拜芳或慕雷发展而来的，拜芳是浪花的意思，嫡拜芳就是浪花一样美丽的姑娘，嫡慕雷则是像山花一样美丽的姑娘。这两个名字，也很明显地跟渔猎生产紧密地联系在一起。由这些美丽的想象发展成为充满着理想和善良的傣族姑娘嫡婼娜的形象是很自然的。这就证明，我国的傣族在渔猎时代就已经出现了灿烂的文化。没有这个古代文化，后来要出现一个旺盛的文化大发展是不可想象的。同时也证明了，包括印度在内的那些充满着佛教色彩的《树屯与曼婼拉》都是后来佛教徒从民间收集来，加以修改加工的作品。

孔雀与图腾崇拜

沿着孔雀之路追溯，我们会发现，东南亚以及南亚大陆都属于亚热带气候，这里森林茂密，适应于各种野生动物的繁殖。我国傣族居住的地区至今还是孔雀之乡。自然环境加上孔雀本身的美必然产生许多有关孔雀的故事，这是自然而然的。但是，作为人的形象，而又是女性的形象来歌颂，并且形成了特定的审美观念，成为一个民族的象征，就一定有其更深远的社会根源。从孔雀（动物）到孔雀姑娘（人）的过渡，这是一个质的飞跃。

在西双版纳有一种说法：在今勐海县的勐板到打洛之间的密林中有一个美丽的金湖，那里每隔七天，就有七只人头鸟身的孔雀飞来洗澡。因此，有人说勐板就是召树屯的出生地勐板加。当然，这是个传说，作为傣族审美观念的体现，则是可以成立的。在这种审美的驱策下，由一个简单的想象发展成完整的猎人与孔雀姑娘的故事，也是历史的必然。

我国德宏傣族景颇族自治州首府芒市流传着一个关于孔雀舞的传说，

颇值得注意。传说在这无边无际的森林里，居住着许许多多各种各样的动物，其中就有孔雀。它们过着相安无事的和平生活。孔雀不仅美丽、善良，而且多才多艺，善于舞蹈，因此，所有动物都喜欢它。但是，不久森林里来了两个魔鬼，见这个地方美丽，就想占为己有，要把这里的居民当成它们的“粮食”。

同时，又想霸占美丽的孔雀为妻。森林里顿时一片恐怖。聪明的孔雀假装答应，把这两个魔鬼引到沼泽地带，使魔鬼陷进泥沼里淹死。森林里所有动物都十分高兴，把孔雀看成是聪明、美丽、善良、吉祥的象征。当孔雀回来时，所有的动物都载歌载舞地欢迎它，这就是孔雀舞的来历。这跟《召树屯》里孔雀公主的舞蹈情节是相吻合的。但是，东南亚、印度的这个“型”故事里却没有舞蹈的情节。事实上，每个民族最古老的舞蹈，大概都跟其原始宗教有密切的关系。印度舞蹈艺术产生既早，水平又高，印度也不乏孔雀舞，为什么在《树屯和曼婼拉》里没有加进孔雀舞的细节呢？这难道是作者的疏忽？不，这只能证明《召树屯》源自傣族人民的社会生活。

孔雀舞的形成，源自傣族先民的图腾意识。在氏族社会里，几乎每个部落都有自己的图腾。图腾固然来自最初的自然崇拜，但更重要的则是用以保护部落成员得以克服困难，获得足够的食物。到了后来，就衍化出猎神，每当出猎之前，人们都要祭祀猎神，在祭祀仪式中，唱歌和舞蹈是主要内容。傣族历史资料证明，傣族不仅有自己的猎神，而且每次出猎，都要在神树下舞蹈唱歌。

我国傣族直至今天，仍然把孔雀看成吉祥之物。过年过节，村村寨寨的男女老少都必跳孔雀舞，而且他们一直把孔雀看成是傣民族的象征。此外，他们把孔雀看成是女性。这当然跟母权制时代有很密切的关系。直到新中国成立以后，母权观念以及“从妇居”的婚姻习俗都没有完全改变。傣族妇女的发式，至今仍然保持着“孔雀髻”也可证明。当然，形成一个民族的审美观念，是经过千百年的演变，才发展成为今天的婻婼娜这样一个完美的傣族女性典型形象的。而孔雀姑娘这个艺术形象的美，正是傣族人民对女性崇拜的象征。也可以说是傣族远古社会鸟（孔雀）图腾的余音。

综上所述，《召树屯》故事的发展过程，已经说明了她的源和流；民间文学的变异性，以及这一变异中存在着的同一个题材的母体；同时也说明，一个民族审美观念的形成，曾经过漫长的岁月。社会虽然经过几个大的发展阶段的激烈变化，美的观念却在发展中保持了它相对的稳定性（准确地说，所谓相对，就是指社会性质发生了变化，而美的观念也进一步得到了完善）。我们中国，虽然经过历代战争的摧残与山川地理变化的磨损，仍然保留着许多古老的民族文化，特别是我国的许多少数民族，至今仍然保持着他们古老、优秀的文化传统。这对我们建设各民族社会主义的新文学是极为有益的，它使得各民族能够继承和发扬自己的文学传统。沿着各个民族的审美规律继续发展，不仅能显出自己民族的文学特点，而且能使我们的社会主义文学成为万紫千红、丰富多彩的新型文学。

（原载《思想战线》1982 年第 4 期）

关于“羽人”的争议

——读《地上的西顿和天上的西顿》

《地上的西顿和天上的西顿》是我国又一个有关“羽人”的传说故事。她直接和我国傣族著名的叙事长诗《召树屯》有非常密切的关系。而《召树屯》究竟产生于泰国，产生于印度，还是产生于我国？这是个至今还有争议的问题。这个传说故事，对于研究“羽人”的产生和变异，是很有价值的。

我国汉文古籍中出现“羽人”，最早在《搜神记》卷十四第354条《毛衣人》：

> 豫章新豫县男子，见田中有六七女，皆衣毛衣。不知是鸟。匍匐往，得其一女所解毛衣，取藏之。即往就诸鸟。诸鸟各飞去，一鸟独不得去，男子取以为妇，生三女。其母后使女问父，知衣在积稻下，得之，衣而飞去。后复以迎三女，女亦得飞去。

把《西顿》这个传说故事跟上面的故事作一对照，再把它与《召树屯》作一对照，是很有意思的。应该说，《西顿》除了前面和后面两部分情节之外，与《毛衣人》的情节基本是一致的。

近几年，我们又在云南的西双版纳和德宏地区发现了内容基本上差不多的叙事诗《猎人与七姑女》《召洪罕与婻拜芳》和《召西纳》。这些故事有个共同点，都是叙述猎人如何获得“羽人”。其中也有如蜘蛛精破坏了爱情，天神却帮助他们夫妻团圆。而《西顿》和《召树屯》则都有追寻妻子到天上的情节。这是什么原因？

有些研究“羽人”的学者，十分注意并用力去寻找外国的尤其是宗教方面的资料和他们的研究成果，引经据典去证明“羽人”产生于某国，而不去研究作为民间文学的“羽人”传说的自身规律。当然，我并不是说研究、引用外国资料有什么错误，我的意思是，不论引用什么资料，目的是为了研究事物本身的发展规律。

《搜神记》成书于晋（约公元200多年），按年代推算，比某些国家（如印度）有关羽人的记载稍后些。然而，民间文学从口头到文字，是要经历一个漫长的时间，尤其我国少数民族的口头传说变成汉文古籍，就必须具备许多条件，其时间远比把外国作品翻译时间要长。

产生毛衣人的“豫章新豫县”即现今江西北部。最近翻阅水族创世神话，其中《造人歌》洪水之后有“通天下，江西没人”。整理者燕宝注云：“水族自称江西迁来，江西没人，即老家没人。”水族，是壮侗语族的一支，也就是我国古代百越族群的一支。百越族群在古代活跃于浙、闽、赣、越（粤）、桂、滇以及湖南之一部。这是大家都知道的普通常识。傣族，也是百越族群的一支。这就产生了民间文学母体的重要温床，也就涉及民间文学发展的一个十分重要的规律，即变异性。

民间文学的所谓“变异”，是以母体作为根据的，没有母体，或者叫做原型，就不存在变异。所谓母体（或原型）就是构成故事的主要因素。我们说的“羽人”的传说，其母体就是羽人，就是鸟，而不是主题。而有些学者却以主题思想作为根据去识别故事的产生和变化。这就本末倒置了。

主题，是随着社会历史的发展变化，产生新的意识形态的结果，这正是民间文学产生变异的原因。在《毛羽人》里并没有产生破坏爱情的“蜘蛛精”，到了《召洪罕与婻拜芳》和《召西纳》的主人公却由“男子”变成了“猎人”，并且产生了“蜘蛛精”，便出现了新的矛盾，有了新的主题。从《毛羽人》发展到了云南金平的《西顿》，还是羽人的故事，却成了反封建的主题。到了西双版纳的《召树屯》，“男子”变成了“王子”，出现了一个原始宗教的代表“摩古拉”，主题便成为封建领主制和佛教的颂歌（印度的《树屯和曼蜡拉》）则以“鸟”人故事，宣传了“佛教的基本原理

——禁止伤生。”[①] 由此证明我们讲的民间文学发展的变异规律不是指的主题，而是指母体，即原型，也就是故事的“根”。

鸟人的根又在哪里呢？中国早在公元前1600多年就产生了“天命玄鸟，降而生商”的神话，并且“以鸟为官”，建立了鸟国。由人鸟结合而产生《毛羽人》不是很自然的事吗？当然，这个神话产生于我国的东夷氏族，其中有玄鸟氏、凤鸟氏、丹鸟氏、青鸟氏，据说当时有24个以鸟作为图腾的氏族。这些氏族显然并非今天之某一民族，却又很可能与今天的某一民族有非常密切的甚至是血缘关系。因为在古代，中原的氏族乃至后来的民族关系都十分复杂。这些氏族即使跟后来的百越族群没有什么关系，古文化的互相影响，你中有我，我中有你，这种历史现象也是司空见惯了。而《毛羽人》当然已不是作为氏族的神话，而是后来才产生的传说，已经变化，后来成了百越族群的传说，也就并不为怪了。今天的壮、侗、水、布依和云南的傣，从语言上说，同属于一个语族，他们的许多语根、单词至今还一样，例如壮族的《布洛陀》的“布”字，与布依族的巨人布杰和傣族的《布桑该与雅桑该》的“布”字都是对老人的尊称，意思是公公。水族的《侯伢》的“伢”跟雅桑该的“雅”，同是奶奶之意。在历史的变革中，这个族群形成了各自不同的民族，因此《毛衣人》演变为《召西纳》和《召洪罕与婻拜芳》，同时又演变成《地上的西顿和天上的西顿》，再次演变成《召树屯》，也就很自然了。

民族的迁徙出现了地域或自然环境的差异，随着各自的自然环境和社会变化，便又产生了不同的风俗、习惯和宗教信仰，这些变化，就引起了同一个母体的民间文学作品产生了变异。《召西纳》披上了带有农奴色彩的西双版纳森林绿装，通过佛教的媒介，又变成了《素吞本生经》，变成了《素吞与诺拉》等等。居住于云南南部的金平傣族，受佛教的影响较少，而社会却较早进入封建社会，便由《毛衣人》演变为反封建的《地上的西顿和天上的西顿》。因此，除了社会的发展之外，宗教信仰与地域，即自然环境也是民间文学产生变异规律的原因之一。例如《毛衣人》的“田中”应变为《西顿》的“河边”，又演变为《召树屯》中的“金湖”。

① 弗·柯尔涅夫著：《泰国文学简史》，第44页。

男主人公也有了变化，但是，作为母体的“羽人”或“鸟人”，却始终没有变化。这就是民间文学的变异规律。

（原载《民间文学》1986年第12期）

《葫芦信》通讯

××同志：

读了你的文章，许多观点，原则我是同意的。可是，其中有关《葫芦信》的研究，恕我率直，有些不着边际了。当然，这不能怪你，因为你对长诗《葫芦信》的产生并不了解，过去许多人也都把《葫芦信》当作一个古老的民间长诗。我考虑到，如果现在再不把《葫芦信》的来龙去脉说出来，势必还会以讹传讹，对民族民间文学，尤其是对傣族文学的研究工作，会造成不良的后果。

我无意把长诗《葫芦信》否定，我觉得长诗整理出版以后，引起了广大读者的兴趣，也引起了民族民间研究工作者的重视，这就证明她本身的艺术成就和生命力。可是，某些同志的研究，由于不了解情况，显然是离开了《葫芦信》的实际，不仅把它当成准确而生动的封建农奴的“信史”来描绘，而且把它说成是原始部落的“典型”。在这封简短的信里，我不想跟你研究原始部落社会和封建农奴制之间的关系，我只想把我所知道的有关《葫芦信》诞生的情况告诉你，供你在进一步研究时作参考。

据我所知，最早发现《葫芦信》这个故事，是1956年。

1956年春，中国作家协会昆明分会（现改云南分会）刚成立，就决定召开一次云南省民族民间文学工作会议，以推动我省的民族民间文学工作的发展。为了给这次会议作准备，作家协会昆明分会派出了三个民族民间文学调查小组，其中一个组到西双版纳进行调查，这个组一共有四个人，其中有陈贵培、刘绮同志和我，另一个是当时云南大学的一位女同学。

我记得是在我们到达勐遮的时候，听到人讲《葫芦信》这个故事的。

故事很简单，只是说在八九十年前，有一个勐遮王子（没有名字），爱上了景真的公主（我记得也没有名字），两人结婚以后，发现勐遮的土司企图并吞和攻打景真，两夫妇都很气愤，想把这情况暗中告诉景真土司，但因为勐遮土司守得很严，他们才想出用葫芦传信的办法，通知了景真土司，结果这事被勐遮土司发现了，一气之下，就把儿子和儿媳妇抓到勐遮与景真交界的地方杀掉了。

我们听了以后，大家都很感兴趣，首先就在勐遮找寻唱本，但是，没有找到。我们估计勐遮是不会把这个故事编成唱词来唱的，便决定到景真去。我们从勐遮步行到景真，两地相距约十华里，沿途风光很美，路上又遇见一长颈鹤，黑头、红脖子，比人还高，十分庄严美丽。

我们在景真住了三四天，主要是搜集和了解这个故事。我们找了许多老人、干部、头人、歌手，开过座谈会，也个别地进行了访问，他们都只讲了跟上述大同小异的故事，没有唱词。有些热心的老人怕我们不相信，还亲自领我们去看过这对夫妇的墓。很可惜，我们这次没有见到墓。他们说，土改前还在，大概是后来挖田时挖掉了（后来还是找着了）。这就证明，这件事不仅是个真实的事件，而且发生的时间确实不是很古远。他们讲的八九十年前，很可能是比较准确的。

因为没有诗（即唱本）我们都感到很惋惜，觉得一个诗的民族，对于一个美丽的传说竟没有歌颂，实在是太遗憾了。为了补救这个缺陷，我们请了景真几个最有名的老歌手，有男有女，名字已经记不起来了，请他们专门为我们唱《葫芦信》。只有一个老歌手为我们断断续续唱了一个不完整的《葫芦信》，其他的人不知是不敢唱呢还是没有准备，都没有唱。

这个景真老赞哈唱的，就是我所知道的一首诗体《葫芦信》，我记得只有一百多行，其详细内容已记不清了，大概绝大部分是勐遮王子和景真公主恋爱时互相爱慕的情歌。这些诗很美，不足的是没有形成个故事。因此我们再三请这位歌手唱后来发生的事，他又唱了他们结婚的热闹情景，又唱了他们被杀后人民怎么怀念他们，最后，竟唱他们变成了一对蝴蝶，我们大家想起《梁山伯与祝英台》，不禁都笑了。

由于这个原因，我们想整理《葫芦信》的愿望，就落了空。

1958 年，我到勐海深入生活，认识了当时勐海的副县长刀振纲，他原是勐遮土司的兄弟，因为兄弟不和，他被迫搬到勐遮的戛贡去住，实际上又成了戛贡这个小街的头人，大概就是因为这个原因吧，他比较接近我们。其实他是个书生，曾经去过缅甸、泰国读书，对傣族的经书、唱本都有些研究。由于这个原因，我曾劝他把《葫芦信》写成唱词，他似乎也有兴趣，不过后来就忘了。大概只过了几个月，他竟把《葫芦信》的唱本拿出来了，这使我很高兴，立刻就组织傣族诗人岩桑少同志翻译出来。

这个本子，故事很美，大概是他写前，我们谈过好几次，他也问过我，该怎么写的问题，我们交换过意见。我记得第一是谈到主题，我跟一些同志的意见是，最好描写反侵略的题材，应该通过他们的恋爱悲剧，描写出小国敢于反对大国侵略的主题；第二是关于人物塑造，我们提出希望他能写出一对纯洁的男女青年的形象，同时塑造出一个残暴的勐遮土司同一个敢于起来抵抗侵略的景真小土司的形象；第三要写出新中国成立前傣家人的苦难和痛苦，写出受封建领主的压迫和剥削。

由于他本人是头人，却又受到其兄弟的排斥，因此，他有他的体会，这样，他就补上了景真那位老歌手对统治阶级的生活不熟悉和不敢描写的特点，真实地揭露了封建领主之间的封建剥削和明争暗斗（这一点即封建领主之间争夺土地，一直到新中国成立前夕，在西双版纳都很严重；应该说，这跟部落之间的斗争性质是不同的），从而把封建领主制对人民的某些制度及规定作了揭露和鞭挞。但是，他的这部长诗《葫芦信》也有缺点，我记得首先是结构平铺直叙，没有起伏，只是叙述了故事；其次诗的语言较平淡，缺乏意境，人物的刻画不是十分鲜明。这是正常的，因为他是第一次写那么一个长诗。不过因为1958年，大家都忙得不行，也就又把这件事搁了下来。

不久，云南省民族民间文学调查队到了西双版纳，并且把刀振纲根据民间流传的故事创作的长诗，当做民族民间叙事长诗收了去。此后的情况，我就不大清楚了，据当时的一些有关同志对我说，那个整理本，就是根据刀振纲的本子整理和加工的。这就向我们提出了一系列的问题，究竟该怎样看待这部长诗《葫芦信》呢？能把它作为傣族古典的长诗来研究吗？它是创作，还是民间文学？

以上情况，供你参考。

一个重要的发现

——序《论傣族诗歌》

《论傣族诗歌》的发现，是对研究傣族文学，尤其是傣族诗歌的重大贡献，因而也是对我国文学研究的一个重要贡献。

新中国成立以后，傣族的诗歌引起了我国文艺界和学术界的重视，应该说在中华民族的文学宝库中占有重要的地位。可是，傣族的文学理论却还是个空白。这本书的出版，总算填补了这个空白。尤其是在文学史中的许多问题上，这本书提供了许多宝贵的资料，是我们研究中华民族文学史的很好的借鉴。

这本书一共收集了傣族的诗人、理论家的两篇论文，即：《论傣族诗歌》和《谈寨神勐神的由来》（还有一部《傣族诗歌的内容及其价值》，我们正在搜集中）。这两篇论文，都是在西双版纳地区搜集的。写作时间最早的是《谈寨神勐神的由来》，离现在五百多年，其次是《论傣族诗歌》，离现在三百多年。

这两篇文章不仅为我们提供了研究傣族诗歌的非常珍贵的资料，而且有他们自己的思想和观点，特别是《论傣族诗歌》，在诗歌的起源、傣族诗歌与佛教的关系、傣族诗歌的种类和艺术的民族特色等问题上，有他自己独特的见解。

诗，是怎样产生的呢？作者从开天辟地的传说故事开始，讲到人类感情的产生，喜、怒、哀、乐的最初表现，进而讲到语言的产生，大自然、动物的音乐节奏对于人类感情的影响，从而产生了音乐和诗歌。他既不是“万物有灵论”者，也不是什么社会学派，事实上，事物的产生、发展和消亡，绝不是仅仅由某一种主题思想所决定，而是由于种种复杂的客观因素所决定的。他认为傣族的诗歌早在人类依靠采摘果实为生的蒙昧时期就产生了，当先民们的手被荆棘戳破的时候，被野兽咬伤的时候，就会产生喊叫、呻吟、哭泣；当他们采摘了许多甜美的果实，或者猎获了熊或虎的时候，人们会不由地高兴起来，于是欢叫、跳跃、大笑，这就是最初的诗或歌。

关于佛教和傣族文学的关系，作者用了大量的篇幅。他认为佛教对傣族的诗歌是有很大影响的。他说："文字的产生，佛教的传入，对傣歌的根本变样起了决定性的作用。"但是，他又认为，佛教实际上是盗窃了傣族先民创造的财富。他说："'梦'诅咒说：佛教的高明和狡猾，在于它善于看风使舵，在于它会利用和篡改我们祖先的原始宗教，而后把它变为己有，用以遮住人耳目，抬出神、佛祖来，而我们傣族很幼稚，却感恩不尽，口口声声祈祷说：'神佛保佑，神佛保佑！'实际上只不过是斩头去尾而已。"他引用《哇雷沙都加蛇曼蛇勐》（即《谈寨神勐神的由来》）一书说：佛教比"琵琶鬼"还鬼，神不知鬼不觉，偷偷地劫取了"蛇曼蛇勐的魂幡"，而后加以斩头去尾，变为佛教自己的东西了。

令人吃惊的是作者本人8岁就进佛寺当和尚，一直升至祜巴勐（祜巴勐，是和尚等级中百姓能升的最高等级），受佛教的陶冶达32年之久，却能如此清醒地看到整个傣族文学的发展，甚至能以唯物主义的态度去分析问题。当然，这并不是说，这位傣族诗人、理论家没有受到历史的局限，至少在佛教对傣族文学发展所起的作用，就有渗进了原始宗教与佛教斗争之嫌，因而不够全面，前后矛盾。但是，有一点是很值得大书特书的，那就是他观察问题的敏锐。

据作者在书中说，这本书写于傣历九百七十六年（公历1615年），即366年前。那时我国和傣族社会是个什么情况呢？公历1615年正是明朝末年社会大动乱时期，而傣族的封建领主制社会，即从叭真建立的"召片领"（宣慰使）统治已到二十二至二十三代之间，就是说，中国的和傣族的封建统治权力已经走了相当一段的下坡路，成为生产力发展的障碍。作为为封建领主服务的佛教文化，即所谓的"八万四千册经书"，亦成为社会进步的反动。指出这一点，是十分不容易的，尤其是一个高级佛教职业者。这就说明了这本书的作者，不仅是一位学问渊博的学者、理论家，是一位聪明、智慧而又有头脑的诗人，而且是一位头脑清醒，有敏锐观察力的思想家。当然，那时作者还不可能看到傣族社会的未来，而这，正是受佛教思想毒害的结果。因此，他只好又回到“蛇曼蛇勐”即对祖先的崇拜上面，希望以祖先的灵魂来解救傣族社会的危机。这就是他的局限性。但是，作者除了本书之外，还创作了以佛教为题材的长篇叙事诗《粘响》和揭露社会黑暗的悲剧长篇叙事诗《宛纳帕丽》，这就使我们想起了同是中世纪在欧洲出现的许多著名的悲剧，而悲剧《红楼梦》则要晚几百年。

作者对傣族诗歌的艺术特点，也作了精辟的论述，有许多独创的见解，对于我们研究我国的一个民族的艺术风格，不仅提供了宝贵资料，而且完全可以作为研究其他民族文学的气派、民族风格的极好借鉴。而这本书就是一本充满着傣族的民族气派和民族风格的书，她并不是呆板的叙述、论证，而是用诗的语言、用形象来说明作者的观点，因此，全书由许多生动的故事和诗所构成。这是一本很有民族特色的书。

上述的许多问题以及《谈寨神勐神的由来》对研究傣族文学的发展，提供了许多宝贵的资料和线索，而且对研究中华民族的文学发展作出重要贡献。

（原载《山茶》1981 年第 2 期）

一部珍贵的傣族古典诗论

——评《论傣族诗歌》

关于艺术的起源，世界各国的学者已经写过不少著作。鲁迅先生也发表过“杭唷杭唷派”的艺术起源的意见。然而，鲁迅先生的文章毕竟不是一篇科学论文，没有对这个问题作进一步的论述。想不到最近由中国民间文艺出版社（云南）出版的《论傣族诗歌》（作者是一个祜巴勐）一书，不仅印证了鲁迅先生的观点，而且比较详尽地论述了诗歌发展的历史。这本书出自多年前的一位我国傣族的诗人和学者的手笔，这一点尤为可贵。

诗，究竟产生于何时？又是怎样产生的？这是一个至今还没有阐述清楚的问题。有人认为：作为文学最高形式的诗，是不可能产生于文学出现之前的；有人认为文学滥觞于原始宗教、巫术或祭祀，也有人认为，文学是在人类体力劳动与脑力劳动分工以后才出现的。这个祜巴勐在这部傣族古典诗论中写道：傣族的诗歌产生于“从吃栗子、果子时期，走向吃麂子和马鹿肉的时期。”我认为这是一个重要的见解。理由非常简单，因为这个时期正是人类开始形成语言，开始制造工具，也就是恩格斯所说的人类的蒙昧时期的中级阶段，属旧石器时代。这位三百多年前的傣族理论家还说：“在手脚不停地拣栗子、果子吃的时候，往往会遇到脚手被刺刺伤、从树上摔下来，或者从悬崖上滚死等情况，受到这样的挫折和不幸时，就会发出呻吟、哀鸣和哭声；有时也比较顺利，拣到的果子多，吃得饱，大家就兴高采烈，拍脚拍手，又喊又笑；在打猎的时候，有时会遭到虎咬熊抓、野猪闯、毒蛇咬，受难者就会发出寒心的呻吟哭喊：‘疼啊疼！’‘苦啊苦！’大家害怕，也会惊恐呼喊：‘害怕啊害怕！’也有顺利的时候，打死了老虎或马鹿，大家就高高兴兴，笑啊笑，跳啊跳的，不住地喊叫：

‘真得的多啊，够我们饱饱吃，啾！啾！啾！’有时为了抬老虎或抬树，为了出力，大家一齐喊：‘嘿哟！嘿哟！优！’于是，全身就有使不完的力气，直到今天我们抬木料盖房子，一路上都喊：‘赛罗！优！’……天长日久，这种悲哀和欢乐的情调，自然地成了人们的口头流传语，逐步演变成了歌……于是就产生了歌谣。”

这也是诗歌？也算得上是文学？有人会这样问。是的，最初的诗歌虽然不是绚丽多彩的，甚至诗的韵律也是非常简单的，但是，它是诗。这种诗，就是产生在这个时期。和这本书同时出版的《傣族古歌谣》里的歌谣完全证明了这一点。“叫一声人们快上树，只见大人和小孩，只见老人和妇女，你争我赶拥上来，爬直树、爬弯树，摘的摘，吃的吃，摇的摇，捡的捡，抢的抢，哭的哭，笑的笑，像雀鸟嬉闹，像蜜蜂采花，像猴子打架，叽叽、哇哇，真热闹，真好玩！啾，啾，啾！”此外，《傣族古歌谣》中还有许多描绘人类开始认识大自然、适应大自然、力图战胜大自然的诗歌，这些诗歌把先民们描绘得如此幼稚、天真，而诗的节奏明快、感情单纯，确实是人类童年的诗。

然而，这位傣族理论家并不满足于指出这一现象，他进一步指出：“歌来自于人类的语言，语言是一切歌调的基础。既然人类在世上的活动是语言的基础，那么，人类在世上的活动，无疑地也是歌的父母了。”又说：“有了人类的劳动，才有了人的语言；有了人的语言才有歌；有了歌后才有文字；有了文字后才有叙事诗。”作者在论述诗歌起源和性质时，强调诗歌是人类活动特别是劳动活动的产物，这些观点带有明显的唯物主义性质。

作者说，先民也向大自然学习。他引述了两个生动的傣族传说故事。其一，《滴水成歌》把傣族的歌谣跟淙淙的山泉联系在一起，说傣族祖先“由狩猎的游动生活逐步转入耕种的初期”，有一个姑娘学着水流声哼起心中的声音。其二，《诺戛兰托》则把傣家的赞哈跟最会唱歌的鸟联系在一起。

据作者的意见，被称为“零星歌谣时代”的古歌谣，无疑是简单的纪事诗。随着社会的发展，傣族诗歌产生了“桑烘”（情诗）。这位诗人把这个时期说成是“傣族歌调成熟期”。所谓“成熟”，主要是指人能普遍地运用诗歌来抒发内在的感情。这就是抒情诗的产生。不过，当这位诗人在论述到诗歌的种类时，他却把抒情诗归并到叙事长诗之中，认为每一部傣族叙事长诗中都有情诗，这一点显然是可以商榷的。不过他又补充了早他一百多年的另一位傣族诗歌理论家的见解，即在傣族诗歌发展进程中还有一个祭祀歌（或叫颂歌）的时期。这个补充非常重要，因为祭祀歌在整个诗歌发展中占有非常重要的地位。祭祀歌不仅大大地扩大了题材，而且已成为人类的思想武器，其艺术形式也达到了一个新的水平。“开天辟地”神话被用诗的形式发展成为一部完整的原始史诗，这就为后来的叙事长诗的发展奠定了基础。这位傣族理论家认为：叙事长诗的勃兴与发展是在佛教传入傣族地区之后，亦即佛教带来傣族文字之后。对这个问题，现在有不同的看法。有些傣族同志认为：《玛海》《录允章》《秀披秀滚》等叙事长诗就是佛教传进傣族地区以前产生的。甚至傣文也是在佛教传进之前已产生，这是另一个问题。

民谣—抒情诗—颂歌—叙事长诗—悲剧叙事诗。这就是傣族诗歌发展的顺序。他在论述傣族诗歌发展的历史时，并没有把诗歌游离于傣族社会历史之外。前面讲到他在论述诗歌的产生时，描述了原始先民的社会生活，接着又说：“后来因为历史已由人类分散的状态进入了‘盘’的时代，社会结构发生了变化，人类开始组成群，组成伙，组成村，组成亲，逐步有了群头……语言逐步统一，歌谣也相对集中。”所谓“盘”，就是指的农村公社的产生，那时开始有盘巴（猎首）、盘浦（渔、农首领）和盘赞（管宗教和唱歌），这就是祭祀歌产生的社会背景。到了叙事诗时期，这位祜巴勐说：“有了寨头才有勐头，有了勐头就产生了‘首领’和‘王’。从那时以来，傣歌的起头都得称‘王啊王’，从此，傣歌受到了社会的约束。”无疑，这已经进入有阶级存在的“文明社会”了。作者以讽刺的口吻说：“感谢帕召（指释迦牟尼）的神灵，为人类的发展兴旺制定了神圣的礼教。礼教带来了光明，礼教孕育出了神明的‘召列婻’（即王子、公主或国王与王后），从此在傣族的社会历史中显示出了无限的荣耀和无比的自豪，这就是仅次于帕召，同时又和帕召一样居于我们头顶的‘阿拉罕召’（金殿王朝的权力）。什么叫人类社会的约束呢？金殿王朝的权力，就是地地道道的社会约束。”

这位理论家就是这样，通过对诗的发展，把傣族社会发展的轮廓清晰地勾画了出来。到十六七世纪，即这位诗人所生活的时期，封建领主制、佛教都走向了衰败，因此，在他写这本诗论之前，不仅写了两部叙事长诗，而且写了悲剧叙事长诗《宛纳帕丽》。

当然，这本三百多年前写成的《论傣族诗歌》，还论述到其他一些问题，如傣族诗歌与佛教的关系问题，各类诗歌的不同特点，尤其对傣族诗歌的特点，不乏精辟的论述，独到的见解。

这本诗论的作者没有留下姓名，从书中的交代得知，他是一个当了32年和尚的祜巴勐（祜巴勐是和尚等级中百姓能升到的最高等级），一个生活在三百余年之前，又受佛教熏陶达32年之久的人，却能如此清醒地用唯物主义的观点分析傣族文学的发展，不能不令人敬佩。他的论述的精到，见解的深刻，都值得研究艺术史和批评史的学者们重视。从他的论著中，也使我们得到一点启发，任何一种宗教信仰要绝对控制所有人的思想，是不可能的。历史上对信仰的叛逆人物是屡见不鲜的，中世纪的欧洲就有哥白尼、布鲁诺和伽利略等等，何况，一个拥有五百多部叙事长诗的民族，出现他们自己的诗的理论家，是不足为奇的。而且在他之前180多年，已有一个理论家写了《论傣族各种诗歌的内容及其价值》了。这不仅证明傣民族是一个有悠久历史和出现过丰富灿烂的古代文化的民族，同时也证明，从中世纪开始，傣民族中就存在一股反统治阶级的进步势力。难怪这本书的保存者康朗应的祖母（女赞哈）说："这是一部杀头的书。"然而，这正是傣族的骄傲！

（原载《文艺报》1981年11月7日）

傣族先民留下的一份珍品

——介绍《傣族古歌谣》

《傣族古歌谣》和我们介绍过的《论傣族诗歌》，都是傣族的祖先们给我们遗留下来的极其宝贵的、不可多得的珍品。

《傣族古歌谣》反映的是封建领主制建立以前的作品，尤其是它的第一部分，所反映的都是农业社会和一夫一妻制产生之前的，即从人类最初的采集经济到狩猎经济的作品。反映这个人类最早的生活的诗歌，至少是我，过去还没有见过。因此，我认为这是一件难得的珍品。

由于是一件珍品，因此，就自然地会引起疑问：这是一本真正的古歌谣吗？如果是真的，它产生于何时、有什么可以证明它是古老的珍品？它又是怎么保存下来的？现在又是怎么发现了它的？

我想，要准确判断这些古歌谣产生的年代，是很困难的，但从这些歌谣所反映的社会内容，大体上还是可以知道它们的社会背景的。

这本书是由原来的傣族手抄本和一部分口头记录（德宏地区的一组《婚礼歌》和一组《祭祀歌》）翻译编辑而成的。根据它所反映的内容，一共分为四个部分。

第一部分，零星歌谣：共有三十首，其中又可以分为三个时期的作品。即采集经济时期、狩猎经济时期和农耕初期的作品。就反映的方面来看，又可以分为生活方面、劳动方面和婚姻制度等方面。明显反映采集生活的有《叫人歌》《睡觉歌》《关门歌》《拔刺歌》《虎咬人》等等。就以《叫人歌》为例：

听啊，大家听着！听啊，男人和女人听啊！老人和小孩，我正在把你们呼叫。

走在山里的人，坐在石上的人，爬在树上的人，蹲在水边的人，快快离开那里，快快回到山洞里。

太阳已经落了，天就要黑了，老虎就要出来，正在啊唔啊唔吼叫。

猴子已经归窝，雀鸟已经回巢，野狗睁亮眼睛，见人就缠就咬。

别贪食野果，别贪吃野菜，我正在呼叫你们，快快回转来吧！

这样一首短歌，它反映出：一、那时人们还住在山洞；二、他们主要是吃野果野菜；三、那时的人还无法抵抗野兽，特别是老虎和狼的袭击，因此，当夜幕降到森林时，这个山洞的氏族老人就焦急地呼唤他的氏族成员们回山洞。

其次，劳动方面就更加明显了。如《摘果歌》《吃菌子》《打水歌》《哭哀歌》。《欢乐歌》则属于狩猎经济的作品：“爬直树，爬弯树，摘的摘，吃的吃，摇的摇，捡的捡，抢的抢，哭的哭，笑的笑，像鸟在嬉闹，像蜜蜂采花，像猴子打架，叽叽，哇哇，真热闹，真好玩。啾，啾，啾。”这是一幅多么生动的劳动场面啊！农业经济产生以后的劳动歌谣就更多了，诸如《抬木头歌》《斗楼梯歌》《闹火塘》《洗房柱歌》《酒醉歌》《下雨歌》《破篾歌》《挖井歌》《穿牛鼻子歌》等等。此外，还有一首反映由群婚制转到配偶婚的《配偶歌》：

人类要配偶
不能再混乱
兄妹配成双
男女成一对……

第二部分是情歌：共十三首，这已是一夫一妻制产生以后的作品了。值得一提的是这本古歌谣为我们保留了一组“凤凰诗”。这是被《论傣族诗歌》的作者誉为一个“时代”的傣族诗歌的形式。什么叫做“凤凰诗”呢？有各种说法。一说，凡请凤凰送的情诗都叫凤凰诗。那时没有邮政，因此，大概写成文字的都叫凤凰诗吧。另一种说法是指诗行，组成凤凰的样子。再一种解释比较近理，是根据这种诗大都是对情人的怀念，对失恋痛苦的回忆，对死亡人的悼念，每一种都要叙述他们相爱的过程，因此，有情节、有简单的故事，又抒发他们的感情。而这种诗是无法投递的，因此，借用想象中的凤凰来寄托情思，谓之凤凰诗。它是故事体叙事诗的过渡。当然这是有了文字以后的作品了。

第三部分，生产歌：共三首，都是农业经济产生以后的作品了。

第四部分，颂歌：包括五个部分：一是婚礼歌；二是《贺新房》；三是节日歌；四是招魂词；五是《祭祀歌》，都是原始宗教产生和形成以后，在各种宗教仪式上唱的歌。

从上面所简单介绍的内容可以看出，在原始宗教还没有产生之前，傣族的诗歌不仅产生了，而且有一个漫长的发展过程。原始宗教产生和形成以后，又大大地促使了傣族诗歌的发展。

这本古歌谣的分类及其顺序是我和另外几个傣族同志编的。原有三种本子，加上口头记录稿，当然不可能按这个次序编排。我们是根据什么原则来编排的？答曰：根据每一首歌谣所反映的内容，进行分类编排的。

这些古歌谣究竟是怎么流传下来的呢？看来大致有四个原因。

第一，口口相传与“赞哈”的功绩。

没有文字记录的东西，总是难使人相信能够流传到今天的，何况又是那么古老的几首歌谣。但是，我不这样看。我认为不仅可能，而且已经有许多事实证明了的。

云南有许多民族，至今还没有本民族的文字，但是，有关他们民族的迁徙历史、每代祖先的名字、各种生产的经验，还有他们的古老的歌谣，都完整地流传到今天！那么，是怎么传下来的呢？两个办法。一是口口相传，一代传一代。令人奇怪的是我遇到的许多没有文字的民族或不识字的人，他们的记忆力都特别好；而这也就是那些千万个民间故事能够流传至今的一个原因。其次，这些民族的历史、风俗、生产、婚嫁等等，都是通过诗歌的形式流传下来的，因为诗歌朗朗上口、好记，特别能引起人们的兴趣。

既然其他民族的历史，风俗等等可以一代一代，用口口相传的办法流传下来，为什么傣族最古老的东西就不能流传下来呢？

其次，傣族和其他民族一样，在很早时候就产生了被叫做“巫师”的制度。傣族不叫巫师而叫“盘赞”。早在狩猎经济产生之后，就出现了“盘”（盘巴，猎人或猎头），后来又出现了管水的“盘滴”，以后又出现了既管宗教又管唱歌，既是头人又是医生的“盘赞”。傣族跟别的民族所不同的是由这个“盘赞”又分化出四种人，即寨子头人，管鬼的“摩麻”、管看病的“摩雅”和专管唱歌的“赞哈”。这就是农村公社的一个组成部分。实际上已成了半专业化的人才了。

专为人们唱歌的“赞哈”，不收集或改编民间的优秀诗歌，是无法唱的；能唱也是不会获得群众赞赏的。我们都知道，凡是比较有成就的“赞哈”，都是非常熟悉民间歌谣的，都是收集了大量的民间歌谣，并且把民间优秀歌谣当成宝贝一样，不让外人知道的。这些人，就像我们汉族收集整理《诗经》的孔夫子。所不同的是孔夫子不是歌手，而且只有他一个人。一个人能够收集，保留下一部《诗经》，成千的“赞哈”为什么就不能保留下这本《傣族古歌谣》呢？

第二，原始宗教和佛教斗争的结果。

可是，这些东西，到了佛教进来以后，特别是佛教跟封建领主制相互结合之后，所有有关原始宗教的思想文化都被看成异端邪论，因而是不合法的了。

说这个是什么意思？就是说，文字虽然传进来了，但是又有谁会去冒险杜撰、伪造跟当时的主导思想相违背的诗歌呢？这一点，从这三本手抄本的来历，可以看得很清楚。

这三本手抄本中最重要的一本，是从勐海县的岩糯同志那里得到的。岩糯同志很喜欢傣族的诗歌，但是，他并不知道这本书有什么重要意义。他说，这是从他的父亲留下来的一块山地窝棚里的蜂桶里找到的。他的父亲、祖父、曾祖父都是“康朗”。就是说，他的三代父辈都是佛教徒，而且是傣族中的高级知识分子。那么他的曾祖父的父亲，祖父和曾祖父是什么人？难道其中不可能有一位是“赞哈”？当然，我们无法也没有必要去考虑岩糯的先人哪一位是“赞哈”。但是，有一点是可以肯定的，这本《古歌谣》是岩糯的祖先们藏在这个蜂桶里的。绝不会是别人无意塞进他家的蜂桶里来的。那么，岩糯的祖先们为什么要把这本书藏起来呢？只有一个解释，这就是这本书不合当时的潮流，怕被人发现，有某种危险。什么危险？可以判断，除了因为是佛教和原始宗教斗争，佛教排斥傣族的原始宗教之外，再没有别的解释了。据说，在很早以前，这一类书是不能入“经书”之林的，当然更不能刻在贝叶上，而只能抄在棉纸上，因为这些东西是违背佛的旨意的。佛教说：人世间的一切都是帕召创造的，“傣族文化是佛祖给的”，这是一条铁律。因此，凡记录、整理、抄写、收藏这些“邪书”的人，就是“大逆不道”，就是佛的叛逆者。难怪那位《论傣族诗歌》的作者，在他写这本书的过程中，要不断地向佛祖祈祷，请佛祖原谅他的“罪过”。而这本书的收藏者则说：“这本书还有用处，可是，请千万不要说这本书是我藏的，这是一本要杀头的书呀！”这使我想起列宁的两种文化的著名理论，这就难怪岩糯的祖先们要把这本古歌谣暗藏起来了。可是，问题又来了。他们既然是佛教徒，又怕因为这本书遭到杀身之祸，为什么不干脆把它烧了，或丢了？而要把它悄悄收藏起来呢？大概这其中是有难言之苦的。按傣族一般的心理，只有一个解释，就是他们之所以甘于冒这种危险，是因为这东西是他们家的一件传家宝。“文化大革命”中，有许多老歌手，冒着生命危险，把他们家里的唱本（即诗歌）埋进土里，就是出于这种心情。不过，“文化大革命”中有些人因为没有塞进蜂桶里或埋在泥土里（也有塞进水壶胆里再埋的）而没有能保存下来。而岩糯的祖先们则因为塞进了蜂桶里，蜂蜡把它保存了下来。

第三，傣族历史上的一股进步势力。

说到这里，又使我想起另外一件事。这就是傣族人民明明知道这是“要杀头的书”，为什么竟不怕死，而要千方百计保存它呢？上面所提到的写那本诗论的理论家，公然在那本书上宣称：甘心情愿冒下地狱熬油锅的风险，也要把那本书写完，这又使我联想起在四五百年前，就有人写了《最早的祖先的事》《谈寨神勐神的由来》《论傣族诗歌》等等极其有价值的书，这就不难作出判断：傣族以及奉祖先为主的原始宗教的信徒们，从来也没有被消灭过。而且作为一股势力，一直存在着，在新的条件下，即在封建领主制及其精神支柱的佛教变成为阻碍社会，因而阻碍傣族文化发展的时候，他们就成为一股进步的力量。这股力量一直到今天仍然在人民中存在着。如这古歌谣的另两个本子，一本就是这本书的汉译者岩温扁同志的父亲所收藏的。另一本则是他的岳父收藏的，他的岳父宣布：他不是一个佛教徒。因为他的一家就是被封建领主诬蔑为“琵琶鬼”几次撵出村寨。

无疑，这是一股没有被组织起来的进步势力，他们各自在不同的角落中斗争着，没有他们的斗争，这些珍品是无法保存下来的。反过来，正是这些古代留下来的珍品的养料，培育着他们，也促进了后来傣族诗歌的大发展。

第四，佛教徒继承了傣族诗歌的传统。

最后，还得公平地提到，佛教和它的信徒在发展傣族诗歌中是作出了巨大贡献的。

在佛教传入的初期，为了要在傣族人民中站住脚，为了宣扬佛的“伟大”，他们是下了工夫到民间去收集了许多民间歌谣、神话、传说故事的。虽然他们已经按照他们的需要加以“整理”、改造或重新创作，但客观上却起到了保存傣族古代文化的作用。当然，就其宣传效果说，确实起到了欺骗和麻醉人民的作用，所以至今还引起了许多傣族先进分子的愤慨，愤怒地斥责这种行为是“剽窃”。可是，佛教终究不能窒息傣族人民中的先进分了，上面说的“诗论”的作者就是一个例子。他曾经用佛教的故事创作过长诗《占响》，但是，后来却又写出了揭露封建领主的长诗《宛纳帕丽》和那本充满着战斗气息的“诗论”。如果没有这些古代文化的熏陶，没有继承和发扬傣族古代的优良文化传统，是不可能写出这些作品的。

没有这些傣族的古代文化，后来的、佛教传进以后的傣族诗歌的黄金时代，是不可能出现的。因此，我们把这本《傣族古歌谣》看成为傣族先民们给傣族人民留下的一份十分珍贵的遗产。

（原载《山茶》1982 年第三期）

一朵绚丽的中印文化交流之花

——序《十二头魔王》

被称为傣族三大诗王的《十二头魔王》就要与读者见面了，这不仅是傣族文学领域的一件大事，也是我国民间文学界的一件大事。傣族曾被人们称作“诗歌的民族”。据傣文《论傣族诗歌》（中国民间文艺出版社1981年版）记载：早在300多年之前，傣族上千行以上的叙事长诗就“已经确切达到整整五百部了”（见该书第61页）。在德宏地区曾有“五百五十部”之说。另据中国社会科学院少数民族文学研究所云南分所称，该所已搜集到傣族叙事长诗一百余部，搜集的目录已达三百余部。看来五百五十部叙事长诗这个数字当是可靠的。在我国不足一百万人口的一个少数民族中，竟有如此丰富多彩的叙事长诗，这不仅是傣族人民的光荣和骄傲，也是中华民族的光荣和骄傲。

所谓傣族三大诗王，即指《吾沙麻罗》《沾巴西顿》和《十二头魔王》（后来又增加到“五大诗王”，把傣族的创世史诗《巴塔麻戛捧尚罗》和《粘响》一并列入）。诗王者，主要是以诗的长度作为标准。这本书的作者在论及《吾沙麻罗》时说：“这是王中之大王，是大哥，我没有数过究竟有多少行数的缅纸，如果把它单句的排列，不会少于十万行。我读时，坐下来手抬不动，只得把它放在经书盘上，称了称，共有八斤三两，相当于我们傣族的四包红糖那么重。”后来出现的《巴塔麻戛捧尚罗》，西双版纳民委内部出版的翻译本有12975行。这本叙事长诗则有16000余行。由此可见，被称为“诗王”的都在一万行以上。

当然，评论诗的好坏，不能仅以篇幅之长短作为标准，而应该以其内容和影响作为主要标准。那么五大诗王的内容和影响如何呢？

傣族的五大诗王大概都产生于15世纪，这一时期正是傣族文学特别是叙事长诗的全盛时期，同时也是傣族社会中封建领主制走向衰落，新的思想刚刚萌芽的重要时期。因此，这五大诗王和许多叙事长诗基本上都反映了这个时期的傣族社会。《十二头魔王》就是其中最典型的一部。

《十二头魔王》是《兰嘎西贺》的异本，它的出现要后于《兰嘎西贺》。这两部长诗都取材于印度的伟大史诗《罗摩衍那》。但需要指出的是，《十二头魔王》决然不是《罗摩衍那》的翻译本，而是傣族诗人的创作。

大家都知道，印度有两部“吠陀时代”的史诗，即被称为“第一部诗”的《罗摩衍那》和反映印度古代氏族、部落、国家兴亡斗争的《摩诃婆罗多》。所谓“吠陀时代就是印度的原始社会时代。”金克木先生在他为《摩诃婆罗多》写的《序》中曾指出：

> 尤其是《罗摩衍那》，在近一千年内有了许多现代语言的改写本。现代印度人民中最流行的《罗摩衍那》，并不是原来的印度语言（梵语）写的旧诗，而是几百年前许多诗人用各种印度语言写的新诗。其实这些都是利用旧传统适应新时代的新书，只有主要故事还是古书原有的。这就说明《罗摩衍那》和《摩诃婆罗多》正是印度人民世代传承下来的具有口头性、变异性和传承性的民间文学。

《罗摩衍那》通过佛教的媒介，从印度的“苏多”或“仙人”（即歌人）传到傣族的赞哈，并在这里扎根、发展。通过长期的传唱和演变，它不仅在语言、风俗习惯、自然环境、风光等方面傣族化，而且人物、故事结构，甚至主题思想也都傣族化了。从这个意义上说，它已是傣族歌手们的创作。

《罗摩衍那》可以说是描述一个被神化了的英雄罗摩的传记。它的第一篇是描述罗摩的童年；接着是描述罗摩登上王位，进入森林修行的《阿逾陀篇》；第三篇《森林篇》是叙述他和妻子在森林修行，妻子悉多被魔王罗波那劫到楞伽城。全诗从始至终都是以罗摩为中心，妻子悉多和魔王罗波那都处于陪衬地位。《十二头魔王》的故事结构则不同，它从第一章到第三章都是描述反面人物十二个头的魔王的降生，成为勐兰戛国王，以及他的淫乱行为，如下海奸淫龙王之女，到天上骗奸天王叭英之后苏扎腊等等，把反面人物十二头魔王放在了非常重要的地位。到第四章，召朗玛（罗摩）才出现。其次，战争的描述占全诗二十章中的八章（不算巧遇白猴和猴牛大战以及召朗玛与婻西拉团圆三章），战争的整个过程则是以描述阿奴曼的英雄事迹为主。这样实际是削弱了召朗玛的地位，把全诗的主题变为正义与邪恶的斗争。

就作品所反映的社会背景看，不难看出《十二头魔王》描述的正是封建领主制。例如，召朗玛三人在森林里遇到的妖婆雅达狸哈，就是勐兰戛老国王的妹妹，她本人应是贵族，但无权分享土地，所以她只好向她的外甥十二头魔王捧麻加"讨"一块地皮。这里不仅反映了"滴召领召"（意为：水和土都是官家的）的思想，而且反映了封建领主的分封制。捧麻加把英麻板森林划给她之后，她母子"便在英麻板称王称霸，麂子过路被她砍死，野牛大象被她杀吃"。兰嘎大战的近因就是因为召朗玛侵犯了雅达狸哈的土地，由此引出了十二头魔王劫走婻西拉。

悉多无疑是婻西拉的原型。但是婻西拉的形象却要比悉多丰满得多。

悉多在印度的文学作品中被称为农业女神，且在许多文学作品中都被作为女主人公。如在《推提利耶梵书》中，她被认为是莎维德丽；在《波罗婆伽罗家庭经》中又成为因陀罗之妻，无疑是被作为封建社会贤妻良母的典型来歌颂的。她在《罗摩衍那》中也是女主角，但许多地方都被描述得比较简单，如悉多的降生只两句话，在清理土地的时候，"拣起从犁里跳出的女孩，起了个名字叫犁沟（音译为悉多）"。可是《十二头魔王》中的婻西拉就复杂得多了。她和召朗玛的降生差不多，是由一场神与神的战争引出来的，叭塔打腊达国王因是天王叭英的好友，便协助叭英打龙王，而十二头魔王因娶了龙女则站在龙王一边，派出儿子召米哈与叭英作战，最后战胜了叭英；又由追逐天后的侍女婻巴逃回天庭，才引出了天后苏扎腊；他飞到天宫变为叭英，玷污了天后苏扎腊，叭英便罚她投生人间，恰巧又投到捧麻加的王后苏宛尼的肚子里，成了十二头魔王的亲生女，后又被放在竹筏上丢进大海，漂到勐打腊达被国王收养，起名婻西拉。这就不仅冲破了对“天”的神秘观念，把天、地、海洋也划为正义与邪恶的两端，而且直接反映了当时傣族地区部落与部落、民族与民族、国与国之间错综复杂的战争。麓川思可法及其子孙企图建立傣族政权的反明战争正发生在十四五世纪。婻西拉就是出生在这个动乱的时刻。作为傣族妇女的形象，她是历尽苦难的，她不仅遭到邪恶的蹂躏、掳掠，而且成为战争的人质、筹码、抵押品，即使在召朗玛取得胜利之后，她也没有得到幸福，一开始就被召朗玛怀疑，因此有大火中考验的场面；在召朗玛登基之后，她又平白无故地遭杀身之祸；最后在为召朗玛生儿育女之后，她愤怒地跳入地裂之中，成了悲剧的牺牲品。这说明在那个时代，傣族妇女是没有独立的人格的，任何帝王都只把妇女作为他的附属品。从这个意义上说，《十二头魔王》也是傣族妇女的一部血泪史。

《罗摩衍那》的结局虽有“大地忽然开裂，悉多纵身跳入”，但它仍然是以罗摩重新“升入天堂，又化为毗湿罗”的宿命论的大团圆作为结局。《兰嘎西贺》则更是欢欢喜喜，“威武的国王召朗玛，接受人们的欢呼祝贺，扶着贤良的婻西拉王后，庄严地登上金光闪闪的御座”。甚至《罗摩衍那》里的“大地忽然裂开，悉多纵身跳入”都被删去了。《十二头魔王》却是一部悲剧，其结局与《罗摩衍那》和《兰嘎西贺》都不同。

如何来看待这结局呢？金克木认为这是“宗教和哲学的理论”使然。他首先肯定长诗的内容在流传过程中经过不断的修改、完善，同时认为：“时代继续发展，在宗教支配下的社会道德标准也在改变……印度教……最流行的有两派，一是崇拜毁灭之神大自在天（湿婆）的一派，另一派是崇拜遍入天（毗湿奴）的。……崇拜大神遍入天的一派创造了大神下凡的理论。……这种理论把《罗摩衍那》中的英雄罗摩和《摩诃婆罗多》中的英雄黑天都看作遍入天的化身。（因此）《罗诃婆罗多》和《罗摩衍那》一样，成为宗教的圣典了”。既然是只有天神才能挽救人间的不幸，天神当然要回到天上继续做神，这是宿命论哲学的必然结论。否则就成为对神的处罚了。

所有古代的文学都与宗教有非常密切的关系，离开宗教思想不仅无法解释神话，而且也无法解释许多文学作品中的矛盾。《兰嘎西贺》和《十二头魔王》都是以佛教作为指导思想的，而佛教的哲学思想基本上与印度教一样，都属唯心主义和宿命论的思想体系。所以傣族人民只是把宇宙的创造者大梵天按照佛教的理解变成两个神，一个是最高的玛哈捧天神（他也创造了罪恶之神捧麻加），另一个则是天神叭英，又把仙人蚁垤变成了修行和尚帕拉西。实际上这些诗人们是把十二头魔王当成是最野蛮的异教徒——原始宗教来斗争和消灭的。所有的佛教都是把原始宗教称之为“魔鬼”，这一点跟印度的“宗教神没有统一的控制一切的上帝”是不同的。因为佛教要在一个新的地方传播，站住脚，不打倒原始宗教是不可能的。但更重要的是，佛教进入我国傣族地区之后，立刻跟统治阶级相结合，形成政教合一，佛教的最高领袖阿戛孟里亦即封建领主的最高的统治者，从而使得傣族全民族信奉佛教。由此召朗玛虽是个暴君，却仍然应该是大团圆，有好的结局的。

《十二头魔王》显然要比《兰嘎西贺》产生的时代要晚，很可能已是17世纪之后了。这时候，傣族的文学出现了一个悲剧的时代，有很大影响的悲剧叙事长诗《赕纳康》《宛纳帕丽》《娥并与桑洛》《叶罕佐与昌弄养》《婻波冠》等等，就在这时相继出现了。这些悲剧叙事长诗的产生，是由于傣族社会的脆弱、生产力的落后和文化素质的低下，同时也受到外来思潮的冲击，于是产生了一批具有新兴思想的知识分子，他们旗帜鲜明地提出反封建（如《婻波冠》）、反佛教（最典型的是《宛纳帕丽》）、倡导新的资产阶级民主与自由的思想（《娥并与桑洛》），而像思可法等民族英雄已遭到了失败。在这种思潮下面，诗人们把已定型了的《兰嘎西贺》也变成为一部悲剧叙事诗；使得具有光辉形象的召朗玛变成了父子相残、子不认父、妻子纵身跳入地裂之中，成了众叛亲离的孤家寡人。

这个结局并不是杜撰的，而是符合傣族社会时代的实际的。这就使这部长诗向现实主义的大道迈进了一大步。

就艺术风格特点而言，这部叙事长诗也完全是傣民族的。《论傣族诗歌》的作者祜巴勐在这本理论书中认为傣族叙事长诗包括了“情诗”和“颂”“歌”三个组成部分。他举了《兰嘎西贺》为例，召朗玛写给妻子婻西拉的信，无疑是一首很美的情诗，就是十二头魔王捧麻加窜到海洋，用欺骗的手法和动听的语言对龙女叙述的那几段，也是采取情诗的方式表达的。还有十二头魔王引诱婻西拉的那些话也是情诗。其实何止这些，天王玛哈捧与十二头魔王的母亲古婻提拉成婚时的对话，召朗玛和婻西拉的许多对话，乃至叙述阿奴曼的出生，帕拉西如何用污泥捏出个美女成了他的妻子，妻子又与叭团私通，生下一个叫婻裴的姑娘，长大后又与风神叭鲁私通，生下了阿奴曼。这种男女关系的叙述，《罗摩衍那》里是没有的，而傣族的叙事长诗则几乎都有，就连描述奴隶起义战争的《厘俸》也少不了。

神话色彩增浓了，故事更加曲折了，这不仅增进了叙事长诗的艺术效果，而且更加突出了作品中的人物性格，使主要人物都被描述得栩栩如生，呼之欲出。当然，尽管这部长诗与《罗摩衍那》有这样那样的不同，但它仍然是一部典型的中印文化交流的结晶，仍然可以鲜明地看到印度文化对中国，尤其是对傣文化的深远影响。

1989 年 7 月 21 日昆明

论傣族悲剧叙事诗的产生

1981年，我曾提出傣族文学史上存在过一个悲剧叙事诗时期，傣族文学由此进入了一个崭新的阶段①，那么这一时期是何时开始的，即它产生在什么样的历史条件下呢？这就是本文打算探讨的问题。

一

有人说：悲剧叙事诗《南夕河》，是原始部落过渡到部落联盟时期的作品，而《厘俸》则是奴隶社会的产儿。因为这两部作品，从其内容看，前者写七个姑娘因她们的部落被战争消灭而流落在森林，后与另一部落，即花狗族的七个王子相遇，结成了夫妇，生了许多儿女，因花狗族的国王暴戾，不准他们与外族通婚，便又发动了一场战争，七个王子被打死，七个公主因悲伤，化为七只蝴蝶。《厘俸》据说也是一部悲剧叙事诗，但至今还没有被人看见，据说是一部跟《伊利亚特》类似，为了一个女人被抢走而发动一场战争，也就是一场争夺奴隶和掠夺财物的奴隶战争。

那么，是不是早在奴隶社会时代，傣族就出现过一个“悲剧叙事诗时期”呢？

奴隶社会无疑是产生悲剧叙事诗的非常肥沃的土壤，希腊悲剧正是在奴隶社会的土壤上产生的。然而，不能因此得出所有人类的奴隶社会都必定产生悲剧叙事诗并形成悲剧叙事诗时期，相反，悲剧叙事诗也不是必然

① 《傣族文学史上的一次革命》，载《山茶》1981年第1期。

产生在奴隶社会时期。比方我国的傣族是否经过奴隶社会？这是一个至今还有争议的问题，假定说，傣族根本没有经过奴隶社会这个阶段，奢谈什么“奴隶社会的叙事诗时期”，岂不是笑话？

悲剧叙事诗不是一首简单的歌谣，或者是一篇风俗叙事诗，作为一种文学种类，是高级的艺术品种之一。它不仅是诗，而且是一篇对现实社会有独到见解的论文，是一个有高度的思想理论水平和艺术水平的结晶体，它的产生应当有着深厚的文化积累作准备。

古代文化积累的第一个重要的部分，就是文字的产生。傣族有自己的传统文字。据傣文史料及出土文物证实，在佛教传入前几百年，西双版纳已有傣文，佛教传进之后，约4世纪又传进了巴利文字母，而且带来了大量的外来文化，特别是印度古文化和中原文化。就目前发现的傣文史料来看，有文字记载的傣族古文化尤其是诗歌和神话是十分丰富的。作为悲剧叙事诗的文化积累是雄厚的。然而，在佛教传入后的全盛时期，即佛教与封建领主制相结合的漫长历史中，是不存在悲剧产生的土壤的。因此傣族悲剧叙事诗产生的时间不可能很早。

《南夕河》和《厘俸》虽然描述的是原始社会过渡到奴隶社会的事件，它所表述的思想则是后人的思想，成书也是后世的事。这种例证是很多的，英国伟大诗人莎士比亚的许多作品都取材于外国的古代历史传说，例如有名的悲剧《哈姆雷特》就是取材于丹麦王子的故事，却反映了英国封建社会解体、资本主义萌芽时期资产阶级人文主义的思想与愿望，莎士比亚与他描写的哈姆雷特也不是同时代人。

二

黑格尔说过，悲剧性根源于两种对立的理想和势力的冲突。恩格斯说得更明白，他说：“历史的必然要求和这个要求的实际上不可能实现。”产生了悲剧性的矛盾与冲突。然而，也有属于个人的悲剧，亚里士多德认为“一个人遭遇不应有的厄运”就是悲剧。然而，历史悲剧也是通过个人，即悲剧人物的命运去实现的。在现实生活中，也确实有跟整个社会历史、跟一个时代的主要思想倾向并不很密切的、属于个人的性格所产生的悲剧，其代表性和价值当然就要逊色得多，因此，马克思也把悲剧提到历史的高度："当旧制度还是有史以来就存在的世界权力，自由反而是个别人偶然产生的思想的时候，换句话说，当旧制度还相信而且也应当想念自己的合理性的时候，它的历史是悲剧性的。"

下面让我们从历史的角度来分析傣族悲剧叙事诗的形成条件。

元明之间，傣族先民居住地域十分辽阔，李京著《云南志略》云："西南之蛮，百夷最盛，北接吐蕃，南抵交趾；风俗大概相同。"

忽必烈平云南后，建行省，分立路、府、州、县，设"金齿六路"。其中的蒙光路即以今缅甸克钦邦密支那之西南拱北为中心，它的北面与今西藏接壤，其西部则与身毒即今印度相连；蒙光路之南叫云运路，即今缅甸克钦邦莫宁一带；其南为蒙怜路、蒙莱路、木邦路，即今缅甸之掸邦；其北部为"金齿宣慰司之六路一赕"，其中除我国德宏、临沧、孟连、彻里、思茅之外，还包括蒙庆宣慰司，即今缅甸之南掸邦，八百宣慰司，即今泰国东北部之清迈、清莱；以东又设"老告总管府"，即今老挝之琅勃拉邦；东北还有"金齿百夷诸部"，最南临安道宣慰司辖下之宁远州，即今越南之莱州省。

历史上，这片区域常常处于封建割据之中，战乱频繁，各自为政。比如14世纪初，思可法在麓川崛起，直到明初，他的孙子思伦法继承其业，企图用武力建立一个统一的"百夷"王朝。统一是顺应历史发展要求的，但由于种种原因，如明王朝的干预、思氏统治的暴戾，以及内部的分离等等，这一企图失败了，而这失败本身，也就是历史的悲剧。这样的历史悲剧的不断上演，就造成了傣族悲剧叙事诗大量出现的历史条件。

三

另一方面，这片广大地区，在15世纪之后，商业经济空前的繁荣发达，也为悲剧叙事诗的产生创造了条件。明人《西南夷风土记》一书记述万历初年（公元1583年前后）今德宏一带之贸易情况：

交易或五日一市，十日一市，惟孟密一日一小市，五日一大市，盖其地多宝藏，商贾辐辏，故物价平常。贸易多妇女，无斗升秤尺，度用手，量用箩，以四十两为一载，论两不论斤，故用等而不用秤，以铜为珠如大豆，数而用之，若中国之使钱也。

明谢肇淛《滇略》卷四《俗略》云：

永昌、腾越之间，沃野千里，控制缅甸，亦一大都会也。山高水深，饶竹、木、鱼、豕、鹿、虾之利，其人儇巧，善制作，金、银、铜、铁、象牙、宝石、料丝、什器、布罽之属，皆精甲他处，加以诸夷所产琥珀、水晶、碧玉……故其习俗，渐趋华饰，饮食宴乐，谚谓永昌一日费二百石酿米，亭午以后，途人皆醉，其此敝也。

《西南夷风土论》云：

江头城外有大明街，闽、广、江、蜀、居货游艺者数万……

樊绰《蛮书》记载唐代内地商人羁旅怒江傣族地区的一首歌谣云："冬时欲归来，高黎贡山雪，秋夏欲归来，无那穹赕热，春时欲归来，囊中络赂绝。"说明内地商人不仅很早就进入了傣族地区经商，而且像那么遥远、荒凉的高黎贡山的怒江地区都有了内地商人。

《马可波罗行纪》一书记金齿州一节云：

其货币用金，然亦用海贝。

可见，这片地区很早就出现了城市、集镇，俨然是沟通内地与东南亚的通商集散之地。

另外，跟商业经济的发展有密切关系的，是佛教带来了大量的外来文化。佛教对于傣族文化的发展是起到伟大作用的，几乎所有傣族文学都打上了佛教的印记。大量的傣族叙事诗就是在这个基础上产生和发展的。没有这五六百部长篇叙事诗作基础，悲剧叙事诗就不可能产生。

上述种种，都为傣族悲剧叙事诗时期的到来准备了条件。

四

傣族的悲剧叙事诗和其他叙事诗一样，大都是叙述男女恋爱故事的，因此都可以说是爱情悲剧。可是，通过爱情的悲剧，却反映了一个时代的思想和要求。纯粹的爱情故事，在悲剧里是不存在的。

大家熟悉的《葫芦信》通过景真公主南慕罕与勐遮王子召罕拉的爱情，不仅反映了所谓“国”与“国”（实际就是“勐”）之争，更重要的是反映了广大人民要求和平的愿望。

“再见吧，勤劳的百姓，愿你们的歌声日夜不停，愿你们的田地年年丰收，愿你们的日子永远安宁。”而这一切，都是通过两个敢于冲破现实桎梏，去追寻自己的爱情、幸福和自由的青年男女的形象来反映的。

《海罕》则直接提出了反对残暴统治的呼声。虽被杀头，挂在树上的头颅却仍然用歌声激励人民起来反抗。此外，《婻波冠》也是一个爱情故事，更能勾画出时代的侧影。诗中写的是一个猎人的儿子和渔人姑娘的恋爱。粗看之下，似乎是写的“渔猎时代”的故事，可是，仔细一看就很清楚。这只不过虚设了一个迷惑人的背景，渔猎时代不可能有诗中“雄伟的宫殿”，更不可能有“征服了一百零一个弱小之国，一百零一个弱小之国的君王，都成了他的奴仆”的“灾难之王”。另外，诗中还写到“一万个村寨有一万座金塔”。大家知道，“金塔”是跟佛教联系在一起的。因此，这个故事实际上是产生于佛教传进之后，甚至十分普及之后。渔猎时代，不仅佛教没有生存的基础，就连原始宗教都还没有完善。按傣文《沙都加罗》说，那时只有“蛇曼蛇勐”，就是“寨神勐神”。那时寨子里的乃盘（寨子头人）与原始宗教的头目是一个，生活来源主要是“野味”鱼虾，可是，这部长诗所描述的却是大米为主食。而且，这个“偏僻的曼坝端”，显然不是一个生产十分落后的村寨，而是有了“打铁”的人；另一个叫坝坝碧的寨子，已有“田”和“园”，有“养牛”的母女，还有鸡鸭一起养的女主人婻波冠，常“去为坐月子的大嫂春米”。诗中所描写的是一个农村公社村寨的社会生活。诗中写道，一国之王也会跑到山野牧场去向婻波冠调情。这个残暴的国王不是用奴隶主的“权”去获得婻波冠，而是用“选勇”的办法陷害男主人公宰坝，又用“抢亲”的办法把婻波冠抢进宫廷。这就很清楚，故事是要揭露一个残暴、横蛮无道的“国王”（封建领主）的罪恶。

如果说《婻波冠》反映的是“傣勐”的命运的话，那么，《宛纳帕丽》所反映的则是“领囡”，甚至是“内领囡”的悲剧命运。傣族封建领主制社会由四个阶层组成，一是以“召片领”“召勐”（一般译作国王，不确）为首的贵族统治阶级；二是“召”的远亲，即自由民；三是“傣勐”，意为本地人，坝子的主人，实则是为领主耕田种地的农奴，要出“负担”、出劳役，但人身有自由；四是领囡，家奴，又分为内领囡和外领囡。《宛纳帕丽》所反映的是内领囡的生活情景，男主人公之一岩糯掌是家奴，女主角帕丽则是花奴。外领囡分给土地，主要出劳役，随叫随到，内领囡则是地位最低下的人。

这两部悲剧叙事诗所反映的阶层不同，但主题思想是一致的，都是揭露封建领主对人民的残酷统治，要求自由，希望到一个远离封建领主的自由世界里去，能过上幸福的生活，而结果都逃不过领主阶级的统治而失败了。

《宛纳帕丽》除了揭露封建统治阶级的残暴之外，还揭露了佛教的虚伪、无能和甘心情愿为统治阶级出力的奴婢面目。王子宛纳一生下来就不准吃人奶，而由佛爷用果汁喂大，这样做是为了使他不受尘世的感染。人们把他关在深宫里，不准与世人接触，结果却起了相反的作用，宛纳反而渴望宫外的自由世界，追求人间的自由天地，最后以自杀告终。可以看出，佛教的本质是虚弱的。这一个时期，在知识界产生了一股强烈的反佛教的思潮。

《娥并与桑洛》和《叶罕佐和冒弄养》两部悲剧叙事诗都是反映商业经济受到排挤和打击的故事。

《娥并与桑洛》一开始就写“景多昂是个热闹的地方，赶街的人来来往往"。就在这个城市的"沙铁"① 家，生下了男主人公桑洛。长诗接着把这个商人的儿子歌颂得像天神一般，被许多姑娘看成是理想的丈夫。可是，他却偏偏爱上了勐根城乡下姑娘娥并。娥并显然不是一个富人，更不是一个商人姑娘，"她停下织布机"去赶街，在街子上，娥并与桑洛相会了，相爱了：

我像小鸟在天空自由地飞翔，
没有谁能缚住我的翅膀。
就是母亲的笼子我也要飞出去，
我的爱情要自己来找寻。

这是娥并唱出的声音，也是这部叙事诗的主题思想。可是，这一对勇敢的追求者，却死于桑洛的"沙铁"母亲手里。我看过一个异文本，诗中娥并是勐根国王的姑娘，却被"沙铁"害死了。显然反映出封建势力与商业资本的矛盾。不过，就已经出版的本子看，也反映了这个主题。诗中的"沙铁"是一个嫌贫爱富，有十分浓厚的等级观念的封建代表人物，由他们（桑洛的母亲代表）把她的儿子，即把商业经济扼杀了。

《叶罕佐与冒弄养》，我看过孟尚贤同志翻译的一个原始本子，写的是冒弄养出门做生意与叶罕佐相遇相爱，却因为叶罕佐的后母的虐待，不许他们相爱，她出走过江，覆舟而死。仍然是表现了封建思想对商业经济的压制。

《宛纳帕丽》当然更惨，帕丽作为花奴，被王子宛纳所爱。帕丽虽然也爱宛纳，但因为她的花奴地位，而不敢爱王子。她之所以爱王子，是因为王子厌恶腐朽的、虚伪的、残酷的封建王朝，是因为他渴望和追求自己的幸福，敢于冲破封建的桎梏，为了求得与帕丽共同生活，宁肯去死。可是，封建领主施加了压力，帕丽终于葬身于大火之中，宛纳也自杀于宫廷中。

可以看出，所有这些悲剧叙事诗中的男女主人公都被刻画成勇敢、美

① 沙铁：因商致富的大富翁。

丽、敢于反抗封建制度、渴望自由、要求个性解放的典型人物，特别是女主人公，她总是首当其冲，被作为打击的目标，而她们则是热爱新事物的、追求自由的勇敢的女神。这正反映了妇女在封建领主制中的地位问题。

这些人物都被封建领主阶级迫害以至毁灭，也就是新的，但却脆弱的商业经济的毁灭。当然，这毁灭是暂时的，人们寄希望于未来，且看娥并与桑洛这对夫妇，最后成为天上两颗明亮的星星；冒弄养的骏马，还在紧紧追随着叶罕佐的影子，婻波冠和她的孩子，变成一大一小的两只斑鸠，《葫芦信》里的南慕罕和召罕拉被活埋在边界上，但他们死的时候，天空上出现两道彩虹联结在一起……悲剧叙事诗反映了历史新生力量的悸动，它表现的主人公是永生的，它们的艺术力量也是永恒的。

（原载《边疆文化论丛》1988 年）

傣族文学

傣族是一个有悠久历史和灿烂文化的民族，散居在我国云南省的西双版纳傣族自治州、德宏傣族景颇族自治州以及金平苗族瑶族傣族自治县、孟连傣族拉祜族佤族自治县、耿马傣族佤族自治县、景谷县、新平县等边境地区，共有80万人口。

她跟我国最大的少数民族壮族以及布依、侗等民族同属古代百越族群。在秦始皇统一中国之前，就生息在我国今浙江、福建、广东、广西、云南等省。经过历史的变迁和民族的迁徙，也散居在东南亚各国。

据傣文的史籍记载，云南的傣族是从北方的“冷森林”迁徙到南方的。但据汉文史籍记载，早在春秋战国时期，就有“滇越”生息于云南，和其他彝、白、哈尼、佤等民族共同开辟了祖国的山河。早在秦、汉之间已发明了种植水稻，唐以前用象耕田，成为世界水稻的发源地之一。

跟生产力的发展一样，傣民族也有自己灿烂的古代文化。就现在所发掘的《傣族古歌谣》，早在傣族先民处于采摘经济时期就已有一定艺术水平的歌谣；信奉祖先的原始宗教对傣文学的发展起到巨大的推动作用。两千多年前，就已出现了故事体叙事长诗；佛教传入的初期，对傣族文学的发展起到积极的推动作用，使傣族诗歌出现了一个全盛时期，仅叙事长诗便达五百余部之多。在封建领主制走向衰败之后，又出现了一个揭露封建领主制的悲剧叙事长诗时期；直到新中国成立，出现了社会主义新文学时期。

傣族文学的主要形式是诗歌。此外也还有神话、传说、民间故事，后期也出现了小说、散文等。但是，所有这些文学形式，甚至还包括天文、地理、哲学著作，后来都被编为诗歌，用说唱的形式传播。说唱人就是被称为“赞哈”的职业或半职业歌手。

所谓“赞哈”翻译成汉语就是会唱的人，译成歌手是恰当的，但一般已习惯称为赞哈。

赞哈，不仅是作为傣族文学的传播者，古代文化的保存者，而且其中一部分也是傣族文学的创作者。许多故事体叙事长诗，都是他们或者知识分子创作改编之后，由他们在演唱过程中不断修改、充实使其完善的。它不仅作为一个文学现象而存在，而且也是封建领主制的一个组成部分。因此，在赞哈中也有严格的等级制度。一个地方（傣话叫“勐”）有一个最大的赞哈，叫赞哈勐，下面有赞哈叭，管理着散布于各个村寨的广大赞哈。赞哈勐和赞哈叭是经过每年的歌唱比赛产生，再由封建领主加封的。因此，他们可以享受封建领主制的“俸禄田”。由此可见赞哈在傣族文学中的地位。

那么，赞哈制度是怎么产生的呢？这跟傣族社会的发展是紧紧联在一起的。在傣族社会发展的氏族阶段，出现了一个傣语叫做“盘”和“攀”的时代。盘，即狩猎之意，傣语猎人叫盘巴，即撵山的意思，被称为“盘”的人，就是狩猎的头人。随着生产的发展又产生了来管渔猎的“盘”。在这期间开始出现原始宗教，企图用巫术或咒语保证生产获得丰收，在狩猎前或猎获野物之后都用咒语祈求猎神或山神保佑，这个念咒语的人，叫做“盘赞”，这就是最初的赞哈。所以赞哈起源于原始宗教，但那时还不是纯粹的歌手。随着农村公社的出现，“盘赞”一跃而成为农村公社的首领，也就使这个职能一分为三：首领、宗教职业者和歌唱家。这就是至今傣族村村寨寨都有赞哈的原因。后来，封建领主利用农村公社的外壳作为他们的脸谱，在佛教传进的初期，赞哈是佛教的对立面，也是反佛教的主力军，但在佛教与封建领主相结合之后，赞哈随之与佛教融合，成为封建领主的工具。但是，由于绝大部分赞哈政治地位低下，经济上仍然处于农奴地位，因此，他们作为傣族文学的主力军，既受佛教的影响，又受封建领主的控制。但其主流是好的，在创作方法上虽然还带着浓烈的浪漫的神话色彩，却仍然坚持着现实主义的方法。

傣族的文学基本是反映了傣族社会历史各个阶段的变革，这就是她的人民性。但毫无疑问，也夹杂着不少的糟粕。

傣族文学的发展脉络，基本可以分为五个时期：傣族文学的萌芽和形成时期，傣族文学的发展时期，傣族文学的黄金时期，傣族文学的悲剧叙事诗时期，傣族社会主义文学时期。

第一个时期是指作为社会力量的原始宗教产生之前的漫长历史阶段，傣族的先民们就创作了许多原始诗歌。据说保存至今的有一千多首，但是，中国民间文艺出版社出版的《傣族古歌谣》（云南版）中最古老的仅有十多首。这是傣族先民为我们留下的十分珍贵的遗产，她们反映了人类最初的生活、思想、劳动等内容，诗的风格反映出人类最初的天真、幼稚得如同孩子一般的感情。《蜈蚣歌》反映出人类怎样通过实践逐渐认识自然界的：

大家坐在石洞边，像猴子在草地上玩……这时石缝中跑出一条小红虫/身子扁又长/身长节又多/颜色像红叶/走路像蚂蚁/全身长满脚/脚多走得快……古沙纳男孩/一跃扑过去/抓住小红虫/不等他放手/他就哭起来……他甩掉小虫/疼得地上滚……人们不相信/老人又去抓/刚把小虫捏/就听见呼喊“啊呀疼啊疼……”/红扁虫/被打死……你一言我一语/说是小扁蛇/说是老虎的大牙/谁也说不出/小虫该叫什么/为了好记住它有毒/老人给它起了个名字/把它叫做会咬人的小蜈蚣……

这首诗写得很有趣，很天真，因此很有代表性。《打水歌》则进一步反映先民们通过认识再认识，逐步改变自己的居住条件。人们最初住在高山上，用木桶到河边去打水，可是“半路就漏光”，“从此……谁口渴谁就到河边/用手捧起喝/低下头去吸”，但是“天天这样做/年年这样走/草地走出路/石头被踩滑/只能搬了家/挨近河边住/不愁再打水。”

下面这一首《叫人歌》，非常清晰地反映了人类自然宗教的产生：

听啊，大家听着/听啊，男人和女人/听啊，老人和孩子/我正在把你们呼叫……太阳已落山/天就要黑了/老虎就要出来了……猴子已经归窝了/雀鸟已经归巢了/野狗睁亮眼睛/见人就追着嚎叫/我正在呼叫你们/快快转回来。

夜和一些凶恶的老虎、野狗，使人产生了可怕与恐怖。这种对大自然的不理解和幼稚的认识，就是产生图腾崇拜和企图征服大自然的神话的依据。

当然，反映这个时期的劳动活动，是最主要的部分，其数量也最多，如反映采摘经济的《摘果歌》《拾菌歌》以及反映狩猎的《欢乐歌》等等。《摘果歌》是这样唱的：

我们住在山脚/我们睡在山洞/两边都是大森林/大森林里野果多/有甜的有酸的/有红的有绿的/有大的有小的/叫一声人们快上树/只见大人和小孩/只见老人和妇女/你争我赶拥上来/爬直树/爬弯树/摘的摘/吃的吃/摇的摇/拣的拣/抢的抢/哭的哭/笑的笑/像雀鸟戏闹/像蜜蜂采花像猴子打架/叽叽哇哇/真热闹/真好玩/啾 啾 啾

它不仅描写了当时的劳动，而且反映了那时人们，就像一群孩子似的天真、幼稚、活泼、可爱："哭的哭，笑的笑。"这正是当时人类精神状态的写照。

从创作方法的角度来说，傣族萌芽时期文学的第二个特征是写实，"见什么唱什么"，"有什么唱什么"。形式简单，长短或三个字一句，节奏明快，就像是儿歌或童谣。下面我们看一首《拔刺歌》吧：

我的小女孩/哭着要吃奶/我走东她跟东/我跑西她跟西/去到山林间/树高林茂密/藤子拦住路/野刺掉满地/我的小女孩/满身被刺戳/脚底插满刺/哭着喊妈妈/"啊哟，疼呀疼/啊哟，痛呀痛/妈妈呀妈妈/快快来背我"/我把她抱起/坐在石块上/给她拔野刺/拔呀拔呀拔/一棵接一棵/有大刺有小刺/有黑刺有红刺/疼得孩子哭不停/棵棵刺刺进我的心。

这首歌不仅反映了母权时代，孩子只知道母亲的情况，而且平淡地纪实了一个母亲对儿女的感情。朴素地把这件事，用歌谣的形式记录了下来。这就是人类最初的现实主义的创作方法。

第三个特征是群众性，由于形式简单、朴素，没有后来的诗的什么脚韵、腰韵，也没有什么格律，因此，人人都会唱，被叫做“零零星星的歌”或者叫“野外之歌”。傣语叫“甘哈哔哔啵啵”。无论是男女，是老小，都能唱。事实上，现在的傣族以及其他一些民族，也仍然保持男女老少都会唱歌，都是诗人的本领。这些就是人类最初文学的特征。

傣族文学发展的第二个时期，是指作为社会力量的原始宗教产生以后，也就是社会生产由狩猎经济到农耕经济的产生与发展，阶级社会相应出现的漫长时期的文学。这个时期，傣族文学有极大的发展，不仅内容上反映了这个时期的社会经济活动，在艺术形式上也有极大的飞跃，诗歌方面产生了抒情诗、农事歌、风俗歌、颂歌、叙事长诗，同时神话也相应产生。随着宗教成为社会力量，文学也逐渐社会化。原始宗教为了宣传其教义，有意识地大量利用了文学这个武器，它们不仅收集了大量的民歌、民谣以及刚在民间产生的神话传说，而且也创作了大量的诗歌、神话，使得傣族文学获得了第一个飞跃，并且她在社会生产、风俗习惯的产生与形成，思想意识的传播中起到巨大的作用。

情歌（即抒情诗）的产生与发展，对傣族文学的发展起到极大作用，它不仅使诗歌增加了广泛的内容与形式的多样，而且产生了记事与抒情相结合的叙事诗。这个时期产生的所有叙事诗，都渗进了男女抒情的成分。《农事歌》《风俗歌》均以男女对唱情歌的形式出现，就连被认为庄严的《颂歌》也充满着神和鬼的深情：

头一声/呼唤桑木底神①/请来吧/请来坐上席/上席铺红毯/上席铺绿毯

第二声/呼唤父母的神和鬼/快来吧/王已入席/王已入位/请

① 桑木底：意为选举，但却成了傣族先民定居、发明农业、建立农村公社的始祖，其实是一个漫长的历史时期，即到封建领主的产生，这一时期的头人，就被称桑木底。

来坐下席/下席铺红布/下席铺白布

第三声/呼唤林神树鬼/地神水鬼/大鬼和小鬼/来吧/快来神王就座/父母魂已就席/草地上摆着饭菜/大树下设着贡品/请吃吧/请来吃红剁生/请来吃红鸡血/请吃三村的黑饭/请喝六寨的辣酒/请抽头年头等烟叶……

这就证明，傣族先民们有极高的文学创作才能，敢于运用新的文学形式，同时发展成为又一种文学形式，使她成为傣族诗歌的风格特点。

这是一首多么富于人情味的诗啊！就像在家里请客一样，先请了原始宗教的始祖，然后请祖先，再请土地神，目的是“请保护水井和河流……请保护森林和大树，让它四季常青，让它千年翠绿，白天花开放，晚上花吐香，养蜂要有蜜，蜂蜜像流水……”

《农事歌》不仅直接唱生产技术，而且唱季节，唱生产过程，却不是枯燥呆板的说教，从而对于农业生产的发展起到促进作用。《风俗歌》反映的面很宽，由情歌发展而来的《婚嫁歌》描绘了傣族男女从恋爱发展到结婚的全过程。西双版纳的《甘哈勐拉》（即《唱思茅》）达三千多行。德宏地区的《喊秀》（即《情歌大全》，前译为《诗歌作法》），也是洋洋洒洒，共分五册，第一册是叙述古代诗歌，如《海西》（直译为水牛生气，意思是很古怪，牛都会生气）和《乃傣怀行》（直译为有尾巴的傣文）及《罕怀冠》（直译为椽头诗）等等，第二、三、四册都是讲述大自然的草、木、花、树、日、月、星、辰、风雨雷电、飞禽走兽对于诗歌的作用，第五册是情歌举实，均用诗论述，达数千行，成为傣族男女青年在婚姻方面的教科书。其次，《甘哈恒恨迈》（即《贺新房》）也成为傣族盖新竹楼之后全寨来祝贺的一种风俗。傣族的居住都是简易的竹楼，每隔三五年要更新一次。因此，每年的闲季，新竹楼一幢一幢盖起来了，村村寨寨到处都是贺新房的歌声，把村民的祝贺变成了群众性的娱乐。紧接着傣族新年（过去叫“泼水节”即“京比迈”，直译应该叫“吃新年”），在过新年的活动中，有群众性跳舞的《依腊荷》、划龙船的《划龙船歌》、放高升的《放高升歌》等等。《颂歌》主要是对死者的悼念。这是反映傣族原始宗教对祖宗的崇拜。还有《祝福歌》《招魂词》《祭鬼词》《叫黑姑娘魂》。

德宏的《祭祀词》就有九首，从人死为死者《滴水》到《哭丧》，到《引路》《划船》《送别》，最后《献花》《哀悼》的全过程。它强调人的灵魂不死。肉体死后，人们送其灵魂回到另外一个世界——老家，而不是天堂。毫无疑问，这是迷信，但诗中对死者生时的品德和奋斗的叙述，歌颂了对生活的热爱，对死者的怀念。由于对死者生平的歌颂，同时也就为文学题材积累了资料。

此外，还有《喊港光》（唱象脚鼓）和《唱十二月》《依莱荷》《小孩满月歌》等等。

事实上，上述所有诗歌都是叙事体，也可以说是叙事诗，但是，这时的傣族诗歌已发展到用诗来叙述一件完整的事件或者歌颂最初的英雄的史诗。创世史诗《布桑该与雅桑该》就是这时的代表作。

《布桑该与雅桑该》原是个古老的神话，描述天地的形成，由气体、水、狂风的不断运动，产生了一个女神雅桑该，一万年以后又产生了男神布桑该，经过曲折结成夫妇，繁殖了人类。原始宗教利用了这个神话，创造了一个主宰天地，用泥巴捏成了布桑该与雅桑该的叭英天神，然后给这对人类的祖先一个葫芦，于是产生了世界万物的故事。显然，这已是农耕经济以后陶器产生时的作品。这首史诗的影响很大。许多歌手，乃至看病的巫师都唱它，因而被说成是傣族最古老的诗歌。后来《巴塔麻戛捧尚罗》（直译为神王开天辟地，开创人类），被列为“五大诗王”之一。在这个时期的后期，故事体叙事长诗出现了，现在保留下来的，都是后来傣文产生以后补记下来的，当然也是加了工的。但就其内容说，则是保持了原来面貌的。如像《秀披秀滚》（即《人与鬼交朋友》），从题目就可以看出，是原始宗教时的产物，因为佛教是不信鬼的。此外，还有反映图腾崇拜的《象的姑娘》（即《录允掌》）、《马海》（即《狗丈夫》）等等，大致都是用神话改编成的叙事诗。

这个时期的神话也很多，除上面讲到的《布桑该与雅桑该》之外，还有如《变扎嘎帕》（直译为《古老的荷花》）等属于创世神话。此外如反映人类利用火的神话《兄弟打架》，叙述天与地是兄弟，因为哥哥常常下雨引起兄弟不和而争执，最后天企图用火制弟弟，却为人类带来了火，使人类获得了温暖和熟食，还有《大火烧天》《洪水泛滥》等等解释大自然的神话。这些神话大都被编成诗歌唱。

大概是1世纪前后，即印度阿育王派人向南北传教之后，南传上座部佛教从印度南部或斯里兰卡经缅甸直接传入我国傣族地区。经过几个世纪与原始宗教的反复斗争，在11世纪前后，与产生不久的封建领主相结合，取代原始宗教成为傣族的全民宗教。这个时期因为新兴的领主阶级的产生，使生产力大大向前发展了，便有可能大量吸收外来文化。佛教最大的功劳，除了传入佛教本身之外，更重要的是带来了外来的进步文化，特别是印度文化对傣族文学的发展起到巨大作用，其主要成就就是大批的故事体叙事长诗的产生。

第三个时期，一般称为“傣族文学的黄金时代”，也就是傣族文学发展最繁荣昌盛的时代，也就是阶级产生以后，封建领主制在傣族社会的建立到这个制度的衰败这个漫长的历史时期的文学。这个时期的傣族文学有如下一些特点：

第一个特点是作为文学形式的傣族诗歌空前发展，其数量之多，是人类各个民族中罕见的文学现象，仅德宏的《阿銮》故事体叙事长诗即达550部之多，还不包括叫《阿銮囡》（即小阿銮）的。西双版纳的傣族人民也自豪地说：我们有五百部叙事长诗。有些内容与《阿銮》相同。这些长诗还不包括后来产生的悲剧叙事长诗。目前中国社会科学院少数民族文学研究所云南分所掌握的目录有300多部，傣文原版长诗100多部。据《论傣族诗歌》的作者称，在五百多年前已有450部，到他写该书时已达500部，他本人就读过360多部。这些故事体叙事长诗最长的达10万多行（《吾纱麻罗》），所谓“五大诗王”都在万行以上。《粘巴西顿》达6万多行，《兰嘎西贺》达3万行，《占响》和《巴塔麻戛捧尚罗》均达万行，一般都为三四千行。几百行的故事体叙事长诗并不很多。

值得注意的是，由于傣文的产生，不仅许多诗歌都是用文字进行创作，而且诗歌这个形式已成为不仅仅是传达思想感情的工具，还成为传播天文、地理、哲学、历史、通信等科学常识的工具。因此，诗歌远远超出了文学的范围，成为整个傣族文化传播的一根轴。但是，其传播的方式，由于文字的不普及，仍然是以赞哈的口头传播为主，而赞哈虽然已成为封建领主制的一部分，但因每个村寨都有，人们已把他当成了生活中不可缺少的“盐巴”。由此，我们可以想象这个时期傣族文学的繁盛。

第二个特点是这个时期的故事体叙事长诗的内容，充分地反映了这一漫长的历史时期中的各种社会矛盾，由部落之间的矛盾与战争，新兴阶级封建领主，地方小国家的产生，到地方封建主之间的矛盾，封建领主与广大人民群众的矛盾，以至这些社会的腐朽、没落和衰败，以及这个时期的社会生活的准则和道德标准、婚姻制度等等，涉及的面非常广泛、复杂，人物众多，其场面宽广、宏伟，故事离奇、曲折，由此构成了傣族中古社会的历史画卷。

下面，按其内容，作简单介绍：

关于《召树屯》（德宏叫《嫡兑罕》）。表面看来，这是一曲赞美坚贞爱情的颂歌，却塑造了一个新兴阶级的代表人物召树屯的英雄形象。他不仅战胜了大自然，也战胜了原始宗教的代表人物摩古拉和昏庸的老国王，从而不仅获得了爱情，而且也使勐板加地方风调雨顺，推动了生产发展。这个人物形象告诉我们，作品反映了由狩猎社会转到农耕社会，即阶级的产生初期，也就是傣族社会中的“攀”的时代，大约在公元1世纪前后，佛教刚传入傣族地区的内容。作品的思想性、艺术性也很高。如召树屯出征前向妻子告别时唱道：“大树倒了会惊散马群/灾难会伤害人的性命/我啊，不能不离开心爱的人/但是/我的心将永远在你身边/我知道/没有弦的琴/弹不出声音/看不见的雷声/却总是跟着闪电。”充分地反映了部落之间的战争对于社会发展的危害，同时也写出了新兴的封建领主阶级的英雄气概。

《相勐》则是反映了从部落到部落联盟国家时代的代表作。通过小国勐维札王子召相勐与大国勐荷傣公主婻西里总布的爱情，展开了一场以上述两国为中心的大战争，召相勐最后战胜了企图当森林霸主的勐荷傣国王、婻西里总布的哥哥沙瓦里和另一个大国的国王貌舒莱，使他们的婚姻获得圆满解决，并使召相勐当了勐荷傣的国王，塑造了一个追求理想与正义、善良而勇敢的英雄召相勐。这个形象被傣族人民称为“我们的祖先”，为有这个形象而感到自豪。反映了傣族先民们强烈地要求建立一个强大国家，以保障生产、生活的安定与发展。同时也刻画了当时企图当森林霸主，横蛮无理的反面人物沙瓦里的形象。

关于“阿銮”。“阿銮”这个词，据说来自梵文，原意是指有本领的匠人，流传到东南亚一带之后成为有地位的贵族或武将。但在我国，却具有更广泛、更深刻的内容。它是泛指这样的人物：出身贫寒，从小就受尽生活的折磨，长大后，也受尽迫害，但总是不断克服困难，战胜困难，最后获得胜利。也有出身贵族的阿銮，但也由于种种原因被抛到荒山、江河，脱离贵族家庭，与穷人或雅细（和尚）生活在一起。阿銮的一生总是受苦的一生，依靠了他们的毅力、机智、勇敢、武艺，也依靠天神或雅细传授的法宝、法术、咒语等，去与妖魔鬼怪斗争，与残暴的国王、统治阶级作斗争，最后，战胜邪恶，击败残暴成为人民拥护的新国王。因此，被傣族人民誉为傣家的英雄传说。也有人说，阿銮是指有福气的、有本领的、善良人的故事。还有人把这些故事说为描述佛祖（释迦牟尼）转世的故事。佛祖在人间轮回了555代，最后成为佛，说这就是550部长诗的来历。

按照佛教徒的解释，是不是可以把“阿銮”都说成是宣传佛教的佛经文学呢？应该承认，它确实有宣传佛教思想和教义的成分，但其内容却远远超出了佛教思想范围，它主要是傣族以及东方各国的民间故事的汇集。就以所谓释迦牟尼成佛的550轮回来说，据说经过了33代的动物生活，到34代才变为人头兽身，然后变成为人，投胎于穷人之家，又经历了200多代贫穷苦难的生活，再投胎于“沙铁”（富人）家庭，成为富人的纨绔子弟，由纨绔子弟上升成为国王，享受人间福气。最后，才成了西塔，转成为佛。可是，就我们现在所知道的《阿銮》长诗，不论是动物，或动物之身，都是变成人，最后成为国王的。而且，按每代40年计算，550代就横跨两万多年，而佛教则产生于公元前四五世纪，才一千多年。事实上，它不仅接触到动物、植物、人、人间、天堂、地狱、神和妖魔鬼怪，而且也接触到社会结构、政治制度、人与人的关系、战争与和平、婚姻制度等等。

被称为《阿銮》的长诗，归结起来，有如下几个特点：

第一个特点是权欲。就我们现在接触到的所有《阿銮》长诗的主人公也就是这类作品所歌颂的正面人物，或叫英雄人物，其最后的结局，无一例外，都是当了国王的。一对金岩羊夫妇，由于爱情忠贞，母岩羊第二世成为拉加座国王的公主，公岩羊变成穷人“阿銮”，最后重新成为夫妇，成了国王（《阿銮拟罕》）；《阿銮迷罕》中的金狮阿銮由于对朋友忠诚，大地把忘恩负义的“色姆”吞没了，金狮阿銮最后成了国王。这是由动物变成人的阿銮。由人变成动物的如《四脚蛇阿銮》《白蚌壳阿銮》《白虎阿銮》《只有头的阿銮》等等。经过许多周折，最后也变成为国王。由穷苦人家出身，最后成为国王的就更多了，《柠檬姑娘》中靠卖柴度日的穷小子，由于他的勤劳、诚实、忠厚，不仅获得了美丽的柠檬姑娘，而且成了国王。《牧羊阿銮》岩令别凭了他的聪明才智，娶了国王的公主朗皮拉，去战胜了一个穷凶极恶的国王，他便当了勐占巴的国王。《阿銮射星》中的小伙子，凭了他的武艺，射下了天上最亮的星星，也获得了勐占巴纳过国的公主，最后也当了国王。勐戛灵戛历国的忠厚、善良的《酸鱼鲊阿銮》和《没有头的阿銮》则通过描述国与国之间的通商，不仅赚了钱，而且获得国王的公主为妻，最后当了国王。由“沙铁”（有钱人）或王子、王孙成为国王的就更多了。如《婻兑罕》《相勐》《占响》《兰嘎西贺》《松帕敏与嘎西娜》等等都是王子，最后继承了王位的。

为什么权欲会成为傣族文学的一个如此突出的主题呢？这当然是个非常复杂的问题，上面所介绍的作品反映了一个情况，当是那些作品反映了人民的善良愿望，希望善良、忠诚、勤劳、勇敢、聪明、诚实的人来管理他们的社会，希望社会统一、安定、通商。甚至希望社会有一个准则。《卖叶子阿銮》描述了这样一个故事：阿达那细囡的国王，有一天下了一道命令：严禁偷窃，违者不论官民，不论男女老少，一概斩首，见偷盗而不惩治者，同罪。百姓都觉得这个国王贤明。可是，有一天，国王到山上打猎，跑得口干舌燥，这时发现山中有一块瓜田，香瓜累累，正是成熟时期，国王正要伸手去摘，忽然想起自己发布的命令，再一想：觉得自己是一国之王，便选了个又大又香的瓜。正吃时，瓜田主人来了，拿起棍子就打！国王忙喊道：“我是国王，我是……”那老人以为他竟敢冒充国王，越发打得凶狠，最后竟把国王打死了。

这种人民的愿望，正是傣族文学的人民性。但是，产生这种愿望却有各种不同的时代，这个时代并不是按什么释迦牟尼的550代的“轮回”来决定的。当然更不是以什么由动物到穷人，到“沙铁”，到国王的逻辑去决定的，而是按照傣族的社会发展的规律所决定的。在傣族社会，还在没有国王的原始社会时期，这种愿望是不可能产生的。只有在部落社会开始崩溃之后，部落联盟或国家开始出现，即阶级产生之后，这种愿望便产生了，并且随着社会的发展而变化。在部落社会的末期，部落与部落之间争夺地盘、争夺百姓，开始了战争。这时，人民便希望产生一个新兴的阶级。因此，这个时期的作品所反映的主要矛盾，是新的国王或王子与昏庸愚昧的、残暴的部落头人（也叫国王）之间的矛盾，在思想意识上则反映出佛教与原始宗教之间的矛盾。《召树屯》就是典型的反映这个时期的作品。其次，这一类型的长篇叙事诗所反映的另一种矛盾便是统治阶级内部的矛盾。《婻京布》所反映的是宫廷内部的王后与王妃之间的争权斗争；《松帕敏与嘎西娜》则反映了兄弟争权的斗争；《相勐》《兰嘎西贺》等则反映了国与国之间统治阶级争夺地盘和权力的斗争。这些作品反映了两种情况，即由于战争的频繁，人民的生产生活没有保障，不能安养生息，因此，希望有一个强大的国家或国家之间结盟。《九颗宝石》《白虎阿銮》《相勐》《兰嘎西贺》等都反映了这一愿望。再者，希望有一个贤明的君主以代替残暴的国王，几乎所有作品都反映了人民的这种良好愿望。但是，大量的则是反映了统治阶级和人民之间的矛盾。《七头七尾象》《千瓣莲花》《婻京布》《马利占杀龙》等作品都反映了统治阶级对人民的残暴压迫与剥削。因此，希望能由人民中最有才干、最善良、最公平的年轻人来代表人民当国王。傣族叙事长诗中几乎所有的作品，都反映了这一要求，这就是这些作品的人民性和它能流传至今仍有强大生命力的主要原因。

《阿銮》这个体系的作品的第二个显著的特点，是战争。就我所接触到的成百部作品中，几乎都贯穿着大大小小的不同性质的战争。只有少数的如《金岩羊阿銮》《只有头的阿銮》《阿銮射星》《卖叶子阿銮》等等，靠了与公主结婚获得权力的作品，没有通过战争。这显然是一种善良人民的幻想。事实上，在阶级产生之后的社会，不论是建立新政权，统一国家，还是统治阶级内部的纷争，都是通过战争来解决的。因此，长诗对于战争的描述占了极大的篇幅。特别是五千行以上的较大型的叙事长诗，战争的描写就占了极大的分量。就连《五百个牧童玩游戏的故事》这样一个描述小孩的故事，也离不开战争。故事描述了五百个牧童在做“选阿銮当国王”的游戏，结果被国王知道了，要杀他们，摩勐为孩子说情，五百个孩子被驱逐出境。不久，国家遭到侵略，摩勐要求五百个牧童回来抵抗，战胜了侵略者，那个“阿銮”当了国王。但是描写战争场面最大最有特色、成就最大的长诗要算《兰嘎西贺》，它不仅涉及天上、地下、海洋，而且也涉及动物之间（野牛国、猴国）的战斗，动物与人之间，人与妖之间，国与国之间，正义与非正义之间的战争。它描写战争很有层次，而不一般化，特别通过战争刻画了一个孙悟空式的人物阿奴曼。战争的基本方式是刀、拳、巫术，尤其是变化多端的巫术（包括起死回生、刀枪不入等等）在战争中所起的作用是很大的，说明那时人们对于巫术的崇拜，无疑，这是对于英雄时代的反映。

第三个特点是爱情、婚姻、美人。几乎所有的《阿銮》都以男女之间爱情或婚姻作为一条线贯彻始终，但并不是才子佳人，而是所有女主人公都是国王的公主或王后，即所谓的“召列婻”（王子与公主或国王与王后）。就是说战争和爱情都只是为“阿亚罕召”（金殿王朝）的权力服务的。事实上，也正是反映了傣族一个历史时期的婚姻关系和人民的愿望。至今还未发现纯粹是以恋爱为主题的作品。《召树屯》中召树屯与婻婼娜的爱情是王子与孔雀公主的爱情，看来是描述爱情的故事，但其主题却远远超出了爱情。《相勐》中召相勐与婻西里总布的爱情是王子与公主之间的爱情，通过他们的爱情，展开了一幅历史画卷，引起一场统一国家的战争。《兰嘎西双贺》也是为了要夺回被十头魔王抢去了的召朗玛的妻子婻西拉，引起了一场大战。就连《只有头的阿銮》和《四脚蛇阿銮》也是跟混贺罕（国王）的七公主成婚后才得到幸福的。天王混西迦托梦给没有头的贡玛拉说：“如果娶了混贺罕的姑娘，将来你会得到幸福的。”《金岩羊阿銮》也是在母岩羊第二世变成公主（这里显然是宣传宿命论的）之后，两人才获得幸福的。就连五百个娃娃选“阿銮”的游戏中，也同时选了“婻嘎维”（王后）。只有《婻京布》是例外，以一个穷人姑娘因吃了一百零一只螃蟹进宫当了王妃。但是，正因为她是个出身贫寒的姑娘，才受到了诽谤，被撵出了王宫的。也有不少是跟仙女、龙女、魔女成婚的，如《七头七尾象》（魔女）、《独角黄牛》（龙女）、《柚子姑娘》（仙女）、

《贺欢板嘎》（莲花姑娘）、《牧羊阿銮》（荷花姑娘）等等。

在这些作品中，有个突出的东西，就是以招婿比武，抢公主引起一场战争，仿佛美人就意味着权力与幸福。事实上，并不存在什么爱情（个别如《召树屯》等除外）。这样，女人，一方面只不过是一种象征，另一方面也就成了附属品，或者是装饰品，最后也成了商品。因此，绝大多数女主人公的思想性格是善良、忠贞的，明显地反映了封建领主制社会产生以后的道德标准。像婻婼娜、婻西拉这样有头脑，敢于反抗的妇女形象，也表现出了封建社会"三从四德"的道德观念。

《阿銮》的第四个特点是几乎每篇作品都必然要出现"雅细"，或叫帕拉西，就是在深山修行的野和尚。此外，还有混西迦，或者叫叭英，即天王。这些人物，是作为佛的代表而出现的，在作品中，它既没有什么社会意义，也没有在故事中占据重要地位。因此，可以说是可有可无的，或者是外加进去的人物，明显地使人感到，这是佛教徒为了要宣传其教义，强加在作品身上的东西。但他们却被描绘成为"救世主"，一切王子、公主的恩人。他收留弟子，教以巫术，在英雄人物遇难时来拯救，为战争赢得胜利，为英雄美人的结合创造条件。这就说明一个问题：《阿銮》的绝大多数作品都是流传于民间的故事或当时诗人、作家的作品，他们却加进这个人物，成为"佛教文学"。最明显的如传说在哀牢山一带的几个民族中的民间故事《九隆山》。在傣族民间长诗里也竟然有一个"雅细"，教九龙王拳术以后，才战胜了恶龙。《兰嘎西贺》原是印度的伟大诗篇《罗摩衍那》，原是反映印度种姓之间斗争的，却也把"修行者"（印度当时知识分子自以为清高的表现）改为"帕拉西"，列了一大张上天当了官的名单，以宣扬佛教。

由此可以知道，所谓"阿銮"是释迦牟尼550代"轮回"转世的记录，只不过是把亚洲一些国家的民间传说集中起来，加以创作，又被冠以"混西迦""帕拉西""佛祖"等等名目，拼凑成550部。事实上，远远超过550部叙事诗，可见其影响的深和广。后来创作的又是称为"阿銮囡"了。但是，谁也分不清哪一部是属于大《阿銮》，哪一部则是小《阿銮》。正因为其影响很大，才成了一个类型的、故事情节也大同小异的文学体系的。

毫无疑问，《阿銮》故事，是产生于傣族社会产生阶级之后，也就是佛教传入傣族地区之后才产生的。也就是傣族社会出现“攀”，由农村公社过渡到封建领主制之后的作品，这个大变动，正是公元前后，直到8世纪封建领主制形成与衰败这一漫长的历史阶段。

五大诗王，应该是傣族文学或诗歌的高峰。这些诗篇不仅涉及的内容广泛，而且人物众多，个个都栩栩如生，故事曲折、复杂，引人入胜。特别是《兰嘎西贺》是利用印度著名伟大史诗《罗摩衍那》的故事（略有变化）和人物进行再创作的，不仅主题由反映印度的种姓斗争改为佛教与原始宗教的斗争，而且人物的地位也起了变化，用加强召朗玛对十二头魔王的战争，描绘出古代战争的多姿多彩，成为反映社会生活、政治斗争和宗教斗争的巨大画卷。加强了女主人公婻西拉的命运的描写，揭露了封建社会中妇女的悲惨命运和封建领主的残酷无情。有许多章节，特别是描绘婻西拉对召朗玛的爱情的诗篇是十分感人的。当召朗玛决定要杀害婻西拉的前夕，婻西拉向他告别时唱道：“今天尽管你亲手割断夫妻的恩爱/尽管你亲手葬送我们的爱情/天地间也只有你的妻子/最理解丈夫的心情……”这是多么动人的抒情诗啊！因为是重新创作，而且把别的名著作为题材，就更加困难，但却摆脱了《罗摩衍那》的影响，创作出了傣族诗歌自己的风格。她有叙事，也有哲理，却始终以抒情为主，使诗达到最高的诗的情景相融的境界。

这个时期后期的叙事长诗，内容就随着封建领主制和佛教走向衰败，而出现了揭露国王的残暴和统治阶级的内部矛盾和斗争的作品。《婻京布》《松帕敏和嘎西娜》《千瓣莲花》《七头七尾象》《三牙象》《红宝石》等作品就是这个类型。

这个时期，在文学形式上，除了诗歌的发展之外，民间传说、故事、寓言、格言等也大量出现，像表现封建道德的《金鲤鱼》《兄弟分家》等等。就不多叙述。同时，天文、地理、哲学等等著述也随之产生，确实形成傣族文化的黄金时代。

这个时期傣族文学的特点，在内容上几乎都是以国王、王后、王子、小姐为主人公，完全反映了社会以及以道德的兴衰变化为主题，而又都贯穿了男女爱情故事，因此，除塑造了一系列的英雄形象外，还塑造了众多的傣族妇女形象，像《召树屯》中美丽、善良的婻婼娜，《吾沙麻罗》中骄傲的公主，《婻京布》中受苦受难的嘎梅西，《红宝石》中勇敢的婻珍尼，《兰嘎西贺》中美丽、善良、英勇不屈的婻西拉等等。在艺术上继承了神话的传统，在现实主义的基础上，增加了浓郁的神话色彩。

随着封建领主制的衰败，在傣族文学发展中突出地出现了一个悲剧叙事诗的阶段。这个阶段本可列入上一个时期，但是在创作方法上有个极大的变化，即现实主义的创作方法占了上风，完全以揭露封建领主制造成许多悲剧的时代为主，这在傣族创作方法的发展上出现了一次革命，因此，应作为一个发展阶段。

这个时期的代表作有反映嫌贫爱富的爱情悲剧《娥并与桑洛》《叶罕佐与冒弄养》《宛纳帕丽》，反映统治阶级强夺民妇的《婻波冠》，反映统治阶级之间企图互相吞并割据而造成悲剧的《葫芦信》，反映农民起义失败的《海罕》等等。悲剧的力量不仅使人痛哭流涕，而且使人产生愤怒，从而起来进行斗争。可惜，除了《娥并与桑洛》与《葫芦信》之外，都还没有翻译出版。

除了诗之外，这时开始出现了类似小说的机智人物的故事，如西双版纳的《岩苏岩西岩披格的故事》，德宏地区的《召玛贺》，他们不仅反对封建领主，对和尚、富人加以抨击和讽刺，而且塑造了傣族敢于反抗的、富于聪明才智的正面形象。这些故事，几乎家喻户晓。

还有一个突出的成就，就是诗歌理论的产生和发展。离现在五百多年前，就产生了《论傣族诗歌的内容及其价值》，特别值得推荐的是产生于360多年前的《论傣族诗歌》，那时候就敢于用唯物主义的观点，总结傣族诗歌的经验，宣布傣族诗歌不是佛祖给的，而是傣族人民创造的。并且从诗歌理论的角度，公然敢反对对傣族来说还是神圣不可侵犯的佛教和揭露封建领主如何利用文学来控制人的思想的罪恶。

新中国成立以后，在中国共产党领导下，傣族文学进入到社会主义时期，虽然时间只有三十多年，却也产生了十多部反映傣族人民生活和斗争的叙事长诗。已翻译成汉文出版的有康朗英的《流沙河之歌》、康朗甩的《傣家人之歌》，都是带有颂歌形式的长篇叙事诗，反映了新中国成立后傣族人民的新面貌，《流沙河之歌》还反映社会主义建设，傣族人民修筑水坝的斗争。波玉温的故事体叙事长诗《彩虹》则塑造了一个笃信佛教、不敢杀生的老妇人，发现敌人企图用机枪扫射解放军时，用挑水的土罐往敌人砸去，后来英勇牺牲的英雄形象，同时塑造了新的一代傣族年轻妇女玉香的形象。

此外，上述老歌手还共同出版了《三个歌手唱北京》《依高、北京》等诗集。

更值得庆贺的是涌现了一批新的傣族作家和诗人，他们在全国各地报刊上发表了许多诗歌、散文、小说和文艺理论。我们相信，他们必将在继承傣族文学的优良传统的基础上，创造出灿烂的社会主义傣族文学。

1982 年 4 月

傣族文学史上的一次革命

傣族文学在她漫长的历程中，经历过三次重要的改革，这就是从她的产生到创世史诗的出现，叙事长诗的大发展和悲剧叙事长诗的产生。每经一次改革，都把傣族文学推向一个新的阶段，都使傣族文学出现新的面貌。悲剧叙事长诗的出现和发展，在傣族文学史上有其特殊的重要意义，她使傣族文学从虚幻走向了现实，在文学的内容和形式上都获得了巨大的变革，并由此产生了一套现实主义的文艺理论。因此，探讨这次文学革命的产生和发展，以及她的影响，是一个很重要的课题。

一、先驱者及其作品

任何一次革命，如果没有一批先驱者，是不可能实现的。傣族文学史的这次伟大革命，首先就是由一位没有留下姓名的先驱者引起的。

公元1434年（傣历七九六年），在傣族文坛上出现了两部悲剧叙事长诗——《赕纳康》和《宛纳帕丽》。这两部长诗的新鲜题材，新颖的风格，冲破了充斥着“召勐婻勐”（即国王、王后或王子、公主）、佛祖、天神、菩萨以及仙和尚、龙王、怪鸟、妖魔的诗坛，被认为是继《马海》（傣族最古老的一部叙事长诗）之后，对傣族诗歌进行改革的较成功的一次尝试。

这位先驱者不仅创作了崭新的叙事长诗，而且史无前例地写了一部傣族诗歌理论《论傣族诗歌的内容及价值》。我们虽然还没有收集到这部傣族文学史上的重要著作，但从傣族其他文艺理论著作的记载里可以窥见，这位先驱者对傣族诗歌的内容与形式进行了第一次总结，按诗歌的发展进行了分类，提出了不少精辟的见解，为傣族诗歌理论开创了道路。

这位傣族文学的先驱者是什么人？他出生于什么家庭？有些什么事迹？

大概是因为民间文学的集体性所影响，或者是由于佛教所谓一切都是佛祖所创造的思想所宣扬，在古代的傣族文学中出现了一个现象，即虽然早已产生了文人文学，但是几乎所有作品都没有署名。因此，这位先驱者没有留下名字，对他的平生事迹也没有详细的材料可考，只是在180多年以后，另一位傣族诗人和理论家祜巴勐在他的《论傣族诗歌》一书里提到他时说："虽然这部书里没有留下他的名字，但是我知道他是一位康朗龙。要么一定是威望很高的'折加叭召（即贵族）'。"他的依据是这位先驱者说过：零星的原始歌谣是布桑该、雅桑该①给的，叙事长诗是帕召（召：佛祖释迦牟尼）给的，他"有福气"的思想活动始终在维护着帕召的尊严。这一推断能够证明他是康朗龙，因为康朗龙是傣族对知识分子的称呼，即当过和尚，读过经书，升为大佛爷后还了俗的人。龙，是大，康朗龙是大知识分子。一个诗人、作家，尤其是理论家，无疑是个很有学问的大知识分子。至于是否是贵族，就很值得研究了。从这里我们看出，在这位具有大无畏革新精神的先驱者身上，交叠着重重矛盾，一方面要前进，一方面又不得不囿于统治阶级的充满宗教气息的思想藩篱。但这种种矛盾，在许多时代、国度的先驱者身上都出现过，原因正由于他是他那个时代的产物。

下面，我们将傣族的悲剧置放在世界悲剧的行列中稍作考察，就可以明白她的重要性了。

就文学形式来说，傣族的悲剧不是作为戏剧样式的戏剧，而是叙事诗，所以，我们称它为悲剧叙事诗。

从产生来讲，最早的悲剧，出现在公元前五百多年的希腊。它开始时也并不是戏剧，而是古人们祈求酒神帮助丰收的祭祀仪式。希腊人每年在春播和秋收时都祈求和感谢酒神，由祭司歌唱酒神的颂歌，希腊悲剧之父

① 傣族创世神话的主人公，被认为是傣族的祖先。

埃斯库罗斯利用祭司在歌唱时与群众的对答发展成为戏剧。后来，人们把悲剧结局的小说也称为悲剧。因此，从广义讲，悲剧就不仅仅是指形式，而主要是指悲剧的内容。在这个意义上说，傣族的悲剧叙事诗，毫无疑问也是悲剧的一种。

古老的傣族和希腊民族一样有作为祭祀仪式的颂歌，但是，它没有发展成为悲剧，却形成了叙事长诗。傣族的故事体叙事长诗跟古希腊的悲剧有一个极相似的地方，那就是大都取材于神话。埃斯库罗斯三大悲剧的第一部《被缚的普罗米修斯》就是取材于普罗米修斯为人类偷火的神话故事。它一方面反映了古希腊奴隶制下的民主思想，一方面却又把产生悲剧的原因归结为不可抗拒的神和命运，或者是因果报应的结果。但是，恩格斯仍然把悲剧之父埃斯库罗斯称为具有“强烈倾向性的诗人”。傣族最初的叙事长诗《马海》《录允掌》等也取材于图腾神话，后来的绝大部分叙事长诗，由于受到佛教思想的影响，更带有强烈的神话色彩。但是它们同样反映了人间的疾苦，具有强烈的现实主义战斗色彩。因此，我们也同样可以说，这位身为“康朗龙”甚至“折加叭召”的傣族悲剧之父，也是一位具有“强烈倾向性的诗人”，而且在更严格的意义上来说，他确实是一位这样的诗人。

二、《宛纳帕丽》开创了现实主义之路

《赕纳康》和《宛纳帕丽》两诗，至今我们只找到了《宛纳帕丽》。但听看过《赕纳康》的傣族同志说，和《宛纳帕丽》一样，也同是描写爱情的悲剧，因此，《宛纳帕丽》就有相应的代表性。

《宛纳帕丽》篇幅并不长，按傣文计算一共只有十六面，全诗三千八百多行，人物故事却十分生动，性格十分突出，关于它的内容，我们将在下节作具体分析，这里就这部悲剧叙事长诗的出现给傣族文学发展的影响——为傣族文学开创的现实主义之路作一些论述。

恩格斯曾说：“现实主义的意思是，除细节的真实外，还要真实地再

现典型环境中的典型人物。"[1] 马克思关于悲剧的论述，则更进一步提示了现实主义的实质："当旧制度还是有史以来就存在的世界权力，自由反而是个别人偶然产生的思想的时候，换句话说，当旧制度本身还相信而且应当相信自己的合理性的时候，它的历史是悲剧性的。当旧制度作为现存的世界制度同新生的世界进行斗争的时候，旧制度就不是个人的谬误，而是世界性的谬误。因而旧制度的灭亡也是悲剧性的。"[2]

就是说，现实主义作为一种创作方法，应该从历史、时代、社会的典型环境中进行考察。因此，在审查细节是否真实的同时，它是否取材于现实社会，是否刻画了社会现实中的人物性格，这是决定这个作家或作品是否是现实主义的关键。《宛纳帕丽》正是摆脱了原来傣族叙事长诗的羁绊，从虚幻的迷雾中走出来，回到现实社会中的开创性作品，它给傣族文学带来了清新的香气，促使傣族文学在形式和内容上都出现新的革命。

在《宛纳帕丽》之前的叙事长诗，就是反映现实题材的作品，也极力赋予它强烈的神话色彩，因此，它在思想内容上可能是某一个历史时代的反映，然而细节是不真实的。对于天堂与龙宫的幻想，对于神佛的不可企及的性格，对于普通凡人能飞会变，依靠神的力量去克服困难的描写，虽然往往是以人间生活作为模型，但都不是人间生活的真实。《宛纳帕丽》恰恰相反，它所描写的既不是天庭或龙宫的故事，也不是天王神佛的神秘故事，而是一对现实社会中普通男女的悲欢离合。它描述了一对大胆追求自由寻找理想爱情的年轻人的不幸遭遇，是傣族文学史上第一部现实主义的作品。

恩格斯在论述现实主义大师巴尔扎克时指出，巴尔扎克的最伟大功绩是在社会的转折时期，新的人物还没有作为社会力量出现时就发现并描写了"未来的真正的人"。他认为这是"现实主义的最伟大胜利之一，也是老巴尔扎克最重大的特点之一"。这是因为"巴尔扎克就不得不违反自己的阶级同情和政治偏见，他看到了他心爱的贵族们灭亡的必然性"，从而为旧社会谱写了"挽歌"。[3]《宛纳帕丽》的作者，正如上面所说，虽然他

① 《马克思恩格斯选集》第四卷，第462页。
② 《马克思恩格斯选集》第一卷，第35页。
③ 《马克思恩格斯选集》第四卷，第463页。

有严重的保守思想，但是，作为一个现实主义的诗人，他在傣族社会开始发生变化之时，立刻发现了傣族社会未来的真正的人——宛纳帕丽。

宛纳是一个普通的傣族青年，他热烈地追求自由和他心爱的姑娘，可是，他终于经不住旧势力的打击和迫害出走了，当他回到家乡时，等待他的却是姑娘的坟墓。这个充满矛盾的悲剧性格，正是15世纪初期傣族社会的产物。

15世纪是傣族封建领主制社会走向崩溃的转折点，新兴的地主经济和商业经济虽然已经产生，并且不断地冲击着封建领主制，但是，作为一个阶级，一种社会力量都还十分幼稚和弱小，甚至还只是作为“个别人偶然产生的思想”。因此，一方面对现存的制度感到极端不满，甚至企图反抗，另一方面却无力变革现状。事实上，这些新人们自己也带着旧社会因袭的枷锁行走在这个世界上，这就是产生悲剧的根本原因。让我们翻开《泐史》看看，就可以进一步洞悉傣族悲剧叙事长诗产生的社会根源了。

《泐史》记载得十分清楚，在15世纪之初，傣族社会长期稳定的局面受到冲击，从而进入了一个动荡黑暗的时期，封建统治阶级对人民的统治和压迫愈来愈残暴，内部夺权纷争，骨肉相残，外部民族关系越来越紧张，外敌入侵频繁，其掠夺使“村舍荡然，人民无以为生”。公元1413年，即第十代召片领刀更孟继袭父位以来，“暴虐无道，重辟刑，创轧锯之法，或以铁钩钩入罪犯脊骨，而悬诸放牛标杆①之上以死，或月割一脔，而为长期凌迟之刑。一人有罪，株及兄弟宗族。”接着，刀更孟被杀，兄弟争权，“暗无天日”，刀典“纠集江外兵丁，进攻奢陇法……奢陇法……求援于孟琏外祖父母，孟琏酋叭陇法乃遣其弟名铳朗法者，帅孟琏兵赴援……战于猛滔……”公元1458年“猛笼及猛滔两酋，图谋不轨，往约兰那（今泰国）酋叭的刺旮版纳者，合兵攻三宝历代（第十三代宣慰使）……叭的刺旮领大兵二十万，由勐笼酋刀庄霸作向导，至猛遮，借口猛遮先保召三宝历代为婿，依势压迫人民，于是兰那酋遂先进攻猛遮……时勐艮（即今景栋、缅甸境）酋名金利稣妥坦麻逻阇者，带兵来援，战事结束后，三宝历代乃割猛麻、猛拉以酬勐艮。”1462年，“食采于猛阿猛康之

① 傣族放牛用钓竿，牛拴于竿之绳索上以免糟踏庄稼。

刀七，派人往求兰那酋叭的刺旮，以及景线景海各酋，共帅兵四万，获其离开猛泐而住兰那，行至猛勇，见荒废无人，刀七遂求将全部兵民，即屯垦于此，于是……猛勇隶属兰那，即由斯时起，而猛阿猛康，则同人民随刀七迁徙，遂荒废无人影焉。”1586 年“缅甸大光王，命将麻哈坦帅兵攻下景永，刀糯猛始臣属于缅王殿下，并统率士练，随缅王法稣妥坦麻逻阁（莽应龙）往征阿踰陀，景迈……”1627 年“缅王命将击猛泐，获胜，掳宣慰使刀韫猛、猛遮酋诏四闷那尹打星劳，及所有十二版纳江西各地居民至阿瓦（今瓦城），仅残余极少数之人种而已。”1808 年“景栋景永（十二版纳）、孟琏、景千（整欠）、猛勇各地，经缅将萨雅左那诺与逻罗戛于腊之惨烈鏖战，地方糜烂，村舍荡然，各地官民，纷纷往耿马、猛戛、猛博、猛堕猛斑、交阯、老挝，以及汉地以避。其未逃避者，概被戛于腊掳往景迈猛南。景永一带，遂荒废无人矣。”这就是四五百年间的傣族社会面临崩溃的图画。可是，另一方面，由于地主经济和商业经济的弱小，社会依然停滞不前。公元 1627 年，西双版纳江西各地居民全部被缅王俘去瓦城之后，“翌年，方有少数人民逃归，并招收猛戛一带之汉摆夷移民，领垦荒地，一切地方组织习惯不变”。依旧由被俘的刀韫猛执政。

显然，这是一种非常特殊的情况，除了内外矛盾交织在一起之外，这些矛盾都转嫁到傣族人民头上了。可是，由于我国傣族居住的亚热带地区，土地肥沃，气候温和，人民极易谋生，再加上历史、社会等等的原因（如农村公社的形式一直被保留了下来，佛教思想对于傣族人民的影响等等），使新兴的地主经济以及工商业经济发展非常缓慢，在这万马齐喑的时代氛围中，《宛纳帕丽》这样富于斗争勇气的作品一经产生，便获得了广大傣族读者的喜爱，并立刻引起文学界的重视，在以后几个世纪里引发了一场绵延不断的文学革命，形成了一个悲剧时代的出现。

傣族文学在这个时期里究竟产生了多少悲剧叙事长诗，我们现在还无法说出一个具体的数字，但是从流传下来的仅有几部来看，其数目是不少的。如流传于西双版纳一带的《嫡波冠》《葫芦信》，流传于德宏地区的《娥并与桑洛》《叶罕佐和冒弄央》以及有名的《海罕》等等。

这些悲剧叙事长诗，几乎跟《赕纳康》和《宛纳帕丽》一脉相承，在它们的发展过程中，不仅现实主义的思想和艺术得到了发展，而且悲剧性格也随着社会的发展而深化了。《婻波冠》已非常明确地把斗争矛头指向罪恶的根源——国王的暴政。娥并被桑洛的母亲（封建势力的代表）暗害之后，桑洛不再是站在娥并的坟前默默流泪，而是毫无顾忌地冲出了牢笼，直到死后，这一对追求自已理想和自由的恋人依然顽强地反抗着。他们的灵魂起先在坟头上变成了"芦苇"，不仅根连在一起，而且"芦苇的花絮在一起飞"，芦苇被烧之后，他们又变成两颗星星飞上天去，顽强地等待着自由幸福的来临。

一颗星星出现在黄昏
一颗星星出现在黎明
年年三月两颗星相会在一起
它们是那样明亮、美丽

《海罕》中，海罕这头金色的水牛，则已经敢于起来跟国王展开一场惊心动魄的斗争，虽然遭到了失败，被砍下了头，那被挂在树上的头却依然唱出了反抗与复仇的歌。这就是悲剧叙事诗的力量，也就是现实主义的力量。

三、一场文学革命

在漫长的封建社会里，阻碍傣族社会向前发展的思想意识就是佛教思想，由康朗龙的《宛纳帕丽》和《赕纳康》起始的现实主义文学革命首先就是针对着这陈腐的意识形态而来的，并由此波及诸多的方面，如：政治、法律、历史、哲学，乃至人民生活中的道德伦理等等问题。

公元1615年（傣历九七六年）这一革命绵延至近两百年后，又突现了一个高峰，这就是由一位祜巴勐撰写的《论傣族诗歌》一书所阐述的文学思想。这本书不仅是一本文学理论著作，而且也是一本哲学和历史著作。它公开地提出傣族的历史是由傣族人民所创造的，而不是佛祖创造的这个论点，虽然由于历史的局限，有许多观点并不科学，然而也敢于公开宣称："佛教的高明和狡猾，在于它善于看风使舵，在于它会利用和篡改我们祖先的原始宗教，而后把它变为己有，用以遮住人的耳目，抬出神、佛祖来。而我们傣族很幼稚，却感恩不尽，口口声声祈祷说：'神佛保佑，神佛保佑！'实际上只不过是斩头去尾而已。"

毫无疑问，佛教的传入对于傣族社会，尤其傣族文学的发展是起到推动作用的。可是当历史发展到一定阶段，这种作用就走向了反面，变成阻碍傣族社会进步与发展的作用了。就拿受佛典文学影响最大的叙事诗来说吧，《论傣族诗歌》中就对"叙事长诗是帕召给的"这个问题提出疑问，接着，祜巴勐回答道："通过我的眼见、感觉和思想后，我得出的看法是：不管是零零星星的歌谣，不管是哪种内容的叙事诗，都是来自于人类在世间的活动，来自人类手脚的劳动，不是人以外的哪一个给的。"他指出，傣族的诗歌长期以来是被佛教以及它所主持的王朝所控制的，"以佛祖、天神、菩萨为救世主，以王子、公主为核心，歌颂国王和王后，以成佛积德为思想基础，不敢超越神佛的礼教原则……几乎每一部叙事长诗里，都少不了仙和尚、龙王、怪鸟、妖魔，而怪鸟、妖魔总是代表可怕的邪恶。"这本书不仅涉及文学问题，同时兼及了意识形态其他领域的许多重大问题，如对谁创造了傣族历史等问题，也作出了精辟的论述。在《论傣族诗歌》一书出现之前73年，曾出现了历史书籍《咋雷蛇曼蛇勐》（即《谈寨神勐神的由来》，见《论傣族诗歌》附录），与此同时，历史书《巴塔麻戛捧尚罗》《沙都加罗》《布塔巴兰干》《西双奔》等书相继出现了。

《谈寨神勐神的由来》一书鲜明地提出了"叭桑木底原始宗教神和古德玛（释迦牟尼）谁最早出世？""蛇曼蛇勐"（寨神勐神）和"沙厦纳"谁是傣族祖先的灵魂？"栽曼"（寨心）和"载瓦"（佛寺心）谁是至高无上？是"毫兵召"（谷子是王）还是"召兵召"（佛祖是王）等等问题。这些问题是至为重要的，因为佛教把人类历史的创造者说成是古德玛（即释迦牟尼），把我国傣族地区的开辟说成是释迦牟尼出巡来到之后才开辟的等等。作者全面地考察了傣族先民的生活、迁徙及社会的历史，考察了傣族英雄沙罗及叭桑木底的产生，雄辩地驳斥了释迦牟尼是傣族祖先的谬论，恢复了历史的本来面目。他得出结论："不要等太阳和月亮给人以鸡肉和辣酒。大地是母亲，森林是父亲，只有从父母亲那里可以得到食物。"

这是一条"充满劳动、自由、快乐、平等的道路"。从而摈弃了"花铺成的路，彩虹搭成的桥，充满着蜂蜡的香味，像云和雾一样的飘渺"的，却是用风当粮食，"云会填饱你的肚子"的"佛王古德玛给人类留下的成佛升天之路"。

由此可见，这场文学革命波及历史、宗教、哲学等广大范围，而且是有相当深刻的理论作为其指导。

四、文学艺术形式的大发展

这场革命在文学发展上起到了巨大作用，就形式而言，由叙事长诗发展到散文、小品、传奇、小说的蓬勃发展阶段，同时在吸收外来文化的基础上，最后产生了傣剧。

就现在我们所搜集到的传统散文来说，比较重要的传奇小说，西双版纳有《岩苏岩西和岩披格》，德宏有《召玛贺》。前者已由岩温扁和吴军同志整理出版了一部分，起名为《艾苏和艾西的故事》。后者在刊物上发表了为数不多的几篇。但是，这两部书都可以算得上是傣族文学的巨著。当地人民形容《召玛贺》的手抄本"比牛脖子还粗"。而《岩苏岩西和岩披格》则"像泉水似的淌不完"。此外，还有许多类似的散文手抄本，例如《萨沙纳芒卷》，把所有的《阿銮》故事写成散文体，但其大部分内容，几乎都是讽刺、嘲笑，揭露统治阶级、佛教、有钱人（沙铁）以及懒汉们的愚蠢、贪婪、荒淫和无耻的，由此塑造了一个人民心中的聪明、机智、有胆略、敢于斗争，又善于斗争的新的英雄形象。

傣剧的产生虽是稍后的事，然而它无疑是这场革命的必然结果。这个时期，傣族文学在吸收外族的进步文化方面做得颇为有声有色，除戏剧外，汉族在元明之际产生的《西游记》，以及阿拉伯名著《一千零一夜》，及其他名著，都被译成傣文。傣戏是在汉族川戏、滇戏影响之下产生的，并且成为了傣族人民喜爱的形式，最初的许多剧目几乎都是从滇戏里移植过来，以后逐步傣化的。

当然，从今天看，这些形式不仅不稀奇，而且远远地落在先进民族之后，不能满足傣族人民对于文学的要求。然而，就当时来说，这是一个了不起的发展。这个发展，明显是从悲剧叙事长诗开始的。这也正是傣族文学成为我国许多民族文学中比较繁荣、多彩的一个主要原因。

1982 年 7 月

（原载《傣族文学简史》）

民间文学散论

建立具有中国特点的民间文艺学

——要改变我们的学风文风

要使我国的民族民间文学的研究工作真正做出成绩，当务之急是转变我们的学风和文风，纠正极左思潮的影响。

当然，民族民间文学并不是纯而又纯，什么问题也没有，不，在这个领域中确实存在着许多的问题，正因为这样，才十分需要我们实事求是地去调查研究，弄清问题，作出科学的分析。然而，过去我们却不是这样，而是常常采取轻而易举的所谓“捷径”，即“人云亦云”的办法，某个领导怎么说，某个革命导师怎么说，某本经典著作怎么说，用这些只言片语去一套，于是一篇“研究成果”就出来了。这就是我们的病根。事实上，有些所谓的“调查研究”，也是带着框框的。例如说“三同”吧，也许这确实是一个好办法，但是，谁敢去跟所谓的“迷信职业者”“毕嫫”“师娘”等人“三同”呢？

民族民间文学是一门科学。她不仅有广阔的领域，涉及许多民族，各个民族的历史、各种社会现象、思想意识、文学现象的产生与发展，而且有着非常丰富的资料和内容。就拿我们云南来说，25 个少数民族都有丰富多彩的民间文学，她们不仅反映了各族人民的社会、历史的影子，而且每个民族的文学都有鲜明的特点。事实上，粉碎“四人帮”以来几年的恢复工作，普遍调查，深入研究中，特别是通过编写“少数民族文学概况”，民族民间文学本身就向我们提出了许多的问题。例如艺术的起源问题，文学艺术的发展与社会发展的关系问题，民族民间文学与宗教的关系问题，什么是精华与糟粕的问题，等等，等等。

对这些问题，我们采取什么态度呢？目前有两种态度，一个态度是继续保持原来的学风与文风，必然是深入不下去，却又害怕雷同，千篇一律，于是采取材料保密，互相封锁，把材料变为私有的办法。于是你争我夺，甚至为了材料而钩心斗角，互相猜疑，有材料的则以为奇货可居，生吞活剥，不加分析，谬论百出，还自以为权威专家。实则是低能儿，不敢也没有能力去面向现实，用科学的方法去分析、研究，从极平凡的、众所周知的材料中找寻出问题，提出自己的独到见解。第二种态度是感到材料不足，十分需要掌握大量的材料，因而极希望继续深入。同时，希望把这些年来我们所有的成果、资料都公开，开展一场“百家争鸣”的活动，而且狠下工夫，切切实实，脚踏实地钻进去，从现实资料中找寻问题，发现问题，提出自己的独到见解。只有用这种态度和方法进行我们的民族民间文学研究工作，这门科学才能得到不断地发展。

1980 年 7 月

论云南省如何发展社会主义民族民间文学

——在云南省民族民间文学工作者第一次代表大会上的工作报告

亲爱的代表们，同志们：

我们盼望已久的云南省民族民间文学工作者第一次代表大会开幕了。这次大会，是在党的十一届三中全会精神的指引下，在全国人民安定团结、经济调整取得巨大成就的大好形势下召开的。大家济济一堂，共同来回顾我省民族民间文学工作的战斗历程，总结历史经验，商议进一步发展我省民族民间文学工作的大计，团结一致，为繁荣和发展我省各民族的社会主义的民族民间文学而继续奋斗。

我受筹备组的委托，向全体代表同志们简要汇报我省新中国成立以来民族民间文学工作的一些基本情况。共分四个部分：一、粉碎“四人帮”以来，拨乱反正，恢复和发展我省民族民间文学工作的情况；二、30年来的主要经验教训；三、在前进过程中存在的几个问题；四、今后工作的设想。请代表同志们予以审议。

一

1976年党中央粉碎了“四人帮”，挽救了国家，挽救了党，同时也挽救了各民族的民间文学。通过群众性的揭批运动，拨乱反正，正本清源，人民扬眉吐气，民族民间文学也获得了新的生机。

党的十一届三中全会提出了解放思想、实事求是的号召，把民族民间文学从“四人帮”的思想禁锢中解放出来，许多还活着的民族民间文学工作者、各民族歌手，甩掉“四人帮”所强加给的许多帽子，重新拿起笔，放开歌喉为党和人民的胜利而歌唱，为社会主义而歌唱。他们愤怒批判“四人帮”的种种罪行，要求为民族民间文学平反，恢复名誉。这是理所当然的要求，是各族人民的要求，因而受到了各级党组织的重视。1978 年底，中国作家协会昆明分会召开了民族民间文学工作者座谈会，会上有计划地针对“四人帮”诬蔑民族民间文学的几个谬论，如“民族民间文学是封建文化论”“民族民间文学是宗教文学论”“民族民间文学是和平主义、投降主义文学论”“民族民间文学是色情文学论”等等，组织写了一批批判文章。这些文章对澄清是非，拨乱反正，肃清“四人帮”的流毒，端正思想路线，起了积极的作用。紧接着，中国社会科学院文学研究所 1979 年初在昆明召开了文学规划会议和少数民族文学史编写座谈会。同年 9 月，中央民委和中国民间文艺研究会在北京召开了少数民族民间歌手、诗人座谈会。随着揭批“四人帮”运动的深入，各地区各级党委和政府部门又纷纷为各民族歌手、民族民间文学工作者平了反，落实了政策。这就推动了我省民族民间文学工作向前发展。1979 年 11 月，中国社会科学院成立了少数民族文学研究所云南分所。12 月，省文联党组报请省委宣传部决定：把中国作家协会云南分会中原民族民间文学工作委员会分出来，单独成立了中国民间文艺研究会云南分会筹备组。1980 年，云南省社会科学院又设立了云南民族民间文学研究所。这一切，都体现了我们党对繁荣和发展民族民间文学的重视和关怀，体现了十一届三中全会精神，像阵阵春风，使千树再绿，万花重开，使我省民族民间文学工作在短短几年中不仅迅速得到恢复，而且进一步地得到发展，出现了欣欣向荣的景象。

当时，亟待解决的是对各个民族文学遗产的抢救问题，这是因为许多民族歌手、艺人在这场动乱中死的死，伤的伤，剩下的已是“风烛残年”，再不抢救就有全部失传的危险。同时，我们辛辛苦苦积累起来的几十万件资料几乎丧失殆尽。“四人帮”把民族民间文学当成“四旧”来横扫，原来流传在民间的文学材料，大部分都被禁止、践踏焚烧。因此，我们结合社会科学院所交给的编写各民族文学概况的任务，先后组织了六个调查小组，深入到傣、白、彝、哈尼、纳西、景颇、阿昌、德昂、傈僳、基诺、布朗、蒙古、藏、苦聪等十几个民族和地区，进行调查和抢救工作，搜集的资料有七百余万字。其中不仅有大量的创世神话、传说、故事、叙事长诗，而且有许多是过去未发现的最原始最古老的诗歌与神话，特别值得注意的是发现了一部傣族的诗歌理论著作《论傣族诗歌》。这是我省目前为止发现的第一部诗歌理论专著。这部著作的发现，说明我们少数民族不仅有丰富多彩的文学作品，而且还创造了自己的文艺理论，它所提供的文学资料和文艺观点有很好的科学价值。此外，据了解，傣族关于《阿銮》的叙事长诗就达550部之多。在迪庆藏族地区还发现《格萨尔王传》中的《加岭—汉地传奇》和《辛丹》等著名长篇叙事诗。楚雄也发掘出三百多部彝文著作，在路南又发现长达千行的《阿诗玛》的彝文手抄本。这些情况，进一步说明了我省少数民族的文学遗产是极为丰富的，是林彪、“四人帮”文化专制主义扼杀不了的。“野火烧不尽，春风吹又生”，人民的艺术是不朽的。

由于在粉碎“四人帮”以后，特别是党的十一届三中全会之后认真地贯彻了“百花齐放、百家争鸣”的方针，民族民间文学的阵地扩大了，除《边疆文艺》《滇池》《思想战线》外，又创办了大型民族文学季刊《山茶》。各地、州、县的文艺刊物，也发表了大量的民族民间文学作品，为我省民族民间文学的繁荣创造了十分有利的条件。在短短的几年时间里，我省的民族民间文学呈现出一片欣欣向荣、生机勃勃的活跃局面。主要表现在两个方面：一是大量的民族民间文学被整理和发表出来。据初步统计，仅在刊物上发表和出版单行本的新整理的长篇叙事诗就有40多部，民间故事、诗歌就更多了。特别是一些边远地区的人数较少的民族，过去对他们的文学调查搜集较少，粉碎“四人帮”后这几年，我们加强了这方面的工作，他们创造的丰富的文学作品，不断被整理发表出来。理论研究方面，我们组织编写了云南独有16个民族的文学概况，其他论文70多篇，更可喜的是敢于提出在实践中和理论上的许多重要问题，诸如文学艺术的起源问题，什么是史诗的问题，民间文学的改旧编新问题，宗教与文学的关系问题，关于搜集、整理、创作的关系问题，乃至于如何建立中国式的民间文艺学的体系问题等等，都进行了探索和争鸣。

这几年出现的另一个令人兴奋的现象是，我省的民族民间文学工作，已从过去主要由汉族的专家和文艺工作者进行这一状况，发展到开始由本民族的知识分子、作家、文艺工作者与汉族同志共同去进行了。由于各民族文化水平的提高，他们强烈地要求整理、研究和出版民族文字和民族作家的作品，翻译其他民族的优秀文学，以吸收外来的新鲜血液，为创造民族的社会主义文学作出贡献。这是我省各民族文学的一个新的历史的开端，我们表示热烈地支持。为了扶植这个工作，我们去年和德宏州委宣传部共同举办了德宏傣族景颇族自治州傣纳文和景颇文的翻译讲习班，今年又与大理州文化局举办了民间文学讲习班，还准备跟楚雄、丽江等地、州一起举办民间文学讲习班。我们这样做的目的，就是要逐步培养一支各民族自己的文学队伍，依靠各民族自己来搜集、整理和研究民间文学，加速各民族社会主义文学的发展。毫无疑问，我省这几年来民族民间文学方面所取得的成绩，是跟党的十一届三中全会的精神和广大各族民间文学工作者的努力分不开的，但同时也跟我们不断总结了30年来的经验和教训紧密相关的。因此，总结过去的主要经验和教训，就成为我们继续前进的一项重要工作。

二

30年来，我们究竟有什么主要经验呢?

我们希望不是从概念出发，而是认真地回顾30年来我们所走过的道路，从我们的每一个足迹中找寻出经验和教训。

回顾30年，我省的民族民间文学工作，基本上走过了三个不同的历史阶段，这就是1966年“文化大革命”以前的17年，1966年开始的10年“文化大革命”，粉碎“四人帮”以后的这几年。粉碎“四人帮”以后这个阶段的情况，我们在上面已经讲过了，这里主要总结前两个阶段的经验和教训。

如果我们要对30年的成绩作一个恰当的评价的话，那么，主要成绩都是在“文化大革命”前的17年和粉碎“四人帮”以后的3年多这两段时间里取得的，其中又以17年取得的成绩最大。

17年，大体又可分为三个小段落。即1958年“大跃进”以前为一个段落；“大跃进”的采风运动为一个段落；“大跃进”以后到“文化大革命”为第三个段落。

从新中国成立初至1956年召开云南省民族民间文学工作者会议这段时间，应该说是由个别人或少数单位发展到有组织有计划有领导的过程。1953年云南文工团圭山工作组搜集的彝族叙事长诗《阿诗玛》的整理出版，不仅引起了全国文艺界的重视，而且对我省的民族民间文学工作也是一个极大的促进。1956年全省民族民间文学工作者会议加强了组织性和计划性，而且直接把这个工作推广到各族文艺工作者和歌手中去，跟各个民族的广大群众直接联系起来，成为广泛的群众运动。这段时间，曾派出三个调查组，分赴各地进行调查。第一次写出了西双版纳傣族、红河哈尼族、楚雄彝族和大理白族等民族的文学调查报告，整理发表了傣族叙事长诗《召树屯》，还有苗族的《红昭与饶觉席娜》，彝族的《爱佐与爱莎》《逃到甜蜜的地方》，傈僳族的《生产调》等。还出现了以民间传说为题材的《玉龙第三国》《望夫云》等叙事长诗。同时，民间故事、神话传说、寓言等也相继整理出来。白族的《辘角庄》《雕龙记》《猎神杜朝选》等故事受到广大读者的欢迎。

1958年的采风运动虽然受到某些“左”的思想的干扰，但由于当时全国制定了“全面搜集、重点整理、加强研究、大力推广”的方针，对采风运动起了很好的指导作用，所以，取得的成绩仍然是巨大的。经过二十多年实践的检验，证明是正确的。这次采风，是由各级党委出面，组织了规模宏大的7个民族民间文学调查队，深入到彝、白、傣、纳西、哈尼、拉祜、壮等民族和地区进行了广泛的调查，搜集了数万件资料，同时翻译整理、出版了傣族的叙事长诗《松帕敏和嘎西娜》《娥并与桑洛》《婻京布》《葫芦信》《苏文纳和她的儿子》以及传说故事《画神多兰戛》《糯乐多和赞哈》《召树屯和兰吾罗娜》等等。纳西族的叙事长诗《创世纪》、机智人物故事《阿一旦的故事》，彝族的叙事长诗《梅葛》《阿细的先基》《逃到甜蜜的地方》以及机智人物故事《罗牧阿智的故事》《阿霹杀洪水和人的祖先》，哈尼族的叙事长诗《逃婚的姑娘》，傈僳族的《逃婚调》

以及其他民族的优美动人的故事传说都相继被发掘整理出来，介绍给广大读者，引起了全国的重视。与此同时，一些专业民族民间文学工作者，开始对各个民族的文学进行了比较系统的研究，写出了十几部各个民族的文学概况和文学史，写出了一些专题研究论文。其中《白族文学史》（初稿）和《纳西族文学史》（初稿）已正式出版。这对文学研究和政治都有很大的意义。另一个非常突出的是有才能的民族歌手的不断被发现并得到了迅速提高，他们创作了大量的反映现实的诗歌，其中有代表性的是傣族歌手康朗英的叙事长诗《流沙河之歌》、康朗甩的《傣家人之歌》、波玉温的《彩虹》以及他们的《三个傣族歌手唱北京》。这些作品都达到了一定的新的水平。

1960年以后到“文化大革命”前，我省民族民间文学又有一个新的发展。这个时期，组织了云南大学和昆明师院中文系的师生，结合民族民间文学的教学，深入到过去尚未系统调查过的拉祜族、景颇族、傈僳族、怒族、独龙族、藏族、普米族等地区进行采风，搜集了大批资料，使我们对全省各少数民族的文学蕴藏情况有了进一步的了解。这个时期，还涌现了许多著名歌手，以傈僳族李四益和德宏傣族庄相为代表，他们先后创作出了《琵琶声响幸福长》和《幸福的种子》等具有一定水平的作品。随着各民族歌手的涌现，团结了广大的赞哈和歌手，为社会主义而歌唱。

回顾了17年所走过的道路，我们可以得出什么经验教训呢？

第一，党的领导是我们取得成绩的根本保证。

我们党一贯重视发展民族文化工作。早在抗日战争时期，毛主席就多次提到创造民族的、科学的、大众的新文化。1949年我国第一届文代会上，周扬同志说：“解放区文艺从民间形式学习了许多东西。”郭沫若同志在“闭幕词”中说：“在我们的大会上，已有蒙古民族及国内朝鲜民族的代表参加……为了使中国的新文艺能得到多方面的发展，我们要特别重视这部分的工作，使各个兄弟民族能够交流经验，互相学习来共同促进我们文艺方面的各项建设。”并且指出“要吸收先进的兄弟民族的宝贵经验”。在全国二、三、四次文代会的报告中，都反复强调搞好民间文学工作的重大意义。

我省的民族民间文学工作，一开始就是在党的领导下进行的。《阿诗玛》是直接在省委宣传部的领导和组织下发掘、搜集的，是在一些党的领导同志直接帮助下整理、发表的。1956 年中国作家协会昆明分会举行的全省民族民间文学工作者会议，是在省委直接领导下召开的。取得重大成果的 1958 年我省采风运动，是在省委宣传部的统一规划统一领导下进行的。

在 1956 年全省民族民间文学工作者会议上，省委非常明确地提出了民族民间文学工作的目的，就是为发展和繁荣各民族的社会主义文学而奋斗。我们认为，这个口号今天仍然是正确的。

省委不仅为我们规定了明确的工作目的，而且还从各方面关怀和支持这项工作的进行。调查队下去以后，又受到各级党组织的无微不至的关怀，给我们配备翻译干部，给我们提供工作条件，我们能够搜集到这样丰富的民间文学资料，能够翻译、整理、出版这样众多的有影响的民间文学作品，能够在科学研究上取得这样显著的成绩，都是党领导的结果。

党的领导还体现在另一个重要方面，即将民族民间文学工作当作贯彻执行党的民族政策的一个组成部分来进行。我省是一个多民族的省份，各个民族都蕴藏着丰富多彩的民间文学，但是在新中国成立前，一直被埋没，被歧视，各个民族在政治上、经济上不平等，自然在文化上也不平等。新中国成立以后，各个民族在政治上获得了解放，但民族文化的发展却一度被忽视，个别地方还受到歧视。认为“他们没有文化”或“文化落后，都是封建迷信”，甚至受到打击和排斥。党在贯彻民族政策的过程中，不仅领导、帮助各族人民在政治上、经济上翻身，而且领导、帮助他们在文化上翻身，许多民族的优秀的民间文学作品被发掘整理出来，提高了这些民族的自尊心和自豪感。他们都说：“我们的祖宗也为我们创造了灿烂的文化，使我们感到在祖国的大家庭里各个民族都是平等的。”因而促进了民族之间的团结，用事实宣传了党的民族政策。哪里的党组织重视民族工作、对民族工作有全面的理解，哪里的民族民间文学的工作，就搞得生气勃勃，社会主义的民族文学也就较快地得到发展。反之，哪里的民族文学工作就冷冷清清，群众就有意见。回顾新中国成立以来所取得的成绩，我们深深感到党的领导是一个根本的保证。这里需要提到的是，30 年来，在党的领导下我们有许许多多的少数民族的文艺工作者、作家、诗人、歌手和艺人，真心诚意地为发展本民族的社会主义文学而努力奋斗，也有许许多多汉族的文艺工作者、作家、诗人，一片赤诚，为帮助发展各民族的社会主义文学而献出自己的青春，有的甚至献出了宝贵的生命，这种无私的共产主义精神，将永远留在各民族的心里。我建议大家起立，向那些被“四人帮”的文化专制主义迫害致死的诗人、歌手和民族民间文学工作者表示深切的悼念！并且告慰他们：今天，我们又在中国共产党领导之下继续轰轰烈烈地干着他们没有完成的宏伟事业。

第二，要依靠各族人民群众来做好这项工作。

我省民族众多，由于历史上的复杂原因，各民族社会发展很不平衡，有的民族还没有自己的文字，有的有文字却并不普及。因此，在新中国成立前，除了极少数几个民族有自己的文人文学之外，其他的只有口头文学。口头文学成了他们的历史、知识、经验和艺术的宝库，它的特点是流传于广大的各族人民群众之中，要把各民族人民创造的浩如烟海的民间文学都搜集起来，要在丰富的文学遗产的基础上，建立和发展各民族社会主义的新文学，除了依靠各个民族的人民群众，别无他法。怎样依靠各民族的人民群众呢？30 年来，我们积累了一些行之有效的经验。

《阿诗玛》最初的搜集和整理，是由汉族文艺工作者进行的。当时，绝大部分同志都不懂民族语言和民族文字，要跟各族人民群众接近，没有翻译就不可能，而一般的翻译又不懂文学语言。因此，困难很大，翻译也很不准确。于是他们就跟当地的业余文艺工作者相结合，特别是跟本民族的知识分子或业余文艺工作者结合，共同来做这项工作。《召树屯》的翻译整理也是这样，由汉族文艺工作者跟本民族的知识分子结合起来一起搞的。通过《召树屯》的翻译整理，我们开始培养出专业性的傣族文学翻译人才。由此又进一步，我们组织了汉族文艺工作者跟各个民族的歌手相结合。这有很多好处。一方面，各民族的歌手，应该说是大体掌握了这个民族或这个地区的民间文学情况的，这就使汉族的文艺工作者向他们学到了许多有关这个民族的知识，搜集到许多这个民族的民间文学资料，能够把这个民族的东西尽可能准确而又完美地翻译成汉文。另一方面，通过实践，汉族文艺工作者对少数民族文艺工作者和歌手也起了帮助作用。特别是在思想认识上，帮助他们学习马列主义、毛泽东思想，帮助他们学习和掌握文艺创作的基本规律，提高艺术水平。《流沙河之歌》《傣家人之歌》

《彩虹》就是这样产生的。60年代初期，汉族作家、文艺工作者和傣族文艺工作者、歌手合作，改编了在群众中广泛流传的《贺新房》《京比迈》等，曾经取得了很好的效果。这些新改编的传统唱词，很受群众欢迎，它在占领西双版纳农村的文化阵地，进行社会主义思想教育中起到了积极的作用。

通过这一系列的工作，各民族新的知识分子不断涌现，各个民族逐渐有了自己的诗人、作家和评论家。他们几乎都是从搞民族民间文学开始，在本民族的民间文学这块肥沃土壤上成长起来的。今天，各个民族正在形成一支自己的文学队伍，这是令人十分欣喜的。

第三，要建设一支民族民间文学工作的队伍。

新中国成立以来，我们已经有了一支包括各个民族的民间文学工作队伍。经过“文化大革命”，证明这支队伍是坚强有力的，是经得住考验的，虽然林彪、“四人帮”及其帮派体系给我们民族民间文学工作者和歌手强加上种种罪名，实行了“史无前例”的残酷的迫害，我们的队伍一度被打散，但是并没有打垮。“四人帮”一粉碎，党一号召，我们的同志又拿起笔，亮开歌喉，重新开始了战斗。这是值得我们引以为骄傲的。

那么，这支队伍是怎样组织和培养起来的呢?

我们的队伍是由这样几部分人组成的：第一是老一代的民族民间文学工作者，这部分老同志，既是作家、诗人、教师和文艺工作者，同时又是优秀的民族民间文学工作者，是我们的先驱。他们不仅有比较丰富的文学知识和创作经验，而且有比较成熟的为党、为人民服务的思想。他们一方面是领导者，另一方面又是实践者，一方面是先生，另一方面又是学生：他们接受党的教育较早，都有一颗为发展兄弟民族的文学事业而奋斗的决心。他们热忱地培养新生力量，对我们这支队伍的成长起到了巨大的作用。此外，还有一批新中国成立前后参加的文艺工作者。第二是新中国成立以后通过学校，特别是通过大专院校培养出来的年轻的专业人才，其中包括许多兄弟民族的全国各大学中文系的毕业生。早在50年代，云南大学和昆明师范学院就专门开办了民族民间文学专业课程。这部分人不仅受到正规大学的培养教育，有较多的专业知识，而且在学习期间，就结合教学和实习，深入到边疆少数民族地区，和群众实行“三同”，进行搜集民族民间文学资料的工作，许多人并开始了整理和研究工作。在实践中他们成长很快，不少人在学生时代就参加了几个民族的文学概况和文学史的编写工作，整理出版了民族民间文学作品。这部分人现在已成为我省民族民间文学队伍中的骨干力量。第三是在我省各地、州、县文化馆和其他基层单位里，还有一大批热心于民族民间文学的同志，他们勤奋好学、刻苦努力，跟各族群众有密切的联系，熟悉各民族的风土人情，掌握了大量的资料。他们战斗在各项工作的第一线，不辞辛劳，为发展本民族、本地区的文化艺术勤勤恳恳地工作，他们在当地党委的领导下，在各族人民的哺育下成长，许多兄弟民族的作家和诗人都是从这里产生的。他们是我们联系群众的桥梁，是我们的依靠力量。我们应该充分发挥他们的作用，支持他们的工作，从各方面给他们创造学习和提高的条件。

在我们的队伍中，特别应该提到的是各个民族的歌手和艺人，他们是本民族文学的保存者、传播者和代表者。他们是这个民族的文学承上启下的一根轴，他们在本民族文学发展中所起的特殊作用是不可忽视的。因此，把他们吸收进我们的队伍里来，具有特殊的意义。我们一定要加强对各民族歌手、艺人的团结作用，充分发挥他们的作用。当然各民族的歌手、艺人的情况有所不同，有些民族的歌手、艺人，同宗教是明显分开的。有些民族的歌手、艺人过去往往“身兼数职”，既是巫师，又是歌手、艺人，他们同宗教有密切的联系，有的民族的歌手，甚至是封建统治制度的一部分。但是，他们绝大多数是劳动人民，他们跟本民族群众有着血肉的联系。我们应该用历史唯物主义的观点去对待他们。他们身兼数职，是历史的产物，千万不可只看到他们同宗教联系的一面，看不到他们是民族文化的保存者和传播者的一面。更不能抓住一点不计其余，去打击他们，应该实事求是地对他们进行具体分析，满腔热情地帮助他们。同时我们还要看到，一个民族文化的发展，往往跟这个民族的原始宗教思想、封建思想紧密联系在一起，正因为这些歌手和艺人在历史上处于一种非常特殊的地位，他们才可能把这个民族的古老文化保存下来。团结他们、帮助他们，使他们转变思想，实际上就是要把这个民族悠久的文化传统继承下来，取其精华，弃其糟粕，用来为发展社会主义的民族新文化服务。30年来的事实证明了，只要他们转变了思想，他们就会用自己的歌声去影响群众、教育群众，新的思想、新的认识就会在这个民族中传播开来，并且生根发芽，成长壮大，这个作用是不可低估的。

他们的思想能不能转变呢？事实证明，可以逐步转变，其中大部分人转变得比较好。一个社会的性质变了以后，依附于经济基础的文化是必然要起变化的。当然，我们不能以消极的态度去对待事物的变化，而要以积极主动的、满腔热情的、平等友好的态度去帮助他们。在一些地区，我们曾组织歌手们学习党的文艺政策，组织他们深入到现实斗争和群众中去，体验和认识生活，安排他们到内地参观访问，扩大眼界，吸收新的思想血液。在这项工作中要注意抓好典型，着重帮助和培养这个民族中有影响的歌手，通过他们把一个民族的歌手和艺人带动起来。许多民族的歌手和艺人，就是这样源源不断地参加到我们队伍中来的。在具体帮助他们的时候，要注意克服一种简单化的做法，即只是用某些政治口号或概念去帮助他们，把文艺理解为仅仅只是为临时的中心工作服务，这种方法已经造成了不良的影响，使有些歌手只能也只会唱一些一般的标语口号的东西。正确的做法应该是除了对他们进行一些政治思想上的帮助之外（这是非常重要的），还要帮助他们认识文艺的常识和规律，帮助他们尽量吸收先进民族的文学艺术养料。帮助他们分清什么是本民族文学的优良传统，什么是本民族文学的糟粕，从而做到批判继承，推陈出新，写出反映新的时代、新的生活的文学作品。这是我省许多民族歌手、艺人所走过的道路，也是他们能写出富有民族特色的歌颂社会主义的新作品的原因。

第四，要有一个科学的态度和方法。

用科学的态度和方法来对待民族民间文学，这是一个极为重要的问题。它具体表现在如何进行搜集、翻译，如何划清整理和创作的界限等方面。

早在50年代中期，即1956年召开全省民族民间文学工作者会议的时候，我们就认为，从民族民间文学的多功能性出发，对作品的记录、翻译、整理都需要，都应该得到重视。搜集和翻译是基础，整理是为了更好地还它本来的面貌。它们之间是互相联系的，这个联系的纽带是真实，就是历史的真实。这些年来，对记录和翻译必须真实，没有多少争论，对如何坚持整理中的真实性问题却有不同的看法。有一种意见认为：民族民间文学应该是绝对忠实于原来的东西。他们认为应是："一字不动，宁缺不补。"另一种意见却恰恰相反，认为民间文学本身就有变异的特性，其规律就是"改旧编新"。因此，对民族民间文学可以而且应该随意修改、补充、发展，使其"古为今用"，为当前的政治服务，他们认为：只有这样，民族民间文学才有前途。

我们认为，真实是民族民间文学的生命，不论是搜集、翻译，还是整理，如果失去了真实，就失去了民族民间文学的意义和价值，也就不再是民族民间文学了。但是，"一字不动"也是不可能的，这是因为：第一，作为民族民间文学，都有一个翻译的问题，即是同一个原始资料，这个人翻译和那个人翻译、懂文艺的人翻译和不懂文艺的人翻译都不可能相同。第二，民间文学确实存在着变异性。同一个作品在这个民族的这个地区和那个地区之间，这个支系和那个支系之间，这个本子和那个本子之间，这个歌手和那个歌手之间都不相同。第三，由于其口头性，同一个歌手今天唱的和昨天唱的，心情愉快时唱的和心情不愉快时唱的，甚至喝酒时唱的和没有喝酒时唱的，也都不完全相同。应该以哪一个本子为标准呢？显然是难以确定的。当然，我们需要把各种不同的异文和唱法都完全按照它本来的面目，"一字不动"地记录下来作为资料，以保持它的科学价值、历史价值和社会价值。"文化大革命"前和现在，我们都是这样做的。这些资料，可以原封不动地出"科学版"，供人类学家、民族学家、历史学家、社会学家、民俗学家和民间文学理论的研究者们去研究。但是，民族民间文学毕竟是文学，它不仅给人以艺术的享受，而且也给人以思想和感情的影响，使人增加对历史和现实的认识。文学的特征是通过形象表现社会和时代的精神，表达人们的感情，它的真实不是表现在某一个字或句子上面，而是表现在整个作品所反映的内容，它所塑造的人物形象，它所描绘的地理环境以及风俗习惯、语言特点等方面。要从这些主要的方面来看它是否符合历史的真实。而不能只看到一个字、一个句子，似乎改动了一个字、一个句子就不符合历史的真实。一些国内外的科学家们从研究的角度出发，要求搜集翻译民族民间文学作品时"一字不动"，其心情是可以理解的，然而在实践中，这往往又是行不通的。

有些人对我们发表的民族民间文学作品加上"整理"二字很反感，建议取消“整理”二字，改为“翻译”。我们认为仅仅是“取消”和“改为”是容易的，但是，为了实事求是，还是不“取消”和“改为”好。因为事实上，我们发表的民族民间文学作品是经过整理的。有些同志认为民族民间文学要保留原来的面貌，不需要再整理。对这种意见，我们应该怎么看呢？

我们觉得，首先必须明确，民族民间文学的读者对象，主要是广大的文学爱好者。他们不喜欢七零八碎的文学资料，他们也不是主要去研究古代的人类或社会，他们感兴趣的是美的享受，是这个民族那个民族给他们带来的不同的美，美的故事、美的感情、美的心灵、美的人物、美的语言。他们希望通过这些作品，来形象地认识这个民族。这是最广大的读者的需求。我们民族民间文学工作者，有义务选择能够代表这个民族的、最完美的、能提高今天的读者的优秀品德和高尚情操的作品，有义务把这个民族经过世世代代辗转流传，经过人民集体加工的作品献给读者。

整理的主要原则是忠实于原作，就是真实。整理者对一个作品，要经过历史的、社会的、具体环境的分析研究，把最有代表性而又最典型的事件、人物、思想、语言集中起来，通过整理使这个作品成为一件最能代表这个民族的完整的艺术品，这当然会渗进整理者的主观意图和爱好，但是，这个主观意图和爱好不是没有依据的。取什么，舍什么，是从这个作品所反映的历史的真实和它所提供的素材来确定的，是以完美地保持它本来的面目为前提的。因此，我们讲的整理不是东拼西凑，不是把一些跟作品无关的东西生拉硬扯地并在一起，不是离开历史的真实，用今天的眼光去“改旧编新”，更不是以自己的创作去冒充民族民间文学作品。而是：第一，从民族民间文学口头性的重点，把重复的（不是诗的重叠的美）、拖沓的结构加以集中和调整，使其更紧凑，使故事发展更合理，人物更丰满。第二，根据一些民族生活和历史的真实，去掉那些跟主题无关的情节、人物、语言，使其原有的主题更突出，故事结构更紧凑，更富于艺术性。第三，把同一个作品的各种不同的说法或异文加以综合、比较，选择其中最有代表性的情节，作为主要内容。第四，选择各种本子中最能代表这个民族的本子作为整理的主要依据，选择各个本子语言中最美的语言作为表达这个民族的思想感情的工具。整理中需要注意的是：第一，作品原来的主题思想不能按今天的需要去“整理”，也不能用今天的观点去拔高。第二，对作品原来的人物关系及故事情节，不能依主观随意“整理”成今天的，也不能用另一个民族或另一个作品中的人物关系去代替这个民族、这个作品的人物关系，不能另编一个自己认为动人的故事去代替原来的故事。第三，不能用汉族的思想感情、风俗习惯和文学风格去“整理”其他民族的文学作品。第四，每一个民族都有自己独特的表现思想感情和事物的方法及特殊的语言，我们不能用汉族或其他民族的文学语言及表现方法去“整理”另一个民族的表现手法。

根据民族民间文学的素材进行创作，也是繁荣和发展文学的一条途径。我们一直很重视这种创作。民族民间文学的主题、故事、语言都极其丰富多彩，它为作家、诗人的创作提供了极为广阔生动的素材，中外文学史上以民间文学为素材，创作出的优秀作品，犹如繁星灿烂。新中国成立以来，已有不少诗人、作家，做出了可喜成绩。我们中国应该有自己的格林、安徒生，应该鼓励有志于这项工作的同志，希望他们从民族民间文学吸取素材和养料，创作出更多更美的作品。当然，这已经不属于民间文学的范围了。

第五，有领导地不断提高我们的理论研究水平，发展民族民间文学的理论。

首先，要提高我们民族民间文学的理论研究水平，最重要的是要创造一个“百家争鸣”的环境，让各种不同的观点都有“争鸣”的机会。特别是跟我们不同的观点，都有表达的机会，而不打棍子，这是很不容易的事。然而，这不是任其自由泛滥，应该有意识地组织讨论，让问题不断深入，从而达到共同提高的目的。特别是应该有意识地进行一些专题或把一些有重大意义的专门性问题，在刊物上公开争鸣。有一条很重要的原则，就是平等待人，同志式地进行讨论，而不是争高低、拉宗派，坚持门户之见。当然，更不是为了整人。事实证明，凡是贯彻党的“百家争鸣”的方针时，我们的战线就出现生动活泼、欣欣向荣的局面，人人心情愉快，大家努力钻研，我们的理论水平就不断提高。相反，就必然是“万马齐喑”，一片死寂，人人自危。

其次，是掌握理论武器，在实践中不断提高我们的马列主义、毛泽东文艺理论水平。我省的实际情况是有宝而不识宝，识宝而无法使其放出异彩。究其原因就是我们的水平不高。因此，我们认为：如果真正有雄心壮志，想轰轰烈烈干出一番事业，就必须不断学习马列主义、毛泽东思想理论，不断提高我们的理论水平。只有这样，我们才能做出更大的成绩。

再次，占有材料是很重要的，特别是掌握第一手材料。但是，占有材料不等于就是研究。我们提倡大家都解放思想，不断学习，从各个角度去进行深入探索。我们主张互相交流情报资料，而不要互相“封锁”，更不要把研究和引用资料看成是“剽窃”。情报资料是客观存在，是各个民族的，也就是我们国家的财富，不应该也不可能说成为私人财产。我们提倡互相协作，彼此探讨、磋商，不断交换意见，才能做到共同提高。我们认为：我们在云南工作，为许多民族、为我国的民族民间文学事业而奋斗，是我们的骄傲和光荣，只要我们勤勤恳恳，孜孜不倦地学习，我们一定能做出成绩来的，一定会产生我们自己的民族民间文学的完整的理论体系的。

三

前面总结，是“文化大革命”前17年的主要经验。从1966年下半年开始，我省的民族民间文学遭到了空前的灾难。十年浩劫期间，整个工作被迫停滞了，我们这一条战线也被打成为反革命修正主义的“黑线”。许多民族民间文学作品被打成毒草，被禁止出版发行，并遭到严厉的批判；许多民族民间文学工作者和民族歌手成了“反革命分子”“封建复辟的急先锋”，他们被批斗，被投进监狱，甚至被迫害致死！今天，这场灾难已经过去了，党不仅为我们平了反，而且为我们创造了许多有利条件，使我们的工作得以顺利开展。但是，为了总结历史的经验，接受惨痛的教训，回顾一下十年浩劫的过程，从中找出我们前进中存在的问题，对今后的工作是有益的。

“四人帮”是一伙货真价实的反革命集团，他们以我们为敌，给我们加了种种罪名，这非但不是耻辱，恰恰是我们这条战线的光荣。然而，值得我们警惕的是，“四人帮”之所以对这条战线进行猖狂的围剿，也同我们的某些“左”的思想、言论有关。因此，我们把有关的一些问题说一说，划清这些问题中的是非界限，仍然是很有益处的。

“四人帮”把民族民间文学称之为“封建文化”，因为这些作品都是历史上遗留下来的，既然是新中国成立前的，那就是“封建”的。他们说：共产党人在搞这些“封建文化”，不是“修正主义”是什么？不是“封建势力复辟”又是什么呢？

这就涉及对民族民间文学遗产怎样评价的问题。有一种人，他们对民族民间文学一无所知，既没有读过民族民间文学作品，也没有研究过民族民间文学作品，更谈不上认识这些作品的价值及其在本民族中的影响，更没有用历史唯物主义的观点来看待各民族的文化遗产。而是不加分析、简单地从所谓“阶级斗争”的观点出发，认为凡不是马克思、列宁、毛泽东所说的就是不好的，凡是旧社会遗留下来的东西，都是“封、资、修”的东西。因此，就加以排斥、打击、消灭，他们割断历史，把过去的一切都加以否定，以一些简单的概念代替历史，代替客观存在。另一种人就是“四人帮”一类，他们知道民族民间文学的内容，知道这是各族人民自己创造的文化，但是为了实现他们的反革命政治目的，硬把各个民族流传了成百上千年的民间文学，一律加以全盘否定，诬蔑为“封建文化”。毛泽东同志早在1940年写的《新民主主义论》一书中就明确指出：“中国的长期封建社会中，创造了灿烂的古代文化。清理古代文化的发展过程，剔除其封建的糟粕，吸收其民族性的精华，是发展民族新文化提高民族自信心的必要条件；但是，决不能无批判地兼收并蓄。必须将古代封建统治阶级的一切腐朽的东西和古代优秀的人民文化即多少带有民主性和革命性的东西区别开来。”这段话，非常明确地阐述了马克思列宁主义者对历史文化遗产应持的科学态度。但在我们队伍内部，有的同志片面地强调了民族民间文学中“糟粕”的一面，也有的同志否定民族民间文学中存在着糟粕，而把它看成全部是“人民的”“民主性和革命性”的东西，甚至有的人把1958年的新民歌看成是“共产主义的萌芽”，这些片面的认识，当然不利于民族民间文学工作的健康发展。

事实上，民族民间文学既丰富多彩，又斑驳复杂，它包含着非常广泛的内容。其中有反映人类童年的原始生活的歌谣与神话，有反映原始宗教的作品，有反映佛教的作品，有的表现了劳动人民的生活和斗争，有的则歌颂了统治阶级。有的作品，主题、格调是积极的、健康的，有些作品则相反，宣传了消极落后的思想。就是在同一个作品中，也常常是既有积极的成分，又有消极的成分。所以在民族民间文学中，常常是精华与糟粕糅杂在一起，呈现出十分复杂的情况。其实这并没有什么值得奇怪的，因为在长期的阶级压迫、民族压迫的旧社会里，劳动人民被剥夺了学文化受教育的权利，这就带来了他们在文化上的落后性。在阶级社会里，统治阶级的思想就是统治思想，劳动人民不可避免地要受到统治阶级思想的影响，受到宗教的影响，反映在他们的口头创作中，也就不可避免地要出现一些消极、落后、迷信，以致谬误的地方。这就更需要我们采取实事求是的科学的态度去具体分析，切不能用教条主义的简单化的做法去对待。这个问题处理得好不好，对各民族悠久的文化遗产评价是否正确，不仅是一个理论性的问题，而且是一个带有政策性的问题。由于认识上的偏差、片面化、极端化，就会在政策上产生左、右摇晃，以致被“四人帮”所利用，造成了严重的恶果。这是值得我们高度重视的。

在我们的工作中，有一个很重要的问题，就是应该怎样来理解和运用马列主义和毛泽东同志的理论原则。这里有两种态度：一种是把马克思主义当作我们行动的指南，运用其立场、观点和方法，具体问题具体分析，经过实事求是的研究，得出科学的结论；另一种是把他们的每句话当成“圣旨”，生搬硬套，或者如恩格斯所说，把他们的话当成“标签”，“他们一把这个标签贴上去，就以为一切都解决了”。毛泽东同志把这种人叫做“装腔作势，借以吓人”。就是说，把马克思主义当成一根棍子，不分敌我到处进行“残酷斗争”“无情打击”。毛泽东同志说：“这种吓人战术，对敌人是毫无用处，对同志只有损害，这种吓人战术，是剥削阶级以及流氓无产者所惯用的手段。”就拿列宁讲的关于“两种文化”的论述来说吧，列宁清清楚楚地说：“每一个现代民族中，都有两个民族。每一种民族文化中，都有两种民族文化。”[①] 暂且不去分析列宁讲这话的历史背

① 列宁：《关于民族问题的批评意见》，载《列宁全集》第20卷。

景，仅就字面来讲也是很清楚的，说的一是“现代”，二是“民族”。可是，我们不仅把这个“标签”贴到各个民族的古代文化上去，而且也贴到民族还没有产生的氏族或部落社会的文学遗产上去了，并且又往往只从一个方面去认识和理解。一讲两种文化，就只强调反动的“地主、资产阶级文化”。进而就把民族民间文化都说成是“封建文化”。以致到后来，谁要说一声民族民间文学里还有“人民性”或“民主性”，就有被扣上“反马列主义”帽子的危险。当然，我们并不否认在阶级产生以后的确有两种民族民间文学，有精华和糟粕。但是，从每一个民族的情况来看，毕竟还有大量的产生于阶级社会之前的文学。阶级社会里产生的民族民间文学，其中的精华和糟粕，也并不是半斤八两，简单明白，靠贴“标签”就可以解决的。即使那些完全是宣扬统治阶级思想的反动的作品，宣扬宗教迷信的作品，不是也可以作为研究人类学、社会学、民族学和历史学的资料吗？不是也可以作为研究这个民族历史和文学发展规律的资料吗？

上述片面的思想方法，也反映在如何理解“古为今用”和“厚今薄古”上面。我们搜集和研究古代的东西，当然是为了今天，而不可能是为了“向后看”，为了“复古”。整理古代的艺术作品，不仅是为了给今人以艺术享受，也是使今人认识历史，不要割断历史。研究古代的文学发展规律是为了发展今天的社会主义文学。同样，研究人类学、民族学、社会学、历史学也是为了发展我国今天的社会科学。我们在研究工作中应该掌握“厚今薄古”的原则，这是毫无疑义的。但是如果我们把“厚今薄古”仅仅理解为数量上“今”一定要超过“古”，那么许多以古代历史资料为主要研究对象的学科也就无法进行研究了。甚至把搜集“古”看成是“非今”，把“今”又只看成是政治，政治就是当今的阶级斗争，一切都得服从于当今的阶级斗争，那就完全窒息了我们的研究工作，就要带来严重的危害。把这个原则运用到民族民间文学的研究中，就成了一种三段法：第一段，凡是没有阶级斗争的资料不要，凡是有矛盾斗争内容的资料，一律要把这种矛盾斗争改为阶级斗争；凡是非贫下中农的主人公或英雄人物，一律改为贫下中农；凡是反映了阶级矛盾的，就大书特书，用今天的阶级斗争去套历史上的阶级斗争。美其名曰：“古为今用”。第二段，凡是出现了国王、王后的作品，一律批判为“歌颂帝王将相”；凡是涉及爱情的，一律批判为“才子佳人”“恋爱至上”；凡是涉及宗教的，一律批判为“封建迷信”；凡是涉及统治者或头人的公主和穷人恋爱，或穷人为统治阶级做了事，一律批判为“阶级调和”或“阶级投降”；凡是反映群众厌恶战争、反对战争的作品，一律批判为“和平主义”“人性论”；凡是带有封建或宗教思想的作品，都一律批判为“统治阶级的篡改”“毒害人民的鸦片烟”；凡是各民族的头人，统治阶级写的作品，一律拉出来“示众”，定为“反动文人”的反动文学、封建文学、地主文学、大毒草。这就叫做“厚今薄古”。第三段，“四人帮”利用了我们的错误做法，把这些极左的口号接过去，为他们的反革命目的服务。他们宣布，凡是古代的民族民间文学都是“封建文化”，是为资本主义和封建势力复辟服务的“黑货”；凡是搞这一行工作的，都是为“封建复辟鸣锣开道”的“反革命修正主义分子”，都要横扫，都要打倒。这就是“四人帮”利用我们的极左思潮所带来的恶果。这些沉痛的教训是值得我们认真吸取的。

在过去的工作中，把整理过的民间文学作品送回到本民族群众中的问题，也重视得很不够。1958 年我们曾经把经过整理的《娥并与桑洛》用傣文出版过，不仅受到当地广大傣族群众的欢迎，而且引起了国际上的重视。但是，这样的事我们做得太少了。我们也曾把他们本民族的歌手创作的反映本民族生活的作品编印出来，交给其他歌手们演唱，或者跟歌手合作，把传统作品改编为有新内容的作品，交给歌手们演唱，也受到群众的热烈欢迎，收到非常好的效果。可是，我们没有抓好这项工作，既没有专门的机构，也没有专门的人才，普及工作做得比较差。许多民族不仅看不到或听不到其他民族的新文化，而且他们本民族的歌手、艺人们写的反映本民族的作品，本民族也很少看到或听到。因为我们都是帮助他们用汉文写作，写出来后又没有翻译成本民族文字，所以有些民族歌手或诗人的作品，在全国轰动时，在本民族却默默无闻。这对于发展各个民族的新文化是十分不利的。有一个民族群众批评我们道：“雪山虽然大，我们民族虽然小，但是，雪山上还有我们的脚印；中国虽然大，我们也是中国的一个小民族，为什么不发展我们的文学呢?”这是值得我们深思的。

在我们队伍里，绝大多数的同志为了发展和繁荣各个民族的社会主义文学而勤勤恳恳，忘我地工作，他们理所当然受到了各民族人民的尊敬和赞扬。但是，毋庸讳言，在我们的队伍中，也有极少数的同志，从个人的利益出发，借民族之名，收名利之益，他们为了发表出版，就把一些民族民间作品弄得面目全非。他们为了获得资料，不惜采取种种不应有的乃至卑劣的手段，他们不是把获得资料看成是这个民族的、我们国家的财富，而是当成自己的私产，对别人实行封锁、保密，不让别人去搜集、整理、研究，甚至抱着一种妒忌的心理去挑剔，指责别人。我们诚挚地希望我们这条战线的同志们，大家团结在一起，互相磋商，以诚相见，取长补短，互相鼓励，共同前进！在党的领导下，齐心协力地把我们的事业做好，使我省各民族的新文学得到迅速的发展，更好地为“四化”建设服务。

四

总结过去，是为了把今后的工作做好。

随着党的工作重点的转移，我们国家进入了一个新的历史时期，即为实现社会主义的四个现代化而奋斗的时期。在这个时期中，我们民族民间文学这条战线，应该做些什么呢？

首先，抢救各民族的文学遗产，仍然是我们当前的一项重要工作。粉碎“四人帮”以后，我们虽然经过几次深入调查，对我省的各个民族的文学作了一次普查，也搜集了大量的资料，但是，我们所了解和掌握的资料与各个民族的文学实际蕴藏量相比，相距太远。即使是对过去我们花了很多时间和精力进行调查、搜集、整理发表的作品最多的傣、彝、白、纳西等民族，我们所知道的也不是全部。如傣族，已经在全国或我省出版和发表的叙事长诗就已有20多部，然而，比起我们现在知道的500多部叙事长诗来，就显得太少了。这500多部，不仅还没有全部搜集齐全，甚至连目录我们也只掌握了300多部。除了叙事长诗、抒情诗，还有民谣、儿歌，还有神话、传说、故事、寓言、格言、谜语等等，我们掌握的就更少了。而且这些叙事长诗大部分是阶级社会里佛教传进以后产生的，阶级社会之前的文学作品，我们知道的就更有限了。从地区来说，过去我们也只是在几个中心地区作了搜集。还有些县份，特别是边远地区，我们都还没有去调查过。而许多有价值的东西，又往往都流传在偏僻的边远地区。对于人数较少，新中国成立前社会发展比较迟缓的民族的文学情况，过去我们调查得很不够。而这些民族特别是还没有文字、只靠口头流传的民族，懂得他们民族民间文学的人越来越少了，再过几年就会失传了。如果我们这一代不把我们祖先辛辛苦苦创造和流传下来的宝贵的精神财富抢救下来，不仅对不起我们的祖宗，也对不起我们的后代，更对不起我们伟大的社会主义事业。因此，我们必须尽一切力量，尽一切可能做好这项工作。

在有计划地抢救的过程中，要特别注意过去发掘比较少，甚至还没有去做过普查的民族和地区。特别应该调查一下近代的和现代的民间文学。在我们的许多兄弟民族中，不仅有古代的叙事长诗和故事传说，而且有反映近代、现代革命斗争和社会生活的，或者正在形成之中的故事传说。比如红军二万五千里长征过云南的传说，红军渡金沙江的传说，解放战争中有关“边纵”的传说等，都在各族人民中流传。此外，新中国成立以后，我们在建设社会主义中出现的许多英雄人物，他们的许多可歌可泣的事迹，都在不断地被人民用口头加工、创造，形成了民间文学作品。这就充分地说明，在社会主义革命和社会主义建设时期，许多民族有了自己的书面文学以后，民间文学仍然存在。过去，我们对这一点认识得很不够，今后应该予以足够的重视。

其次，如何发展和繁荣我省各民族的社会主义文学，应该提到议事日程上来。目前，我们有个很可喜的现象，就是本民族的知识分子大量地出现，他们都很重视自己民族的民间文学，他们已开始动手整理或者跟汉族同志合作整理自己民族的民间文学。我们要支持他们，要满腔热情、诚心诚意地扶持他们，帮助他们。我们期望通过整理自己民族的民间文学，在熟悉民族文学传统的基础上，培养出一大批各民族的专家、学者、作家和诗人。其次，帮助各个民族歌手的工作过去是有成效的，我们不仅应该继续把这个工作做好，而且应该特别是加强和改进。我们相信，经过努力，我们各民族的歌手们一定会创作出更多的《流沙河之歌》《傣家人之歌》和《彩虹》这样的反映各族人民在社会主义建设中的新生活和新的精神面貌的作品。为了做好这一工作，普及各民族文学的工作是十分重要的。这里有三个工作必须做好，一是要加强民族文学的交流工作，介绍其他民族先进的文学，使他们能够不断地吸取其他民族的养料；二是要帮助他们创作出有社会主义内容的诗歌、唱词，让歌手们去普遍演唱，在不断的演唱中反复加工，经过千锤百炼，一定会产生新的伟大的作品；三是对有文字的民族，要出版民族文字的作品，包括介绍其他民族的文学在内。这样，我们就有可能加速繁荣各民族社会主义的文学。

很明显，这个任务不是某一个单位，更不是某一个人所能完成的，它涉及许多实际问题，领导问题，机构、编制问题，出版问题等等。我们希望有关民族工作的单位、出版单位，各级党的组织，各地的文艺团体，大家协同工作，紧密配合，把这一工作做好。

第三，粉碎“四人帮”以后，对民族民间文学的研究有很大的突破和提高，提出和探讨了许多重大问题，并且展开了争鸣，使研究逐步深入。我们云南民族众多，各个社会历史阶段的文学资料都很丰富、多彩，许多文学现象又非常独特。我们这里应该是出理论、出材料的地方。但过去我们对研究工作重视得不够。因此，我们准备跟中国社会科学院少数民族文学研究所及云南省社科院民族民间文学研究所、大专院校的民间文学研究室以及中文系教师们合作，加强对民族民间文学的研究工作，这是促进各民族文学繁荣和发展的非常重要的一环。

根据我们的人力和财力，我们准备除了加强对一些专题的研究之外，几年以内还要把“云南少数民族文学概况”陆续加以修改和充实，使每一个民族都有一本比较完善的文学概况。对有条件的几个主要民族，准备成立文学史编撰委员会，有计划地修改和写出各个民族的文学史。这是一个严肃而又巨大的工程，仅仅是少数专家，是不可能圆满完成的。只有把专家和本民族的知识分子、群众结合起来，才可能把这个工作做好。当然，这并不是不允许专家自己去进行研究。我们仍然提倡和扶持专家们进行研究，以达到“百花齐放、百家争鸣”的生动局面。

此外，还有一个问题，应该提出来研究，这就是民俗学和民间文学的关系问题。民俗学是一门独立的科学，但它又不是孤立的，它不仅跟民族学、社会学、人类学、历史学有密切的关系，而且跟民族民间文学有特别密切的关系。往往一个风俗习惯就有一个民间故事传说，而在许多故事传说中，又包含着许多风俗习惯，以及它们的形成和发展。过去我们对各民族的风俗习惯不仅研究得很不够，而且有关这方面的资料，也没有注意搜集。我们要加强这方面的研究，就一定要重视搜集这方面的资料。

第四，加强民族民间文学的出版和发行工作。这是我们至今最弱的一环，广大各族人民如饥似渴地等待着精神食粮，而我们的许多书却没有办法出版，出版了的书又到不了群众手里。这个矛盾已经非常尖锐。我们呼吁有关部门，能够切实地加以解决。

中国民间文艺出版社已同意在云南出版民族民间文学书籍，同时又得到我省有关出版发行的领导单位的大力支持，为我们创造了有利的条件。因此，我们计划除了出版一般的有关民族民间文学书籍之外，还准备把一些好的，能够代表云南各民族民间文学水平和各民族人民喜闻乐见，受到他们欢迎的作品，编成一套“云南民族民间文学丛书”。其次，为了推动我省的研究工作，我们还准备跟两个研究所合作，编一套“云南民族民间文学理论丛书”。把各个时期的有代表性的著作都汇集成册。再次，为了推动有文字的民族的文学能够普及，我们还打算选择他们的民间文学中有代表性的、他们欢迎的、有益的文学作品和某些带有指导性的理论著作，以及普及的如连环画之类的书籍，用民族文字出版。我想，这是会得到我省各民族人民欢迎的。

这里想特别强调的是，我们准备为我省各民族都编一部民间文学资料，作为内部发行，以供我们的民间文学研究专家、人类学家、民俗学家、社会学家、民族学家的研究之用，同时也就有效地把这个民族千百年来的宝贵遗产保留下来。要完成这个巨大而浩瀚的工程，并不是我们的力量所能做到的，我们希望各地的文联、文化局和文化馆，特别是本民族的同志给予支持，把不论是好的、坏的、精华、糟粕，各种民族民间文学和风俗习惯的资料，都寄给我们，汇编成书。等到条件成熟了，我们还想建立一个云南少数民族文学资料馆，逐步把它建设成为云南民族文学的资料中心。

第五，扩大和建设我们现有的这支队伍，是我们今后的一个重要工作，也是繁荣和发展我省民族民间文学工作的关键。我会目前有两百余名会员，有作家、诗人、专家，也有文艺工作者，民族民间文学爱好者和民族歌手。他们各有特长，但水平参差不齐，加上十年浩劫，思想、理论都被“四人帮”搞乱了。因此，不论是马列主义水平，还是文艺理论和文艺修养的水平都不高。同全国相比，差距不小，与我们要进行的艰巨而浩瀚的工作是不适应的，我们准备跟有关单位协作，采取各种措施，加强对我们这支队伍的培养和提高，以期把我们的队伍建设成为一支有社会主义觉悟，有较高的理论水平和学术水平的队伍。

为了不断扩大和培养我们的队伍，我们准备跟一些专州的宣传文化部门一起举办讲习班，同时，每年都举行一二次学术讨论会，活跃学术空气，在实际中不断提高我们学术研究的水平。

我们的分会就要成立了。分会成立后，我们更应执行党的文艺路线，更加扎实地做好工作。正如我们已故的中国民间文艺研究会主席郭沫若同志所指出的：“民间艺术的遗产是人民的，对象是人民，态度是为人民服务。”我们一定要坚持为社会主义服务，为人民服务的方向，把我们的工作扎根到我省各个民族的群众之中去。这样，我们就一定能得到各民族群众的支持和爱护。

我们的任务是光荣而艰巨的。我们有各级党委的领导，有各族人民的热忱的爱护和支持，加上我们自己的努力，我们相信，这个任务是一定能够完成的。我们云南有很好的条件，这是全国民族文学工作者都很羡慕的。他们把云南比作一座民族民间文学的宝山。我们身在宝山要识宝，要用我们的辛勤劳动，把各族人民创造的艺术珍宝开采出来，加以分析，加以提炼，创造出新的社会主义的文学。我们应该有这个雄心壮志，有这个远大理想，我们应该为全国的民族民间文学事业作出更大的贡献。

1981年7月30日

开创民族民间文学的新局面

历史性的中国共产党第十二次代表大会号召：全面开创社会主义现代化建设的新局面。胡耀邦同志在大会的报告里要求我们："从当前实际出发，大力推进社会主义物质文明和精神文明的建设。"无疑，物质文明的建设是建设社会主义的基础，然而，"党中央曾多次郑重提出：我们在建设高度物质文明的同时，一定要努力建设高度的社会主义精神文明。这是建设社会主义的一个战略方针问题。社会主义的历史经验和我国当前的现实情况都告诉我们，是否坚持这样的方针，将关系到社会主义的兴衰和成败。"

那么，民族民间文学战线能不能在建设高度的精神文明中尽到自己应尽的责任？能不能在民族民间文学这条战线开创新局面呢？

诚然，民族民间文学工作除了积极发展当代民族文学创作之外，还要搜集整理各民族的丰富多彩的文学遗产。有人认为，民族民间文学是很难或者根本不可能跟社会主义精神文明联系在一起的；如果硬把这两种东西连在一起，就会失去民族民间文学的科研价值，导致走到庸俗社会学的邪路上去，乱砍乱杀、乱删乱改，把民族民间文学弄得面目全非。这是有惨痛的教训的。

是的，这种"左"的影响，在我们这条战线确实产生了极坏的后果，党的十一届三中全会以后，民族民间文学战线上这种"左"的风气才慢慢地扭转过来。我们决不能再走这条老路了！我们因为有这些教训，才可能开创我们这条战线的新局面。

我觉得，新中国成立以后，我们这条战线的许多同志对于为什么要搞民族民间文学，即搞民族民间文学的目的是不清楚或不甚清楚的。这种盲目性也是后来接受“左”的影响的一个原因。我认为民族民间文学有许多科研价值，它对于研究民族历史、民族语言、民俗学等等都是有其重要价值的。从事民族民间文学的直接的目的，除了丰富我国的文学宝库之外，一个很重要的任务是研究各个民族文学的民族风格和民族气派，研究什么是这个民族文学的精华与糟粕，以便继承和发扬优良传统，从而建设各个民族具有自己民族特色的社会主义民族文学。在这方面，我们过去做了一些工作，但是做得太少了，特别是帮助民族诗人、作家继承自己民族文学传统，以社会主义的新思想、新道德去教育人民的工作做得很不够。我们新一代的一些民族诗人和作家，对于本民族的文学传统了解甚少，因此，他们的作品往往缺乏民族特色；相反，各民族的歌手和艺人，都又跳不出传统文学的框框，无法提高，这就需要把他们结合起来，互相学习和提高。只有这样，新的社会主义民族文学才能蓬勃发展。

事实上，就是各民族的民间文学本身也并不是跟社会主义精神文明毫不相干的。恰恰相反，由于民间文学的传承性这一特征，要改变一个民族的思想道德，培养社会主义一代新人，离开了他们本民族的原有的好的东西，离开了他们自己的表现其思想感情的、他们喜闻乐见的民族形式，就很难使他们接受。当然，我们要在民族文学的古老遗产中去寻找社会主义和共产主义的思想，发现反映公有制的文学作品是不可能的。然而，这些思想、道德和文明并不是从天而降，而是在漫长的历史发展过程中产生出来的。因此要各个民族接受社会主义、共产主义思想、道德、文化，离开了他们的现实基础是不可能的。在我们的民族民间文学作品中，确实有许多精华，这些精华对于帮助理解社会主义和共产主义思想与道德品质很有用处。譬如说，劳动的观念吧，民间文学作品中歌颂劳动、劳动人民，讽刺和嘲笑懒汉、二流子的作品比比皆是；在培养人民的新道德方面，歌颂劳动人民的诚实、正直、善良、忠厚、勤劳、勇敢、热爱家乡、热爱祖国、不畏强暴、敢于斗争等等精神，讽刺嘲笑和抨击那些狡猾奸诈、残暴、没有骨气的作品处处都有。还有歌颂民族团结、歌颂友谊、歌颂互相合作等等的作品也很多。这些作品，如果我们各地的文化馆站或文艺团体能够有计划地把它们搜集起来，加以整理和传播，是一定能起到很好的宣传教育作用的。这正如恩格斯说的：“民间故事书还有这样的使命：同圣经一样使他们有明确的道德感，使他们认清自己的力量、自己的权利、自己的自由，激发他们的勇气，唤起他们对祖国的爱。”

除此之外，民间还流传着关于红军长征、解放战争的故事以及反映社会主义革命和建设中的新人新事的民歌、民谣和传说故事等。这些新民歌、新民间故事跟社会主义精神文明更能直接地联系起来。因此，搜集这些新民歌、新故事，也是建设社会主义精神文明的一个重要工作。

民族民间文学无疑是建设社会主义精神文明的一个组成部分。我们必须克服我们的弱点，为建设社会主义精神文明、开创民族民间文学的新局面而努力奋斗。

（原载《山茶》1982 年 6 期）

关于建设中国式的民间文学理论体系的几个问题

近年来，民间文学理论战线比先前活跃了，使人预感到新局面已孕育在母胎中。

所谓新局面，我的认识就是中国式的民间文学理论体系的出现。也就意味着：高水平的民间文学科学著作的出现，我国各民族人民千百年来创造的灿烂文化变成了社会主义文化的一部分，变成为社会主义科学文化中的一门新兴学科，变成为世界人民的财富。

建立中国式的民间文学理论体系，是一个关系到中国民间文学前途的重大问题。中国各民族的民间文学丰富多彩、样式齐全，它的最重要的特点是，至今仍活在人民的口头上的包含着民族、历史、社会、宗教等等内容的一种特殊的文学。它本来应该成为世界人民的共同财富，但是由于科学整理和研究没有及时跟上，至今还没有它应有的地位。因此，建立中国式的民间文学理论体系，不仅是时代的需要、建设社会主义精神文明的需要，也是广大民间文学工作者的迫切要求。

下面，仅就这个问题提出几点个人的意见，供同志们讨论。

一、关于指导思想

用马克思主义的某些词句去代替科学研究的时代已一去不复返了。近几年我们民间文学研究工作表明，我们的同志们都力图用马克思主义的原理作为指导思想。大家都理解毛泽东同志的那句名言：“马克思主义只能包括而不能代替文艺创作中的现实主义，正如它只能包括而不能代替物理科学中的原子论、电子论一样。”但是，在实践的过程中，仍然不可避免地产生这样那样的不同理解，因此，作为指导思想，仍然是一个问题。

我以为，目前，我们存在着三种对待马克思主义的不同态度：

十一届三中全会以后，我们的思想从种种禁锢中解放出来，我们敢于去碰一些禁区，敢于去探索和开拓新的道路，敢于创新，因此，民间文学才出现了新的面貌。解放思想，是这几年来取得成绩的根本原因。什么是解放思想呢？我以为就是用马克思主义的科学原理，特别是应用辩证唯物主义与历史唯物主义作为指导思想。实事求是，就是解放思想。这一点，今天已趋一致。但是，在具体的运用中仍然各有不同，譬如说，今天仍然有些同志，不是从客观事物的实际出发去用马克思主义的立场、观点和方法进行解剖、分析，而是用马克思主义的片言只语作为自己臆想的观点的依据，以证实自己观点的正确。实质上是一种实用主义。

其次，仍然有些同志把马克思主义作为教条，死死抱住某些原理不放，认为这些原理是不能变的，不准逾越一步。譬如“劳动创造世界”，当然是对的，但是，在民间文学的产生过程中是不是还有别的因素？又如“宗教是麻醉人民的鸦片”，他们不去研究马克思说这话的历史背景，是针对什么而说的，却用这一论断“放之四海而皆准”，从而否定了宗教与民间文学的关系。这种教条主义恰恰是反马克思主义的。列宁说：“马克思主义活的灵魂，就在于具体地分析具体的情况。”①

任何事物都不可能是孤立的，民间文学之所以被称为“特殊文学”，就是因为它不仅跟社会生产力、经济形态、民族历史紧紧相连，而且跟作为意识形态的宗教信仰、心理素质、语言结构等有非常密切的关系，这就是它的“多功能性”。这就是民间文学的实际。离开了这个实际，只是孤立地用普通文艺学的观点去研究民间文学，我们的经验证明，这是一条死胡同。

一个多世纪以来，世界各国都建立了许多民间文学的流派，神话学派、语言学派、人类学派、历史学派等等，他们固然各有其片面性，但他

① 转引自毛泽东《中国革命战争的战略问题》注解（一）。

们的某些经验应该说值得我们借鉴。比方说，这些流派基本上都是从另一个角度，或是从另一个方面去研究民间文学，从而建立了他们的体系。在神话学派出现之前，提出历史唯物主义神话观的意大利学者乔万尼·巴蒂斯塔·维科是一个宗教学家、哲学家，马克思还说，维科的学说中已有比较语言学的原理。神话学派的代表人物格林兄弟不仅是神话学派的奠基人，又是杰出的德国语言学家，后来又研究法律，并把他的法律思想运用于民间文艺学的研究。人类学派的代表人物泰勒也不仅仅是民间文艺学家，而且是英国民族志学家，文化史和民族志学进化论学派的创始人；弗雷泽也是英国民族志学家、英国古代人类学派的主要代表，致力于原始宗教的研究。这些，都是大家所知道的。几乎世界著名的民间文艺学家都是通才，是哲学、语言学、宗教学、民族学、民俗学、人类学、历史学等等的专家，他们就有可能运用其他学科的知识去研究民间文学，这就是他们创立流派的秘密。

有人说，古代人是靠通才取胜，而现代则是靠专才取胜，因此应该以专为主，提倡专业化，培养一大批专家。不错，专家在一个历史时期确实起到非常重要的作用，但是，今天已处于第三次技术革命的时代，这个时代的特点是由于系统论、控制论、信息论的出现，提供了科学系统的有机整体，沟通了文理两科共同的方法论基础。马克思和列宁预言的“自然科学奔向社会科学的潮流”已经出现。新兴学科、边缘学科，乃至原有学科无不运用综合各类专业知识，多学科、多角度、多层次地进行横的和立体的研究。有一个学者说得好：“创新的想象、巧妙的构思、飞动的灵感是很难光顾一个知识贫乏、眼界狭窄、情趣枯燥的人的。”

又有人说，我们这一代不是缺乏宏观，而是缺乏微观，不是缺乏博，而是缺乏专，也许有一定道理。但我感到像我这一代的悲哀在于既没有广博的知识，更没有专门的知识。因此，既不能从整体去研究，也不能单一地进行专门性研究。我们仅仅读过几篇马列著作，就以为通晓一切了。这种自欺欺人的局面一定要打破，再不能贻误下一代了。创立控制论的美国科学家诺伯·维纳，不仅是数学家、电子专家，而且对心理学、病理学、神经生理学等方面有很深的造诣，更令人感到意外的是，他竟是一位出版过长篇小说和短篇小说的作家。

由此可以理解，今天提倡科学工作者要通晓一系列的学科知识，从事各种综合学科的研究，甚至跨越几个领域的研究，是推进科学研究，取得成果的重要途径。这样，就必须有渊博的知识，强调博与专相结合，以博带专，一专多能。

民间文学本来就是一门边缘学科，就是包含着各种内容的百科全书，就更有必要从多学科、多层次、多角度地去研究，才符合这门学科的实际。作为这门专业的科学工作者，要求既是民间文艺专家，同时又是历史学家、心理学家、民族学家、民俗学家，乃至是一个自然科学家。通过自然科学去研究自然的变迁，人类如何依附于自然，又与自然作斗争；通过动植物学、物理学去研究动植物故事、药物故事、图腾神话等等，有什么害处呢？我们今天的面不是宽了，而是过于狭窄，我们有许多空白还没有人问津。近年来，有不少的民族学家、历史学家、语言学家、美学家对民间文学发生了兴趣，纷纷参加到我们的队伍中来，用他们各自的专业知识去研究民间文学，为我们增加了新的血液。我们应该表示欢迎，而不应该因为他们是另一门学科的学者，把他们拒之于门外。

总之，我建议：在马克思主义的科学原理，特别是辩证唯物主义与历史唯物主义的指导下，为研究工作者“松绑”，允许他们从横的方面、立体方面，利用另一门学科的角度，或从总体去研究，即使最后越出了民间文艺学的范围，成了另一门学科，以民间文学的乳汁培育了另一门新兴学科，繁荣了社会主义科学研究，也是民间文学的光荣。

我认为，只有解放思想，大胆探索，扩大研究范围，在具体的科学研究中，才是发展马克思主义的重要途径。而指导思想是有决定性意义的。

二、在各种流派的基础上建设体系

前年，我和刘魁立同志去访问日本，接触到日本的许多新老专家，他们对我国的民间文学很关心，尤其近几年来掀起“云南热”“贵州热”，姑且不论他们研究的目的，他们对云、贵研究的方法，对我就很有启发，例如他们研究民族文化是分山区民族、半山区民族，他们还从云南的地理位置、气候条件出发，认为云南文化是内陆与东南亚文化聚集的产物，也有人提出中国的文化分为南北两个文化圈，把北方文化称为蒙古利亚文化，南方文化称为照叶树林（即常绿阔叶树林）文化。

中国文化确实非常复杂，要建设中国式的民间文艺学体系，我认为，首先要做的重要工作就是摸清家底。我说的家底有两个意思：一是资料的继续搜集，再一个是科学的整理。

我们的小学课本就告诉我们，中国的特点是地大物博，人口众多。意思就是说，非常复杂，不仅地理条件复杂，而且民族众多，各有特点。仅仅用一个地区、一个民族是不可能代表中国的。新中国成立以后民间文学的发掘工作证明了中国的民间文学非常丰富，尤其是少数民族的民间文学远远地超过了汉族的民间文学。神话、创世史诗、英雄史诗、传说、叙事长诗，其数量之多是惊人的。但是，目前重要的工作是整理，所谓整理，也就是分析、归类、研究。由于民间文学的丰富多彩，样式齐全，因而也就随着地理条件、民族的差异、社会经济发展的不平衡而产生了十分复杂的情况。

地理条件对民间文学的产生与发展，对于艺术风格是否有关呢？把地理条件强调到不适当的地步，认为是事物发生与发展的唯一依据或起决定性作用，当然是片面的。然而，完全否定这个关系，乃至认为是“反动”的资产阶级观点，我认为也是不恰当的，地理条件不仅对社会经济发展，对生产力的发展会起到一定的作用，对人的心理、视野、思想也有远大的影响。云南边疆确实是我国中原文化与印度文化的结合部，因此，云南的民间文学，尤其是几个受佛教影响较深的民族民间文学，不仅有本民族的、有中原的影响，也有印度文化的影响，它跟山区、跟中原、跟其他地区都有极大的区别。在沙漠地带的民间文学决不可能产生生气勃勃的森林气息或是海洋气息的作品，把孔雀、蜜蜂、青蛙作为民族图腾只有南方民族才有可能。由于气候、土壤条件的差异，便产生了牧区经济、旱地作物经济和水稻经济，各种不同的经济条件所产生的文化，其进程、内容与风格的差异都极大。然而，同一个高寒山区的不同民族，除了由于地理条件而产生互相影响之外，却又由于这个或那个民族的历史、经济、风俗习惯、社会结构、语言等等的差异，每个民族都有自己独特的民间文学。

根据我国民间文学的实际，我们的民间文学究竟应该怎样分类？有哪几种类型？不解决分类的问题，不从各种不同的类型进行研究，建立中国式的体系是不可想象的。

中国的南方文化和北方文化，以及南北方相结合的中原文化，确实是三种不同类型的文化，不承认这一点是不行的。但是它又以中原文化的纽带联结成为一个整体。不过，首先应该寻找出其差异点，这三个地区，不仅地理、气候、土壤存在着差异，民族、宗教信仰、语言、经济结构的差异也极大。中原文化当然是各民族在古代共同创造的，但随着民族的迁徙、历史的变迁、各民族社会经济发展的不平衡，反映在民间文学上就有极大的差异，研究这些差异，研究各自不同类型的特点，必然会产生不同的研究方法，从不同的角度去研究，因而也必然会得出不同的结论，不同的风格，这就产生了不同的流派。

我认为：中国式的民间文学理论体系，只有在繁荣昌盛、百家争鸣、流派林立、高水平的著作层出不穷的基础上才可能建立和完善。

云南，和全国各省市一样，应该在建设中国式的民间文学理论体系中发挥自己应有的作用。我认为首先要做好两件事，培养一种空气。两件事就是继续摸清家底和组织、扩大、发展队伍；一种空气就是百家争鸣的空气。

云南民族民间文学的丰富多彩，已被人所公认，30 多年来，确实做了许多工作，几乎 26 个民族都进行过调查，特别是近年来许多新的重要资料都相继发掘出来，但是，我们认为我们的家底仍然不清，比方说神话，仅云南少数民族的神话就足以推翻所谓中国没有神话，或只有“零碎”“片段”的神话的结论。仅创世神话，就没有一个国家或地区可以跟云南相比。可是，神话的家底并没有完全弄清。近年我们又在红河的哈尼族地区发现，哈尼族神话的“家谱”，由一个母神产生了太阳、月亮、天、地、人、鬼、雷、风、爱情之神，这些神之间结下了亲与疏、爱与恨、友与敌等错综复杂的关系，因此产生了斗争，利用自然力发生了各种古代的“战争”，最后毁灭了人类，由此产生了兄妹传人种的神话。因此，结合“三大集成”，继续摸清家底，是个很重要的工作。另一方面，整理的工作亟待开展。

云南，过去，乃至现在仍然存在着多种形态的文化。从经济形态去考察，至少有三种不同的经济结构。内地平坝跟城市相连，地主经济已发展到崩溃的边缘，资本主义经济已产生。而在边疆民族地区的平坝，它一方面地广人稀，经济作物十分丰富；另一方面则受到外来文化以及殖民地文化的影响。因此，一方面仍然保持着完整的封建领主制经济，另一方面却又产生了一种畸形的，或是特有的亚热带文化。高寒山区和边远的民族地区则有的保持着原始社会末期或奴隶社会经济结构，因此，他们保存着落后的生产关系和生产力，保持着落后的宗教信仰和文化，有好些民族还没有自己的文字，因此，他们也就保留着最古老的民族文化。然而，同样一个民族，居住于不同的地区，产生了不同的经济条件，因而产生不同的或相对独立的文化。彝族有数十个创始神话，纳西族是我国少数民族中大学生人数最多的一个民族，却在它的支系摩梭人中保持着母系社会的对偶婚姻制度。

原始宗教对少数民族的民间文学的影响很大，离开了对原始宗教的研究，要弄清楚他们的民间文学简直不可能。云南有好些民族直至新中国成立前夕仍然保持着对图腾的崇拜，虎氏族、熊氏族、蜂氏族、枫氏族还很不少，有关图腾的神话就很多。哈尼族的一个支系僾尼人在新中国成立初期还有残酷地杀害双胞胎、六指、豁嘴婴儿的陋习；某些地方的佤族也直至新中国成立初期还杀人头祭谷子。这些陋习显然跟原始宗教有非常密切的关系。

不研究、不分析云南各种文化的形成、发展以及其相互影响，不研究少数民族文化与中原文化、印度文化的相互关系，要综合、概括云南的民族民间文学，是不可能的。要研究各种文化，就涉及许多问题、许多学科，如原始文化、原始心理、各个历史阶段的各种经济结构、民族学、民俗学、宗教学、语言学、历史学等等。通过这些学科，才可能进行横的、纵的、整体的研究。这种研究的结果必然产生各种方法、各种风格、各种不同的结论和各种学术流派。

队伍的问题，是建立中国式民间文学理论体系的根本问题。云南存在着两个问题：经过几十年的工作，可以说有一支小小的队伍，但是，素质和水平都较差，知识较贫乏，理论水平较低，拿了材料，提不出问题，这是我们的弱点。因此必须努力学习，掌握各种知识，提高理论水平，才能把云南各民族的民间文学啃下来。其次，我们的队伍还很小，特别是少数民族的科学工作者还很少，因此，我们想，就像发掘整理民间文学一样，把研究工作也推向各专州，发动更多的有条件的同志进行研究，为他们创造研究的条件；通过学校培养，云南的中年研究工作者几乎都是云南大专院校培养出来的，云大、师院、民院都培养了一大批年轻的、有专业知识的青年，再经过几年的实践，就是骨干。我认为建立“体系”，并不是轻而易举的事，也不是以我们的主观意志为转移的，十年八年，或者一代人两代人，关键问题是人才。因此，有意识地培养一代有现代知识的科研人员，是成败的关键。

没有百花齐放、百家争鸣这样一个局面的出现，靠几个专家关起门来冥思苦想，要建立我们的体系，是不可想象的。因此，我主张充分发挥老、中、青专家，尤其是青年专家们的聪明才智，在科研方面展开竞争。那种由国家下达计划、交给专家去完成的陈旧办法，必须进行改革，我的意思不是不要计划，恰恰相反，必须有周密的计划，但是精神生产毕竟不同于物质生产，我们应该鼓励各种不同的学术观点，尤其是让新的、独创的观点都有机会产生、发展，要允许和保护各种流派的产生与发展。云南有个好处，尽管观点不同，而且在会上争得面红耳赤，在报刊上进行辩论，但仍然是好朋友，就是说，我们只是研究、探讨问题，对事不对人。我们现在有一种很不好的风气，只要谈谈不同的观点，就认为是“围剿”，是批判某人某人，这种风气不改变，是不可能推动科学研究的。

三、建立体系的方法——田野作业法

如果说这几年来云南在民族民间文学理论研究上有些成绩的话，其中最重要的一条，就是冲破了把民间文学只看成纯文学化的框框，进行多方面、多角度、多层次地研究的结果。这里我没有丝毫要夸大云南成绩的意思，云南的工作还有许多缺点等待着我们去克服；还有许多荒野等待我们去探索与认识；还有许多矿藏等待我们去勘探与发掘；还有许多领域等待我们去开拓与深入；还有许多零散杂乱的资料等待我们去体系化。我只是提出一个很重要的问题，就是必须进一步解决方法论的问题。

马克思主义哲学，作为一种方法论，对一切学科研究具有共同的指导意义，而对民间文学更有特殊意义，因为它涉及整个人类文化发展史，涉及人类远古的原始社会的研究，也涉及社会发展的各个历史时期和每个历史时期的各个方面的研究，如果离开了历史唯物主义的方法，不仅将一事无成，而且必然要否定历史，把问题搞乱。

可是，坚持或运用辩证唯物主义和历史唯物论并不是一件易事。我以为首先必须克服几种目前存在的不良倾向：

第一种倾向是机械地用今天的观点去解释历史上的各种现象。它不仅在研究上产生了极坏的后果，在搜集整理上也造成了混乱。所谓“改旧编新”，就是企图用今天的“需要”去随意取舍、篡改民间文学的内容，甚至用自己的创作去代替民间文学，使民间文学失去了科学价值，使研究工作者感到棘手，而且在国际学术交流上也产生极坏的影响。

今人当然要用今天的观点和方法去研究历史上的各种问题，但是，决不能用今天的思想和感情去代替历史，不能用今人的心理活动去代替古人的心理状态，不能用汉族的心理素质去代替少数民族的心理素质。对神话的研究就是一例，离开了产生神话的条件，用今天的某些现象，便断定今天也可以产生神话，怎么会不产生混乱呢？

第二种倾向是继续死抱着某些教条，这里已不仅仅是马恩列斯毛了，而且发展成所有中外名人、伟人，凡是他们说的话，仿佛全是“真理”，一概奉为“圣旨”。结果，全是别人的论点，却没有自己的见解。当然，这是人云亦云、鹦鹉学舌的通病，以为这样就不会犯错误了。于是，进一步发展成为互相抄袭，互相剽窃，改几个字就变成自己的“著作”。这种风气不克服，还谈得上什么建立体系呢？

第三，必须克服把研究文献古籍作为唯一的、正统的方法的倾向。我并不否认文献古籍是要进行研究的，不仅汉族有文献古籍，少数民族也有文献古籍，例如彝族的“贝玛经”（也叫《彝经》），纳西族的《东巴经》，傣族也有《贝叶经》的古籍，这些“经”，绝大部分都是民间文学，其中也有历史、地理、医学、天文以及动植物知识等。发掘、翻译、整理和研究这些文献古籍是个十分重要的方面。问题在于有些同志把钻研文献古籍的方法作为唯一的方法，而且认为这才是研究民间文学的正道，才是正统的做学问的办法，才真正算得上学问，那些从事搜集、整理的人，都是无足轻重的“下里巴人”；因其材料也是不可靠的，只有古人的东西才是可靠的。把事情恰恰颠倒了过来。

我再说一句，我并不反对研究文献古籍。但是，我反对把研究古籍文献作为建立中国式的民间文学理论体系的唯一方法，更反对崇拜古人而轻视活人的思想。理由十分简单，这就是：我国各族人民的民间文学今天仍然是活在人民中的活的文学。

以叙事长诗为例吧，有人认为中国没有叙事长诗，更没有史诗，汉族的《孔雀东南飞》是最长的叙事诗了。可是，新中国成立以后经过发掘，我国不仅有《格萨尔王传》《玛纳斯》《江格尔》等英雄史诗，南方的《创世史诗》绝大部分民族都有。像《阿诗玛》《召树屯》这样的叙事长诗仅南方的傣族就有五六百部之多。也有人说，中国没有神话，现在发掘了多少神话？这是有目共睹的。要研究中国的民间文学，能离开这些活的材料吗？能只把汉文文献古籍当成中国民间文学的代表吗？

因此，建立适合于民间文学特性的田野作业研究法，是建立中国式的民间文学理论体系的重要的方法。

民间文学非常重要的特征，就是它的人民性、口头性、集体性和变异性。通过书本研究要了解这些，掌握材料是很困难的，因为书本上的材料已用文字固定下来了。要研究一个民族的历史、生活习惯、心理素质以及这个民族的居住地理环境、社会结构、生产状况与民间文学的关系，没有感性知识、没有掌握第一手资料，几乎是不可能的，因为一些民族还没有文字，汉族古人的某些记载固然十分宝贵，却往往不准确，而且毕竟是间接的材料。这一点，日本的同行们为了研究中国的民间文学不远万里而来的精神是值得学习的。可是，我们的一些研究人员，却很愿意浮在上面，满足于编一些书，通过别人提供的零碎资料加上一些条条写些只有一般见解的论文。不改变这种作风和方法，要在建设体系中作出贡献，是不可能的。

当然，田野作业并不是过去那种所谓改造思想意义上的“三同”。而是深入实际进行科学的调查研究。

恩格斯在称赞文艺复兴时期的伟大人物时说："那里几乎没有一个卓越的人物不是作过长途旅行，不会说四五种语言，不是在几种创造方面都有过辉煌成就的。"田野作业，即进行科学调查，不仅不是轻视书本知识，恰恰相反，没有人类学、社会学、民族学、语言学、民间文学的理论知识，你要进行科学调查，从整体，从侧面，从纵的、横的方面去认识事物的全貌，是不可想象的。

只有经过亲自调查研究，而且从各个不同的角度进行过实地考察的人，才有信心，有胆识，才可能产生独特的见解，只有在发展新的各种创见的基础上，才可能建立今天中国式的民间文学理论体系。

我清楚地认识到，像我这样的一个文化程度低、科学知识贫乏的人，要做到全才，从各个角度去全面研究民间文学已不可能。我只希望不要成为一块绊脚石，而是一块砖，为建设宏伟的民间文学理论体系贡献点微薄的力量。

（原载《民间文学论坛》1984 年第 4 期）

试谈民族民间文学中的“帝王将相”问题

民族民间文学中存不存在帝王将相？如何对待民族民间文学作品中的帝王将相？这个问题早在“文化大革命”前就已有了争论。在“文化大革命”中，“四人帮”却利用这个问题，把所有民族民间文学作品都打成反社会主义的“毒草”，一大批包括各民族歌手在内的党的民间文学工作者，被诬蔑为“搞封建文化”“全盘继承”，推销“旧礼教、旧思想、旧文化的复辟派”，是“配合民族头人实行复辟的反革命”，也是“帝国主义的别动队”等等。一时乌云滚滚、百花凋零，许多善良的同志被批斗、被开除公职、被投入监狱，有的竟被逼至死，含冤九泉。

粉碎“四人帮”以后，全国各地的报刊揭露出江青的本来面目。原来搞“封建文化”“全盘继承”并准备当“女皇”的正是她自己。这才使人们从政治上认识到“四人帮”的卑鄙无耻。但是，在学术思想上的许多问题，在一些具体的界限上却仍然没有弄清。例如，什么叫做帝王将相？什么叫做“封建文化”？民族民间文学在今天究竟有没有存在的价值？如果这些问题得不到澄清和解决，有朝一日，极左思潮还可能会卷土重来，民族民间文学仍有可能遭到浩劫。就当前来说，不肃清这些流毒，民族民间文学工作就难以开展，也就谈不上建设各民族的社会主义文学。

一

各个民族社会历史的发展是极不平衡的。汉族的封建社会延续了二千多年，但是，我国的许多少数民族直到新中国成立前夕，有的还存在氏族社会末期的痕迹；有的已进入完整的奴隶社会；有的虽然进入了封建社会初期，但还保持或遗留着农村公社制残余；也有的已发展到高度的地主经济；有的则几种社会并存，呈现出异常复杂的情况。像汉族这样完整的封建社会制度，在我国的少数民族里是不存在的。对汉族文学作品中的帝王将相，我们尚且要作具体分析。那么，在还没有发展到像汉族这样的社会条件下，各少数民族的文学作品中的帝王将相，就更应该作具体分析研究了。

民族民间文学，基本上都是人民自己的创作。许多民族的歌手也基本上是受压迫的劳动人民。傣族的“赞哈”，在新中国成立前虽已被封建领主作为制度固定下来，但绝大多数赞哈仍然是受压迫和被歧视的劳动人民。人民的创作，当然也有糟粕，但能流传下来，也是因为反映了当时的人民的愿望，有充分的民主性的缘故。

在少数民族遗留下来的许多文学作品中，描写开天辟地的史诗占了一个重要地位。在云南的少数民族中几乎都有自己的创世纪，已经整理出版的就有彝族的《梅葛》、纳西族的《创世纪》、彝族支系阿细人的《阿细的先基》和最近发表的拉祜族的《牡帕密帕》。这些叙事长诗不仅表达了他们对征服自然的坚强意志，而且也具有强烈的艺术魅力。纳西族的《创世纪》就塑造了纳西人民勇敢的英雄从忍利恩和一个天神的姑娘、聪明的衬红褒白命的形象，他们经过了不屈的斗争，终于开辟了人类世界。

令人啼笑皆非的是，这些开天辟地、描述人类最初的劳动和爱情的诗篇中的英雄人物，也被戴上了“帝王将相”的帽子。他们说：“普天之下莫非王土”，是封建皇帝的最大特征，那时候，天地都是属于这些英雄人物支配和统治的，他们怎能不是帝王将相呢？对于这些忘记了祖先的今天的“英雄”们，你还能说些什么呢？

二

无可否认，在民族民间文学作品中确实存在着帝王将相。在我们所读到的许多民族民间文学作品中，确实遇到过国王、王子、宰相之类的人物，藏族的格萨尔王就是一例。在傣族的文学作品中，就有神话《召树屯》里的勐板加国王和王子、《苏文纳和她的儿子》里的巴拉拉西国王和囤利扎的国王；还有《葫芦信》里的勐遮国王和景真国王；《松帕敏和嘎西娜》中的勐藏巴的国王松帕敏；再有叙事长诗《相勐》《兰嘎西贺》都是描述国王和战争的故事。此外，白族的“本主”的故事里，有的是南诏或大理国时代的皇帝（如细奴逻、赵善政、段思平等），有的是南诏或大理国时代的一些大将军和大官（如段宗榜、郑日等），有的是汉族将官（如李宓父子、傅友德等），有的则是为民除害的英雄（如杜朝选、段赤城等）。总之，本主神中，有各种各样的人，而这些人，多半是历史人物。①对这些作品中的帝王将相，应如何看待呢？

就我们所接触的上述一部分民族民间文学作品看，大致可以分为三大类：第一类是如《召树屯》《苏文纳和她的儿子》等神话传说；第二类是被歌颂的帝王将相如《松帕敏和嘎西娜》中的松帕敏，《葫芦信》中的景真王，白族“本主”中的帝王；第三类是被鞭挞、被否定的帝王将相，如《松帕敏和嘎西娜》中的召刚，《葫芦信》里的勐遮王和其他。

现在谈第一个类型：神话传说中的帝王将相问题。

神话产生于比较古老的年代，它主要不是封建社会的产物。神话传说虽然也是现实社会的人的思想愿望的反映，但它不是现实斗争的直接写照。因此，这类作品本来是不存在所谓封建社会的帝王将相问题的，就因为在作品中有个“国王”，因此也被说成是宣扬帝王将相的“封建文化”。《召树屯》和《苏文纳和她的儿子》这两部傣族长诗，就是一个突出的例子。

这两部长诗里的“国王”，都不是被歌颂的对象，被歌颂的则是他们的儿孙。应该怎样来理解这两个国王呢？这就要弄清这两部长诗所产生的时代背景，弄清这两个“国家”的性质和作品所反映的主题。

《苏文纳和她的儿子》整理者的“说明”中有那么一句话：“这部长诗，原名傣语叫‘珍达萨朵’，是一部反封建礼教的叙事长诗。”根据就是

① 见《白族文学史》“初稿”第129页。

因为苏文纳与月亮公子相爱怀了孕，使国王“气得要发疯”；“她干出这种事情，丢尽了我的脸面，我一定把她杀死，来保住我的声名。”这个“声名”，是不是就是封建礼教呢？我表示怀疑，因为基本上不是从研究这个作品和它的历史背景以及这个民族的风俗习惯得出的结论。

就我所知，直至新中国成立以后，还有一些民族仍然保持着某种风俗，即婚前恋爱很自由，但不能有私生子。僾尼人如果有了私生子，不但不光彩，而且要被撵出村寨，甚至有被迫害至死的危险。傣家青年男女恋爱和结婚离婚都很自由，但私生子是受到歧视的。苏文纳的怀孕和被父王撵走，是不是这种风俗的反映呢？如果是这种风俗的反映，那么，这种风俗至少说明了两个问题：其一，它反映了由群婚制到配偶婚姻，或由母权社会到以男性为中心的社会的转变。一方面反映了群婚制的恋爱社交自由，另一方面为了巩固以男性为中心的社会，就对妇女采取了残酷的惩罚。其二，反映出继承权的问题已经产生，即私有制社会出现之后，社会财产的继承权已成了一个问题。这种继承权产生于何时？是不是产生于封建社会？当然不是。继承权是私有制的孪生姐妹，在封建社会以前就产生了。欧洲中世纪被肯定下来的财产继承权，早在部落军事首领产生之后就已开始萌芽，它是和权力分配紧紧联系在一起的。

另一方面，故事从头至尾都没有丝毫接触到封建礼教的问题。苏文纳的救命恩人，是住在森林里的“亚谢”（宣传佛教的苦行者），《召树屯》中也有类似的人物“帕拉西”。佛教传入傣族地区大概在一世纪前后，那时傣族社会还没有产生封建领主制，还是个部落联盟的社会，当然谈不上是反封建问题了。

至于长诗中写到的“国家”，我不知道长诗原文“国家”是什么意思，翻译整理者又是根据什么把巴拉拉西译成了国家的。我们翻译整理《召树屯》时，是把“勐”译成了国的。巴拉拉西是不是如西双版纳流传的理想的地方“勐巴拉纳西”呢？而把勐字去掉直译为“国家”了呢？我后来才知道，“勐”并不是一个国家，而是一个地方或坝子。西双版纳和德宏对国家有专门的名词，前者叫做“帕跌”，后者叫做“等”。至今还沿用着这个名词。其次《苏文纳和她的儿子》里的国王傣语的叫法是什么，我不知道。《召树屯》是把勐板加的“召勐”译成“国王”的。“召”

并不只是王的意思，含有主人，或对别人的尊称之意。一个地方的头人叫“召勐”，最大的头人叫“召片领”（翻译为广大土地的主人），但是一个家庭的家长也叫“召根”，而对别人的尊称则叫“叔召”。因此把“召勐”译成“国王”是一个错误。同样，把傣族对贵族小姐或对姑娘的尊称“婻”，译成“公主”也是不妥当的。

勐，可能也是个行政区划，西双版纳至今还有许多勐，过去，这些勐既属于召片领管辖，却又形成割据或半割据的独立状态。《苏文纳和她的儿子》里描写国王亲自在殿上击鼓，召来了大臣和一百零一个国王，“国王向一百零一国的人讲话”。显然，这是围绕在巴拉拉西周围的一些坝子或地方，他们的关系不可能是国与国的关系。随便举一个例就可以说明，巴拉拉西国王竟可以随便对其他的国王宣布：“我要让位给外孙，我要让珍达当国王，请你们带来美丽的女子，让珍达选做他的新娘。”这是一种什么关系？倒像是上下关系，所属关系。这种关系正反映了部落联盟的集合体，有如新中国成立前西双版纳各个勐和召片领的关系，而不可能是封建制的国家。

如果这是一个新兴封建制国家，那么，不论生产力和生产关系必然有一个新的气象，在两部长诗出现的劳动人民都是猎人，在封建社会里的主要劳动已经不是狩猎了，这一点也是很明显的。

根据上述理由，我认为，这两部作品不是产生于封建时代，甚至并不是描述国家兴起以后的国王，他们当然更谈不上是什么封建帝王将相了。

至于诗人为什么要用“召”这个字，除了上述翻译的原因之外，我想即使是真的描写的是国王，作为神话，也跟现实斗争中的封建帝王将相毫无关系。因为这个时候，也许除了用“召”这个身份和字眼之外，再也找不着更适当、更能表现这样一个形象的身份和字眼了。也许这是历史的局限吧。

在整理出版的长诗《苏文纳和她的儿子》里，出现了一个叫“宰相”的官员。据我所知；直到新中国成立前，傣族的政治制度中并没有什么“宰相”这个官衔，傣语中也根本没有这个词。很明显，这个词是翻译整理者根据汉族封建王朝的“宰相”移植过去的。傣族文学作品中有“细里”，现实里有“召贯”“召竜帕萨”“叭酷”等等，这些名词和宰相是两个反映不同社会制度的不同概念。在对待一个民族的文学作品时，决不可以用想当然的帽子戴在这个民族的头上，而应该尊重其本来面貌，尊重历史的真实。

三

被当成正面人物来歌颂的民族民间文学作品中的帝王将相，是否就是“宣扬封建文化”呢？宣扬封建统治者的作品是有的，但每一个作品和人物都有各种不同的情况，也应该具体分析，而不应该一概斥之为“封建文化”。

历史唯物主义者认为：人类的每一个发展阶段都曾经起过进步作用。恩格斯《反杜林论》中讲到奴隶社会的作用时，就清楚地说：“只有奴隶制度才能使农业和工业之间的分工在辽阔的阶程上成为可能，由此而有古代世界的灿烂辉煌，即希腊的艺术和科学。”没有奴隶制度，绝不会有希腊的国家，也绝不会有希腊文化。“没有奴隶制度，也绝没有现代的社会主义”。在中国漫长的封建社会里，人民也创造了灿烂辉煌的文化艺术。作为人类发展的过程，当奴隶主代替了部族头人的时候，他就代表了上进的、光明的阶段，每一个阶段都有它的上升、发展到没落与消亡的过程，我们能说，秦始皇统一中国，发展生产的行动是“束缚人民的桎梏”“锁链”吗？刘邦、曹操乃至岳飞、包拯等等这些帝王将相的统一祖国、发展生产、改革社会、抵御外侮的爱国精神，对于我们今天一点用处都没有吗？

白族是一个发展到高度地主经济的民族，但是，她的“本主”故事，却是一个复杂的文学现象，开始于对图腾的崇拜，这是可信的，接着就发展成为对英雄的崇拜。到了南诏的后期，有许多皇帝，甚至屠杀白族人民的汉官也成了白族人民的“本主”，这是一个很复杂的问题，不能简单地说这只是被统治阶级所利用。这种情况，在傣族民间故事中也有，在封建领主利用农村公社的外壳，建立其封建领主制初期，就有宣扬“南召领召”（土地是领主的，水也是领主的）的神话传说。但是，这种故事是极少数的，不是民间文学的主流。就白族来说，本主的故事一般还只是“段赤城的故事”“杜朝选的故事”“瓦色本主的故事”等。比如杜朝选和段赤城都是白族人民与自然斗争的英雄人物，前者是杀了苍山云弄峰的妖蟒的英雄，后者是杀了洱海里“吸食人畜、淹没田园”的大小蟒的英雄。这些英雄出现在南诏国并非偶然。南诏是一个什么社会呢？据《白族文学史》（初稿）中说：“根据目前掌握的材料看，南诏基本上是一个建立在奴隶制度基础上的以国家形式出现的部落和部族的集合体。但它并不是单纯的奴隶社会形态。在奴隶社会的经济结构内部已产生了封建经济的因素。这种因素为下一历史阶段——大理国时代的社会经济结构进一步封建化准备了条件。”就是说，南诏是处在一个社会大转变的阶段，这两个英雄显然是为新的生产力扫除道路而产生的。

大理国已经进入了封建社会，生产力无疑向前发展了一大步，这个时期的统治阶级对人民的统治当然是残酷的，但是某些统治阶级连汉将李宓父子也当成了“本主”。什么原因呢？有人说这是个奇怪的现象。当然统治阶级为了巩固他们的统治，鱼目混珠的事是可能的，但是，也不能一概而论。在封建社会上升的时期，统治阶级为人民，为发展生产作出贡献是可以理解的，南诏大将段宗榜之所以被祀为“本主”，当然可能是他的后来当皇帝的子孙段思平封的，但他远征过狮子国，为南诏扩展版图立下了功劳，是个历史事实。在当时的条件下，扩展版图，使之成为较统一的大理国，当然是进步的。因此，在他死后被封为“狮子国王——德天心中央皇帝”，人民纪念他，也是可能的。后来他的子孙段思平起兵讨晋高祖，建立了大理国，工农业都有一个大发展。因此，人民同样怀念他，后来被立为“本主”，我认为并不是不可能的。傣族长诗《相勐》也有类似的情况，书中相勐战胜了一个称霸的大勐，从而统一了一百零一个勐，组成了一个统一的国家（地方政权）。因此，也不是偶然的。长诗《相勐》被广泛流传，甚至在东南亚一带也有巨大影响。

另一个白族著名的故事《白羽衣》却塑造了一个皇帝赵善政，比起段赤城和杜朝选就更完整了。赵善政实有其人，但故事中的赵善政与历史的赵善政已经完全不同，他已经成为白族人民理想的化身，成为战胜天灾，发展生产，农民要求政权的象征。像这样为民谋利的帝王，人民纪念他，歌颂他，有什么不可以呢？

还有一类是反抗侵略和反抗民族压迫的帝王将相。藏族的著名长诗

《格萨尔王传》中的格萨尔王，回族传说《杜文秀》中的杜文秀，哈尼族传说中的多萨阿波，以及傣族长诗《葫芦信》中的景真王等等都是如此。

长诗《葫芦信》在“文化大革命”中一直被诬为宣传“封建土司”的“大毒草”，研究一下这部长诗是有意义的。

据翻译整理者说，长诗产生于一百年前左右。故事发生在今天西双版纳傣族自治州勐海县勐遮坝子勐遮和景真两个村寨，它们相隔十华里左右。长诗主要刻画了勐遮王子与景真公主南慕罕的爱情悲剧，悲剧的根源在于勐遮王企图吞并景真的称霸野心和阴谋，由于南慕罕通过葫芦传信通知了景真王，于是爆发了一场战争。结果勐遮王子召罕拉和南慕罕同时被杀害。主题非常鲜明，它不是无原则地宣扬统治阶级内部的争权夺利，更不是无原则地颂扬统治阶级的“德政”“仁慈”，恰恰相反，正是通过公主南慕罕的行动，反映了强烈的爱国主义，或者爱家乡、爱正义的思想。同时也就反映出反霸权、反侵略的思想。像南慕罕这样的出身不好的“公主”，在她身上却体现出这样一些代表人民的优秀品质，这有什么值得非难的呢？

景真国王的形象并不是很成功的，着笔也不很多，他似乎有些软弱无能，优柔寡断，性格也不十分鲜明，还是不很活的一个人物，应该说这是长诗的一个弱点。然而这正反映了一个小国国王谨小慎微的心理。他愿意把公主嫁给勐遮大国王子也正是出于相安无事的和平愿意，甚至有点害怕勐遮王。这种思想是真实的，有代表性的。这种处境和思想有什么可以指责的呢？这跟所谓的和平主义又有什么关系呢？当然景真王对他的百姓也是进行残酷的压迫和掠夺的。但是，文学作品并不是面面俱全的调查报告，它可以突出地去描述一个主要的方面，从而烘托出自己的思想。因此，在他得到葫芦信击鼓召集大臣们商议战还是和的时候，他的大臣们一致拥护他的抵抗政策，并且立刻得到了百姓们的拥护，对勐遮王的进攻实行了坚决抵抗。这样一个弱小的、受欺压的帝王（如果可以说是帝王的话）不仅在当时有其进步意义，就是在今天的反对大小霸权的斗争中，也有其现实意义。这跟所谓的“宣传封建土司头人”，不是风马牛不相及吗？

《松帕敏和嘎西娜》则反映了另一种所谓“贤明君主”的思想。

在傣族历史上，据说距今八百多年前，由一个叫做叭真的人，统一了这片土地，成立了一个叫景陇金殿国的统一的国家。据传这个国家的版图辽阔，十分繁荣。不久由于兄弟间争权夺利，很快就土崩瓦解，又分裂成许多独立或半独立的小国或勐了。历史证明，在距今七八百年前后，在澜沧江西岸的确存在过许多小国或勐。据《松帕敏和嘎西娜》整理者的“后记”中说：是根据一个傣历一〇四四年（公历 1926 年）的手抄本翻译整理的。从内容看，长诗很可能就是产生在这个时期之前的百年间。如果这个推测可靠，那么，可以确定，松帕敏就是封建帝王无疑。另一方面，从松帕敏这个名字看，这个时期的佛教已成为控制着傣族思想的宗教了。松是傣语高的意思，帕是和尚，敏是贤明的意思，联起来就是最高等级的、贤明的和尚。西双版纳和尚据说分为七级，均按贵族和官职来定，一般百姓最高可升到第七级即祜巴，而松帕敏这个等级只有国王（或最高封建主）一个人，而且必须正式升为国王（领主）之后，才能获得这个称呼。那么，《松帕敏和嘎西娜》是不是就是宣扬封建帝王将相呢？也要具体分析。长诗确实是把松帕敏当成正面人物来同情和歌颂的。这是因为他是傣族人民的“贤明君主”。第一，长诗把他看成是“爱护百姓”，使勐藏巴百姓“过着和平安定的日子”的君王。第二，长诗一开始就把松帕敏放在一个特殊的环境中去描述。这个特殊环境是皇叔召刚出兵篡夺他的权势和抢夺他的爱妻嘎西娜。这就使松帕敏的地位起了一个变化。从国王变成一个受害者，受害的人是容易得到人们的同情的。第三，这是在把松帕敏和暴君召刚作了对比的情况下，才使人认识到他的“贤明”。第四，这是在松帕敏一家逃出宫殿，流落到森林，开始了他一家的生离死别之后所发生的。评论一部作品、一个人物，看不到他的变化，看不到松帕敏已经被赶出了皇宫，已经变为一个受害者，而仍然把他看成是勐藏巴的国王，这就是形而上学。用这种观点，是绝不可能正确地理解事物的真实面貌，因而也不可能得出正确结论的。第五，松帕敏之所以“贤明”，是因为抛弃了他个人的地位和利益，对召刚的进攻采取了不抵抗政策。这不是因为他没有力量反抗，而是被当作一种善良的行动来歌颂，是不让“百姓遭殃”的心愿。这种美德恰恰反映了傣族人民的高尚的感情。在小国林立，你争我夺，战争频繁的情况下，人民总是喜欢和平而不喜欢战争的。

当然，这种不抵抗主义在今天看来，是错误的，长诗在描述松帕敏一家的遭遇中，对它已有某种程度的批判。但是，仍然应该看到一个民族的特殊性和历史的局限性。用今天的观点要求一个全民信奉佛教的傣族人民的感情，去衡量历史上发生的事物，这是不符合辩证唯物主义和历史唯物主义的。傣族人民是一个酷爱和平的民族，在他们遭受种种不义战争的危害的时候，在他们长期受到佛教思想的影响和熏陶的情况下，松帕敏的行动就代表了他们的民族性，这是真实的。这就是这首长诗的人民性和民主性。我们应该尊重它。

当然，在尊重它的同时，应该分析它，吸收它的精华，抛弃它的糟粕。长诗《松帕敏和嘎西娜》是有它的糟粕部分的。由于松帕敏的“仁慈”和不抵抗，被看成是“贤明君主”，结果不仅被别国的大臣们接去当了国王，他的一家重新得到团圆，而且最后人民把暴君召刚撵走了，又把他迎回，重新做了勐藏巴的国王，这就很明显地宣扬了佛教的所谓恶有恶报、善有善报的因果报应的思想。这种思想是不真实的，因而也是有害的。因此，对这个人物形象，对这部长诗应该一分为二，批判地继承，既吸收其精华，又批判其糟粕，才是科学的态度。

事实上，对所有民族民间的古代文学，即使很好的包括神话在内的优秀作品，都应该有这种科学态度，就拿《苏文纳和她的儿子》来说，巴拉拉西国王的“良心”发现，从而原谅了苏文纳，乃至把王位让给了她的儿子珍达，使一部悲剧变成了喜剧是没有现实社会根据的，仅仅从父女之情去解释，无疑多少是用了人性论去解决社会矛盾。《召树屯》所反映的也正是纯粹的乌托邦的空想。

还有一种是上述作品中被当作反面人物加以批判和否定的帝王将相，如《葫芦信》中的勐遮王，《松帕敏和嘎西娜》中的皇叔召刚之类，当然就不能看成是“宣扬封建帝王将相”的问题了。对于那些真正宣扬封建帝王将相的作品，我们又应该采取什么态度呢？我以为，也不能简单地加以否定，用一顶所谓“复辟”的帽子扣了过去，完全否定发掘、收集、翻译整理的工作。这是因为许多民族还没有自己的文字，有些虽有文字，但文盲仍然占绝大部分，其历史和文学仍然靠口头传播。因此这些资料，不仅对于研究其民族的历史、民族学也有十分宝贵的价值，何况，要一下子就分清其精华与糟粕并不是那么简单，如不注意，很容易玉石并弃，连精华也被丢掉了。

四

由于上述种种原因，我们不能把民间文学中的帝王将相和文人、统治阶级自己塑造的帝王将相混为一谈，不能把历史上真实的帝王将相和文学作品中的帝王将相混为一谈，尤其应该把不同民族中不同历史阶段的帝王将相加以区别。“四人帮”把民族民间文学一概诬蔑为“帝王将相”，是“封建主义的那一套”，只能说明江青一伙对中国的社会历史，对我国的民族及各个民族的历史发展和文学一无所知，一窍不通。这种粗暴地否定一切，实质上是大民族主义的反映。在他们看来，少数民族的东西都是落后的、封建的，只能按照我的，我给你们什么，你们就要什么。这种法西斯文化专制主义反映在民族问题上，就是残酷迫害古典的民族民间文学，不准各民族发展自己的社会主义的文学。一句话，实行愚民政策，不要文化，让我国的少数民族永远陷于黑暗的深渊，为他们做牛做马。因此，他们以反对所谓“封建文化”为名，把描写各少数民族在共产党领导下走上新生，建设社会主义的长诗，如《傣家人之歌》《流沙河之歌》《彩虹》等作品以及作者，全部加以打击，也诬蔑为“封建文化”“牛鬼蛇神”，就是个非常明显的例子。其矛头是对准我们党和党的民族政策、党的文艺方针和政策的，一句话，就是为了篡夺党的领导权。

事实上，江青之流，并不是不要帝王将相，她自己就说过：“我不是玩古的，我要实用的。”什么是“实用”呢？就是所谓的“儒法斗争”，把吕后、武则天之类的帝王封为法家代表。我想：如果在民族民间文学中也有一个像武则天这样靠阴谋权术而成为女皇的人物，又被江青发现了的话，也一定会被她大肆吹捧为伟大的文学作品。遗憾的是少数民族文学里没有这样的“法家”，这就是她要加以扫荡灭绝的根本原因。

“四人帮”已被粉碎，但是，阴魂不散，我们必须彻底把林彪、“四人帮”的法西斯文化专制主义砸碎，批透“文艺黑线”和“黑线专政论”，把民族民间文学工作向前推进一步，发展各民族的社会主义文学。

（原载《思想战线》1979 年第 2 期）

关于民间文学的搜集、翻译和整理问题

关于民族民间文学的搜集、翻译、整理和与创作的关系等问题，我想讲四个问题。

第一个问题，为什么要讲搜集、翻译和整理的问题。这个问题，我记得1956年云南省召开民族民间文学工作会议的时候就提出来过，但没有解决，一直在争论；后来在实践当中，又提出些新问题，所以需要讲。另外，新的一代不断起来，许多同志刚刚搞这个东西，也需要了解，也可以说是个入门的问题吧，在我们还没有搜集、翻译和整理之前，不解决这个问题，很容易走到另外一条道路上去。在民间文学的搜集、翻译和整理当中，现在有这么几个意见，一个是“一字不动”论，他们认为：民间文学就像出土文物一样，既然是出土文物，就不要改它，比如说：出土文物当中的一个花瓶，这个花瓶，挖出来的时候，不完整，怎么办呢？就让它那样，如果你补它，那就走样了。因此，他们认为，民间文学既然有科学价值，你要一改，就没有了，这是一个意见。第二个意见，就是“改旧编新”。所谓改旧编新，就是把旧的东西拿来以后，随便改，我想怎么改就怎么改，而且认为“改旧编新”是民间文学的一种规律。这样，就有两种完全不同的意见了：一种是“一字不动”论，一种是要“改”，他们甚至这样说：民间文学不是有变异性吗？这就是：既然出土的花瓶不完整，给它补上一个完整的东西，不是很必要吗？对这些问题我们该怎样看？很有必要搞清楚。

我先讲讲“一字不动”论。就我个人的意见，“一字不动”论是不可能的，为什么？一个民族的文学和语言要翻译成另一个民族的文学和语言，你根据什么不能动呢？因为同样一句话，你可以这样说，我可以那样说，你怎么能说是“一字不动”呢？有人会说可以直接译嘛，可是直译的表达方式就各有不同，你表达的方式和我表达的方式，你选择的词句和我选择的词句不可能是一样的，就连讲话，我这句话讲后，要第二次讲，也不可能完完整整不动，甚至连标点符号都一样，是不可能的。何况在搜集工作中，由于许许多多原因，同一个故事，和老先生与周老先生讲的就不可能一样，你根据什么一字不动呢？同一个歌手，这个时候和那个时候唱的，这个环境和那个环境唱的，喝酒时候与不喝酒时候唱的，都不可能一样，你根据什么一字不动呢？所以我说，要一字不动做不到，这是因为民间文学和出土文物有区别。出土文物，它就是一个东西，从地下拿出一个瓶子来，就再没有第二个瓶子，它是一个静物，当然，它反映了那个时代，但是和口耳相传的民间文学不同，口耳相传的民间文学保存在人的脑子里，还有变异。所以，把民间文学看成一个死的东西，那是不恰当的。没有正确理解民间文学的变异性，也就不能正确理解民间文学，因此，我们觉得，搜集、翻译和整理少数民族民间文学，要一字不动做不到。另一个意见，就是改旧编新的问题，改旧编新把民间文学搞乱了，其实质就是完全否定民间文学。民间文学的几个特征中，有一个集体性和口头性，既然是集体的，就不限定是某个歌手唱的，一个作品从远古时候传下来，经过若干朝代，若干歌手的再加工，往往一首歌谣，反映几个历史时期，这就是它的变异性。但如果把这当作编新，把自己编的东西，冠以民间文学的名义，那就不是民间文学了。当然，创造我们社会主义的民间文学，也是有的，但不是把历史的东西加以改变后，变成社会主义。如果这样，它的科学价值就不存在了，原先的民间文学的风格也就不存在了，就变为某一个人的创作了。所以，我觉得“一字不动”“改旧编新”这两个东西都是违背我们民间文学的规律的。民间文学在历史流传过程中本身就在变化，怎么能说一字不动呢？而改旧编新，则把民间文学取消了，我们不能把过去的《东巴经》改成现在的社会主义的《东巴经》吧，我们不能把所有的民间文学都改掉。历史上也有过改或编，但它保持着基本的骨架，而现在我们要改要编的，是要把民间文学改成适应和宣传社会主义的东西，那就把民间文学全部都否定了。我们很难想象，用原始社会产生的文学来宣传我们今天的社会主义，或者说，用奴隶社会产生的文学作品来宣传我们今天的社会主义，这是不可想象的。历史上的改编，与我们今天的改编是不同的，我们今天的改编实际上是创作了，把民间文学的全部故事、全部人物、全部思想都重新写，重新改，这是不可能做的。所以，我觉得这两种意见不符合事物本身的发展规律。因为这样，也就出现了这样一个问题，我们究竟怎样搜集？怎样翻译？怎样整理？如果说过去流传的民间文学作品没有变异性，那我们今天的搜集就好办了，但情况不是这样，这就产生了一个标准问题，究竟按什么标准去做？下面我就讲：

第二个问题，关于收集的问题。我想讲这么三点。

第一点，什么叫做全面收集，谈谈收集之前的思想准备。新中国成立以后，我们定了一个十六字方针，叫做“全面搜集，重点整理，普遍推广，加强研究”。这个方针，现在证明是正确的，问题是我们怎么理解。对全面收集，有种理解是不分精华与糟粕都要。对这一点，有些同志想不通，认为封建迷信的东西要它干什么？不要。歌颂封建领主的，不要；没有价值的不要；认为不好的都不要。由于各人的看法和理解不同，结果是很多东西都不要了。在民间文学中，往往是精华与糟粕共存，你不能说只要精华那部分，糟粕不要，这不可能。事实上你认为是糟粕的东西，也很可能正是精华。比如说，有些歌颂帝王将相的东西，要它搞什么？它是糟粕嘛。可是，我们却能透过它的内容，研究那个时代，那个社会呀。木天王，大家知道，是个封建领主，在他开始的时候，起了推动社会进步的作用，在他没落的时候，产生了阻碍社会发展的作用。于是，在民间传说故事中，有歌颂他的，有丑化他的，如果一看到歌颂他的，就认为是糟粕，不要，那么，就说不上全面收集了。事实上，人民群众都是根据他本身的利益来进行创造活动，他歌颂帝王将相，那是因为他们在社会发展过程中起了进步作用；他否定他们，那是因为他们起了阻碍作用。阿一旦以前，有歌颂木天王的故事，到阿一旦的时代，它把木天王讲得很愚蠢，把劳动人民讲得很聪明、很有才智，把木天王否定了，这是什么原因呢？同样是木家嘛，前期木天王确实对纳西族社会的发展起了作用，所以有歌颂。到阿一旦时候呢？大家看得很清楚，是否定木天王的，你能说它对木天王的歌颂，就是歌颂封建文化呢？“文化大革命”中，我们就吃了这个大亏，

“四人帮”把我们搞民间文学的，说成是宣传封建文化，是为封建主义复辟鸣锣开道，他们就是用这种思想来打击我们，而我们自己队伍中也有这种人，提供打我们自己的棍子，我认为这个不好，文学这东西，每个时期，它的主人公是不同的，大家可以想一想，在劳动人民还没有登上政治舞台以前，你要想找一篇以人民作为主人公的文学作品，那是很难很难的。我们看看，民间文学很多东西就是歌颂帝王将相，就是歌颂好的帝王将相，这是有它一定道理的，因为那时候这些人决定着人民和社会的命运，所以，女的是公主、王后，男的不是国王就是大将，到了一定的时候，它的主人公就变了，我觉得最有说服力的是傣族的《召树屯》。在傣族地区我们收集了四种不同的本子，这四种本子可以证明它的发展。民间文学由于它的变异性，就产生了个母体问题，就是说，它的最初的东西是什么？它怎么发展的？我们认为《召树屯》，就是七只孔雀作为母体，在国际上就是天鹅型，没有七个孔雀就没有《召树屯》，就会变成另外一种故事。我们可以看看它的发展。在德宏的芒市，有一个“勐欢”的故事，芒市那一带原来是个大森林，森林里面住着许多鸟类、禽兽，大家自由生活，平安相处。后来，来了两个魔鬼想占领那块地方，当两个魔鬼看到一只美丽的孔雀时，就想占有她（这时候就把孔雀当作女性），这两个魔鬼一个说：“我要了。”另一个说：“我要了。”结果两个魔鬼打起来。这时，孔雀就说：“你们不要争嘛；你们两个都是好人，如果喜欢，可以到我家里去嘛。”两个魔鬼一想，是呀，何必争呢？就跟着去了。孔雀会飞，它飞到沼泽地带也不会陷落；两个魔鬼很重，到了沼泽地带就陷下去死了。于是，孔雀又飞回来了，飞回来正是黎明，大家很高兴地欢迎孔雀。最初就这么个故事。后来发展了，发展成第二个故事，一只孔雀变成七只孔雀了，并且出现了一个金湖，七只孔雀在金湖洗澡，然后遇到一个猎人，猎人看到孔雀很美，就跟七个中的一个结合了。接着又产生另外一个故事，也是一个猎人，有一天，猎人从山里出来，听见有哭声，一看，山洞门口，一片蜘蛛网网着七个孔雀，猎人问原因，七只孔雀说：她们从天上来，到金湖洗澡，结果被蜘蛛精网住，要她们做它的老婆。原来蜘蛛精早发现她们的生活规律，等她们脱下孔雀衣去洗澡时，蜘蛛精就悄悄偷走孔雀衣藏在洞里。以后孔雀出来，看见衣服不在，蜘蛛精就变成一个兔子，孔雀问："兔子兔子，你看见我们的衣服吗？"兔子点点头，转身就走了，她们就跟去。一走进山洞，蜘蛛精早把网织在洞里，洞里黑森森的，孔雀们害怕就往外跑，一跑就被网住了。蜘蛛精高兴得去约朋友，准备晚上和孔雀结婚。就在这时，猎人来了，趁蜘蛛精不在，就把她们救下来，七个孔雀跪下来说："你是我们的救命恩人，我们七个姐妹都愿嫁给你。"猎人说："七个人我养不起，你们高兴就留一个跟我做伴吧。"于是猎人就选了最小的一个，那六个孔雀飞回去了。这最小的一个和猎人结了婚，在回家的路上，他们在一棵树下睡着了。蜘蛛精回来发觉七个孔雀不在，就寻着气味去追，在树下发现睡熟的孔雀与猎人，蜘蛛精便悄悄抱起孔雀公主，孔雀公主大叫起来，惊醒了猎人，于是产生一场搏斗，搏斗中，蜘蛛精用它的毒针刺死了猎人。这时，孔雀公主很聪明，她想：反抗是不行的，只能用巧计，便只好跟着蜘蛛精走，走到山洞门口，那里刚刚有一塘水，一只青蛙正好跳进水里，孔雀公主就对蜘蛛精讲："你要跟我结婚，得有个条件，就是你太脏，要洗洗头。"蜘蛛精一想，洗洗头，怕什么，就蹲下去洗。于是，孔雀公主就趁机一按，把蜘蛛精按在水里淹死了。然后，她又转回来到大树下，看见她的丈夫猎人已死，她整天哭呀哭，找了很多花要把丈夫掩埋，这一下感动了天神，天神就把她的丈夫救活了。这个故事，说明什么呢？说明发展了，原先是一个孔雀，现在变为七个，两个魔鬼变成一个蜘蛛精，魔鬼死在沼泽地带，而这个蜘蛛精死在水塘里。故事内容、情节、人物都有发展。再到《召树屯》，猎人的位置变了，猎人还有，但不是主人公，主人公变成王子了，这说明在猎人那个时候，是狩猎社会，猎人是英雄，社会的主人公是猎人，到《召树屯》的时候，出现了阶级社会，国家产生了，那里的主人公不是猎人，猎人变成奴隶了，所以，《召树屯》有个说法，说是猎人抓住孔雀公主，送给召树屯，因为召树屯是王子。整个故事的变异到《召树屯》是第三次变了。最后一次变成千瓣莲花，也是七个公主。国王做了一个梦，梦见莲花有一千瓣，这千瓣莲花可以给他带来幸福，但这莲花在哪里呢？他想得到它，于是就叫人在全国找，看看谁能找到千瓣莲花，后来找着个小伙子，国王硬逼着他找，找不着，就要杀他的头，最后这个小伙子去了，他在天神的保护下去找，终于找着千瓣莲花，这莲花就是孔雀公主。从这里可以看出，矛盾已经变了，变成揭露国王的残暴。从这里可以看出民间文学在不断地变化，随着社会的发展，人物、故事、主人公也在发展变化。所以，我们说每一个故事都有它的开始和发展，如果我们事先把这些东西认定了，认为这些都是帝王将相的东西，搞它干什么，那么，在你对精华与糟粕还没有研究之前，就下了结论，你就搜集不了好东西。所以，我们在认识上要明确，在你没研究之前，不要先下结论，如果先下结论，你就搜集不到好东西，这是一点。

第二点，即使这个东西确确实实是糟粕，作为文学来说，我们可能不要它，不给它整理，但是作为科学来说，它有价值，我们还要搜集。比方说，东巴教的始祖肯定有很多故事，我们搜集来了，搜集来并不是要推广它，但是作为研究的资料，却是很有意义的。民间文学有很多科学价值，可以研究历史，可以研究宗教，可以研究社会，可以研究语言，可以研究民族，甚至可以研究人类，既然有那么多的价值，我们为什么不很好地搜集呢？民间文学给我们提供的东西很多，我们不要先定糟粕与精华，我们先搜集下来再说，收下来再研究，如果要整理的话，一个本子是不够的，整理时，材料越多越好。如果材料少，仅只一份，那就不好整理，甚至没办法整理，即使是重复的，也不要怕，也应该搜集起来，多搜集没有坏处。这个地方与那个地方，这个寨子与那个寨子，甚至这个民族与那个民族，一个故事有若干传法，它们都有参考价值，都应搜集。真正搞民间文学的同志，要不怕麻烦。同样一个资料，可以出几十份，大家知道《阿诗玛》一共有二十份资料，我们就把二十份全部印出来，现在这二十份资料比已发表的《阿诗玛》价值还高，很多外国人不要出版的《阿诗玛》，而要那个资料，为什么呢？它的价值就在那里，它的各种不同的流传版本，反映了各种不同的问题，可以供研究用，这是第二点。

第三点，“全面收集”是什么意思呢？我想就是不分体裁，不分故事、神话、笑话、寓言、格言、歇后语、说唱、民间曲艺、说书、民俗故事都要，全部都要。有的同志说：民间文学范围究竟是什么？哪些属于民间文学，哪些不属于，我说，凡是民间的东西都要，特别是民俗故事，这个民族的风俗习惯的来历故事，这些东西是很宝贵的，这些东西目前只有少数民族中才保存下来，汉族有很多已经没有了。纳西族背上背个羊皮，那是什么意思？其他像头饰、服装都有故事，当然过节，节日就更多了，这些故事都特别地反映出这个民族的民间文学的特点，跟他们的生活紧密联系在一起，像风俗习惯的故事，那是很宝贵的。所以，凡是民间的故事、凡是民间带有艺术内容的东西都要。我想，搞民间文学的同志应该做到比新闻记者还要厉害。过去新闻记者有一句话，叫“有闻必录”，他们是当场发现新闻。我们民间文学工作者，对一句话，一个格言，一个歇后语，都应当珍爱，都应当把它记下来，把这个民族的所有的东西都搜集起来，这就叫“全面收集”。

最后讲讲搜集的根本原则和方法。原则就是保持真实，这一点可以说是搜集民间文学的重要原则，如果在搜集中，自己加进去很多东西，那就不是民间文学了，所以，“忠实”很重要，问题在于怎么做到忠实。要做到忠实，我想：第一，要选择好对象，对象选不好，就一无所得，究竟选谁呢？这就要看搜集的重点是什么？比如说我们现在提出一个问题：在《东巴经》以前有没有纳西族文学？我想是有的，《东巴经》故事实际上来自民间，在《东巴经》出现之前，纳西族文学已是相当丰富了。如果把这个作为重点，我们要选择人就要选择掌握这些古老东西的人，一个就是要选老东巴；其次就是选对民间文学的掌故、地方情况很熟悉的老者；再次就是那些爱讲话，没有多大事情，好奇心强，平时得闲，对地方很熟悉的人。对这些人，我们要做工作，不仅要做他们的工作，也要做基层干部和群众的工作，把道理跟干部群众讲清楚。我们不要摆架子，要平等待人，还要能诱导和引导，要善于启发，要基本掌握选择对象的性格特点，做到心中有数，千万不要用考试的办法考人家。在搜集记录的方法上，最好是能把他的语言全部记录下来，这就得用一种巧妙的方法，我喜欢用一句话的“头、中、尾”三个字来记，这样，我自己知道内容，也基本上保持了原样。最笨的办法是记个故事中心，只记这个故事的中心，故事的原味全失去了，这是很不好的。

第三个问题是翻译问题。我们讲的翻译就是从一种语言翻译到另外一种语言，从一种文字翻到另外一种文字。为什么要讲这个？因为这里面有个很重要的东西，就是它的对象变了，如果我们不掌握这点，就会出很多问题。如纳西族的作品翻成汉文，有的同志就觉得不像了，拿起一对，觉得不是自己的，为什么呢？因为纳西的语言文字，其对象是纳西族的同志，如果翻成汉文，其对象就是汉族同志，对象一变，很多问题就变了，如果这个问题不解决，你就会认为不是了。读者对象变了，表达的工具和方式也要变，一个民族的语法与另一个民族的语法是不同的。跟着对象的不同，生活习惯，接受程度，感情表达都变了，如果你还要按照原来民族的表达方法，那么汉民族就不能接受，所以要解决。我翻译这个东西的目的，一方面要保持这个民族原有的东西；另一方面又要把原有的东西传达给另一个民族，使他们晓得我们这个民族的文学。这是翻译的第一个问题。第二个问题是翻译的要求，要求就是三个字：信、达、雅。所谓信，就是忠实，保持原来的东西，主题、风格、故事，都要保持原样，如纳西族《创世纪》你完全按汉族传统搞，那就不行，那不是把一个民族的文学和思想感情传达给另外一个民族，而是相反，那就不忠实，就没有意思，也就歪曲了。第二个是“达”，达就是通顺，你的文字一定要通顺，这个民族是通顺的，翻译给另一个民族看却不通顺，你怎么传达呢？傣族语有个“洪罕”二字，洪是头，罕是金子，直译为“金头”，人家就不知道。其实它的意思是：带了金皇冠的国王。你如果完全按照那样译，人家就不理解。我想很多情况都是这样，你不按照那个民族的语法去译就不“达”。前面讲过一字不动，现在看来一字不动不行。第三是“雅”，就是使文字更美，更简洁，更准确，也就是更能表达感情。这当中，准确很重要，如果离开了准确，那就不知道你讲的什么意思了。所以，搞翻译的人要两个民族的语言都精通才行。文艺作品是最怕翻成大意的，因为文艺是最具体、最具体的东西，你给它搞成个大概的简单故事，那就一点味道也没有。民间文学语言的风格是最能代表一个民族的风格的，你却把它丢掉，怎能传达这个民族的感情呢？究竟该怎么翻译呢？我想第一个问题，恐怕你要对作品不说研究，最少也要了解它讲个什么，如果说这个都不知道，就难翻译好了，特别是民间故事中的神话，有时讲到天，有时讲到地，有时看几遍，主题是什么还不知道，但作为一个翻译工作者，你一定要了解，究竟说个什么，要搞清主题。第二个才考虑它的风格特征，优点好处，如果你不了解，又怎能把其好处传达出来？第三是语言特点，表现手法，要有所了解，不要一拿起来就翻，这样做是不好的。现在翻译有两种办法，一是直译，一是意译，直译很不好传达原来的意思，因为它的语言结构不同，按这个译法，有很多不通，句子都不通，意思就更走样了。所以，我认为直译效果不怎么好。意译就是按意思翻译，如把纳西语翻译成汉语，就要按汉语的语言文字来翻译。我觉得采取意译的办法比较确切、准确。我主张注重内容，而不注重形式，能够把内容传达出来是最好的了。翻译的形式就是准确地传达内容，因形式而损内容者，至少是不明智的。

最后一个问题，讲一讲整理和创作的关系问题。前面讲到重点整理，所谓重点整理，就是说我们对民间文学的东西要有所选择，有没有传达给另外一个民族的价值，如果我们认为这个东西反映了纳西族某个时代的历史，反映了某个时代的思想，而且是很好的，很值得传达给另外一个民族，那么你才能整理。到整理时，就要有选择，一定要选择有价值的东西进行整理，然后再回到本民族和传达给其他民族。整理的目的是为了推广，如果不是，就作为资料。整理是要回到群众中去，所以，我们不能精华糟粕一起送回群众中，这是不负责任的态度。整理需要选择，好的，重点的，特别是对我们今天有好处的，能够起到教育作用的，有美的享受的好东西，我们才进行整理。怎么整理呢？有这么几点：一个是精华与糟粕问题。民间文学有变异性，有各个时代各个人的特点、爱好，他们在唱的时候，有各个人的特点，这些都会反映在作品里。从艺术上讲要把好的东西保留下来，这就要有个选择的问题。在整理的时候，材料越多越好，多了你就有选择。整理的第一个原则，就是在不离开作品原有的主题、故事、人物、语言的情况下，把各个材料进行综合，选择好的东西，并使它更完整、更美。然后，把这个艺术品再交回到群众中。第二，作品内容被篡改了，加进了一些糟粕，比如说，在傣族的长诗中，很多都在前面加上一大段，什么修桥补路做好事呀，不做好事，佛就要怎么啦，等等，这些东西，跟它的人物、主题、故事毫无关系，分明就是佛教徒加进去的，你要它干什么？丢掉它就是。还有些东西与故事毫无关系，突然插进一段，节外生枝，如果丢掉，使主题和人物更突出，我觉得丢掉是必要的。第三，是结构上的整理。民间文学有一个很大的特点，就是口头形式，口头说的时候，唱的时候，像我们讲话一样，啰啰唆唆，重重复复，结构是散的，口水话多，这些口水话，如果不把它去掉，到了文字上，就觉得太不集中。为了使主题更明显，为了使它的艺术性更完整，应该把重复的东西去掉。我们整理时，应把握读者的心情，怎么使读者更能接受，更喜欢，也就是说，艺术上更完整。我觉得整理的标准，最重要的还是保持和恢复它原来的面貌，如果说我们因为整理以后，使它面目全非，把原来的东西都搞掉了，那还算什么整理？那就是创作嘛。在历史流传过程中，有些故事被篡改了，比如，《东巴经》的一些故事这里面要分开，如果说篡改后加进了宗教的东西，但是在艺术上更完整了，而且使它成为这篇作品的一个组成部分了，那就没有办法改了，我觉得也没有必要改，作为一个烙印，也很有研究价值。我常常碰到傣族的佛教故事，如《召树屯》，最早的故事没有国王、王子，只有猎人，为了恢复原来面貌，你能说把国王、王子删掉？这样整理，我认为又把问题搞乱了。事实上，经过佛教的整理，艺术上更完整，思想也更高一些。如果我们认为越原始越好，那么全都回到最简单的地方去，恐怕也不是办法，因为文学本身是发展的，我们应该从发展的观点看问题嘛，我们不能说经过它修改后提高了，也不好了，像这类东西，它已经成为艺术中的组成部分，我们不能动它，可以作研究。我们讲的糟粕是说它跟艺术品没有什么关系，是它硬插进去的。在整理过程中，加进创作是不好的，不应该的。我们一般的整理都是给它去掉一些不必要的东西，这样使它的主题更突出，艺术更完整，而不是别的。有的同志会说，不加一点不美嘛，这就存在一个问题，你的审美观和民间文学的审美观是两码事，我们不能把我们的审美观强加给民间文学，民间文学的审美观有它独特的东西。明快、淳朴、故事性强，这些都是好的东西，如果你加进去一点自己的东西，那就破坏了民间文学的特点，同时也混淆了民间文学和创作的关系。在这里，我们并不反对，用民间文学的素材进行创作，相反，我们很希望。但是，必须要讲清楚，不要用自己的创作冒充民间文学，不要把创作和整理混在一起，我们搞民间文学的同志，要正正派派，是民间的，就说民间的，是创作，就说是创作，不要去贪图发表，不应该从个人的角度来搞民间文学。1958 年的采风运动，有不正之风，所以，我觉得首先应该把整理和创作分开，不要把两者混在一起，如果你要用民间的东西来创作，离开了历史真实，也是不对的；当然，用民间文学来创作，主题可以改，但是事实，当时的社会历史不能改变。文艺的最根本的生命就是真实，离开了真实，就没有什么艺术了。民间文学所以代代相传，就是因为它反映了当时的历史真实，离开了这个东西，它就没有生命了。

（原载《玉龙山》1982 年第 1 期）

后　记

本书由云南大学出版社出版了，出版社要我写篇后记，这使我感慨万千。

关于这本书的形成应该追溯到20世纪70年代，中国社会科学院令我筹建中国社会科学院少数民族文学研究所云南分所，省委宣传部指定我筹建云南民间文艺家协会及云南民族民间文学研究所，并让我全面负责这三个单位的工作。由于工作的需要，我写了一些有关民间文学研究的文章相继在全国的刊物上陆续发表。中国民间文艺家协会的领导建议我把文章收集起来出本小册子。于是我编好了这本书，准备由中国民间文艺出版社出版。20世纪80年代出版社已经二校，却因为种种原因，拖到该出版社撤销终于未能出版。我的妻子和儿女们在我80寿辰及从事文艺工作60周年时，一定要为我自费编印成书，于是1998年编印出来，取名“民间文学论”，但是我觉得这个书名不能包括这本书的全部内容。我写这些文章的时候我国研究神话的人不多，这时云南民间文艺家协会编了一本拉祜族的民间文学集成，要我写一篇序，我看了这些民间文学后觉得与神话的关系很密切，这里就涉及神话有没有社会基础的问题。有关这些有两种不同的看法：一种认为神话就是神仙世界的故事，与社会和人类无关；另一种看法认为，作为文学形式的一种，都与人类社会有非常密切的关系。世界上不存在离开人类社会的文学，任何一种文学作品都是反映某一个人类社会的上层建筑的，神话也不例外，离开人类社会的纯粹的神话世界是不存在的，这就是神话的价值。

王　松

图书在版编目（CIP）数据

王松学术文选／王松著．—昆明：云南大学出版社，2014

（云南文库·学术名家文丛）

ISBN 978－7－5482－1515－8

Ⅰ．①王…　Ⅱ．①王…　Ⅲ．①神话—文学研究—中国—文集 ②傣族—诗歌研究—中国—文集 ③民间文学—文学研究—中国—文集　Ⅳ．①I206－53

中国版本图书馆 CIP 数据核字（2014）第 068900 号

出 品 人：周永坤

统筹编辑：柴　伟　陈　曦

责任编辑：宋　武

责任校对：严永欢　张秀芬

封面设计：郑　治

书　名	王松学术文选
作　者	王　松　著
出　版	云南大学出版社　云南人民出版社
发　行	云南大学出版社　云南人民出版社
社　址	昆明市翠湖北路 2 号云南大学英华园内
邮　编	650091
网　址	www. ynup. com
E-mail	market@ ynup. com
开　本	787mm×1092mm　1/16
印　张	18. 75
字　数	300 千
版　次	2014 年 11 月第 1 版第 1 次印刷
印　刷	昆明卓林包装印刷有限公司
书　号	ISBN 978－7－5482－1515－8
定　价	56. 00 元